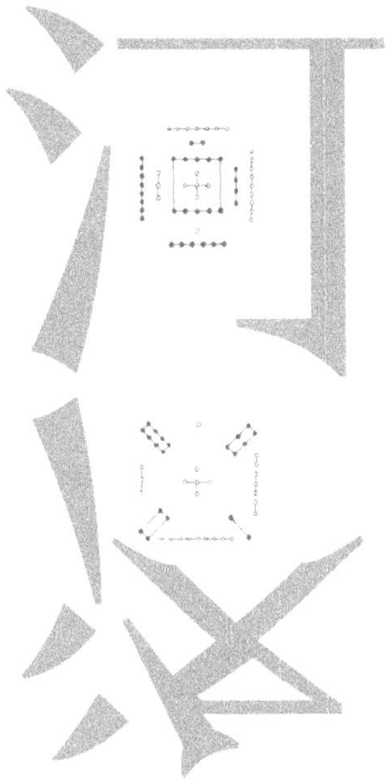

河洛文化研究丛书

图说河洛文化

杨海中　著

河南人民出版社

图书在版编目(CIP)数据

图说河洛文化/杨海中著.—郑州:河南人民出版社,2018.2
(河洛文化研究丛书)
ISBN 978-7-215-10425-9

Ⅰ.①图… Ⅱ.①杨… Ⅲ.①文化史—研究—河南 Ⅳ.①K296.1

中国版本图书馆CIP数据核字(2018)第027254号

河南人民出版社出版发行
(地址:郑州市经五路66号 邮政编码:450002 电话:65788063)
新华书店经销 北京虎彩文化传播有限公司印刷
开本 710毫米×1000毫米 1/16 印张 27.25
字数 330千字
2018年2月第1版 2018年2月第1次印刷

定价:189.00元

目　录

绪　言

一

我的一位学生在北京大学哲学系读研，曾问我："什么是研究不尽的永恒主题？"

我反问道："你说呢？"他诡秘地一笑："你不是教授吗，研究河洛文化，我向你求教。"

我知道，社会和历史异常纷繁，是由许多的层面和侧面组成的，从不同的角度去观察、去思考、去切入、去研究，就会形成许多的学科，所谓的哲学、历史学、考古学等等，不就是这样涌现的吗？

我说：人、人与自然、人与人，这可能是一个永远话不尽的永恒主题吧。

"请稍加发挥一下好吗？"

天地是从哪里来的？人是从哪里来的？文明又是从哪里来的？

早在2000多年前，诗人屈原就在《天问》中迷惘地质问："遂古之初，谁传道之？上下未形，何由考之？"

然而，我们祖先的想象力不仅极强，而且是何等的丰富啊，为解说自然界的奥妙、人类的文明，曾有过无数的创意，给我们留下了许多绚丽瑰奇的美丽传说。

一曰：天地原本是一个混沌世界，魔力无比的英雄盘古将其开辟。其后，天每日增高一丈，地每日增厚一丈，盘古的身体也每天增高一丈。就这样，地久天长，盘古活到了一万八千岁，宇宙也就变得无限阔大，无限深邃。盘古死后，他的耳、目、口、鼻、四肢、发肤等就形成了日月、星辰、山川、江河、湖海、草树、风云、金石等。

又曰:人是始祖女娲创造的。开始的时候,她笑眯眯地抟泥,精心地捏制帅哥靓妹。捏着捏着,她感到太慢,也太累了,就站了起来,用绳子和树枝粘上泥巴,然后快速地抖动,于是,无数的芸芸众生从她的胯下走向了五湖四海。她惬意地笑着入睡了。

天地玄黄,日月洪荒。

人类进入近代和现代社会之后,再翻阅那各种充满诗情画意的神话般的传说,于是,在新的意义上的重新解说出现了。

人类学家、地质学家和考古学家说,大约在200万年前或更早,地球上就出现了人类。中国最早的直立人当数蓝田人,距今已有65万—115万年的历史,北京人距今有23万—46万年。直立人后来发展为早期智人,再发展为晚期智人,即使如此,距今也不会少于5万年。

但不论是早期智人或晚期智人,人类都还处于幼年时期。这一漫长的岁月一直延续到距今大约10000年,才逐步出现了现代人。此时,人类的生活渐渐由狩猎过渡到狩猎与蓄养禽兽相结合,之后又学会了种植。至新石器时代晚期,由于黄河中下游及长江中下游地区气候温润,极宜种植,聚居于此的先民们学会了以火焚荒,以石辟地,农业生产技术有了很大的提高。到龙山文化晚期,黄河流域和长江流域已成了华夏农业经济最发达的地区。

在中国第一个奴隶制国家——夏王朝建立之前,远古社会处于一个传说时代。这是一个英雄辈出的时代,不仅有炎帝、黄帝、尧、舜、禹,还有后羿和夸父。这是中国文明历史十分重要的发端期。中外的历史学家和考古学家都兴趣盎然地关注着这一时期。著名的考古专家徐旭生经过精心研究,把这一时期的人与地域相结合,划分为华夏集团、东夷集团和苗蛮集团。学者蒙文通则从另一角度切入,将不同地域的人民划分为河洛民族、海岱民族和江汉民族。这里的"河洛民族"其实就是华夏集团,而华夏集团正是生活在河洛地区。

中国历史上的传说时代,就是考古学文化上的龙山文化时期。这是一个充满希望的时代,东方文明的旭日已放射出黎明前的缕缕曙光。生活、奋斗在河洛地区的华夏族以自己的勤劳、勇敢与睿智,为中华文明社会的诞生打下了坚实的基础。夏王朝的应运建立,使河洛地区率先跨入了文明社会的门槛。河洛文明促进了河洛文化在三代时期快速进步与日臻成熟,并迅速向四周辐射,日渐形成了一个无形的河洛文化圈。与此同时,河洛文化也吸收和融合了周边的优秀文化,发展中逐步在政治上成为了正统文化和国家文化。

进入封建社会以后,我国曾有过汉唐盛世,河洛地区长期处于盛世及国家的政治、经济和文化的中心地位。除了夏商时的古都郑州和安阳外,在封建社会六大古都中,河洛地区仍占了两个——洛阳与开封,发展中的河洛文化更加光彩夺目和深沉厚重。在几千年的朝代兴替更迭中,河洛汉人多次大规模南迁,在我国南方形成了一个地域广阔、人口众多的客家民系。客家人把先进、朴实、和谐、优秀的河洛文化传播到了赣、闽、粤、台及世界各地,促进了当地经济与社会的进步。台湾同胞及世界各地的许多华人、华侨念念不忘自己是"河洛郎",不忘"根在河洛",这说明,博大精深的河洛文化至今仍是凝聚和连接中华民族大家庭所有成员的强大精神及文化纽带。

总之,中国传统思想中的许多带有根本性的理念、观点与思维方式,政治制度中的许多基本架构与元素,社会生活中的许多基本准则与规范,社会进步中的许多创造与发明都源于古代的河洛地区,并深深地影响着我们的昨天和今天。河洛文化这一独有的"根"的特性,是其他地域文化所没有的。

探讨河洛文化,就是要探讨河洛文化在人、人与自然、人与社会诸关系中的地位、作用与影响。从这个意义上说,也可以算是一个历久弥新的永恒主题。

二

在世界发展史上,曾有过玛雅文化、两河文化、印度文化、中华文化。

在中国发展史上,也有过裴李岗文化、仰韶文化、良渚文化、龙山文化、河姆渡文化、红山文化。

此外,还有农耕文化、草原文化、海洋文化之说……

"请问,什么叫河洛文化,它有明确的界说吗?"

"这可不是一两句话就能说清楚的问题,但还必须用较少的话把它说明白。大而化之,试试吧!"

关于"文化"的概念和定义,目前见诸文字的约在 100 种以上,各从不同的角度和内涵加以解说。我个人认为,所谓文化,就是关于社会形态及其部类的表述。对于大众来说,能够基本上区分考古学文化和历史学文化也就可以了。

历史学文化,指有文献记载的文化。考古学文化,则以发现时所在地址之名来命名。上面说的裴李岗文化、仰韶文化、龙山文化等，就是考古学文化。

“河洛文化”和荆楚文化、湖湘文化、齐鲁文化、徽文化、岭南文化、吴越文化、巴蜀文化、陇西文化、三秦文化、三晋文化、燕赵文化、闽台文化一样，属于地域文化的范畴。

地域文化有两项基本的内涵，即时间的限定和空间的限定，也就是说，它是在一定的历史阶段、一定的区域内产生并发展着的文化。不言而喻，地域文化既包括历史学文化也包括考古学文化。

河洛文化中的“河”指黄河，“洛”指洛河。发源于陕西东南的洛水流经豫西数县后，在洛阳之东的巩义市与黄河交汇。洛阳就是因居于洛水之北而得名。

在黄河与洛河形成的夹角范围内，以嵩山、洛阳为中心的这一广阔地带，包括“河南”、“河内”、“河东”等地区。这片广袤且有山有水的肥美膏腴之地，是北有黄河为襟带，西有崤函南有嵩岳为屏障，地处天下之中、交通便利的战略要地。中华先民不仅最早在此繁衍生息，而且在此首先建立了第一个奴隶制国家——夏，其后又有十数个朝代在此建都，因而长期以来都是中华民族大家庭的政治、经济和文化中心。

产生于夏商、成熟于周、发达于汉魏唐宋、传承于其后历代的“河洛文化”，既包括以农耕经济为中心的物质文明，也包括由此产生的政治、经济、文化、习俗、心理等政治文明和精神文明。

北京大学教授汤一介先生对河洛文化概括得更简要，他在《“河洛文化”小议》的文章中说：黄河出现龙图，洛水出现龟书，于是黄帝效法“河图”作“八卦”，夏禹效法“洛书”作“九畴”。“河洛文化”就是指“黄河”、“洛水”一带的文化。

三

“河洛文化影响了整个华夏民族，这样说，不会给人造成一种‘言过其实’的感觉吧？哪怕是一点点儿。”

“一个哲人说过：正确的结论是唯一的结论。‘河洛文化是中华民族文化的核心文化’，这一结论早已成为学界的共识。”

首先，河洛文化古老而久远。前面已经提到，河洛文化是产生于夏商周三代的文化，但如果从考古学文化上说，还要更早。比如，1961 年在舞阳县贾湖遗址发掘出土的近 5000 件距今 9000—7000 年的文物，不仅有原始文字——契刻符号，竟有十数支保存完好的骨笛，具有七个音阶。四十年后，美国专家从出土陶器碎片内壁残留物上发现的微量米酒酒石酸中，得到启发，竟然造出了“贾湖城”牌中国“古酒”。

这说明什么呢？答案很简单，这就是：河洛文化古老而久远！

其次，河洛地区孕育了华夏文明。恩格斯指出：“国家是文明社会的概括。”夏王朝的建立，创造了华夏国家最古老的原生形态。此后，河洛地区又出现了更为成熟的文字、城市、青铜器和礼制，标志着河洛文明已发展到了全新的阶段。从传说时期到三代期间，河洛地区在政治、军事、经济、文化诸多领域中诞生了一大批精英，如黄帝、夏禹、伊尹、傅说、姜尚、周公、老子、庄子、墨子、商鞅、子产、申不害、韩非、吴起、鬼谷子、苏秦、邓析、公孙衍等，形成了儒、道、法、兵、墨、名、纵横等河洛文化流派，并产生了众多的各具特色的典籍，如《诗》、《书》、《易》、《礼》、《乐》、《春秋》等，被后人尊为“修齐治平”之“经”。河洛文化由此成为了强势文化即正统的国家文化，在其辐射和影响下，“东夷”、“西戎”、“苗蛮”等文化也都很快华夏化。河洛文化哺育了华夏文明，由源头文化进而成为了华夏文化的主干。

再次，河洛文化是中华民族的核心文化。河洛文化肇始于“河图”、“洛书”。《周易·系辞上》载“河出图，洛出书，圣人则之”。“河图”、“洛书”凝结了古代先哲神秘的想象和超凡的智慧。至汉代，一些经学家用“河图洛书”敷衍解说《周易》和《尚书》，认为八卦和《周易》是伏羲和文王所演作，《洪范》九畴则是夏禹和箕子所为，二者皆出自天授，取法乎天，并进而形成了“阴阳五行”学说。“河图洛书”作为中国儒家经典之来源，蕴含着中国哲学最古老的原创思想和东方人高度的智慧，并由此生发出了许多中国古代哲学、医学、天文、历算以及兵、刑、道、法等的重要内容。商承夏制，周承殷制。周代确立了以“敬天”“明德”为基本内容的政治教化思想、以宗法为根本的国家政治制度、以礼乐为核心的社会规范等，形成了一套相当完整的国家运行机制，影响了中国以后数千年。孔子盛赞周代典章文化“巍巍乎大哉”，“郁郁乎文哉”，实非溢美之辞。

最后，河洛文化代表了中华文化。产生于夏商、成熟于周的河洛文化与当时其他地域文化如齐鲁、燕赵、秦晋、吴越、巴蜀、荆楚以及东夷、羌戎文化相比，其最突出的特点是它的源头性与传承不衰，同时它又是国都文化、政治文化，从而成为中华民族的核心文化和正统文化。

河洛文化最使世人惊叹不已的显著特点是其文明久远且连续不断。从裴李岗文化到仰韶文化、从河南龙山文化到二里头文化等大量的历史遗存中，从考古发现与典籍记载相互印证中，人们清晰地看到了中华文明5000多年来在河洛地区的发展脉络与走向。在世界文明古国中，起始于公元前2500年的有关记载或传说可以说比比皆是，但不幸的是，除中华文明之外，都出现了中断或消失，只有发源于黄河中下游的河洛文化连绵有致，相衔如环。即使在国内，也有类似的现象：繁荣一时的良渚文化、使人惊异的三星堆文化、精致的屈家岭文化以至部分红山文化都出现了断裂，而以河洛文化为中心的中原文化却历数千年而绵亘至今，成为中华文明的主干。河洛文化强大的生命力、辐射力、同化力以及它的根源性、厚重性、融合性等，充分反映并代表了中华文化的博宏与精深，给人们提出了很多值得深思与研究不尽的课题。

四

听到这里，学生站了起来，说："老师，我明白了。你今天虽然讲的是河洛文化，实际上也是在讲哲学，即如何在宏观上把握和认识河洛文化。"

"你是在鼓励我吧！不过，我问你，你明白了什么呢？"

"我记得法国当代著名法学家、曾担任过司法部长和宪法委员会主席的罗贝尔·巴开特尔曾写过一本书，名字叫《孔多塞传》。这本书的题词中有这么一句话：任何不为哲学家所启迪的社会，都会被江湖骗子所误导。过去，我对河洛文化了解甚少，对中国传统文化、中华文明起源中的一些深层次问题，感到似是而非。今天明白了许多。"

"我讲的也不是什么深层次的东西，大多是前辈和专家们早就讨论过的问题。"

"对你来说，可能是些常识性的东西，对我来说就不然了。夸张点说，犹如醍醐灌顶也！"

"大家都是站在前人肩膀上的，明月不沉，哲人不朽。重要的是如何不断有所创新。这很难，很难，我虽努力而犹不逮。你刚才说到哲学思维，这对研究任何科学都是很重要的。"

"我对思维方法问题一向比较关注，否则会僵化的。可怕的是，自己落伍了,还全然没有认识到。”

“你说得很对。关于河洛文化,我想再说两句。”

从17世纪下半叶开始,很多西方学者和传教士借欧洲资本主义文化向外传播的机会,大力宣扬中国文化“西来说”、“外来说”。1921年,瑞典人安特生在河南渑池发现彩陶,他们似乎感到又找到中国文化“西来说”的证据,直到1976年苏联人瓦西里耶夫仍坚持中国文化“西来说”。但是,随着中国考古学的进步与发展,仅大量的河南考古发现,就以无可辩驳的事实彻底否定了中国文化“西来说”的荒诞不经。继夏商周断代工程之后,中华文明探源工程研究已逐步展开。在所确定的8个重点考察点中,除一个为山西襄汾陶寺遗址外,其余7个古遗址全在河南境内并均在河洛地域的核心区——洛阳和郑州两地。这再一次向世人说明,河洛文化对中华民族大一统的形成和中华文明发展作出了最卓越的贡献。

总之,在我国诸多的地域文化中,由于河洛文化在中华民族文化中具有核心地位,是中国历史上的主体文化,因而不言而喻,它既代表了中华文化,更代表了中原文化。河洛文化以“河图”“洛书”为标志,充分体现了中华传统文化的根源性;以夏、商、周三代文化为主干,充分体现了中华传统文化的厚重性;其影响从秦汉到唐宋以至近代数千年,充分体现了中华传统文化的传承性;以人口迁移为途径传播四海,充分体现了中华传统文化的辐射性。今天,包括港澳台同胞和海外侨胞在内的无数遍布于世界各地的客家人,都自豪地称自己为“河洛郎”,“根在河洛”。这有力地说明,河洛文化是维系和连接所有中华儿女的强大精神文化纽带。因此,深入研究河洛文化,大力弘扬中华优秀传统文化,有利于海内外华人华侨的文化认同、民族认同和国家认同,有利于实现国家的统一和中华民族的大团结。

参考资料:

1. 李学勤:《河洛文化研究的重要意义》,《光明日报》2004年8月24日。

2. 刘庆柱:《河洛文化是中华民族文化的核心文化》,《光明日报》2004年8月31日。

3. 朱绍侯:《河洛文化与河洛人、客家人》,《文史知识》1994年第3期。

4. 汤一介:《"河洛文化"小议》,《光明日报》2004年11月9日。

5. 中国河洛文化研究会:《河洛文化:连结海峡两岸的纽带》,《光明日报》2006年12月21、24日。

第一章　天下之中

有人说,相似是世界和事物发展的规律。

大约在公元前3500年前后,世界上就出现了几个独立起源的文明区域、文明国家,如古埃及、古印度、古希腊,中国也是其中之一。但由于种种原因,只有东方的中华文明,历经六七千年的沧海桑田,连绵不断地保留了下来并不断地发展,灿烂而完整地呈现在世人面前。

中国文明发展史也有惊人的相似之处。精致的东南良渚文化、神秘的东北红山文化、发达的西南巴蜀文化也发生了断裂。

古老的文明何以会消失?灿烂的文明何以能存留?

原因虽然是多方面的,专家们指出:自然灾害以及人类的抵御能力则是其中最主要的因素。

自然灾害中,最主要的是洪水和干旱。

研究表明,中国远古时代曾有过一次洪水时期。于是,大禹治水的故事遍及黄河、长江流域各地。

研究表明,中国西部、西北部曾长期干旱,这是沙漠灾害不断扩大的原因,也是秦汉以后丝绸之路上许多著名小国如楼兰等湮灭的原因。

这样看来,地理区位、环境无疑成了文明存在与发展的决定性因素。

早在两千多年前,孟子就指出:"天时不如地利。"

有人说,这是哲人智慧的总结。但需要补充一句:这可能也是我们先祖在谋求生存过程中痛苦经验的概括吧。

我国疆域广阔,各地气候、环境优劣差异极大。

黄河和长江中下游的广大地区气候适宜、雨水充足、土地肥沃。我们的先祖历经了无数的磨难与浩劫之后发现了它,在庆幸中选择了它。从此,中国两河中下游地区充满了生气,充满了欢乐。

黄河、长江中下游地区人口繁衍之多,是适于人类生存的一个最有力之明证。当然,乐土也是比较而言的,草原、丘陵、湖泊、森林中也都有可供生息的地方,这也是辽阔大地文明因素形成多源的基本原因。

中华文明形成与发展虽然是多源的,但又是以黄河中游为核心、为主体的多源统一格局。

多源统一格局是中国古代文明的重要特点:“多源”使中华文明活力无限,“核心”使其具有强大的凝聚力和支撑力。

这是中华古老文明没有中断而得到连续发展的根本原因。

河洛地区不仅气候优越,还有一个突出的区位优势,那就是地处“天下之中”,在地利上得天独厚,对四周具有很大的辐射力,四周也易对其产生巨大的向心力。

第一节　河洛地区

一、河洛地区

河洛地区因黄河、洛河而得名。奔腾咆哮的黄河桀骜不驯。伟大诗人李白对此十分欣赏,他高声地赞叹:“黄河之水天上来,奔流到海不复回。”

在李白看来,“人生得意须尽欢”,不能老是带着锁链去跳舞,那样就无法实现自己的价值。

汹涌威猛的黄河神勇无比,她每年挟裹着从黄土高原千沟万壑中汇入的16亿—20亿吨的泥沙而下,为中华民族造就了一片广袤肥美的平原、谷地。这也应了李白“天生我材必有用”的话。正因为如此,人们又十分感恩于她,深情地称她为“母亲河”。

洛河是一条美丽的河,洛河是一条温顺的河。

千百年来,她滋润了豫西大地,哺育了伊、洛文明。

源于华山之阳的洛河，进入豫西后流经卢氏、洛宁、宜阳、洛阳市区、偃师，与源于豫西滦川，流经嵩山、伊川、洛阳市区的伊河在偃师东交汇，并流至巩义市后向北注入黄河。

河洛地区有狭义、广义之分。

狭义的河洛地区，当指黄河、洛河夹角内以嵩山、洛阳为中心的四邻地区，其范围大致相当于今天的洛阳市及与其周边接壤的部分地区。广义的河洛地区，即从文化圈的角度来看，其范围则较大，应包括西至豫陕交界，南达颍水、汝河，东至开封、淮泗，北到黄河之北以至晋南地区。

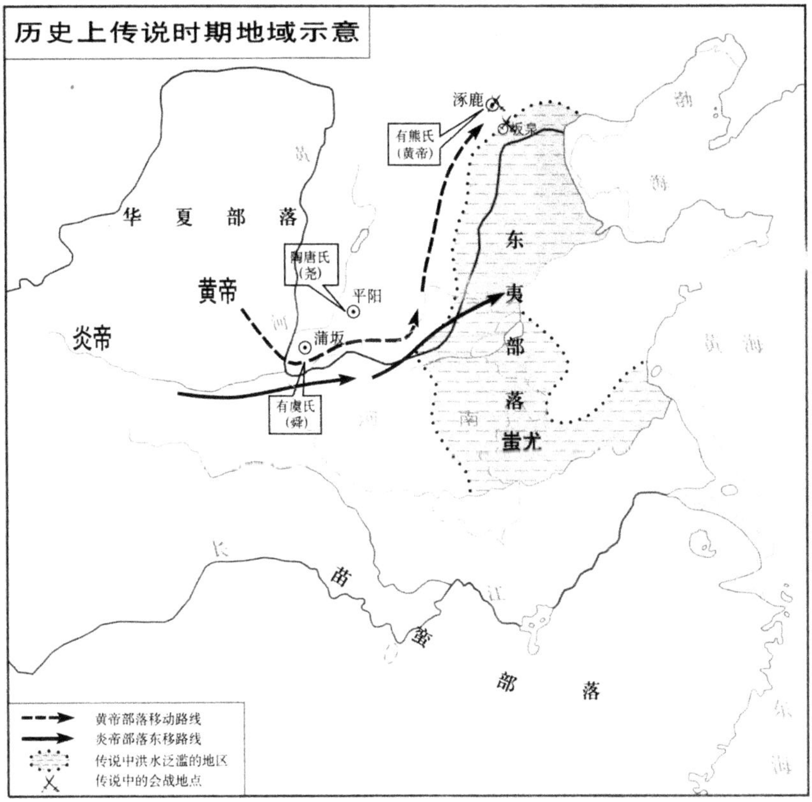

传说时期河洛地区图

关于河洛地区的方位，李先登先生在《河洛文化与中国古代文明》一文指出，大致包括北纬 34°至 35°、东经 110°至 114°之间的地区。这一地区自然条件优越，属于温带大陆性季风区气候类型，气候温和，四季分明，无霜期为 7 个月左右,1 月平均温度为 -2℃—2℃,7 月平均温度为 24℃—27℃,年平均温度为 12.2℃—14.6℃,在古代可能还要暖和些。雨量适中,年平均降雨量为 550—700 毫米,集中于 6 至 9 月,适宜旱地农作物粟类的生长。河洛地区的土壤主要是第四纪冲积次黄土(褐土),黄土土质疏松,易于使用木、石工具进行开垦与浅种直播,利于开挖水井及水渠进行农田灌溉。黄土并具有自然节理,有利于毛细现象生成,可把下层的肥力及水分带到地表,有"自然肥效",肥力高,对于古代初期的农业是十分有利的条件。总之,河洛地区优越的自然环境条件适宜于人类的生存与发展,适宜于农业生产,在人类历史发展的初期对于社会发展的速度与内涵有着重大的影响。

二、"中国"

河洛地区古称"中国"。

"中国"作为词组,最早出现于《何尊铭文》之中。

1963 年,陕西省宝鸡县贾村出土了一个青铜器皿,高 39 厘米,口径 28.6 厘米,重 12.6 公斤。废品收购站以 30 元的价钱将其收购。宝鸡市博物馆及时发现了它,馆长立即将其以原价收回。

10 年后,上海博物馆馆长、著名的青铜器专家马承钧先生在清理上面的锈斑时,不意发现尊内胆底有 12 行铭文。

因其上有"何尊"字样,于是,这件具有历史意义的青铜器被称为"何尊",铭文则被称为《何尊铭文》。铭文曰:

> 惟王初雍,宅于成周,复禀王礼福自天,在四月丙戌。王诰宗小子于京室曰:昔在尔考公田氏,克逨文王,肆文王受兹因(命),惟武王既克大邑商,则廷告于天,曰:余其宅兹中国,自之乂民。

铭文的大意是:周成王五年四月,开始在成周营建都邑,对武王进行祭祀。周王对宗族小子训诰说,姓何的先公追随文王,文王受上天之命统一天下。武王克商后曾告于天,因这里为天下中心,就在这里管理人民。何姓因功受赏,作尊纪念。

此尊造于周成王五年，距今已3000多年。可以看出，在3000年前的人们眼中，“中国”即指周王朝疆域的中心地区，即成周一带。

《诗经》中也有关于河洛地区为“中国”的吟咏。《诗经》中的《大雅》《小雅》大都是当时贵族或统治者阶层所作，其中也有多首提到洛邑居“天下之中”。如《大雅·民劳》：“惠此中国，以绥四方。”《小雅·六日序》：“四夷交侵，中国微矣。”

由此可知，以洛阳为天下之中，是周人普遍的认识。

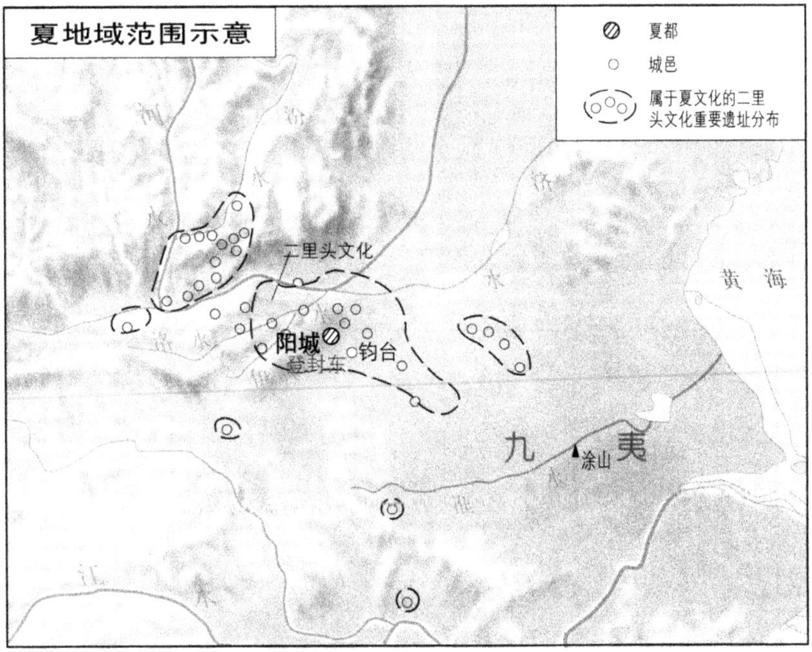

夏河洛地区图

司马迁在《史记·封禅书》中说：“昔三代之居，皆在河洛之间。”《史记·货殖列传》说：“昔唐人都河东，殷人都河内，周人都河南。夫三河在天下之中，若鼎足，王者所更居也，建国各数百千岁。”这里说的“天下之中”范围略有扩大，涵盖了“三河”，指以洛阳为中心的河南及晋南一带。

“天下之中”的说法，一方面反映了当时人们对宇宙的看法，认为洛阳一带是大地的中心。另一方面，就社会政治、经济发展情况而言，这里是当时朝会、商业、文化及交通的中心。这一点，司马迁在《史记·刘敬传》中记述成王东迁原因时说得更为明白:“成王即位,周公之属傅相焉,乃营成周雒邑,以此为天下之中也,诸侯四方纳贡职,道里均矣。”也就是说,在这里建都,有利于国家对各地区的统治与控制。

三、河洛文化

我们在绪言中曾试对河洛文化这一概念作一界定,说:产生于夏商、成熟于周、发达于汉魏唐宋、传承于其后历代的“河洛文化”,既包括以农耕经济为中心的物质文明,也包括由此产生的政治、经济、文化、习俗、心理等政治文明和精神文明。

如果有人问,再具体一些呢?

河洛文化应有如下内涵。其一是“河图”“洛书”,其二是“河图”“洛书”后文本文化,其三是产生于夏商、成熟于周、发达于其后(下限至明代)的文化。

河洛文化的内容博大精深,河南大学教授朱绍侯早在十几年前就指出:简言之,河洛文化应是产生于河洛地区的,包括原始社会的彩陶文化(仰韶文化)和河南黑陶文化以及神秘而代表河洛人智慧的“河图”“洛书”;还应包括夏商周三代的史官文化,及集夏商周文化大成的周公制作的礼乐制度;还应包括综合儒、道、法、兵、农、阴阳五行各家学说而形成的汉代经学、魏晋文学、宋明理学以及与儒道思想互相融合的佛家文化等等,以上各种文化的总和就是河洛文化。

数千年来,河洛文化对华夏民族产生了深远而巨大的影响。

第二节 洛　　阳

洛阳在河洛地域中处于中心地位,历史上曾为十三朝之首都。

一、周公营洛

武王伐纣后,“周”一下子由商的臣属地位成为统领天下的首领,武王不仅成了威震四方的“天子”,而且所统御的领土向东扩大了很多。

如何控制?怎样管理?武王为此曾“夜不能寐”。

但他不愧为英明的战略家，当即就作出了决断：迁都。

他明确宣告："余其宅兹中国，自之乂民"（《何尊铭文》），要"定天保，依天室"（《史记·周本纪》）。这里说的"天室"，即指嵩山。

为表示自己的决心，他还命令把象征王权的九鼎移到洛阳，而不是置于镐京。对此，《左传·桓公二年》有明确的记载："武王克商，迁九鼎于雒邑。"这一决策得到了成王继承。《史记·周本纪》载，成王刚一继位，就"使召公复营洛邑，如武王之意"；"及将致政，乃作大邑成周于土中"（《逸周书·作雒解》）。之后又派周公前往，"周公朝至于洛，则达观于新邑城"，"越七日甲子，周公乃朝用书命……庶殷丕作"（《尚书·召诰》）。成周基本建成后，还举了盛大的九鼎安放仪式，各国诸侯都来参加了庆典，《左传·宣公三年》记载了这次具有历史意义的活动："成王定鼎于郏鄏"。

成周作为西周的陪都，在稳定和推动国家发展方面起到了重要作用。至平王元年（前770）时，随着政治形势的变化，周王朝便正式离开了镐京，移都于洛邑。

二、古今兴废事，只看洛阳城

有人说，外国人不到洛阳就不会真正了解中国悠久的文明。

有人说，中国人到过洛阳后才会更了解中国的国情。

果真如此吗？不是在炒作吧！道理何在呢？

答案很简单：河洛地区是中国的一个缩影。

中国作为世界东方的一个大国，一个文明古国，一个农业大国，文化光辉灿烂，圣杰哲俊人才辈出；在漫长的历史长河中，既有太平盛世，又有衰败与中兴，既有清明和谐，又战乱不断、灾害频仍。

中国的上述特点，在雪域高原，漠漠戈壁感受不到；在深圳、上海更是根本看不见影儿；就是到西安和渭河流域，也只能领略一二。只有到了河洛地区，到了洛阳，才能充分地、完全地得以体现。

总之，这里既有民族的自豪与欢乐，又有国家和百姓的悲哀与长叹。

对此，司马光的感受比谁都深。他说，洛阳是中国和中国历史的缩影。

司马光是山西夏县人，小时候就听到过许多关于尧的传说、禹的传说。不少传说还来自可爱的家乡。司马光精通史籍，在北宋先后担任过天章阁待制、龙图阁直学士、翰林学士、御史中丞和尚书左仆射兼门下侍郎（宰相）。他根据历史上国家兴衰成败的经验教训，每每上书皇帝，“躬亲庶务，不舍昼夜”，以至“病革不复自觉”。但由于政治斗争的原因，他的高端交椅并没坐稳，没多久，因和王安石政见不一，就辞去京职，从东京退到西京——洛阳，名为判西京留守御史台，实是闲职。

历史学家的目光是深邃的。

司马光决心进一步总结历史，编写出一部可供后世统治者借鉴的历史长卷。经过7年的构思，他写出了大纲并向皇帝作了报告。又经过2年准备，工程正式启动。历20年之艰辛，他编出了我国第一部规模宏大、卷帙浩繁的编年体通史《资治通鉴》。

《资治通鉴》上起周威烈王二十三年（前403），下迄五代后周显德六年（959），记载了十六代1362年的历史。全书294卷，另有目录、考异各30卷，合计354卷，300多万字。该书叙事核详周备，记人栩栩如生，通篇文辞简洁生动，堪称文史结合之典范。

据载，司马光为编撰《资治通鉴》，除引用《史记》等正史外，还参阅各类笔记杂史322种。他呕心沥血，一丝不苟，投入了后半生的全部身心。元丰八年（1085），他在给宋神宗的《进资治通鉴表》中，叙述了编书的经过，也诉说了自己的心曲：

> 臣今骸骨癯瘁，目视昏近，齿牙无几，神识衰耗，目前所为，旋钟遗忘。臣之精力，尽于此书。

如果从司马光38岁那年开始酝酿编撰算起，到66岁那年《资治通鉴》告竣，先后历时长达29年。司马光付出心血之多，可想而知。

两年后，他欣慰地告别了洛阳，平静地离开人世。

阅尽世间沧桑，感悟天地变化，司马光用最精练的文字写下了他对洛阳这一千年帝都的体会：“若问古今兴废事，请君只看洛阳城。”

让我们再简要地翻一翻昨天的日历，拂一拂往日的尘土，重温一下司马光在

《过洛阳故城》中所说的历史吧！

除了夏代建都二里头（即斟鄩），商以尸乡沟（即亳）为都，西周以洛邑为东都，东周迁都洛阳外，历史上还先后有九个朝代定都洛阳。

1. 东汉

九里山前摆阵势，昆阳城下定输赢。

经过多年征战，昆阳（今河南叶县）一战，刘秀彻底击败了王莽。更始三年（25），刘秀在洛阳建都并重建洛阳。此时洛阳作为全国政治、经济、文化的中心，各方面都相当繁荣，是一个国际性的大都市。东汉统治者倡导读经，为此建立了太学。洛阳太学鼎盛时期学生达30000多人。佛教此时传入中国，洛阳修建了全国第一座寺院——白马寺。经学家郑玄、马融、蔡邕，文字学家许慎、科学家张衡、书法家钟繇、史学家班固、外交家张骞都在洛阳留下了自己的足迹。

东汉末年，灾荒连年，军阀混战，董卓挟汉献帝西逃时，洛阳在大火中几成废墟，汉都毁于一旦。

2. 曹魏

一代枭雄人去后，禅让一剧演繁城。

董卓遭诛后，曹操将汉献帝迎到许昌，220年曹操在洛阳病死，其子曹丕立即以禅让之说废汉献帝自立，史称魏文帝，改国号为魏，年号为黄初，并定都洛阳。没想到45年后司马氏效曹丕重演故伎，废曹自立，号为晋。

3. 西晋

永嘉丧乱百姓苦，饥寒流陨填沟壑。

公元265年，司马炎代魏称帝后改国号为晋，仍以洛阳为都，前后51年。曹魏和西晋时洛阳得到了一定的重建，经济、商业及文化事业有所恢复，“建安七子”“竹林七贤”等对文化的繁荣作出了贡献。西晋末年，政治腐败，历时多年的“八王之乱”给人民带来了深重的灾难。此时北方匈奴崛起，刘渊称帝建汉。永嘉五年（311）刘汉攻入洛阳，杀了怀帝，6年后又攻占长安，历时51年的西晋遂亡。北方军阀势力分裂割据，出现了十六国的动乱局面。

4. 北魏

孝文改制显雄才大略，民族融合殊功彪洛京。

由于鲜卑拓跋氏的强大，在平城（今山西大同）建立北魏后很快统一了北方。为巩固统治,魏孝文帝拓跋宏于太和十七年(493)迁都洛阳。定都后,孝文帝大刀阔斧进行汉化改革,强制鲜卑人说汉语、写汉字、穿汉服、改汉姓、行汉制、结汉姻、倡儒术、崇佛教,大大促进了民族的融合和文化的发展。一时洛阳人口剧增,超过了40万。北魏时洛阳佛学昌盛,有寺院1317座,著名的永宁寺九级浮塔高九十丈,塔顶金刹高十丈,十里之外便可闻金铎之声。洛阳龙门石窟大规模的开凿也始于此时。

5. 隋

杨隋南北成一统,千秋大业此首功。

自西晋灭亡后,北方出现了十六国的分裂局面,北魏虽然比较强大,但迁都洛阳后仅维持了41个年头就分裂为西魏(长安)和东魏(洛阳)。之后北方又出现了北齐、北周,南方在东晋灭亡后出现宋、齐、梁、陈。南北对峙达265年之久。

开皇元年(581),杨坚代北周称帝,定都长安,经过8年征战,终于结束了分裂局面,完成了统一大业。公元604年,隋炀帝即位,大业元年(605)下令重建洛阳,并于第二年迁都于洛阳。

6. 唐

大唐盛世景色新,两都煌煌业绩伟。

隋末暴发了大规模的农民起义,公元618年,李渊在长安建立唐朝。621年,李世民攻克洛阳,洛阳遂为唐朝东都。在唐近300年的统治中,70年间有6位皇帝曾移都洛阳。

洛阳作为东都,是唐代丝绸之路的起点,唐三彩的故乡。李白、杜甫、白居易、吴道子、颜真卿、僧一行等大批文人才士的聚集,使洛阳和长安一样,诗歌、绘画、书法、天文等空前繁荣,洛阳成了当时东方最重要的大都会。

唐玄宗天宝十四年(755)发生了安史之乱,之后战祸连年,洛阳多次失陷,城市遭到破坏。唐末农民战争四起,民反官剿,兵火每每殃及洛阳。

7. 后梁

竖子跳梁又称梁,淫乱祸国自遭殃。

唐朝末期,政治动荡。黄巢叛将朱温投靠唐僖宗,僖宗赐其名为全忠。朱全忠实力强大,曾挟迫唐昭宗迁都洛阳,并指使人接连谋杀两位皇帝。公元907年,朱温篡位称王,建后梁,先都开封,不久迁洛阳。朱称帝后,生活淫糜,连其儿子朱友珪之妻也不能幸免。开平五年(911)五月,朱温病重在床,朱友珪乘机将其斩杀。

8. 后唐

梦想中兴难中兴,业成于艰毁于随。

朱温死后,后梁内部发生分裂,原唐朝部将李克用之子李存勖于公元923年攻灭后梁,建立后唐,称庄宗。李存勖在灭后梁及扫平对手的征伐中,勤于战事,善用贤能,故能上下团结,戮力共事。称帝后却一反常态,为防大权旁落,连连诛杀昔日功臣宿将。与此同时,他亲近伶官,崇信谗佞。926年,部将李嗣源攻入洛阳,庄宗众叛亲离,在乱中被杀。李嗣源于是称帝,是为明宗。

933年底唐明宗病逝,其子李从厚继位,是为唐闵帝。闵帝与其弟潞王李从珂不睦,934年,李从珂攻入洛阳,代闵帝而立,是为后唐末帝。

9. 后晋

媚敌甘作儿皇帝,引寇入室沦为贼。

后唐河东节度使石敬瑭长期拥有重兵,末帝李从珂即位后两人矛盾加剧,末帝意欲削其势力。石为自保,遂认契丹王耶律德光为父,并许以得势后割燕云十六州予契丹。契丹于是封石敬瑭为大晋皇帝。清泰三年(936)十一月,石敬瑭借契丹之兵力攻入洛阳,末帝自焚身亡,石于是正式称帝,建立后晋,以洛阳为都,后迁开封。石敬瑭媚敌求荣,不得人心,外辱内困,最终忧郁而死。

一管可窥豹,一滴水能见大千世界。就"古今兴衰"而言,泱泱中华,唯看洛阳足矣。

参考资料:

1. 李先登:《河洛文化与中国古代文明》,《河洛文化论丛》,河南大学出版社,1990年版。

2. 李学勤:《河洛文化研究的重要意义》,《光明日报》2004年8月24日。

3. 朱绍侯:《河洛文化与河洛人、客家人》,《文史知识》1994年第3期。

第二章 河图洛书

自从《周易·系辞上》说“河出图,洛出书,圣人则之”后,关于河图洛书的研究与争论就一直时热时冷地从未间断过,肯定与否定者虽各献其词,互有争锋,但可以预言,讨论将永远没有结论。

河图洛书的传说与研究都属于一种文化现象,反映着不同时代人们的认识水平和价值观念,反映着中华民族悠久、古老、深厚的文化积淀。

河图源于黄河,洛书出于洛水。

来吧,让我们首先走近黄河,走近洛河,再一步步走近河图洛书。

第一节 黄 河

黄河为我国第二条大河,世界第五大河。

黄河全长 5464 公里,流经青海、四川、甘肃、宁夏、内蒙古、陕西、山西、河南、山东九省区。在漫长的岁月里,黄河不仅哺育了中华民族,并且给我们留下了许多宝贵的精神和文化财富。千百年来,人们对她充满了无限的敬畏与热爱。

在人们心中,黄河的形象千姿百态。

一、一条性情浪漫的河

中国第一本诗歌总集是《诗经》,经过孔子删定后的《诗经》总体上的特征是什么呢?据孔子自己说是“思无邪”,用现代的话说,就是观点正确,内容健康。

说来也很有趣,《诗经》第一篇描写的就是黄河,而内容则是青年男女的爱情。这就是著名的《国风》中的《周南·关雎》,其中最脍炙人口的是:

关关雎鸠,
在河之洲。
窈窕淑女,
君子好逑。

关于“周南”,有人认为是乐曲之名,有人认为是地名。作为地名,《史记·太史公自序》中有“太史公留滞周南”,南朝宋裴骃《史记集解》说周南就是洛阳。唐司马贞《史记索隐》说陕以东皆周南之地。细看作者笔下的黄河,虽不能确切地说就是洛阳之北的黄河,但可以肯定地说是指洛阳及洛阳一带的黄河。实际上,这一点诗中已经点明了:“在河之洲”——因为只有洛阳及洛阳以下的河段中才有大小不一的沙洲。

春天里的黄河不仅是平静、温柔的,而且也是美丽的、浪漫的。

洛水入黄交汇处

杨柳青青,微风和煦,青年男女纷纷来到黄河岸边踏青。有时三三两两,有时成群结伴而行。

他们,或在水边,或在沙洲,或嬉戏,或依偎,或相诉,或曼舞。旖旎的春光给年轻人带来了勃勃活力,也带来了甜蜜与期望。

二、一条胸怀宽广的河

人们崇拜黄河,黄河在传说中也就人格化了。

黄河的人格化首先是从黄河之神开始的。传说河伯是专司黄河之神,名叫冯夷,又叫冰夷。关于河伯的故事,《山海经·海内北经》、《列子》、《淮南子·齐俗训》、《抱朴子·释鬼篇》等均有记载,有的较详,有的较略。《山海经》说:"从极之渊,深三百仞,维冰夷恒都焉。冰夷人面,乘两龙。"

为黄河写形最为丰满生动者,当为庄子及屈原。

屈原有一首诗叫《河伯》,虽属祭祀之歌,但歌中连一句敬祀之词也没有,而是讲述了河伯与女神相恋的故事:

与女游兮九河,
冲风起兮水扬波。
乘水车兮荷盖,
驾两龙兮骖螭。
登昆仑兮四望,
心飞扬兮浩荡。
日将暮兮怅忘归,
惟极浦兮寤怀。
……

歌中说河伯与女神乘着豪华水车,由骖螭驾驶,由东方黄河入海的九条分支溯流而上,直至登上了源头——昆仑之巅,之后,又乘白鼋返回,曾到河心沙渚逗留,最后,两人牵手洒泪而别。歌中充满了凄楚哀怨之情。

庄子笔下的河伯却是另一个样子,河伯是一个心怀博大、气度通达、晓理明道之人。他在《秋水》中写道:

秋水时至,百川灌河,泾流之大,两涘渚崖之间,不辨牛马。于是焉,河伯欣然自喜,以天下之美为尽在己。顺流而东行,至于北海,东面而视,不见水端。于是焉,河伯始旋其面目,望洋向若而叹曰:野语有之曰:"闻道百,以为莫己若"者,我之谓也。且夫我尝闻少仲尼之闻而轻伯夷之义者,始吾弗信,今我睹子之难穷也,非吾至于子之门,则殆矣。吾长见笑于大方之家。

当秋水初涨时，河伯由于受到视野的局限，很是自满，认为天下壮阔雄美全在自己这里。但当他看到大海之后立刻感到很惭愧，并深刻地检讨了自己。

由于河伯能正确地对待自己，海神“若”也十分高兴，称赞他品格可嘉：“今尔出于崖涘，观于大海，乃知尔丑，尔将可以语大理矣。”意思是说，你能明白“大”与“小”都是相对而言这样的道理，就可以和你讨论人生“大道”了。

三、黄河是一条神秘灵异的河

黄河是中华民族的母亲河。在世界四大文明古国中，埃及的文明离不开尼罗河，巴比伦美索不达米亚文明离不开幼发拉底河与底格里斯河，古印度文明产生于恒河、印度河流域，中华文明则离不开黄河。可以说，水既是生命之源，也是文明之源。

人生之初，便对水无限敬畏。

古希腊哲学家泰勒斯（约前624—约前547）认为不仅“万物源于水”，而且最后又复归于水。

中国古代先哲认为，天地源于“太一”，太一生出了水和万物。湖北荆门郭店出土竹简中就有“太一生水”的记载。老子（前576—前447）《道德经》中不仅有“道生一，一生二，二生三，三生万物”的记述，老子还认为，“道”是看不见的，道就是无；万物生于无，最后也要回归于无。

泰勒斯和老子虽属同时代人，但可以肯定地说，他们两人并未曾见过面，也不可能进行过思想交流。然而，相距迢迢的欧、亚两位先人对水与世界有着如此相近的认同，可见人类对水是何等的崇拜。

黄河的神秘与灵异最让人折服的是龙马负图。

在古人眼中，圣人当世，黄河便每每出现祥瑞之兆。否则，便有凶兆。人们深信，黄河的瑞兆或凶兆就是最重要的信息，它预示世事成败盛衰。

有一年，一匹龙头马身之马从黄河的波浪中腾跃而出，背负着预示世事变化之图，献给人主伏羲。人主见此，既喜又惊，在惶惕中受到启发，便以河图之训示治理天下。对此，中国最古老的典籍《周易》中有如下记载：“河出图，洛出书，圣人则之。”

从此，黄河与圣人结下了不解之缘，与中华文明结下了不解之缘。

第二节 洛 水

洛水发源于华山之阳，进入豫西后流经卢氏、洛宁、宜阳、洛阳市区，在偃师东与源于豫西栾川，流经嵩山、伊川、洛阳市区的伊河交汇，至巩义市后向北注入黄河。

伊河、洛河形成的伊洛平原是一片肥美的沃土，北方农耕文化首先从这里兴起，因而这里的田园风光很早就被写进了史册之中。《诗经》中就有专咏洛水的篇章，如《小雅·瞻彼洛矣》，称颂这里水利优越，嘉谷丰登，周王建都在此是英明的。

美丽的洛水不仅哺育了两岸的儿女，而且还为我们留下了许多令人神往的故事。

这里有大禹治水的足迹；这里有仓颉造字的晒台；这里有美丽的洛神；这里有神异的洛书。

一、美丽的洛神

让我们先说说洛神吧！

洛水之神是一位美丽的女神。

一提到女神，人们很自然地便想到了西方的夏娃与自由女神。

其实，中国的女神比西方的还要古老。

中国人心目中也有女神，年轻且美丽者有两位，一位是女娲，一位便是洛神。

两位女神同籍，都诞生在河洛大地。女娲生活在黄河岸边，洛神生活在洛水之畔。

洛神形象在先秦文献中有许多记述。

《国语》记载，周灵王二十二年（前550）谷水与洛水暴涨，严重影响了洛阳王宫的安全，周灵王召集群臣廷议，讨论如何治水。

有人说，这是谷水与洛水之神的失职，主张惩治。

太子说，不错，水患是因为洛水之神与谷水之神不和而相斗的结果。但是，严惩有什么用呢？最好的办法是疏通河道。只要两条河道得以疏浚，二神各行其道，不就各得其所了吗？

关于这件事，《竹书纪年》中也有简略的记述，也说洛神与河伯矛盾重重，曾发生过争斗。

洛神正式成为女神并有了名字，首推屈原。屈原在《离骚》、《天问》中称洛神为“宓妃”。

洛神到底什么样子，是否很美丽呢？

西汉文学家司马相如在其《上林赋》中曾有一番描摹，说她“绝殊离俗，姣冶娴都”，“皓齿灿烂，宜笑的砾，长眉连娟，微睇绵藐”。他说洛神美丽非常，令人望之，“色授魂与”。

汉代其他辞赋家如扬雄、张衡、蔡邕在所写的赋中也都提到过洛神，《甘泉赋》、《思行赋》和《述行赋》对她各有一番生动的描写。

然而，赋予洛神以人格魅力的是汉魏时期的曹植。

曹植字子建，曹操之子，魏文帝曹丕之弟。曹植为“建安七子”之一，在中国文学史上成就很高，尤其诗作，语言流丽，清新刚健，富有“建安风骨”之神采。

但曹植无论在政治上还是在平常的生活中，都不很顺利，或者说非常坎坷。

曹操不信任他。

曹植自幼聪慧，尤善辞章且心胸广大，曹操很欣赏他。据《三国志》载，曹操被封魏王后，曾认为曹植“最可定大事”，并对左右说“吾欲立为嗣”，即一度想立他为太子。但曹植文人习气太浓，不仅任性，有时还过于放纵，因而逐渐失去曹操的宠爱。

曹丕想除掉他。

由于曹操曾想立曹植为太子，这对曹丕来说无疑是极大的威胁。虽然曹丕最终当了皇帝，但他始终对这位才高八斗且有大志的弟弟十分猜忌，不仅排斥他，甚至想除掉他。有一件事众所周知且被敷演得纷纷扬扬，那就是曹丕曾以半真半假的方式要曹植在七步之内作一首诗，否则就要杀掉也。曹植愤悲之极，怨懑之情一泻千里，脱口而出：

煮豆燃豆萁，豆在釜中泣。本是同根生，相煎何太急！

然而,最使曹植一生感到痛心的还是他失去了心爱的甄妃。

曹操大破袁绍时,曹植得遇被俘的袁绍之子袁熙之妻——甄氏,二人一见倾心。不料曹丕看上了甄氏,并在曹操面前暗示想纳于己下。于是,曹操便借故顺水推舟,遂了曹丕之愿。甄氏终因不能忘情于曹植,不久便郁郁而死。

黄初四年(223),身为鄄城王的曹植奉命到京城洛阳朝觐曹丕。返回的途中,他本想和自己的弟弟白马王彪同行,同诉手足之情。但他万万没有料到,曹丕不但不允,还派人监视其行动。

秋风瑟瑟,洛原寂寥。他孑身一人,行走在洛水之滨,看到奔腾不息的波浪,再看看眼下的自己,虽车盖豪华,人马喧声,实际上却是形单影只。他徘徊流连,无法抑制如潮的思绪。他由洛水而想到洛神,由洛神宓妃而想到甄妃。忧伤中的他仿佛又回到了往昔,恍惚中似又见到了甄氏。眼前洛神的飘绰之姿、柔美之容使他又感受到了生活的温馨与生气。

他为此而写下了《洛神赋》。

曹植笔下,洛神是天上的仙子,仪态万千:

其形也,翩若惊鸿,婉若游龙。荣曜秋菊,华茂春松。
仿佛兮若轻云之蔽月,飘摇兮若流风之回雪。
远而望之,皎若太阳升朝霞;
迫而察之,灼若芙蕖出渌波。

曹植笔下,洛神是人间的姣姝,容颜端丽:

襛纤得衷,修短合度。
肩若削成,腰如束素。
延颈秀项,皓质呈露。
芳泽无加,铅华弗御。
云髻峨峨,修眉联娟。
丹唇外朗,皓齿内鲜。

明眸善睐，靥辅承权。

洛神对曹植柔情不尽，含情脉脉：

瑰姿艳逸，仪静体闲。
柔情绰态，媚于语言。

曹植对洛神倾慕心仪，以玉邀约：

余情悦其淑美兮，
心振荡而不怡。
无良媒以接欢兮，
托微波而通辞。
愿诚素之先达兮，
解玉佩以要之。

作者用华美的词藻、艳丽的色彩，通过生动的比喻，细腻的描摹，将洛神飘逸灵动的态姿，美丽端庄的容貌，善良纯洁的心灵，栩栩如生地展现了出来。在这位华容婀娜的多情佳人面前，作者似乎忘记了一切！

100 多年后，晋代画家顾恺之有感于《洛神赋》辞丽宏富，艺术高妙，创作了巨幅绢本着色图卷《洛神赋图》。

《洛神赋图》

画面上，傍晚时分的洛水浩渺无际，淡淡的云霭中，透出薄薄的月色。手持麈尾，衣带飘飘的洛神，脉脉含情，似来又去。华盖下的曹植，在众人的簇拥中，凝神远望。作者用艺术的方法，虚实结合，再现了诗人怀念、思恋、怅惘之情愫。

曹植失去了人间的甄妃，但却给后人留下艺术上的洛神，《洛神赋》成了千古佳构。

顾恺之与曹植灵犀相通，又创作了丹青珍品《洛神赋图》，为中国古代绘画史增添了一绝。

这真是：作者不幸艺术幸，佳作传世照汗青。更幸是洛阳，美名天下扬。

二、神奇的洛水

舜掌管天下之时，曾一度发生水患，神州遍地是水。洪水滔滔，淹没了许多田地和聚落，哀鸿盈野，民不聊生。舜就命令鲧负责率领大众治水。由于鲧不熟悉天下地势地形，不懂得如何因势利导，错误地采用非封即堵的方法，结果不仅没有及时地把大小河湖之水导向大海，反而造成了新的灾难。一怒之下，舜就把鲧流放了。

鲧的儿子禹受命于危难之际，接着继续治水。禹为了治水，十三年当中走遍了天下，三过家门而不入。他凿禹门，疏黄河，查太湖，导长江，使川江湖泽之水畅流入海。禹治水有功，舜就把天下禅让于禹。上天为表彰禹之功并助其治理天下，于是就命令神龟于洛水献出洛书。禹依洛书制九畴治世，于是，天下大治。

洛出神龟，祥瑞之兆；河图九畴，万代宗法。神奇的洛水由是闻名千古。

第三节　河图洛书

一、典籍记载

史籍关于龙马负图从黄河而出、神龟负书从洛水而出的记载很多。最权威的典籍当是《尚书》、《易经》、《礼记》和《论语》。

1.《尚书》

《尚书》是记载中国上古文献之书，据汉儒所言，此书为孔子亲自编定，汉武帝时在曲阜孔府夹层墙壁中发现。由于文字障碍，汉代大儒、也是孔门后人孔安国专门为其作了注释，至唐代，又有孔氏后人孔颖达为其进一步疏解，作《尚书正义》。

《尚书》中有一篇叫《顾命》，记述了周成王逝世前大臣们接受其嘱托及逝世后大臣们隆重祭祀的情形。其中实录了祭祀时在太庙东、西廊庑下陈列的各种器物：

> 赤刀、大训、弘璧、琬琰在西序，大玉、夷玉、天球、河图在东序。

为什么将上述之物陈列于太庙祭台之上呢？孔颖达在《尚书正义》中作了解释。他说：“河图、大训、贝鼓、戈弓，皆先王之宝器也。”其中对河图又加以说明：“河图，八卦是也。伏羲氏王天下，龙马出河，遂则其文以画八卦，谓之河图。”

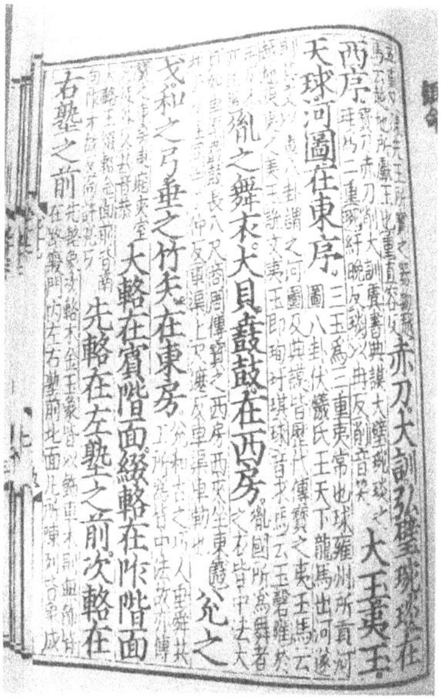
赤刀大訓弘璧琬琰在西序大玉夷玉天球河圖在東序胤之舞衣大貝鼖鼓在西房兌之戈和之弓垂之竹矢在東房大輅在賓階面綴輅在阼階面先輅在左塾之前次輅在右塾之前

《尚书·顾命》

孔颖达是相信有河图的，他认为古人不会作假：孔子在其书中有所记述，班固、刘歆也都有记述。因而在上段话后，他紧接着说：“当孔之时必有书，为此说也。《汉书·五行志》，刘歆以为伏羲氏继天而王，受河图，则而画之，八卦是也。刘歆亦如孔说，是必有书明矣。”

2.《易经》

《易经》即伏羲所画八卦及其解说。《易经》原来只有八卦，周文王将其演化为六十四卦，并广为流传，故而后世称其为《周易》。

《周易》内容包括两部分，第一部分主要是卦名及内容，即通常所说的“经”——爻辞；第二部分是对六十四卦的解释，即通常所说“传”。汉代人认为，“易传”10篇为孔子所作。关于河图与洛书，《周易·系辞上》记述得很简要：

> 是故：天生神物，圣人则之；天地变化，圣人效之；天垂象，见凶吉，圣人

象之；河出图，洛出书，圣人则之。

这段话的意思是说，《易》是一本启人心扉，教人实务的书。因此，上天便生出神异的蓍草、灵龟，供圣人效法进行卜筮；上天让天地有季节之变，让圣人效法而有了历法；上天用各种征兆预示吉凶，教圣人据此而决定自己的言行；黄河献出龙图，洛水献出龟书，让圣人就此画出八卦而教人知道万物及人的命运。

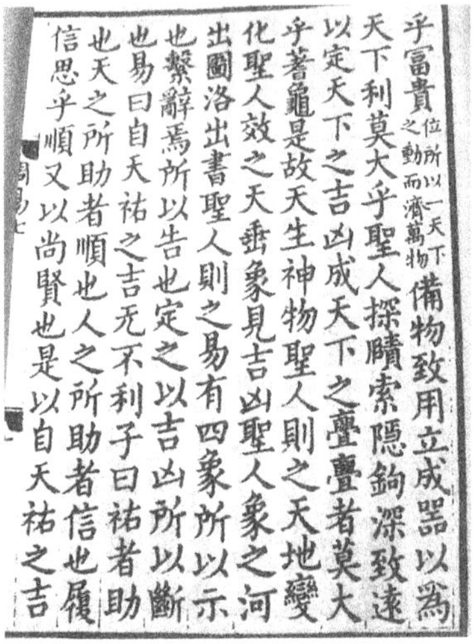
乎富貴位所以一天下之動而濟萬物備物致用立成器以為
天下利莫大乎聖人探賾索隱鉤深致遠
以定天下之吉凶成天下之亹亹者莫大
乎蓍龜是故天生神物聖人則之天地變
化聖人效之天垂象見吉凶聖人象之河
出圖洛出書聖人則之易有四象所以示
也繫辭焉所以告也定之以吉凶所以斷
也易曰自天祐之吉无不利子曰祐者助
也天之所助者順也人之所助者信也履
信思乎順又以尚賢也是以自天祐之吉

《易经·系辞上》

既然有如此明确的记载，那么，河图洛书的具体内容是什么呢？

汉代孔安国为《周易》作传，认为：“河图则八卦是也，洛书则九畴是也。”另一学者郑玄在《周易郑氏注》中说：“河以通乾出天苞，地以流坤吐地符。河龙图发，洛龟书感。河图有九篇，洛书有六篇。”

两人虽然说得很认真，但两人犯了一个共同的毛病：语焉不详。

3.《礼记》

《礼记》是一部记录秦汉之前各种礼仪论著的书，今传汉代戴圣所编《礼记》46篇。有关河图洛书的记载在第九篇《礼运》中：

故天不爱其道，地不爱其宝，人不爱其情。故天降膏露，地出醴泉，山出器车，河出马图。

这段话的意思是说：天地是公正的，人处在世上也应无私。上天不吝惜自己的道，因而降下雨露；大地不吝惜自己的宝，因而涌出醴泉；人不吝惜自己的情，因而孝敬长辈关心兄弟。高山献出了宝藏和车辆，黄河龙马献出了河图。

4.《论语》

《论语》是一部记述儒学创始人孔子及其弟子言行的书，是儒家最重要的经典。《子罕》篇记述了孔子对河出图的肯定：

子曰："凤鸟不至，河不出图，事已矣夫！"

孔子是一个积极用世者，有着治理天下的政治抱负，但终其一生也没有得到任何王侯的赏识，不仅如此，即如衣食生活，也时有困顿。孔子十分崇拜周公，但见到的却是"礼崩乐坏"的乱世。因而他常常发出无可奈何的叹息。孔子是相信征兆的，《春秋公羊传》记载：鲁哀公十四年，西狩获麟，孔子知道后很悲伤，他认为仁兽被猎，实为不祥，止不住哀叹道："吾道穷矣！"在古人眼中，麒麟出现，凤凰来仪，黄河出图，往往是盛世征兆。孔子感到再也看不到这种祥瑞了，这不仅是个人的悲哀，更是社会的不幸。

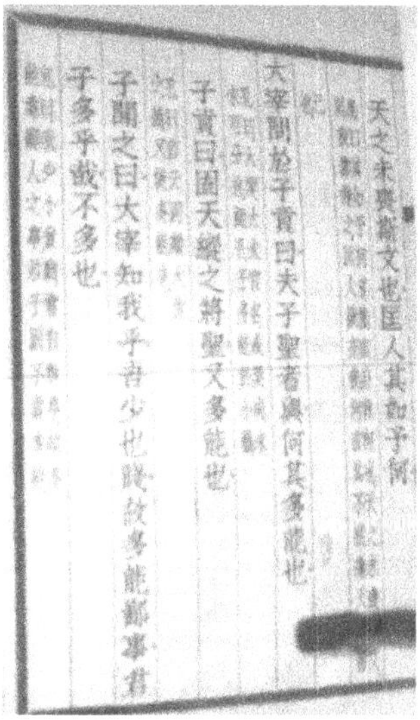
天之未喪斯文也匡人其如予何
大宰問於子貢曰夫子聖者與何其多能也
子貢曰固天縱之將聖又多能也
子聞之曰大宰知我乎吾少也賤故多能鄙事君
子多乎哉不多也

《论语·子罕》

孔子没有成为政治家，但他毕竟是伟大的思想家，"礼崩乐坏"使他不能实现自己"克己复礼"的理想，很失望，"事已矣夫"。但其理念仍是坚定的。晚年的孔子全身心地致力于思想、文化的整理工作，不仅修订《春秋》，删定《诗经》，其弟子还将他一生的言行、主张编为《论语》一书，以传之后人。

《论语》是一本修身的书，更是一部治国的书。北宋开国宰相赵普说"半部《论语》治天下"，其言虽有些夸张，实不谬也。

二、河图洛书之文本

史籍上对河图洛书的记载虽然文字不多，却言之凿凿。

然而，人们最关心的是两个问题：一是河图洛书出在哪里？二是河图洛书的具体内容到底是些什么？谁见到过？

1. 河图出孟津

孟津县今属洛阳市。孟津原叫"盟津"，是黄河岸边一重要渡口，武王伐纣

龙马负图寺山门

时，八百诸侯出兵响应，大军会师于此，并集体盟誓讨伐无道，之后东进朝歌，双方遭遇于牧野，联军一战而灭商。今孟津县还有会盟镇，据说就是当年诸侯会盟之处。

孟津县会盟镇雷河村有龙马负图寺，传说这里便是龙马负图之处。

龙马负图寺始建于晋代永和四年（348），初名浮图寺，后曾改为河图寺、龙马寺、伏羲庙、羲皇庙，1992 年重建后以“龙马负图寺”名之。

图河故道碑

重建后的龙马负图寺基本上仍如旧制，有石桥、山门、钟楼、鼓楼、伏羲殿、文王殿、孔圣殿、三皇殿、三十六宫、东西配殿以及石雕龙马、碑刻等。

“一画开天”碑

负图寺内可资纪念之物甚多，除有“龙马负图处”碑、“图河故道”碑外，还有孔安国、邵雍、朱熹、周敦颐、王铎等历代名人的题记或题诗碑刻。清雍正年间河南府知府张汉曾为伏羲神龛题写楹联并手书“一画开天”四个大字。楹联为“读

汤阴文王演易台龙马河图雕塑

无字书忽想到羲皇以上，行负图寺恍若游太极之初”。1932 年上海“一·二八”事变后，南京国民政府曾临时迁到“行都”洛阳，2 月 19 日蒋介石视察河防后曾

与宋美龄及随从至负图寺。当蒋读到张汉所题龛联时，似有所悟，连声说：好，好。啊，河出图、洛出书原在这里！蒋当时心情很好，提笔写了“河图洛书”四字，并捐银洋1000块。

2. 洛书出洛宁

关于洛书出于何处，史籍记载方位不一，但较为集中的是洛宁县长水之洛汭。

洛宁县旧称永宁。《水经注》引《河图玉版》说：“仓颉为帝南巡，登阳虚之山，临于玄扈洛汭之水，灵龟负书丹甲青文以授之。”《明一统志》载，阳虚山在永宁县，并说：“仓颉随黄帝南巡，登阳虚之山，即此也。”《清一统志》对《明一统志》所记提出异议，认为阳虚山当指陕西洛南阳虚山。

历史上相同的山名、水名、地名很多，因而对同一历史人物、历史事件的发生与结果，历代常有争讼。翻检雍正十三年（1735）所纂《河南通志》和历代《永宁县志》，都认为玄扈水、阳虚山在永宁县。上述《河南府志》卷五一“古迹”篇云：“禹王庙在永宁县西长水镇。昔禹治水成功，洛龟呈瑞，故立庙祀焉。”作为省志，摒弃了黄帝得洛书之说，采用了大禹得洛书之说，从而使洛书出处与传说更加吻合，看来也真是颇具匠心，意味深长。

清雍正二年沈育立“洛出书处”碑

今洛宁县西南有龙头山，滔滔洛河从其南侧流过。龙头山历史上又叫檀山或坛屋山。《水经注》卷一五载：“洛水又东，经檀山南，其山四绝孤峙，山上有坞聚，俗谓之檀山坞。”山上原有禹王庙数十间，20世纪70年代因村中修建学校用其材始被拆除，今旧址尚存清雍正十三年（1735）所立重修禹王庙石碑一通。

西长水村位于龙头山之阴不远处，村内现有“洛出书处”石碑两通，均保存在退休职工傅建林宅院之内。一碑嵌于墙内，一碑立于院中。

洛宁县之洛汭

镶嵌墙内之碑立于清雍正二年(1724)，行楷“洛出书处”四字居中，右边题“河南尹张汉书”，左边署“雍正二年腊月永宁令沈育立”。张汉字月槎，云南石屏人，康熙五十二年(1713)恩科进士，后任河南知府。沈育，浙江嘉善人，雍正初官河南，任永宁县令。两人为保护地方文献风物，做了许多好事、善事，故其英名载于地方史册。

立于院中之碑为汉魏时期之物，碑上仅一“洛”字尚可认出，其余皆因石质风化漫漶不可辨认。傅建林生于1927年，2005年8月13日，傅先生对前往考察的笔者说，两通石碑从其儿时至今一直是这个样子，那时，第二块石碑“洛”字之下有一“出”字尚模模糊糊认得出，现在是什么也看不清了。看来，沈育所立之碑，可能也是出于旧石难以为继，从而刻新石以代吧。沧桑变化，世有克绍，这也是炎黄子孙之美德。

3. 河图洛书之文本

河图洛书原始面貌如何？

且不说河图洛书是石质、骨质、玉质、金质或皮质，就其内容而论，是文字，是图形，是数字，还是符号？从先秦至宋，代有新论，但众说纷纭，莫衷一是。

《尚书》认为洛书可能是典册。

《尚书·顾命》篇只提到河图，没提到洛书。《洪范》篇也未直接说到洛书，但它通过箕子之口说上天曾赐大禹洪范九畴：

> 惟十有三祀，王访于箕子。王乃言曰：“呜呼，箕子！惟天阴骘下民，相协厥居，我不知其彝伦攸叙。”

箕子乃言曰:“我闻在昔,鲧堙洪水,汩陈其五行。帝乃震怒,不畀洪范九畴,彝伦攸斁。鲧乃殛死,禹用嗣兴,天乃锡禹洪范九畴,彝伦攸叙。”

武王灭商后曾向箕子询问治国的方略,箕子作了很详尽的解说,这就是《尚书》中的《洪范》。洪者,大也,范者,政策方略也。

箕子所言洪范九畴与洛书什么关系呢?汉儒对此颇下气力,或旁征博引,或加以附会。班固《汉书·五行志》认为,“初一”以下皆洛书文也。其后经学家马融也这么认为。这些说法便成了后人再研究时立论之依据,如唐代孔颖达《尚书正义》,就认同了班、马之说。既然“初一”之下65字皆洛书,洛书不就是有文字的典册吗?

《淮南子》说图绿、书丹。

汉刘安《淮南子》卷二《俶真训》说,古有圣人治世,风调雨顺,万民乐业,“当此之时……洛出丹书,河出绿图”。

孔安国认为河图洛书不一样。

汉孔安国为《周易》作传,认为“河图则八卦是也,洛书则九畴是也”。在孔安国看来,河图没有文字,是八卦符号;洛书则是文字。

郑玄认为河图洛书一个样。

汉郑玄作《周易郑氏注》说:“河龙图发,洛龟书感,河图有九篇,洛书有六篇。”在郑玄看来,河图、洛书都是用文字记述的。

郑玄是经学大师,但他对汉代兴起的谶纬之学、谶纬之书并不排斥。西汉时有一本影响较大的谶纬著作叫《周易乾凿度》,说天帝居中,诸星环天帝分散于八宫,天帝为统领诸星,经常到八宫巡游:“太一取其数以行九宫,四正四维,皆合于十五。”郑玄曾为《周易乾凿度》作注,对上述说法进行了更为形象、直观的解说。

郑玄说,太一又叫泰一或太乙,是北辰之神名,也就是天帝。天帝和其他星共同居住在一起,天帝居于中,叫紫宫,其他星则环紫宫而居,所居之宫分别以八卦之名名之。天帝巡视诸星时,要走一定的路线,即按后天八卦的方位,从坎起,至离止。即:

坎(北,中男)→坤(西南,母)→震(东,长男)→巽(东南,长女)→中央。

前四宫巡视后回中宫休息,之后接着巡视:

中央→乾(西北,父)→兑(西,少女)→艮(东北,少男)→离(南,中女)。

巽 东南 长女	**离** 南 中女	**坤** 西南 母
震 东 长男	**中央** 太一所居	**兑** 西 少女
艮 东北 少男	**坎** 北 中男	**乾** 西北 父

太一与星神所居九宫

如果将太一巡行路线用一至九的数字排列表示,就是九宫的数字排列:

四	九	二
三	五	七
八	一	六

郑玄对河图洛书研究的贡献在于他将八卦、九宫与河图洛书结合在一起讲《周易》,使河图洛书与现实生活联系更加紧密,从而也使河图洛书的内容更具体、更丰富了。

汉以后的学者更没见到过河图洛书,研究或附会者也多宗汉儒。

继宋代之后,明代不少人都在研究《周易》。安徽桐城人方孔炤,字潜夫,万历四十四年(1616)进士,《四库全书存目丛书》中收其所著《周易时论合编》十五卷,卷一中有一幅关于天下九州与河图洛书关系的图。

徐州 四	扬州 九	荆州 二
青州 三	豫州 五	梁州 七
兖州 八	冀州 一	雍州 六

洛书九宫对应九州(一)

洛书符

他何以制出这张图来呢？他解释说,这样做的根据有二:一是“禹之治水治地,皆用九为规,如奠九州、刊九山,涤九川、陂九泽是也”。二是南宋史学家郑樵(字渔仲)在《通志》卷三中有禹定天下为九州的说法。“郑渔仲曰,禹贡九州,法洛书,而先北冀,次东北兖,东青,东南徐,南扬,西南荆,乃入中豫;而次西梁,次西北雍。岂非法水木火土金、布四时而相生乎?”

他将洛书与古代九州联系了起来,意在说明洛书内涵实与地理概念关系密切。

抽象的东西用直观的东西加以说明,是理论宣传的一种有效方法。看来方潜夫深谙此道。于是,他说曾见到“皇极老人”所画太一出巡的直观路线图。

方潜夫称这幅图为“洛书符”。从图中可以看出,按洛书从一至九之顺序,太一神从下方一宫始,巡行至上方九宫止,一路顺畅。

郑玄提出了太一巡行路线,但尚不能让人一目了然,方潜夫解决了具体的操作方法,使人看后豁然开朗。

三、河图洛书之图样

在我国思想、学术发展史上,继春秋百家争鸣之后,宋代和汉代是千余年间最活跃的两个时期。

宋代对河图洛书研究最大的贡献是陈抟绘出了河图、洛书的图样,使争论不休的“何为图何为书”的问题从此有了直观的可视对象。不仅如此,以《周易》为中心,宋代的许多著名思想家,如周敦颐、邵雍、张载、程颢、程颐、朱熹等,都积极参与了研究,从而进一步推动了研究的深化。

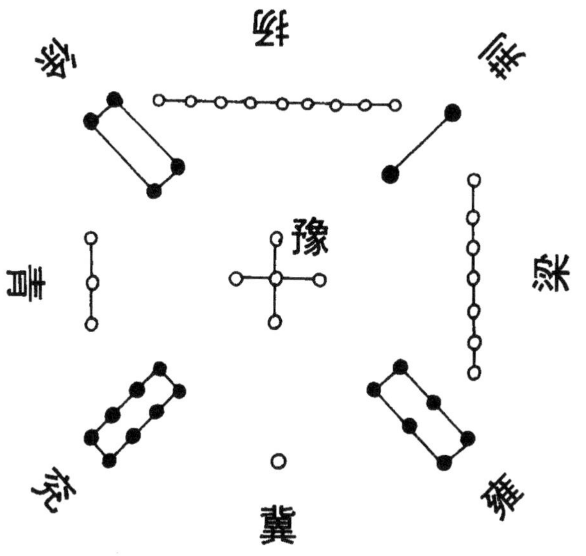

洛书九宫对应九州(二)

1. 陈抟

陈抟(871—989)字图南,自号扶摇子,亳州真源(今河南鹿邑)人。《宋史》除专为其立传外,隐士传也多记其事,其中说他,少年聪颖好学,“及长,读经史百家之言,一见成诵,悉无遗忘”。此外,他还通医理,晓佛学,知天文。后唐长兴中,举进士不第,遂转乐山水。陈抟因赞颂国家统一并献“远招贤臣,近去佞臣,轻赋万民,重赏三军”之言而受到宋太宗的敬重,并赐其号为“希夷先生”。

陈抟漫游天下,虽在武当山隐居20余年,实际上他是一个有志图王者。他精于易理,曾对着镜子给自己揣骨看相。他是怎样给自己定位的呢?仅四个字,那真正是雄心勃勃——“非帝即仙”。在武当山时,他曾写过一首诗:

> 万事若在手,百年聊称情。他时南面去,记得此山名。
>
> ——《隐武当山》

诗言志。心想“南面”,字号又叫“图南”,不是想当皇帝又是什么呢!

实际上也不奇怪。他处于乱纷纷的五代时期,五十多年间,目睹了五次改朝换代,真可谓“机遇”多得很啊!陈抟直看得心里痒痒的。

后周当政时,陈抟移居华山云台观,并亲自到开封探听过朝廷的虚实。显德六年(959),世宗柴荣病故,幼主柴宗训即位。陈抟认为机会到了,第二年(960)二月,陈抟带领数百名支持者匆匆赶往开封。可惜晚了一步,大将军赵匡胤已成功地发动了"陈桥驿兵变",黄袍加身,坐上了皇帝宝座。仅存在了10年的后周小朝廷就此灰飞烟灭。陈抟见此,倒也开朗,"你当我当都一样",便立即掉头返回华山。

陈抟塑像

宋太祖去世后,太宗赵光义即位。太宗因知陈抟素有韬略,便请其到京,并咨以国事,许以高位。陈抟深知伴君如伴虎,笑辞不就,对太宗称颂了一番,并献了前面所言"远近轻重"之策。

陈抟身为道士,但却精于《周易》,其宗教主张融儒、道、释为一,开宋代三教合一思想之先河。陈抟在精研《周易》方面有三大创新。一是开象数研究新风。易学象数在汉代有很大成就,主要是以儒解易,后受到玄学冲击而衰微。陈抟从道学切入,发明图说,从而使象数之说面目一新。二是由"河图洛书"而创"龙图说"。是他首先把图与数联系了起来,以数衍图,以图表数,在此基础上重视对《周易》核心内容的蓍、卦、爻之理义阐释。三是提升了道家文化,由他开启的图书之学,经师承光大,成为宋学之一部分,从此将图书之学推向更广、更深、更多的领域,如算学、医学、兵学、炼丹学、堪舆学等。

陈抟对宋代理学的发展起到了一定的奠基作用，著有《无极图》和《先天图》。理学开山大家周敦颐受其《无极图》影响作《太极图说》，另一大家邵雍受《先天图》影响而使易学象数研究在宋代走向高峰。

2. 陈抟绘河图洛书图样

陈抟撰《龙图序》(又叫《易龙图序》)并绘河图、洛书图样，开创了宋以后研究河图洛书的新路径。《龙图序》已佚，查其所著他书，也未见其图。今所见河图、洛书图样均存于邵雍《皇极经世书》及后人著述之中。后继者邵雍等在自己的著作中均说两图样源自陈抟《龙图序》。两图中以一至十的排列为河图，以一至九排列为河书。

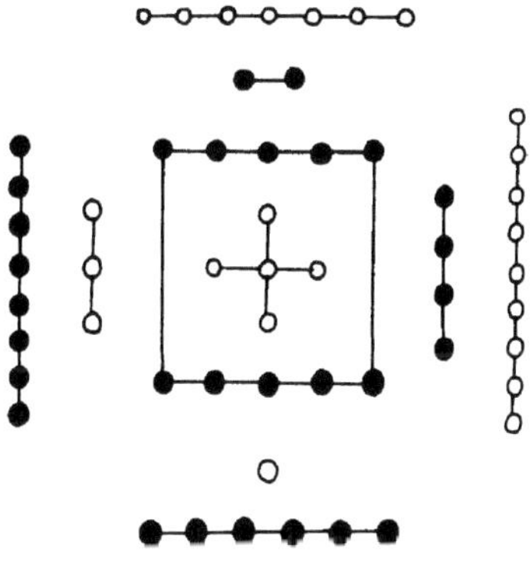
河图

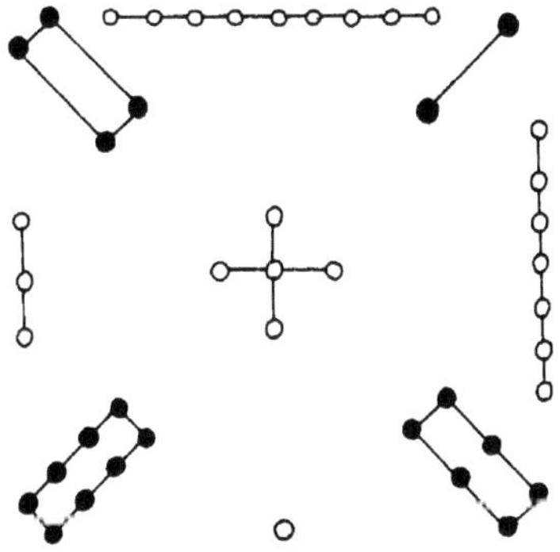
洛书

河图以象涵数说明：河图是模拟星象之图，由 1 到 10 的十个自然数组合构成，其中白点为奇数，又称天数，代表阳，黑点为偶数，又称地数，代表阴。象分四方，上南下北，左东右西。点分两层，每个方位不论天数大或地数大，二者之差皆是 5。天数总数为 25，地数总数为 30，差仍为 5。

洛书以象涵数说明：洛书是模拟大地之图，由 1 到 9 的九个自然数组合构成，其中奇数排在四方与中央，偶数排在四角。图中相对的四侧、四角与中央之数相加之和皆为 15。

从陈抟所绘图样可知，河图洛书还是一幅物象数理起源图示。这一图示揭示数字按一定模式组合后将产生一定的规律。南宋时著名数学家秦九韶(1202—1261)作《数书九章》，提出了著名的“大衍求一术”，至今在现代数学和电子计算设计中仍在使用，被称为“中国剩余定理”。他在该书的序中说，之所以撰此书，主要是受到河图洛书图样之启迪：“自爰河图洛书，八卦九畴。”当代科学家说“数学是科学之母，河图为数学之母”，这一论断进一步昭示了河图洛书在数理学方面原创性的意义。

北宋理学家邵雍（1010—1077）在易学象数研究方面，可称为陈抟的嫡系传人。邵雍非常重视河图洛书的数理关系，他认为，以一至十的排列为河图，以一至九的排列为洛书。他指出，深入研究可知，这些数字蕴含着天、地、人之间的相互关系，用他自己的话来说，“盖天地万物之理尽在其中矣”（《皇极经世书》卷七《观物篇外上》）。

陈抟在中国思想史、宗教史上有着重要地位。四川大学蒙文通在《古文甄微》中说：“图南不徒为高隐，而实博学多能；不徒为书生，而固有雄武之略。其人之龙也！方其高卧三峰，而两宋道德文章已系一身。”评价甚高。

《宋史》及司马光《资治通鉴》、李焘《续通鉴长编》等严肃的史学著作以及宋人张方平《乐全集》、杨亿《谈苑》、王称《东都事略》等，都记陈抟为亳之真源人。因陈抟曾漫游西蜀，故一些文献中也有说陈抟为蜀之普州崇龛（今四川安岳县）人者。

陈抟的书法也很有特色，后唐明宗长兴年间，陈抟曾游学京洛，今洛阳龙门石窟宾阳洞一侧山崖上有其题字刻石：“开张天岸马，奇逸人中龙。”其笔力雄健，潇洒飘逸。

第四节　河图洛书的影响

由于图出于河，书出于洛，因而河图洛书从一开始就具有浓厚的神圣与神秘色彩，这是远古物象崇拜向文明社会的传承。人类社会的神灵崇拜、祖宗崇拜、物象崇拜以及生命崇拜等，促进了人类思维的发达及文明的进步。河图洛书传说的出现及无数人竭其一生之力对它的解说或附会，对中国的政治学以及哲学、数学、天文、历法、医理、音律都产生了重大的影响。

一、河图洛书与八卦

《周易·系辞上》说："河出图，洛出书，圣人则之。"

"圣人"指的是谁呢？

对此，不同史籍所记各异。说伏羲、黄帝、仓颉者有之，说尧、舜、禹者有之，说商汤、周文王者有之，还有说秦始皇者。

由于说伏羲者最早，且连孔子都这样认为，故而后世多从伏羲之说。

伏羲何许人也？我国古代有"三皇五帝"的传说。关于"三皇"，约有六种说法。两种说法比较模糊，这就是司马迁在《史记》中所说的"天皇、地皇、泰皇"以及"天皇、地皇、人皇"。另外四种说法比较具体，见于各种杂记：一是伏羲、女娲、神农，二是伏羲、神农、祝融，三是伏羲、神农、共工，四是燧人、伏羲、神农。

后四种传说中，伏羲、神农得票率最高，达到了百分之百。

把神农氏作为中华民族的先祖，且居于"皇"的地位，充分反映了农业在中华民族发展史上的重要地位，突出了传统文化中的农耕特点。

把伏羲氏作为中华民族的先祖，且居于"皇"的地位，充分反映了易学在中华民族发展史上的重要作用，突出了传统文化中的精神特点。

1.《易经》

《易经》又称作《周易》。《周易》原为《易》，为伏羲所创，是中国最早的文化典籍。

伏羲是怎么创出《易》来的呢？听听孔子的说法吧。

孔子说，伏羲是一位伟大的圣人，他不仅把天下治理得很好，还很重视对人民的教育。他仰观象于天，研究日月星辰的变化；他俯视于地，研究山川湖海的状况；他研究上古留下的文献，总结经验教训；他既重视眼前事，又考虑到过去与未来，全面地把握事物的发展与变化。后来上天又赐他河图，使他受到了极大的启发，于是画出八卦，说明天地万物及变化，以此化育人民。

《易》在夏代时叫《连山》，殷代时叫《归藏》，均已失传。司马迁《史记》记载："文王拘而演周易。"说周文王被纣王拘于羑里时，韬光养晦，每天潜心于《易》的研究，数年后，将八卦"演"为六十四卦。周代商而起，文王整理之《易》广为流传，因而后人称之为《周易》。

孔子一生十分推崇《周易》，司马迁在《孔子世家》中说孔子读《易》，曾经

"韦编三绝"——抄有《周易》的竹简翻了一遍又一遍,串竹简的皮绳子磨断了三次。孔子晚年时删《诗》,订《礼》、《乐》、《春秋》,传述《周易》,很是下了一番功夫。至汉代,儒学大兴,上述各种典籍均被列为世人必读之经典,《周易》从此又叫《易经》。

今所见《易经》由两部分内容组成。第一部分为"经",又叫"爻辞",主要是解释六十四卦之义。第二部分为"传",共10篇,除解释六十四卦的卦名、卦义之外,还对爻辞进行了解释。故而有时也有人说"周易"由两部分组成:一曰经,二曰传。其中《易传》部分,传为孔子所作。

《易经》是古人用以占卜的书,但由于其包含着深刻的哲学思想和哲学原理,如世界万物相克相生、既对立又统一、知变则通等,因而受到历代的重视。由于《易经》内容丰富,后世出现了很多学派。但从大的方面看,不外乎两派,即义理派和象数派。义理派着重于哲学思想及哲学价值,象数派侧重于占卜预测。前者代表人物如汉魏时期的王弼,后者如西汉的京房,宋代的邵雍。

孔子对《易经》评价很高。《系辞传上》共十二章,第十一章中说:

子曰:"夫易何为者也?夫易开物成务,冒天下之道,如斯而已者也!"

用现代的话来说就是:《易》这本书有什么用处呢?《易》,可以开启人的智慧,成就人的事业;它还包含有天下万事万物的法则与规律。这本书,不过如此罢了。

这是典型的"微言大义"。

孔子不愧是位优秀教师,他善于运用深入浅出、循循善诱的教学方法。他以设问的方式提出问题以引起人们的注意,之后又用大家都能听得懂的朴实语言进行概括,从而使大家在轻松的气氛中接受了他的观点。

他稍作停顿之后,紧接着从六个方面说明古代的圣人是如何学习《易》的,并通过《易》定天下、断疑难,知吉凶、察民情,懂变通、明是非,从而尊天地、顺四时,崇富贵、利人民,创占卜、定历法,则河图、作八卦。

孔子阐述的这一番道理,无非是说《易》体现了上天的意志,天是人的主宰,人的一切活动只要顺从天意,便有无限的智慧,便可以成功。

全面认识《周易》,必须明白什么叫“象”、“数”、“理”。

“象”指形象,即具体的物象,另一层意思是指象征、比喻。《周易》中谈到了许多现象,如天象日月星辰、山川泽渊、雷电风雨,还有草木鸟兽及人间万象。这些具象,有时是实象,有时用于比喻或象征,意在说明事理。

“数”指世间各种事物之间的联系,即各种“象”的运行规律及其相互关系。这种关系、规律及关联,既可用话语来描述,也可用数字关系或数学模式来表示。用数学模式或模型来表示事物间的关系,是《易》的一大发明。从某种意义上说,我们的祖先是世界上最早懂得“数字化”的科学家,不仅如此,也是世界上最早懂得“二进位制”的科学家。但我们也不无遗憾地说,可惜的是这一发现或发明只是沿着单线前进——在思维方面过于重视抽象与玄妙,相对而言,忽视了实际的应用。

“理”即理义,即“道”。什么叫“道”呢?《系辞上》曰:“形而上者谓之道,形而下者谓之器。”如前所述,“象”、“数”是可以看得见的东西,它们可以体现某种规律或原则,但它们本身还不是规律或原则,故称它们为“器”。经过人的大脑思维,由“象”“数”继续向前推演,从而总结出、抽象出万事万物发展、变化的规律和原则,这就升华出了“道”。“道”既可以说明过去,又可预示未来,人们据此即可明乎事理,有规可循;以“道”指导自己的行动,就可避凶趋吉,不断进步。

《周易》中有许多意义深刻、富有哲理的话,人们今天还念念不忘,如“刚柔相济”,“殊途同归”;有的则成了无数人的座右铭,用以激励自己,如清华大学的校训“自强不息、厚德载物”,就是出自《乾》卦中的“天行健,君子自强不息”和《坤》卦中的“地势坤,君子以厚德载物”。

《周易》是智慧之学,《周易》是思辨之学。《周易》在中国思想史、学术史上有着极其重要的地位,因而被历代尊为“六经之首”或“群经之首”。

2. 八卦

八卦是《易》的基本内容,为伏羲所创造。

八卦实为八种符号,这种符号叫“爻”。横线条“—”为阳爻,两短横线条“- -”为阴爻。每两种符号相配合,三画构成一个卦。八卦为:

乾	兑	离	震	巽	坎	艮	坤
☰	☱	☲	☳	☴	☵	☶	☷

八卦分别象征天、地、水、火、风、雷、山、泽。

伏羲画出八卦，实际上是把宇宙万象分成了八大类别。

把人类所能见到的繁纷复杂的世界归纳为八种类型，这是何其伟大的魄力与智慧啊！

后来，文王据八卦又演出了六十四卦。把世间可以见到的现象又细化为六十四种不同形态，这是文王进一步深入研究天下万象的新成果。

后人称伏羲八卦为“先天八卦”，文王八卦为“后天八卦”。

邵雍绘伏羲八卦方位图

六十四卦顺序的排列是很有意思的，从中可以看出，它深刻地反映了事物发展变化的过程与规律。如首卦为乾，乾为天；第二卦为坤，坤为地。天地激荡，生出万物，于是第三卦为屯，意为世界初生。第四卦为蒙，意为初生之物处于幼蒙状态。又如第六十三卦为既济，从卦画可以看出，是阳爻与阴爻平均分布，是完全调和的平衡。这就给人以事物发展到了尽头的感觉。但紧接着作为结尾的第六十四卦却峰回路转，为未济，这是意味深长的。其意在于说明，只有相对的静止与平衡，没有绝对的静止与平衡；静止与平衡之后就是新的运动，事物的本质，就是永远处于运动状态。

我们的先人是何等的了不起啊！三千年前，对事物的认识就如此的深刻。

朱熹绘伏羲八卦方位图

这一类的思想，在《周易》中有很多、很准确的表述。如《周易·系辞上》：

《易》有太极，是生两仪；两仪生四象，四象生八卦。八卦定吉凶，吉凶生大业。

可见，八卦生成之原理，就是天地万物生成之原理。这就是《周易》的宇宙观。

二、河图洛书与五行

五行的观念在中国根深蒂固。五行中的“五”，即水火木金土，本是五种物质；“行”，则指运行。所谓五行观念，指以五行相克相生为中心进而推演于社会与自然的理论。由于古人以五行推演万物，因而五行运动的观念实际上也是一个宇宙整体运行的观念，所以也有人说“五行说”是“原始的普通系统论”。

五行的源头在河图洛书。

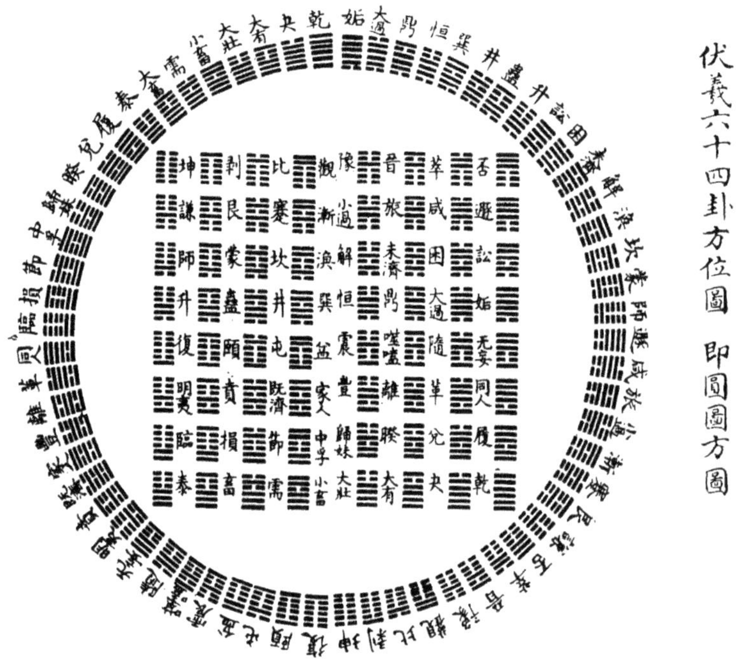

邵雍绘伏羲六十四卦方位图

1. 五行

作为上古文献，一是历时久远，一是历经秦火，很多东西早已是只字不存了，如大家都知道的《三坟》、《五典》、《八索》、《九丘》。河图洛书也有类似的遭遇，因而要寻其最初的文本，已是不可能的。

让人感到庆幸的是，通过梳理古籍，洛书的内容还能找到一些蛛丝马迹。

武王伐纣灭商之后，为了治理好国家，不仅经常征询大臣们的意见，还征询意见于商之遗贤，其中包括周兴十有三年，也就是灭商的第二年亲访纣王之叔父箕子，向他询问治国的方略。

箕子原是纣王的大臣，他见纣王荒淫不理国事，曾极力进谏。后来他看到纣王越来越滥杀无辜，为避其祸，就佯狂离开了朝廷。纣王知箕子深知韬略，就把他囚禁了起来。武王克纣后将其释放，并向他求教。

武王对箕子说：老先生啊，我深知上天在暗中保佑着下界的人民，使他们过上安定的生活。但是，要把以后国家的事情办得更好，我还不知道应按什么次序做些什么呀！

箕子见武王如此谦恭，就以夏代为例，坦诚地对武王进行了详尽的解说，史官记述了这一重大事件和箕子的讲话，这就是《尚书·洪范》：

惟十有三祀，王访于箕子。王乃言曰："呜呼，箕子！惟天阴骘下民，相协厥居，我不知其彝伦攸叙。"

箕子乃言曰："我闻在昔，鲧堙洪水，汩陈其五行。帝乃震怒，不畀洪范九畴，彝伦攸斁。鲧乃殛死，禹用嗣兴，天乃锡禹洪范九畴，彝伦攸叙。

"初一曰五行，次二曰敬用五事，次三曰农用八政，次四曰协用五纪，次五曰建用皇极，次六曰乂用三德，次七曰明用稽疑，次八曰念用庶征，次九曰飨用五福，威用六极。"

箕子以夏为例说：君主行政，一定要符合上天的意志，不要违反五行。鲧治水时，违反水性，乱陈五行，造成常道破坏，上天震怒，因而被流放而死。禹继承父业后，按天意办事，上天就把九种大法授给了他，从而建立了治国的正常秩序。

九种大法是什么呢？第一是五行，第二是认真办好五件事，第三是以农为先办好八种政务，第四是要用五种计时的方法，第五是要建立国家大法，第六是治民要用三德，第七是要用占卜解除疑惑，第八是要慎重对待各种征兆，第九是要用五福勉励人民，用六极惩戒坏人。

紧接着，箕子对"九畴"中什么是五行、五事、八政、五祀(纪)、皇极、三德、稽疑、庶征、五福、六极加以解释。如五行：

一曰水，二曰火，三曰木，四曰金，五曰土。水曰润下，火曰炎上，木曰曲直，金曰从革，土爰稼穑。润下作咸，炎上作苦，曲直作酸，从革作辛，稼穑作甘。

箕子所讲五行，是以自然界常见之象比喻治国。如五行"水火木金土"中，水润下，火炎上，木曲直，金从革，土稼穑，都属各自的体性。五行又各有其味，称五味。五行又与人们日常接触的五方、五音、五色、五谷、五脏、五常相关联。这些都是自然或社会的秩序与常道，顺之则和谐，逆之则必然受到一定惩罚。

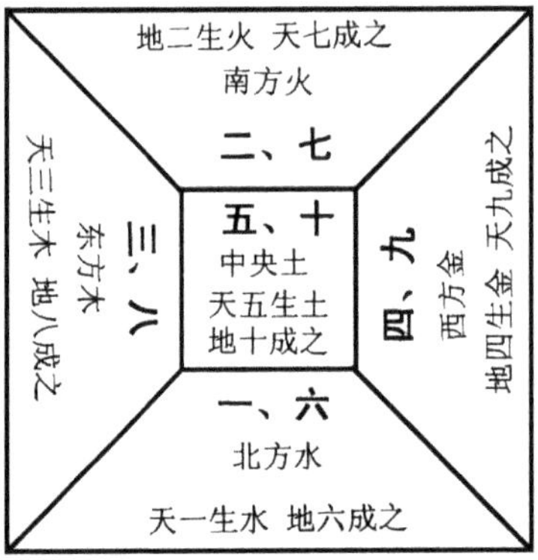

河图与五行对应关系图

洛书与五行对应关系图

五行本指自然界五种物质，它们的运行是有秩序、有规律的，顺应它，人就会得到福祉，违背它，就会遭到惩罚。开始的时候，人们只是将其作为象征，劝诫人生。到了汉代，人的思想不知怎么突然得到启发，解放无边，把五行推演于万物。于是，一套相当完备的五行之说便应运而生；于是，不论达官显贵或贩夫走卒，人人趋之若鹜。

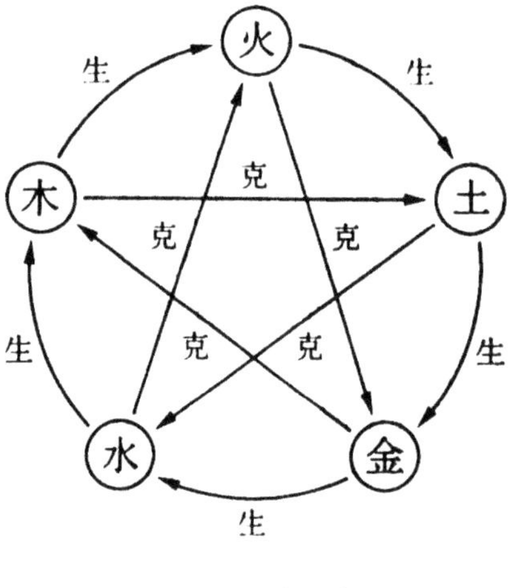

五行相生相克示意图

五行观念的核心是相克相生。具体而言，相克是：金克木，木克土，土克水，水克火，火克金；相生是：金生水，水生木，木生火，火生土，土生金。

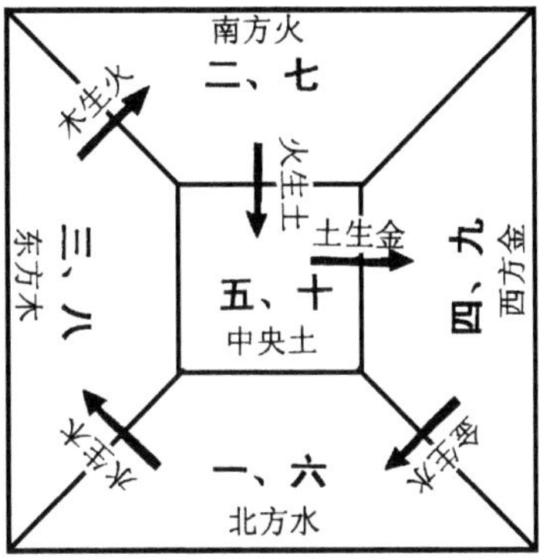

河图表示五行相生图

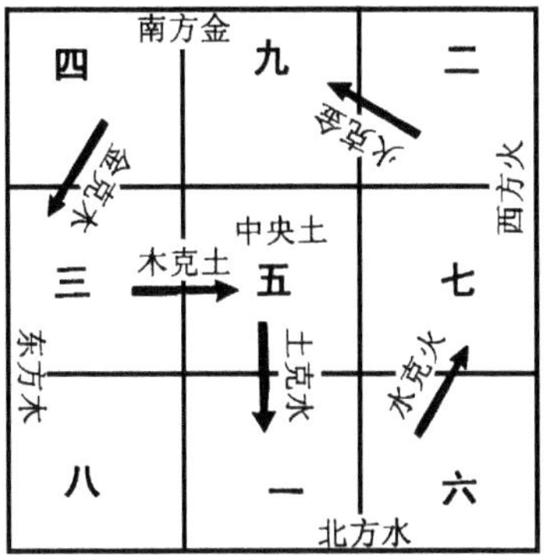

洛书表示五行相克图

五行在运用中，还可与方位、时序、颜色、五脏，品行以及天干、地支等相配，不一而足，变生无穷。如与方位相配时，东属木，南属火，西属金，北属水，中央属土。与颜色配时，水黑，火赤，木青，金白，土黄。与品行相配时，木主仁，火主礼，土主信，金主义，水主智。

就河图洛书与五行关系来说，在河图中，一六为水，二七为火，三八为木，四九为金，五十为土；在洛书中，一为水，二五八为土，三四为木，六七为金，九为火。

五行之说至汉代与谶纬相里表，风行天下。

2.《洪范》

《尚书》称箕子所言九畴为“洪范”，洪者，大也，范者，法也。这就是说，上天赐给禹的“九畴”是治理国家的大法，是类似“宪法”的根本法。

上天是如何赐给禹“九畴”的呢？

由于汉代五行之说十分流行，东汉班固撰《汉书》专辟《五行志》以记其事。班固说，《尚书·洪范》从河图而来。《五行志》说：

> 禹治洪水，赐《洛书》法而陈之，《洪范》是也。

《五行志》引述《洪范》篇时，在“初一曰五行”至“威用六极”一段后说：

> 凡此六十五字，皆洛书本文，所谓天乃赐禹大法九章，常事所次第者也。以为河图洛书相为经纬，八卦、九章相为表里。

班固是第一个将河图洛书与《洪范》挂起钩来的史学家，他明确指出，《洪范》中的65字来源于河图，并说是河图的原文。这一结论性的记述对人们产生了极大影响，“九畴就是河图”、“河图为五行之源”从此成为不疑之说。

三、天人文化

河图洛书对后世的社会科学和自然科学都产生了巨大影响，其中最突出的还是在人文方面的影响，也即对人的世界观、价值观、思维方式即认识论的影响。这些影响集中反映在《周易》对社会的影响。《周易》成了中国传统文化和文化观念的源头。

天人关系问题是中国传统文化中一棵古老的大树，它既包含着人生观念，也关系着人与自然，包括人与神的关系。总之，许多问题都是在它的荫庇之下而存在和消长。

前人尊《周易》为经，就是说它涉及的是宇宙万物的大道理，既有天地之理，也有人生之理，更有天理与人道关系之理。《易·系辞上》说：

> 仰以观于天文，俯以察于地理，是故知幽明之故，原始反终，故知死生之说。精气为物，游魂为变，是故知鬼神之情状。

《易·系辞下》又说：

> 古者包牺氏之王天下也，仰则观象于天，俯则观法于地，观鸟兽之文，与地之宜，近取诸身，远取诸物，于是始作八卦，以通神明之德，以类万物之情。

宇宙包罗万象，变化莫测，奥妙无穷；人生机缘遭际，穷通达变，不可逆料。天人之间究竟是何关系，引起了无数人的思考与讨论。

西周之时，人们认为天人相通，天降圣贤以治人，《诗经·大雅·烝民》就说“天生烝民，有物有则。民之秉彝，好是懿德”。意为人的善良和好品德是上天赋予的。

孔子讲天命,《论语·季氏》中说他“知天命”,“畏天命”。

孟子讲天志,《孟子·尽心上》中说他乐天知命,以善而“知天”、“事天”。

荀子认为天和人没有必然的关系。他在《天论》中说:“天行有常,不以尧存,不以桀亡。”所谓“天职”、“天功”全在于人,人要懂得“制天命而用之”。

老子强调天,但更强调“道”,《老子》二十五章中说:“人法地,地法天,天法道,道法自然。”

司马迁写《史记》,也是要“究天人之际,通古今之变”。他不相信“天道无亲,常与善人”的说法。他在《伯夷列传》中说,一些品行不端之人,却“终身逸乐,富厚累世不绝”,而一些忠信献身的人,则常常“遇灾祸者,不可胜数”。

从以上简单的梳理可知,天人关系对人生影响至深,历史上哲学家、思想家无不谈及于此,有关天人文化的宏论巨著更是充帙盈箧,然究其渊薮,盖源于《周易》。

四、德文化

在厚重的中华传统文化中,“德”占有重要地位。作为国家,要讲德治,作为个人,要讲德行。在才与德中,德居首位。这些思想或认识的源头是《周易》。

1. 圣人要崇德广业

《周易·系辞上》:

> 子曰:“易其至矣乎!”夫易,圣人所以崇德而广业也。知崇礼卑,崇效天,卑法地,天地设位,而易行乎中矣。成性存存,道义之门。

孔子认为,《易经》所讲的道理,已经达到了极致。为什么这样说呢?《易经》本来就是圣人教人提高自己的德行,从而发展事业的。提高德行的途径是增进智慧,扩大事业的方法是从谦卑的礼仪入手。增进智慧应当效法上天,具有谦恭的礼仪就要有像地那样低平而广阔的胸怀。天是德,地是礼,天地的位置就是这么早就设定了,《易经》所包含的道理,自然就充盈在天地之间。人的德性得自天赋,高尚的德行既要保持,又要发扬,这是完善道德的必由之路,进入堂奥的必经之门。

做一个高尚的人,怎么加强德的修养呢?《周易·乾·象传》谈到了一个方面:

天行健,君子以自强不息。

《周易·坤·象传》又谈到了另一个方面:

地势坤,君子以厚德载物。

《周易》的这两句卦辞,有机地阐明了君子既应有超凡的才能,又应有超凡的德行及二者之关系。君子要具有经世之才,就必须首先具有"天德"和"地德"——要像上天永无休止地运转一样,自强不息,蓬勃向上,刚毅奋发,追求不止;要像大地有广博的胸怀一样,承负万物,滋育万物,奉献万物。

《周易·坤·彖传》说:

坤厚载物,德合无疆。

仍是以形象的比喻阐述什么是德:广阔、深厚的大地,它包容万物,利泽万物的仁慈德行宽广无边。

2. 国家要"为政以德"

受《周易》"德论"的影响,后世谈及社会无不谈德。人们认为,德是世间万物内在品质的外在表现。美德使事物于世有益,无德则无益于社会,恶德则残害万物。由此认识,人们又可将"德"推而广之。推及士林,于是有了师德、艺德;推及政事,则有了政德、官德;推及百姓,于是有了父德、妇德。这就是说,德既包括政治道德,也包括政治人格,同时还包括所有人的品行,但重点在于政治方面。试简述之。

《尚书·盘庚上》说:统治者必须能给老百姓带来好处,要"施实德于民"。《大禹谟》中说,德与政治有着密切的关系:"德维善政,政在养民","惟修正德,利用厚生","好生之德,洽于民心"。

管子是个政治家，他认为一个国家要强大必须礼、法并用。他强调“礼、义、廉、耻”是维系国家的四个强大的精神支柱，“四维不张，国乃死亡”；提出“政之所兴，在顺民心；政之所废，在逆民心”；他的“仓廪实而知礼节，衣食足而知荣辱”的名言震古铄今。管子更认为德在民心，“政之所兴，在顺民心；政之所废，在逆民心”（《管子・牧民》）。因而他在强调“强兵富国”的同时，也十分强调“通德者王”。在《管子・兵法》中，开篇第一句便把“皇、帝、王、霸”并列而陈，“明一者皇，察道者帝，通德者王，谋得兵胜者霸”。即使在具体的战术、战法训练方面，他也是主张“道”、“德”结合。他认为兵士必须懂得“三官、五教、九章”的基本常识，其中包括如何用兵器，如何夜行军，如何渡江河，如何穿密林等。只要熟练掌握，灵活运用，就能百战百胜，动静有功。为什么呢？“三官、五教、九章，始乎无端，卒乎无穷。始乎无端者，道也，卒乎无穷者，德也。道不可量，德不可数也。故：不可量，则众强不能图；不可数，则伪诈不敢向。两者备施，动静有功。”

孔子主张“为政以德”。《论语・为政》有如下记载：“子曰：‘为政以德。譬如北辰，居其所而众星共之。’”德是政的核心，其作用就像北斗星一样。他认为周朝的德最高尚、最完备。《论语・泰伯》：“周之德，其可谓至德也已矣！”孔子反对暴政，但并不完全反对暴力惩罚，只是更强调“德治”。《论语・颜渊》中有段很有趣的记述：“季康子问政于孔子曰：‘如杀无道，就有道，如何？’孔子对曰：‘子为政，焉用杀？子欲善而民善矣。君子之德风，小人之德草。草上之风，必偃。’”孔子的比喻很形象，也很有说服力：树立好的道德风尚关键在领导，如果从政的人大力提倡好的道德，自己也有好的道德，带头示范，那就会像大风一样，老百姓不过是一棵小草，跟着风摇摆罢了。

孟子是主张仁政的，但如何以仁王天下呢？他和孔子一样，主张以德惠民。《孟子・公孙丑上》记录了他的谈话，他说：“以力假仁者霸”，“以德行仁者王”；又说：“以力服人者，非心服也，力不赡也；以德服人者，中心悦而诚服也，如七十子之服孔子也。”

庄子实际上也很关心政治和民生，《庄子・天下》中说他谈及政事时，强调“以德为本”。他愤世疾俗，对社会道德窳败很痛恨，无奈之余，主张返璞归真，回到原始的“至德之世”。何谓“至德之世”？《庄子・山木》中说：“至德之世，不尚贤，不使能，上如标枝，民如野鹿。端正而不知以为义，相爱而不知以为仁，实而不知以为忠，当而不知以为信，蠢动而相使不以为赐。”他很有兴致地在《马蹄》中对这种人人相与无欺的社会进行描述：“夫至德之世，同与禽兽居，族与万物并，恶乎知君子小人哉？同乎无知，其德不离；同乎无欲，是谓素朴，素朴而民性得矣。”意谓如果是“至德之世”，人已完全达到了道德的自觉，不需要道德规范来约束了。

一些法家虽然不赞成儒家的德，但“德”这面旗帜却不敢丢，而是采取了旧瓶装新酒的方法，重新赋予“德”以新的意义，从而来宣扬自己的主张。如《商君书·说民》就主张治国以刑，认为“德由刑生”：“刑生力，力生强，强生威，威生德，德生于刑。”韩非子也主张刑先于德，为什么呢？他说，原因很简单：古代人纯朴，可行德治；今人尚力，必须以刑相治。他在《韩非子·二柄》中说，治理国家说来复杂，实际也很简单，关键是只要抓要害。“明主之所导制其臣者，二柄而已矣。二柄者，刑、德也。何谓刑德？曰：杀戮之为刑，庆赏之为德。”

由此看来，“德”不仅成了人们关心的政治文化命题，而且成了人们高高扬起的政治文化大旗。真心提倡者，从自身做起，假意作伪者，也必用它来包装。

五、忧患文化

《周易》是用来占卜的吗？

这便引出了一个不能回避的问题：人为什么要占卜？人为什么要迷信物象、迷信祖宗，靠上天指点迷津？

历史上许多哲学家、思想家都想道破这一“玄机”。

有人说，主要是“天人”关系没有摆正确：上天至上，主宰一切，人想了解天意，想了解自己的命运，从而趋吉避凶。

有人说，“天人”关系早已明白，或因社会问题，或缘于个人遭际，占卜教人趋吉避凶，可为人的生存提供一丝心灵的慰藉。

有人说，《周易》象数之学、前汉谶纬之说，均为人们智慧之结晶，预示吉凶，虽然带有某些宗教文化的色彩，但毕竟给人精神生活又别开一个层面。

种种说法都是对的。

实际上，《周易》的内涵体现着一个重要的精神——探索，探索人生的奥秘，探索社会的奥秘。这种探索精神的背后，是深沉的忧患意识。

1. 忧患意识是智者的远虑

社会发展、人生道路，既有吉，也有凶。据《尚书》记载，上古之时，不可抗拒的自然灾害频频发生，人们遭受着巨大的灾难。帝尧时，汤汤洪水，荡荡怀山，浩浩滔天；舜帝时，黎民阻饥，百姓不亲，五品不逊。禹为了治水，劳身焦思，居外十三年，三过家门而不能入。禹为了让百姓不受阻饥，“身执耒锸以为民先，胫不生毛”（《韩非子·五蠹》）。惨烈的现象不仅令人怵目惊心，也极大地冲击着先哲的心灵，对社会、对生灵的关注与哀怜，长久地郁积于胸，忧患之心遂生。

《易》的出现，便与圣哲惕忧而不安的情怀有关。故而《周易·系辞下》有曰：

《易》之兴也，其于中古乎？作《易》者，其有忧患乎？

孔子设问：《周易》是中古殷代末年产生的吧？作者是一位患难中有忧思的人吧？不言而喻，这里讲的正是周文王。文王囚羑里而演《周易》，司马迁称其为困厄发愤之作。文王身为周之西伯，被囚七年，邦国、人民、亲属、臣下以及个人的前途命运，无时不于心戚戚焉。

《周易·系辞下》对忧患有更具体的论述：

危者，安其位者也；亡者，保其存者也；乱者，有其治者也。是故，君子安而不忘危，存而不忘亡，治而不忘乱；是以身安而国家可保也。《易》曰：其亡其亡，系于包桑。

这段文字原本是孔子对《易》的解释。他说，危险是由于过于自信安全才发生的；灭亡是由于过于自信可以久长存在而发生的；混乱是由于过于自信治安良好而发生的。有鉴于此，君子应在安全之时不忘危险；在生存良好之时不忘灭亡；在治安稳定之时不忘动乱。如果能做到这样，自身既安全，国家也长久。所以《易》的“否”卦中告诫大家说：灭亡了！灭亡了！其意是要高度警惕，就像一定要把牛马拴在根固干壮的桑树上一样呀！

《周易》中还有很多关于吉、凶以及克凶趋吉、保持忧患意识的警语。

其一，忧患意识是一个人具有高度智慧的表现。

什么是聪明人？聪明人就是能在安全、稳定、良好、升平的情况下，以犀利之目光，透过此一时的现象，洞察到潜伏着的危机，而想到彼一时可能出现的不测，并胸有成竹，防患于未然。

其二，忧患意识是一个人具有高度责任感的表现。

什么是责任感？有责任感的人就是不论位居高端，为万民之牧，也不论身处草野，仅面对尊幼陋室，在一种自觉的压力下，认真考虑自己必须承担的义务。大至国运民生，小至衣食住行；近有冷暖温饱，远有边陲戎狄，都需要未雨绸缪。

其三，忧患意识是一个人具有卓越能力的表现。

什么是能力？社会发展，人生遭际，都有顺境和逆境。成功时能想到失败，是智慧的表现；当出现不测时能够力挽狂澜，扭转时势于未倒，不使败局出现，稳妥渡过急流险滩，则是其卓越才能之表现。

高度的智慧需要理论来指导；

高度的责任需要品德来支撑；

卓越的才能在于善于组织和运筹。

2. 忧患意识是奋发的动力

忧患意识是中华民族的传统美德，历史上，它哺育了炎黄子孙的无数精英，并形成了启人智慧、激人奋进的忧患文化。

《诗经·大雅·荡》以夏桀被殷所灭的教训批评商君的暴虐，告诫说：如不居安思危，易弦更张，后果不堪设想。“殷鉴不远，在夏后之氏。”

《诗经·王风·黍离》写周东迁后，丰镐宗庙尽遭毁弃，一片破败：“彼黍离离，彼稷之苗。行迈靡靡，中心摇摇。知我者，谓我心忧，不知我者，谓我何求。悠悠苍天，彼何人哉！”作者满目凄楚，呼天不应，悲怆万分，告诫人们不可没有忧患意识，否则悔之莫及。

《诗经·小雅·小旻》是讽喻周幽王的一首短诗。诗中说幽王昏庸，是非不辨，小人当道，致使国家危在旦夕，如积薪待燃。作者对时局非常担心，忧心如焚：“人知其一，不知其他。战战兢兢，如临深渊，如履薄冰。”此诗以形象的比喻表现作者的忧国心情，后世无数人深受其感染，并常常以“临渊履冰”警示自己做事务必谨慎小心而不可掉以轻心。

孔子是一位伟大的思想家，他不仅教导学生要有忧患意识，说“人无远虑，必有近忧”，还进一步把“居安思危”的内涵加以升华，指出，物质上的匮乏谓之“贫”，精神上的追求谓之“道”，一个有道德、有作为、关心国家及民瘼的人，其忧患意识的境界更高，“君子忧道不忧贫”（《论语·卫灵公》）。

孟子在《告子》篇中以历史上圣贤有作为者舜、傅说、胶鬲、管仲、孙叔敖、百里奚为例，说：“天将降大任于斯人也，必先苦其心志，劳其筋骨，饿其体肤，空乏其身，行拂乱其所为，所以动心忍性，增益其所不能。”他警告说，没有忧患思想准备的人，可能要被社会淘汰。因此，有作为的人就必须明白“生于忧患，死于安乐”的深刻道理。

汉武帝时，北方匈奴屡为边患，元朔六年（前123），年仅18岁的霍去病随大将军卫青北征，以800骑兵袭斩敌寇2000余人，被武帝封为冠军侯。在其后的几年征战中，霍去病出陇西、越居延，追敌至狼居胥山（阿尔泰山），战绩更为卓著，先后俘获匈奴十万余众。为褒奖其功，武帝曾下令为他建造府第，但被霍去病拒绝了，他说：“匈奴未灭，何以家为！”霍去病虽然24岁那年猝然去世，但他的爱国激情、忧患意识，尤其是那句铿锵名言，使后代无数青年志士闻之热血沸腾，他们高喊着它，奔向了前线，奔向了战场。

北宋政治家、文学家范仲淹，面对国家积贫积弱和北方边患不靖的局面，力主庆历改革，以祛时弊。虽其正确的主张得不到支持，反而屡遭排挤和打击，身处逆境，但其气无馁，志不移，不计个人荣辱，以广博的胸怀，写下了千古名句“先天下之忧而忧，后天下之乐而乐”，以伸心志。范仲淹的忘我情怀、高尚节操受到人们的极高评价，南宋思想家朱熹就称他为有史以来天地间第一流人物，堪称楷模。

爱国诗人陆游一生忧国忧民，“位卑未敢忘忧国”（《病起书怀》）一语，是他崇高精神的光辉写照。他虽一心“上马击胡狂，下马草军书”，但令他遗憾终生的是北国失地至其死而未见收复，他的《示儿诗》“王师北定中原日，家祭无忘告乃翁”使当时很多人读后潸然泪下。

顾炎武生于明末清初，亲历了朝代兴替，他以切肤之痛喊出了“天下兴亡，匹夫有责”。顾炎武为民族的前途、文化的前途忧心如焚。他认为，面对天下的兴亡,人人都要思考自己的责任:居庙堂之高者,有其运筹帏幄之责,处林下阡陌者,也应有自己的作为。顾炎武的思想,影响了中国历史三百年。

温家宝在 2005 年 3 月 14 日记者招待会上说:我们这个民族在历史上灾难太深重了,这就培育了我们的忧患意识、生存意志和追求和平与发展的愿望。这再一次说明,忧患意识是正义感、责任感的体现,更是使命感的自觉体现。

六、河图洛书与符号学

河图洛书不以文字述说,而以图式示意,是我国最古老的符号学不朽篇章。

1. 河图洛书对古代文化的影响

学者王永宽在《河图洛书探秘》一书的绪论中说:河图洛书是河洛文化的经典成果,河图洛书是河洛文化的徽识。它,是千古之谜,令人扑朔迷离;它,是高度浓缩的信息奥秘,令人终其生难以洞悉。

的确如其所言,河图洛书内涵极其丰富,它以数字、符号、图形等多种形式的显现,使后人可以从不同的角度、不同的层次、不同的领域受到启迪。

河图洛书内涵的丰富性、系统性、复杂性及其神秘性,使后人的研究与附会有了一个无限的空间。

《河图洛书探秘》一书是我国百年以来以科学的新方法、时代的新高度研究河图洛书的最新成果。该书对河图洛书涉及的祥瑞意义、图谶意义、思想意义、哲学意义以及它对数学、医学、天文、历法、音律、占卜、术数等方面的影响,逐一进行了剔扰梳理与比照辨析。该书文字流畅,图文并茂,集知识性与学术性于一体,是今天全面了解河图洛书的一本最好的入门探奥之书。

《河图洛书探秘》一书对河图洛书之本原进行了探寻,并依时序从先秦、两汉、六朝、唐宋到明清对河图洛书文本之流变进行了考察和分析。在河图洛书文化内涵与影响方面,该书不仅介绍了河图洛书对八卦、阴阳五行、古代建筑、古代天文学、古代音律学、古代医学的影响,同时还用较大的篇幅介绍了河图洛书在数学方面的原理及对古代数学的影响,如洛书与幻方(包括 4 阶幻方、变形幻方)、八卦与 8 阶幻方、洛书与勾股定理、河图洛书中的数学玄机以及如何以洛书之法破解幻方等。

2. 河图洛书的当代价值——符号学意义

河图洛书在当代还具有科学价值吗？作者作了肯定的回答。

作者指出，历史上的一些文化成果，既有能够被人们明显认知、肯定的价值，也有一时不能够被人们认知的潜价值。随着时代的发展和人们知识与经验的积累，某些文化成果的潜价值会逐步被人们认识。河图洛书正是具有巨大潜价值的文化成果。

河图洛书是用图像的视觉效果以及图像所表示的次序与数字关系来表达含义的，它传递出的信息量非常大，这些信息浓缩了中国古代文化的精华，反映着对于客观世界规律性的认识。图像的形态是一种符号，而符号的排列又表现出一定的结构，整齐有序的直观特征和含蓄意蕴具有神秘性和不确定性。符号显示的信息需要进行破译和重新解读，这就给后世的人们提供了丰富的想象余地和广阔的思维空间。

河图洛书在当代的科学价值就在于它比较典型地体现了结构主义和符号学的某些原理。河图洛书正是一种具有特殊性的符号系统，并具有特殊的符号结构。研究其符号意义和结构原则，并进而研究其信息的应用，正是结构主义和符号学所关注的问题。

假如我们把河图洛书看做是中国远古时期具有图腾意义的代码系统，它具有使人产生联想的功能价值。人们看到它，就会产生这样或那样的联想。这些联想，有些可能就是它原本的信息，有些则可能是原本信息转化为新代码的信息。河图洛书本来的代码所显示的信息可能是用于占卜的图像，但后来的圣贤哲人对它予以发挥，并用来解释其他问题时，实际上已经将原来的代码转化为其他代码的信息了。传说伏羲据河图而创造八卦，大禹据洛书而创立九畴。这是第一层次的转化。后人又据河图洛书图像解释阴阳五行、天文、医学、音律等。这是第二层次的转化。可以设想，随着研究的不断深入，随着河图洛书潜价值的陆续发现，它原来的代码还将有可能转化为新的系统、新的领域代码信息。这就是第三个层次的转化。河图洛书在当代的科学价值，也将在第三个层次的转化中逐渐表现出来。

比如，德国著名的数学家莱布尼茨（1646—1716）就指出，中国古代的八卦排列是数学中的二进位制。之后的二进位制研究不断深入，并在科学技术中得到广泛应用,当代计算机设计原理即是采用二进位制。这是《周易》潜价值被后人发掘应用的重要例证。这一成果是中国人始料不及的。

这样的情况在我国现代也有。我国物理学家薛学潜1937年出版了《易与物质波量子力学》一书。该书把易学中的六十四卦方阵用现代物理学中的"狄拉克方阵算法"进行分析,称之为"易方阵",认为"易方阵"可以用来说明阳电子、阴电子、光波、电磁波以及量子运动等物理现象。这一研究说明,《周易》同当代自然科学是有内在联系的,对它进行深入探讨,可以解决当代自然科学中的一些带有普遍性和规律性的问题。

我国另一科学家刘子华,1940年在法国工作期间发表了《八卦宇宙论与现代天文学——一颗新星的预测》的论文,后整理为《八卦宇宙论与现代天文》一书(四川科技出版社1989年版)。该书应用八卦原理预测在太阳系中存在着第十颗行星——木王星。刘子华指出,八卦系统的一套卦系符号的结构和功能,合乎现代"混沌理论分叉"原理,合乎现代物理学关于物质运动、状态和场的概念,可以用这一理论把握事物的动态规律。"八卦宇宙论之应用范围很广,吾人仅以本书用于天体方面作为其他研究之张本。"60年后,1999年9月,刘子华的这一预测被美、英科学家的研究所证实,在太空飞行了27年的"先锋10号"宇宙探测器发现了"一个新天体正围绕着太阳运行"。

河图洛书上述内涵与影响,不仅十分复杂,同时还涉及了许多专门的知识和学问,但作者却以通俗的语言,驾繁就简,十分有趣地娓娓道来,引人入胜。之所以能如此,这与作者深厚的学养、娴熟的笔功和良苦的用心是分不开的。古人有言:"不是一番寒彻骨,那得梅花扑鼻香",永宽之谓也。

参考资料:

1. 王永宽:《河图洛书探秘》,河南人民出版社,2006年版。
2. 孙顺通:《龙马负图寺志——河图之源》,中州古籍出版社,1997年版。

第三章　黎明前的曙光文化

人类的历史至今到底有多么久远，专家、学者有时似乎也说不很清楚。

但如同人类社会进步的车轮从未停止过一样，专家、学者们探讨的步履也从来没有停顿过。

第一节　人类与文明的起源

就人的起源来说，古人类学家从生物进化的角度将人分为三种：能人、直立人和智人，从而构成了人的系统。

一、能人、直立人和智人

研究表明，人的系统与猿的系统相分离，最早发生在非洲，距今约700万年。经过400多万年的发育，约在250万年前，非洲才开始出现了最早的人类，即能人。又经过50万年成长，非洲的能人进化为直立人。

印度和南亚、东南亚已发现的古人类化石表明，那里的人类起源距今大约400万年。东亚一带发现的古人类化石均为直立人，尚未发现比它更早的“能人”。中国最早的远古人类是云南元谋人，距今约170万年，北京猿人和蓝田人距今在50万—70万年。

沧海桑田，桑田沧海。

大约在20万年前，直立人终于进化为智人。智人又分早期和晚期两大类。

早期智人化石发现最早的是1856年在德国杜塞尔多夫发现的尼安德特人。我国的早期智人有金牛山人、马坝人、大荔人。晚期智人即现代人类。

现代智人是怎样从早期智人进化过来的呢？学术界尚无定论，影响比较大的观点有两种。一种是“土生土长论”，认为世界各地的现代人类，都是从本地区早期智人逐步进化而来，虽然各地区（包括洲际）有交流，但都是相对独立产生的，各地都有自己的“母体”早期智人。一种是“非洲起源论”或叫“单一起源论”，认为现在世界各地的现代人，不论地处欧洲、美洲和亚洲，也不论白种人、黑种人和黄种人，都是从非洲扩散而来的。

二、石器时代

人类起源与社会文明起源是两个截然不同的概念。

为了便于考察人类社会进步的轨迹，专家、学者们对人类社会发展进行了粗线条的时期划分。

就社会发展分期来说，以西周共和元年为界，之前无文字记载，称作史前社会；自有文字记载至1912年中华民国建立，称作古代社会。

人类的进化与劳动有密切的关系，从这一基本事实出发，丹麦考古学家汤姆森以生产工具的发展变化为坐标系，将史前文化按照考古年代分为石器时代、青铜器时代和铁器时代三期。汤姆森分期的提出，在科学发展史上有重要意义，它标志着现代考古学的诞生与成熟。在具体应用中，又将石器时代分为旧石器时代和新石器时代。

旧石器时代使用的石器十分粗糙，加工简单，基本上是自然打制而成。新石器时代的石器是经过磨制和加工而成的。

为了能把漫长的发展过程更准确加以区分，专家、学者又把旧石器时代和新石器时代各分为早、中、晚三期。

旧石器时代，人们只能以采集野果和渔猎为生，由于不会建造房屋，只能群居于洞穴之中。早期的石器不仅品种少，而且简单、粗笨，一器多用，但人们已经学会了使用火。晚期的石器品种增多，小型且较为多样化，个别石器经过了打磨。这一时期还发明了弓箭，学会了打孔和钻木取火。

旧石器时代的早、中、晚期，基本上和直立人（猿人）、早期智人（古人）、晚期智人(新人)的发展期相对应。

距今1万年前,地球气候开始变暖,此时的人类已会建造房屋,学会了种植,发明了陶器,因而过上了相对稳定的定居生活,社会进入了新石器时代。

距今9000年左右,黄河、长江流域已经开始种植黍粟和稻谷。距今8000年左右,人们已经雕琢出了精美的玉器,发明了纺织和制衣,使用刻画符号记事。距今7000年左右,在驯养一般家禽家畜的同时也驯养了牛。距今6000年左右,已懂得用夯筑技术建造较大的房屋和城堡,仰韶人制造出了精美的彩陶。距今5000年左右,已学会了养蚕和用蚕丝纺织,掌握了冶炼铜技术。距今4000年左右,不仅出现了文字,黄河及长江流域也出现小规模的城市。

新石器时代,人类已大量繁衍并从事各类生产活动和社会交往。不同地域、不同族系的人们自然形成了不同的群族。为了生存和取得更多的财富,群族间已出现了争夺与战争。

三、社会文明

文明起源要比人类起源晚得多,据考古学界基本公认的社会文明的几个参照条件——文字、城市、青铜器以及礼制性或宗教性建筑等衡量原则,文明的起源距今不过4000—6000年。

恩格斯曾经明确提出“文明时代”的概念,并且这种提法有确定的参照,能够形成社会历史演进的系列。“文明时代”应当是相对于“蒙昧时代”及“野蛮时代”而言的。美国人类学家摩尔根最先提出了这样三个时代的划分,恩格斯采取了他的说法,并对此进行科学的论证。

摩尔根与恩格斯的这个划分,至今仍为多数学者所认同。这个划分与考古学概念对于时代的区分是吻合的。所谓“蒙昧时代”即考古学上的旧石器时代,“野蛮时代”即考古学上的新石器时代。依照这一基本划分,我们可以说,文明时代起源的诸因素应当到与之紧密相连的新石器时代后期去寻找。

专家们说:上面提到的社会文明的四个标志物是一根标杆,达不到这些条件就很难说进入了文明社会。

专家们又说:但文字、城市、冶炼技术、祭祀性建筑等,都不可能是某一天早晨突然一起出现、同时成熟的,而是在一个社会的母体内逐渐孕育、逐步成熟的,同时,在演进的过程中也存在着这样那样的差异。

专家们接着说:文明社会出现之前,实际上已出现了许多文明因素。我们既不能否定文明标志物这些条件,也不能无视演进过程中的文明因素。

专家们最后说:当社会出现了许多文明因素的时候,它实际上是处在了黎明的前夕,曙光已照见了文明的门槛。

德国思想家恩格斯在《家庭、私有制和国家的起源》中指出:"国家是文明社会的概括。"一般来说,只要出现了国家,就足以证明进入了文明社会。夏王朝在河洛地区的建立,无可置疑地标志着河洛地区进入文明社会,而在这之前,中原大地黎明前的曙光也已映红了天空。当时正是新石器时代,也正是中国文明的起源时期。

五帝的传说就发生在这一黎明时刻,再具体一些,黄帝之时,可能就是仰韶文化的中晚时期。

第二节 五帝文化

在我国历史上,出现在西周共和元年(前841)之前的文字记载,至今没有发现过。

但后人关于共和元年前之人和事的记载却很多,诸如三个集团形成与融合、大禹治水等。这些记载的真实性如何?信之者曰有,疑之者曰无。于是,历史学家审慎地称这一段历史为"传说时期"。

我国新石器时代文化遗存主要分布在黄河中下游、长江中下游和东南沿海一带,与古史传说中的华夏集团、苗蛮集团、东夷集团三个部落集团的聚居地与活动区域大体相符。当时正处于父系氏族社会中晚期,黄河流域的文化出现了一个全面发展的高潮。

司马迁不愧是一位伟大的史学家,他深信,先祖们的功绩不论共和元年前或共和元年后都是辉煌的,都应载入史册。因此,《史记》中不仅写了《殷本纪》,还写了《夏本纪》,同时还写了《五帝本纪》。

一、伏羲文化

伏羲文化丰富多彩，其核心是中华民族的生成。

1. 三皇五帝

史书上关于“三皇五帝”的记载很多。

燧人氏

三皇五帝时期距今大约15000年到6000年。

三皇的说法不一。《尚书·大传》记载为伏羲氏、神农氏、燧人氏。《风俗通义》记载为伏羲、女娲、神农，但同时又说是伏羲、女娲、祝融。《古微书》则记为伏羲氏、神农氏、轩辕氏（黄帝）。

司马迁《史记》对三皇没有具体的记载，只是笼统地说三皇为天皇、地皇、人皇。但后世研究者认为，天皇即伏羲氏，地皇是神农氏，人皇则是有熊氏。

五帝的说法虽然也有不同，但一般都认同《五帝本纪》所记，即：黄帝、颛顼、帝喾、尧、舜。

古史研究表明，三皇五帝既是实有人物，也是象征性人物，实际上很可能是氏族社会部落或部落联盟领袖人物之名。关于二皇五帝动人的传说和丰功伟绩，如炎、黄之战，黄帝、蚩尤之战，共工治水，大禹治水，实际上就是原始社会氏族部落社会与生产发展的历史。

神农氏

三皇五帝所处时代，若与史前史比照，三皇时期属旧石器时代，五帝时期属新石器时代。若与考古学文化比照，三皇时期大致属于大汶口文化，五帝时期大致属裴李岗文化和仰韶文化。

三皇五帝的活动地域，大致在黄河中游一带，今多属河南省及周边地区。

2. 伏羲

在典籍记载中，伏羲又被称作“伏牺”、“包牺”、“宓牺”和“庖牺”等。在古史传说的帝王世系中，伏羲被列为“百王之先”、“三皇之首”。

伏羲何以有如此崇高的地位呢？

最早记载伏羲传说的是《庄子》一书，在内、外篇先后五次记述中，时而说其为人，时而说其为神；时而将其列在禹、舜之后，时而将其列在黄帝之前。由此可见当时的传说尚未定型。

伏羲氏

《周易·系辞下》明确记载伏羲为古之帝王：“古者有包牺氏之王天下也，仰则观象于天，俯则观法于地。观鸟兽之文与地之宜，近取诸身，远取诸物，于是始作八卦以通神明之德，以类万物之情。作，结绳而为网罟，以佃、以渔，盖取诸离。包牺氏没，神农氏作……神农氏没，黄帝、尧、舜作。”由于《周易》为“众经之首”，影响巨大，故《周易》所记成了以后的不刊之论。

司马迁虽未为伏羲作传，但东汉班固在写帝王世系时，则在黄帝之前写了伏羲。至此，伏羲不仅成了百王之先，也皇皇列入了正史之中。《汉书·律历志》引刘歆《世经》所记，说：“包牺继天而王，为百王先。首德始于木，故帝为太昊。”这里，不仅说伏羲是继天而王，而且说伏羲即太昊。至《白虎通义》，提出：“三皇者何谓也？伏羲、女娲、神农是也。”至此，伏羲成了三皇之首、百王之先。唐代司马贞为《史记》作《索引》，深感文献凌乱不一，于是作《三皇本纪》补入。伏羲之史由此而完备。

伏羲在中华民族发展史中之所以崇高，是因为他是上古创世神，是人类始祖。相传在洪荒时代，大水淹灭了万物，伏羲、女娲作为阳神与阴神而结合，由此繁衍了人类。伏羲为人祖的传说不仅有文字记载，汉代的画像石、画像砖上还有许多生动的描摹。如有的是伏羲、女娲人首蛇身，连体交尾，伏羲手捧太阳或日晷，女娲手捧月亮或月矩。有的伏羲、女娲之旁还有他们的四个儿子。伏羲创世之说不仅在汉民族长期流传，在南方苗族中也有广泛的流传。对此，闻一多先生《伏羲考》有非常翔实的考辨。

伏羲生于雷泽。

伏羲的出生地有成纪说和雷泽说两种。伏羲出生在雷泽的传说十分神奇。《竹书纪年》曰："帝女游于华胥之渊，感地而孕，十三年生庖牺。"《太平御览》卷七八引《诗含神雾》云："太迹出雷泽，华胥履之生宓牺。"《水经·瓠子河注》曰："瓠河又右径雷泽北，其泽薮在大城阳县故城西北十余里。昔华胥履大人迹处也。"雷泽又名雷夏泽，其方位在今河南濮阳市的范县一带。

伏羲都于陈。

伏羲作为东夷集团一个强大的南下部落之首领，南下后主要活动在中原地区，即黄河流域，后定都于陈。关于这一点，典籍多有记载。如《左传·昭公十七年》曰："陈，太皞之墟。"王符《潜夫论·五德志》曰："伏羲，世号太皞，都于陈。"皇甫谧《帝王世纪》曰："太昊帝庖牺氏，风姓也，人首蛇身，有圣德，都陈。"陈，又称宛丘，即今河南省淮阳县。1980 年在淮阳县城南 4 公里发掘的平粮台古城遗址面积达50000多平方米，不仅有城墙、城门，出土了大量的原始社会生产、生活用具等珍贵文物，还发现了排水管道，使《左传》《史记》所载"陈为太昊之墟"得到了初步的证实。

伏羲死后葬于陈。

《历代陵寝备考》载："太昊伏羲，风姓，陵在河南陈州府北三里淮宁县界。"淮宁即淮阳。今淮阳城东 3 里外有占地 36 公顷的太昊陵和太昊祠。太昊陵始建于春秋，汉代时又在陵前建祠，唐、宋时朝廷曾多次扩建。现存陵祠为明正统十三年(1448)所建，结构有似故宫。统天殿供有伏羲坐像，两侧为黄帝、神农、少昊和颛顼。

3. 太昊陵伏羲民俗文化

太昊陵每年农历二月二日到三月三日有大型庙会，方圆十数省善男信女摩肩接踵前来朝拜，多者每天达八九万人，尤其求子孙者无不前往许愿。

太昊陵庙会民俗文化最有趣的现象有三。

一是摸"子孙窑"。统天殿之侧有显仁殿，其墙壁上有一青石，上凿一洞，名为"子孙窑"，据说用手触摸者子孙兴旺，因而到其跟前者无不顺手触摸，久而久之，小小石穴被磨得平光乌亮，十分诱人，就连一些未婚待嫁女子有时也忍不住羞怯，上前抚摸，以求吉祥。

二是买"泥泥狗"。泥泥狗是当地人用一种黏性比较特殊的黏土捏制成的工艺品,饰以彩绘,其中既有人形,也有鸟、兽,因狗态类较多,故统称"泥泥狗"。泥泥狗制作工艺别致,造型奇特而夸张,神态极富个性,有的还可以吹奏。由于不少作品中都有生殖器部位的显示,再现了伏羲时代人们生殖器崇拜意识,寓意着人的生殖能力,故求子孙者购买十分踊跃。

淮阳太昊陵

三是舞"担经挑"。担经挑也叫"担花篮"。舞者成队,每人担两个花篮,边唱边走边舞,所唱多为民间小调,内容为歌颂伏羲、女娲造人之德,企盼赐福佑民,五谷丰登。"担经挑"舞步的特异之处在于,舞者每隔若干节拍后,在行进过程中要两两擦背而过,且在擦背而过的瞬间,臀部必须相撞一次。这一动作,再现了传说中伏羲与女娲交尾之状,可能也是原始生殖机能崇拜之意吧!

典籍所载伏羲功绩很多,如画八卦、造契书、正姓氏、为网罟等,但太昊陵庙会所展现的伏羲民俗文化,其核心则是生育文化,究其原因,仍主要是人们以其为"人之始祖"的缘故。

二、五帝文化

《史记·五帝本纪》载:"黄帝者,少典之子,姓公孙,名曰轩辕。"传说少典氏是伏羲、女娲之后的第七十七帝,居轩辕之丘,娶有蟜氏之女为妃,生黄帝。因黄帝建邦国于有熊,故称有熊氏。有熊,在今河南省新郑市。

整修后的新郑黄帝故里气势宏大——殿宇大、雕塑大、广场大。丙戌年

(2006)黄帝故里拜祖大典举行时,中国古都学会会长朱士光教授题辞“黄帝故里,有熊之墟”。“丁亥年黄帝故里拜祖大典”于三月三日(2007 年 4 月 19 日)举行,上午 9 时,国民党名誉主席连战偕夫人连方瑀女士来到黄帝故里时,欣然命笔,写下了“扫蒙昧,定中原,世胄文明于焉开”13 个大字,表达了对黄帝的崇仰之意。

1995 年,考古工作者在郑州西山发现一座黄帝时代古城,属于仰韶文化晚期秦王寨类型(即大河村类型)。这是迄今发现的我国年代最早、建筑技术最先进的古城遗址。郑州西山古城址的年代为距今 5300 年至 4800 年之间,始建于秦王寨文化早期,废弃于该文化晚期,专家们指出,该古城可能就是有熊国国都。

1. 黄帝的征战统一文化

炎帝和黄帝都是从少典部族中分离出来的,最初,炎帝的势力比黄帝大。当时蚩尤为一酋邦之长,常以武力攻略邻邦,致使战乱不已,并雄踞北方,炎帝无法制止且地位受到严重威胁。黄帝鉴于炎帝的请求,率众征伐蚩尤。在涿鹿激战中,蚩尤制造了大雾,使得黄帝的部队无法辨别方向,黄帝则立即制造了指南车,大败了对方,蚩尤最终被擒杀。胜利后,各酋邦尊黄帝为天下共主。炎帝看到黄帝势力扩大,心怀不满,就起兵反抗。炎、黄交兵于阪泉之野,血流成河,尸堆如山,最后,黄帝取得了胜利,因而天下共主的地位更加巩固。

黄帝

黄帝的主要功绩就是以武力统一天下,司马迁在《五帝本纪》中对此有较多的记述,除了说他率领本部族先后杀死了蚩尤,战败了炎帝外,还说他驱逐了荤粥,使势力范围“东至于海”,“西至于空峒”,“南至于江”,“北逐荤粥,合符釜山而邑于涿鹿之阿”,相当于现在的大半个中国。

黄帝以战争的方式对各部族进行统一,从而使众多的异族部落和方国与中央王朝建立了朝贡宾服的关系,对其后奴隶制的国家机器初具雏形产生了极大的促进作用。

2. 黄帝的创业文化

在蛮荒时代,人类要生存、要进步需要付出许多的艰辛,因而一些今日看来似乎微不足道的发明、创造或者技术进步,在当时情况下,实在是石破天惊的伟大事件。

黄帝是一位非凡的领导人,他为了部落的发展,有很多发明和创造。

司马迁在写《五帝本纪》时说,关于黄帝的史实,他信从于孔子,孔子曾向他的学生宰我说,黄帝“治五气,艺五种,抚万民,度四方”,非常了不起。太史公采录了孔子的话,说黄帝“生而神灵,弱而能言,幼而徇齐,长而敦敏,成而聪明”。——出生时就相貌神异,与众不同,几个月就会说话,长大以后,其聪敏、才智、胆识更显得过人。

黄帝时代有许多重要的发明和创造,为人类的进步与福祉作出了原创性贡献,后世人怀着感激之情,不仅将许多发明与成就记在黄帝名下,还将其称为中华人文之祖。

首先,形成了原始农业。

进入新石器时代以后,人们虽然已经开始了种植,但作物种类比较单纯,黄河流域主要是种植粟,个别地方种稻。黄帝教人不仅种植谷物,也开始种植蔬菜,驯育家畜,原始农业初步形成。新石器时代中晚期的农业种植已被仰韶文化考古发掘所证实。如郑州大河村遗址发现了高粱、藕和莲子,大地湾遗址发现了油菜籽等。故《五帝本纪》载:黄帝“时播百谷草木,淳化鸟兽虫蛾”,“艺五种”。《通鉴外纪》上说:“嫘祖为黄帝元妃,始教民育蚕。”由此可知,当时黄河流域的原始农业不仅已经基本形成,而且畜牧业及养蚕、缫丝等也有了一定发展。

其次,发明了多种生产生活工具。

人生之初,群居洞穴,裸体而行,茹毛饮血,这种现象过了很久很久之后才有了变化。黄帝是个能工巧匠,他总结了大量的生活经验,教人亲自动手制造各种生活、生产用具、用品。《太平御览》卷七九说“黄帝钻燧生火,以熟荤臊,民食之,无肠胃之病”,卷八五〇说“黄帝始蒸谷为饭”,卷七五七说“黄帝始造釜甑”,卷七七二说“黄帝造车,故号轩辕”。

再次,开创了各种文化与文明。

黄帝时代还有许多发明,对后世的文化事业产生了重大的影响,如仓颉作书，雍父作杵，羲和占日，常仪占月，他自己亲自参与筑宫室、铸鼎升仙等。这说明当时不仅已经有了文字、农业加工、天文、历算、音乐等，而且在建筑、冶炼等方面也都取得了很大成就。上述文明的出现，促进了社会分工的发展。

许顺湛先生指出，在黄帝时期，社会已有了全面的进步，突出表现在五个方面：一是农业生产已初步社会化；二是手工业已明显走向了专门化；三是脑力劳动与体力劳动有了分工，巫师集团的出现，说明脑力劳动也已经阶层化；四是部落结构发生了变化，部落联盟已经发展到了酋邦王国阶段，走向了酋邦化；五是礼制也逐步规范化。因此他强调，黄帝时代是中国文明的源头。

孔子对黄帝很崇拜。《大戴礼记》中有《五帝德》篇，记述孔子有一次回答学生宰我所提问题时，当说到黄帝功绩时情绪相当激动，不由得加大了嗓门：我认为，黄帝是很伟大的，他的直接影响最少有三百年。“生而民得其利百年，死而民畏其神百年，亡而民用其教百年。故曰三百年！”

3. 颛顼的原始宗教文化

颛顼是黄帝的孙子。《五帝本纪》说：“帝颛顼高阳者，黄帝之孙而昌意之子也。”

颛顼

黄帝统一了东夷和苗蛮之后，各大部落间和平相处，天下九州，可称得上是太平盛世。大约过了两代，到少昊氏后期，社会就不太安定了。

动乱最初出现在一个叫九黎的部落。动乱之因是社会上出现了一股“邪教”。

据《国语·楚语》记载，楚国大夫观射父对楚昭王讲起过当时的情况。

在讲到太平盛世时，他说：黄帝统一之后，很重视对人民的教化工作，尤其是不允许“政教合一”。为此还制订了一些规定，如有专门负责祭祀的部门和专职人员，不允许一般老百姓和神职人员混杂不分；负责“天地神民”的机构和人员要忠于职守、各司其职，不允许权力相互交叉、失职或侵权现象发生；在老百姓中倡导讲诚实、守信用，在管理人员中强调要有良好的职业道德。因此，黄帝时代天下太平，老百姓丰衣足食，也没有发生过自然灾祸，生产得到了很大发展，各类物品很丰富，从来没有出现过紧张或匮乏。

在讲到动乱时，他说：在一些部落中，生产虽然发展了，但思想却出现了混乱。邪教在九黎出现。“九黎乱德，民神杂糅。”一些人在老百姓中制造混乱，诬蔑、攻击黄帝制定的那些制度违反天意，自称他们是上天派下来的神，只要跟着他们走，人人都是神祇，人人都可祭祀。他们反对设立专门的祭祀管理机构，反对区分神职人员和非神职人员。于是，一时间民神相杂，没有尊卑之分，祭祀失去了管理，神祇没有相应的尊严；人心惶惶，无心生产，到处土地荒芜；社会秩序混乱，各种事故和灾祸频频发生，饥饿夺走了无数人命，真正的神祇无人供奉。

动乱像瘟疫一样到处漫延，社会处于崩溃之边缘。

颛顼是一位有胆识、有魄力的人。在此危难之际，集团推举他出来主政。

观射父说：“颛顼受之，乃命南正重司天以属神，命火正黎司地以属民，使复旧常，无相侵渎，是谓绝地天通。”

颛顼的这一举措，在中华民族政治发展史、思想发展史、宗教发展史上是很浓重的一笔，因为它实质上是一次重大的政治和宗教改革，开政教分离成功之先河。

我们知道，文明社会离不开宗教。由此上溯可知，在上古社会中，原始宗教对人们的精神影响可能比现在更大，在现实生活中，神的意识可能无处不在，因而对政治集团领导的冲击力也可能很大。这就使黄帝意识到政教不能合一，并制订了一些规定；动乱使颛顼头脑更加清醒：必须采取断然措施，政教必须分离。

颛顼果断地任命重担任南正之职，专司祭祀与宗教；任命黎担任火正之职，专司行政与管理。

他训示人民说：天就是天，神就是神；地就是地，人就是人；严禁政、教混同，侵权渎职，必须“绝地天通”！

同时，他还修订和完善了有关制度，使政教分离从“法制”上得到了保证。

这一改革收到了相应的效果：第一，人民的思想得到了统一，维护部落团结与一统的意识得到了加强，部落的实力得以巩固与提升。

第二，神职人员专司宗教与祭祀，使脑力劳动与体力劳动得以第一次分工，从而促进了社会的实质性进步，人们对“天”“人”关系开始向深层次思考。

第三，宗教从政治中分离，有了专门从事宗教与祭祀的人员，宗教得以沿着宗教的道路健康发展。

第四，社会走向稳定，为农业生产（如黍、粟种植）、科技进步（如天文、历法）、宗教发展（如祭器、祭坛）等创造了优越的环境。

颛顼的宗教改革对后世社会影响很大，周人就认为“国之大事，在祀与戎”：国家的头等大事，除了打仗保卫国家外，就是宗教与祭祀了。

颛顼都于帝丘（今河南濮阳），葬于顿丘（今属河南内黄县），两地相距很近。今内黄县梁庄乡三杨庄西北有颛顼与帝喾之墓，称“二帝陵”。二帝陵面积达 20 万平方米，今存高大的墓冢及山门、殿堂、碑亭等，每年农历三月十八日民间举行大规模的公祭活动，世界各地炎黄子孙纷沓而至，膜拜参谒。

二帝陵

4. 帝喾时期的盛世文化

《史记·五帝本纪》曾为帝喾立传，文字相当简洁。

帝喾

关于其身世，《本纪》曰：“帝喾高辛者，黄帝之曾孙也。高辛父曰蟜极，蟜极父曰玄嚣，玄嚣父曰黄帝。自玄嚣与蟜极皆不得在位，至高辛即帝位。高辛于颛顼为族子。”

关于其才能，《本纪》曰：“高辛生而神灵，自言其名。”“普施利物，不于己身。聪以知远，明以察微。顺天之意，知民之急。仁而威，惠而信，修身而天下服。”

关于其事功德政，《本纪》曰：“取地之财而节用之，抚教万民而利诲之；历日月而迎送之，明鬼神而敬事之。其色郁郁，其德嶷嶷。其动也时，其服也士。帝喾溉执中而遍天下，日月所照，风雨所至，莫不从服。”

关于其子孙,《本纪》曰:“帝喾娶陈锋氏女,生放勋。娶娵訾氏女,生挚。帝喾崩而挚代立。帝挚立,不善,而弟放勋立,是为帝尧。”

综合各种资料可知,帝喾是黄帝的曾孙子,颛顼的侄子,因聪明过人,15 岁即担任了辅佐颛顼的重要职务,因有功而被封于高辛(今河南商丘南)。15 年后,帝喾代颛顼为帝,把都城从帝丘(今河南濮阳)迁到亳(今河南商丘),因而史称高辛氏。

帝喾在位七十余年,由于他大公无私,严于律己,明察善断,倡言信义,采取了许多促进社会发展和保证社会安定的措施,予民以教,予民以惠,予民以乐,还经常巡游各地,发现问题,及时解决,加之风调雨顺,因而天下大治。

人们崇敬帝喾,一方面是其在位期间广施恩泽,造福于民,另一方面是他有几位了不起的儿子,克绍其父,功德卓著。

帝喾元妃名姜嫄,原是邰国国君之女。姜嫄一次外出时因踩到一个巨人的脚印而怀孕。孩子生下后她三次将其丢弃在路旁、荒原和冰上,但每次都有牛羊、虎豹或大鸟用温暖的身体和羽翼保护他。姜嫄只好把他抱了回来,取名曰弃。弃成人之后,喜欢农作,善于种谷,并在岐原教人稼啬,人们尊敬地称他为后稷并推举他为首领。后稷由此成了周人之祖。

帝喾次妃名简狄,原是有松国国君之女。有一年春天,简狄与其妹到温泉洗浴,发现一只燕子(玄鸟)在草地上产下一卵,没想到她吃了这枚卵后竟怀上了孕。孩子生下来后起名叫契,契后来封在商地,于是就成了商人之祖。契初封商时为火正,其主要职责一是主管火种,二是观测火星和祭祀火星,故后人尊其为火神,并称其为阏伯。今商丘有阏伯台,高 35 米,上有阏伯庙供奉阏伯。史传商丘是燧人氏钻木取火的发源地,加之阏伯又是司火之神,因而 2005 年我国第十届全运会将“华夏文明之火”的采集点选在了商丘,并于 7 月 15 日在阏伯台举行了隆重的采集仪式。

帝喾三妃名庆都,原是大帝之女,后被陈锋氏收养。一次,庆都来到顿丘,人们见到她出行时头顶上往往有一朵黄云随其飘动,以其为神。帝喾之母闻之,就将其纳为帝妃。庆都生子名尧,后来成了有名的贤君,被尊为五帝之一。

帝喾四妃名常仪,所生之子名挚。挚后来虽然继承了喾帝之位,但深感才能不如尧，于是九年后让位于尧。

帝喾多有建树且天下太平，因而帝喾时代也是盛世文化时代。

帝喾陵除内黄县二帝陵外，商丘也有一处，在今商丘南23公里的高辛集。陵建于宋开宝六年(973)，有山门、大殿等，明正统七年(1442)重修，上世纪日军侵华时遭毁。现存古丘高地长230多米，宽130米，有明嘉靖年间石碑一通。

5. 尧舜禹时期的圣贤文化

尧的事迹主要见于《尚书·尧典》、《史记·五帝本纪》，其他文献中也有一些记载。

唐尧

尧的品质与智慧卓而不凡。《本纪》曰："其仁如天，其智发神。就之如日，望之如云。富而不骄，贵而不舒。"

尧时天下大治。《本纪》曰："能明训德，以亲九族。九族既睦，便章百姓。百姓昭明，合和万邦。"

尧重视农业生产。《尧典》曰：他教人考察日月、四时之变，制定了历法，"敬授民时"，从而使耕不违农时。

尧领导人民治理了洪水。《尧典》曰：尧之时"汤汤洪水方割，荡荡怀山襄陵，浩浩滔天"，在尧的领导下，经过十数年的努力，终于使漫漫大水导入了江河湖海。

尧统一了南方，促进了民族融合。《吕氏春秋·召类》载："尧战于丹水之浦，以服南蛮。"

尧领导人民战胜了干旱。《淮南子·本经训》载："尧之时，十日并出，焦禾稼、杀草木，而民无所食。"尧命令羿射九日，解民倒悬。

尧重视教化。尧使舜以德教化万民，舜作"五典"以推行。五典者，父义、母慈、兄友、弟恭、子孝也。

尧规范天下政事。尧使舜统领百官，舜作规则以驭众人，从而使百官各司其职；舜以礼敬待部落之长或使节，故而四方宾服。

尧心胸广大，禅让天下。尧到晚年时，虽有人建议让其子接替，但尧感到其子丹朱德、能不济，不足授天下，决定禅让于舜。《本纪》曰：尧在舜继位28年后去世，天下闻之，"百姓悲哀，如丧父母，三年四方莫举乐"。人们无限崇敬和怀念他。

尧在人们心目中是一个了不起的圣人，是一代明君。

孔子对尧十分崇敬，《论语·泰伯》曾生动地记述了他的一次讲话：“大哉！尧之为君也！巍巍乎，唯天为大，唯尧则之！荡荡乎，民无能名焉。巍巍乎，其有成功也，焕乎，其有文章！”

孔子的赞语实际上是对尧一生业绩、功德最全面、最简洁的概括：

其一，尧作为君主，人格很伟大、很崇高；

其二，上天是最公正的，只有尧才能与天相比；

其三，尧的恩德既广且大，老百姓都不知道该怎样用最美好的词语来赞颂他；

其四，尧的贡献和影响也十分巨大，也无法用语言来形容；

其五，尧制定的各种典章制度不仅十分完备，而且也非常光辉。

尧是民族的英雄，所以，孔子才对他佩服得五体投地。

史载，尧继挚为帝后，迁都于平阳（今山西临汾），死后葬谷林（今河南濮阳、范县一带）。

舜生于姚墟（今河南范县濮城东南），《史记·五帝本纪》未说生于何处，而是说“舜，冀州之人也”。舜在青年时曾经商，“贩于顿（寿）丘，就时于负夏”。顿丘即今河南省清丰县古城；负夏即瑕丘，即今濮阳县东南。舜后来成为虞（今山西永济县一带）部落的首领，故史称其为有虞氏。

尧得知舜很有才能，品质高尚，就请其帮助自己治理政事。舜曾代尧摄政 28 年，后尧禅帝位于舜，舜迁都于虞（今永济县蒲坂），在位 39 年。

虞舜

舜以孝闻于世。史载，舜的父亲再婚后，曾多次想置其于死地。一次，让舜修理屋顶，舜爬上屋顶后，父亲不仅拿掉了梯子，还在下面放了一把火。舜借助一顶斗笠为翼，从屋顶上跳了下来。又一次，让他修理水井，舜下去后，父亲却把土和石块填进去，舜借助先前的一条暗道逃了出来。尽管如此，舜始终以德报怨，孝待父母。《五帝本纪》说，舜不仅将人伦教化概括为“五义”,“父义、母慈、兄友、弟恭、子孝”,还设专门机构和专人在全国推行。

舜以勤闻于世。舜在位期间,经过努力,治理了洪水,消灭了水患。他还修订了历法,以便有利于农事。他经常召见各地酋长,听取意见,还规定每五年到全国各地巡视一次,以考察民情。

舜以设九官闻于史。为了全面施政,舜命邦国设立了专门的管理机构。任命禹担任司空,负责水土整治;弃担任后稷,负责农业;契担任司徒,负责教化,实施“五义”;皋陶担任士,负责掌管刑法,实施“五刑”;垂担任共工,负责百工建设;益担任虞,负责管理山林;伯夷担任秩宗,负责主持礼仪祭祀;夔担任典乐,负责文化教育;龙担任纳言,负责发布政令。舜设九官是一个创造,这九个部门,实际上已经具有国家机器的架构性质,为周代国家机构的设置提供了直接的借鉴。

舜以置十二州闻于史。为加强对全国的管理,舜将全国地域以江河为界,建置为十二州:冀、兖、青、徐、荆、扬、豫、梁、雍、并、幽、营。舜置十二州也是一个十分了不起的创造,秦统一天下后实行郡县制,而开先河者则是舜。

舜的德政尤其是他心怀天下的博大情怀,受到了孟子的高度称赞。《孟子·离娄下》:“孟子曰:君子所以异于人者,以其存心也。君子以仁存心,以礼存心。仁者爱人,有礼者敬人。爱人者,人恒爱之;敬人者,人恒敬之。”“舜,人也,我,亦人也。舜为法于天下,可传于后世。我由(犹)未免为乡人也,是则可忧也。忧之如何,如舜而已矣!”

孟子是提倡圣贤文化的,在老夫子看来,圣人自有异人之处,但关键在于人们是否有见贤思齐心,有忧患意识,只要自己意识到不足,又愿意效法圣人,则“人皆可以为尧舜”(《孟子·告子下》)。

舜在位39年,不幸在巡视南方时死于苍梧之野,葬于九嶷山,人称零陵。

舜之后禹为帝,并建立中国第一个奴隶制国家。禹在位时最大的功绩是治理水患。史载,禹治水13年,三过家门而不入,其献身精神为世代所颂扬。

第三节　相衔如环的考古学文化

辽阔的中国,灿烂的远古文化遍布于锦绣大地的山山水水。博大悠远的裴李岗文化、仰韶文化、二里头文化，精致的良渚文化，气势宏大的红山文化，瑰丽的三星堆文化……令人目不暇接。

然而，自豪之中，不无遗憾。人们在领略其风采的同时，忍不住还要问一声："你从哪里来？又到哪里去？"但答案中却留下了不少悬念，或者简直就是迷雾一团。

河洛文化渊源有自，传承不息。而良渚、红山、三星堆文化呢？

看来，消除谜团留在人们心中的惆怅，察看中华文明出现的轨迹，寻觅中华文明的发展脉络，追溯中华文明的曙光源头，还必须首先叩开河洛文化的门扉，那里不仅花团锦簇，而且文明之链相衔如环。

一、裴李岗文化——远古的"四大发明"

今人初步但又比较全面地了解我们的先祖如何过上了"人"的生活，是从认识裴李岗文化开始的。

在河南省新郑市西北方向七八公里的地方，有一个不大的村庄叫裴李岗。这里气候温润，盛产小麦，裴姓、李姓两族人家世世代代生活在这里。

1977 年 4 月 2 日，村民李铁旦在平整土地时发现了一块石质"搓衣板"和一根石棒。石板长 70 厘米，宽 20 厘米；石棒长 49 厘米，直径6.5厘米。

石磨盘

懂得一些文物常识的小伙子很兴奋，立即背上"宝贝"奔向县城，向文管会报告。

一星期后，河南考古工作者在这里进行了探掘，出土了一批石器和陶器。他们很快将这些新发现送到了北京。

中国科学院考古研究所所长夏鼐,考古专家安志敏、苏秉琦对这一发现都感到很吃惊。鉴于此处过去就发现过文物,中国科学院的专家决定移师南下进行考察。1978 年、1979 年两年中,他们连续进行了 3 次大规模的探掘,先后出土石器、陶器、骨器等文物 300 多件。

乳钉纹红陶鼎

研究测定表明,这里是一处新石器时代前期偏早的人类文化遗址,距今 8000 年至 7300 年。因遗址坐落在裴李岗村,故定名为"裴李岗文化"。

其后,河南又发现同类型的文化遗存 100 多处,如密县(今新密市)莪沟北岗、舞阳县贾湖、长葛县(今长葛市)石固、巩县(今巩义市)铁生沟等。

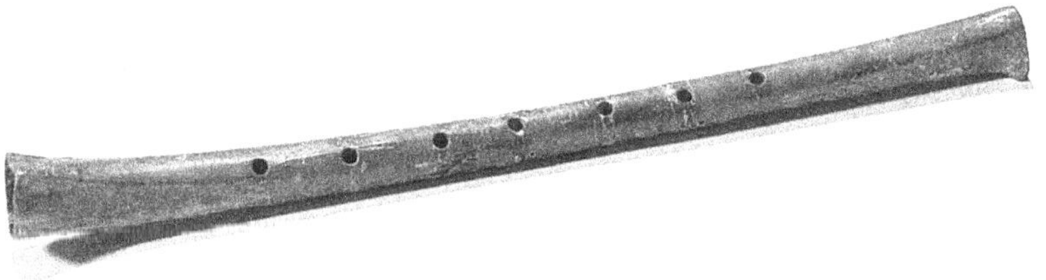

贾湖出土的 8000 年前骨笛

裴李岗文化表明,当时仍处于母系社会时期,生产、生活虽然还比较原始,但与旧石器时代相比,已发生了很大变化,最突出的特点是人们不再野处穴居,而是建造了房屋,群族聚居,出现了村落。

经过大量的研究,专家们指出,裴李岗文化再现了母系社会晚期的社会景况,以不可辩驳的事实表明,河洛地区在 8000 年前就出现了人类文明的曙光。

其一,出现了原始农业。人们已经能够种植粟、谷等粮食作物,用石镰、石斧、石铲、石凿等工具进行生产,用石磨、石磨棒进行粮食加工。

其二,出现了家畜饲养。人们在用石弹、石簇、棍棒等狩猎的同时,饲养了猪、狗、羊等家畜。

舞阳贾湖遗址

其三，出现了陶器。大量的饮炊具用陶制作，如陶钵、罐、鼎、壶、盘、碗等。

其四，出现了原始的手工纺织。人们已经使用陶片打磨而成的纺轮纺线，用各种骨针缝制衣裳。

裴李岗文化的发现，尤其上述“四大发明”，不仅填补了我国新石器时代早期考古的空白，也将我国农耕文明——农业、家畜饲养、制陶、手纺——的出现提前了1000多年。

裴李岗文化永载史册，并被公认为20世纪中国十大考古发现之一。

二、安特生和仰韶文化

渑池，中国北方一个驰名的小县。渑池之所以能名扬四海，要感谢两个人：一位是中国的古人——司马迁，一位是外国的今人——瑞典的安特生。

公元前279年，也就是赵惠文王二十年，秦昭襄王与赵惠文王在渑池相会。宴会上，依仗国势强大而盛气凌人的秦王让赵王鼓瑟助兴，赵王于是鼓瑟。之后，秦国史臣立即在记录本上写道，某年某月，赵王为秦王鼓瑟。这时，随赵王而行的蔺相如上前，请秦王击缶。秦王十分傲慢，不予理睬。蔺相如怒发冲冠，跨前数步，以礼相争，并对秦王晓以利害：如果大王不答应，十步之内，血染殿阶。秦王惧怕，只好退让，予以击缶。蔺相如立即命赵国的史官上前直书，某年某月，秦王为赵王击缶。司马迁将此事绘声绘形地写入了《史记》。两千年来，《廉颇蔺相如列传》不仅被史家传诵，而且被选入了各种读本——尤其是当代的中学语文课本，于是，渑池之名便不胫而走。

渑池名扬海外，与洋人安特生也密不可分。

安特生1874年生于瑞典，是一位英俊的小伙子。40岁那年，即1914年，他作为一个地质学家来到了中国，并被北洋政府聘为农商部矿业顾问。

在参与北洋政府的地质调查中，安特生在中国度过了十几个春秋，足迹踏遍了甘肃、青海和河南等地。

安特生有丰富的西方考古学知识。1921 年，在豫西的一次地质调查中，他来到了渑池县北八九公里的目的地——韶山。

山脚下有一秀丽的小村，三面环水，北依韶山，因而名叫仰韶。村庄南面是一块面积很大的台地。

安特生在这里采集到了许多与众不同的标本，他感到十分惊奇。1921 年 10 月，中国政府同意他和中国学者袁复礼、陈德广等 5 人到仰韶进行正式发掘。

从此，这个偏僻的小山村为中国历史翻开了新的一页。

渑池仰韶村

在这里，安特生和他的同伴们发现了远古人生活过的各种见证。

他们发现了灰坑、墓穴、石器和精致的骨器；他们又梦一般地发现了彩绘的陶器。

这次发掘到 12 月 6 日结束，在 17 个采点上获得了很多珍贵的资料。经过认真的研究，1923 年，安特生向世人公布了他的研究成果，确认这里是新石器时代文化遗址，并正式命名为“仰韶文化”。

1951 年 6 月,中国科学院考古专家夏鼐率队到仰韶进行了新发掘,1980 年 10 月—1981 年 4 月,河南的考古工作者又在这里进行了第三次大规模的挖掘。三次考察在长 900 多米、宽 30 多米的遗址上进行,发掘面积约 30 万平方米,发现文化层厚 2—4 米。研究表明,仰韶文化距今 7000—5000 年。

仰韶文化分布相当广泛,遍布于华北、西北数省,各种遗址发现了 1000 个。经过综合分析,中国社会科学院考古专家安志敏先生多次强调,仰韶文化虽然从青海、甘肃、宁夏、陕西、山西到河南、河北以至更远的地方都有,纵横达几千里,但其中心在河南。

河南除仰韶村外,最典型的是洛阳西郊的王湾、陕县青龙涧南岸的庙底沟以及郑州的大河村。

仰韶及庙底沟遗址向人们清晰地展示了远古社会的面貌。

人们在这里发现了房屋,屋墙下有用天然砾石铺成的墙基,墙内有立式木柱,两面以草拌泥涂抹;

人们在这里发现了墓葬,墓以长方形竖穴和小口尖底瓶葬为主,内中有单人仰状肢体,很多人头骨上涂有朱色;

人们在这里发现了大量的石器,其中有石斧、石铲、石刀、石镞、石凿、石饼、石纺轮等;

人们在这里发现了各种精致的骨器,其中有骨针、骨锥、骨镞等。

这里的陶器以泥质红陶为主,其次是夹沙灰褐陶。陶器多为生活用具类,如鼎、釜、灶、甑、盆、罐、瓮、钵、豆,还有小口尖底瓶等。

彩陶在仰韶文化中最有特色而且丰富多彩,安特生将其命名为"彩陶文化",并将其称为"中华远古之文化",仰韶文化由此而蜚声中外。

仰韶彩陶绘色基本分两类,一种是白色陶衣绘以黑色,另一种是在陶衣上同时绘以红、黑双色。彩陶的纹饰大多是以弧线三角纹与圆点纹相结合构成的图案,还有眼睛(月牙)纹、波纹及网状纹,另有 X 形和 S 形纹等。

仰韶遗址的发掘何以在考古界引起巨大的波澜呢?

其一,仰韶遗址的发现,第一次证实了中国史前社会存在着非常发达的新石器时代,而在此之前中国人对此毫无认识,西方人则否定中国史前有石器时代,极力宣扬中国文化西来说。

仰韶彩陶

仰韶遗址发掘揭开了中国考古学的第一页。中国现代考古学由此发端。

其二,厘清了中原考古学文化的内涵与序列。安特生的研究和 20 世纪 50 年代以后的研究表明,中原地区在龙山文化之前有一个仰韶文化,二者内容不同,又有密切的承袭关系。

其三,仰韶文化对河南龙山文化产生了极大影响,是史前传说的基础和源头,也是中华文明曙光的前夜,它说明中华文明从未中断,黄河中下游地区是中华民族文明的摇篮。

仰韶文化在中华文明形成与发展过程中的地位如何呢?

李学勤在《河洛文化研究的重要意义》中讲得相当简明:“以黄河中游区域为中心的仰韶文化,对实现统一中国文化做出了最早的重大贡献。”

安特生回国后曾担任瑞典远东古物馆馆长。他对仰韶文化情有独钟,著有《中国远古之文化》一书,向世人详细地介绍了仰韶文化的发掘与研究。他还出版了专门研究中国史前文化的《中国史前史研究》。

安特生 1960 年去世,享年 86 岁。

三、王国维和殷墟

在我国历史上，从唐到宋，史学界曾时断时续地出现过疑古之风，在这股微风的吹拂下，就连欧阳修都不大相信《易传》的成书及作者。

20 世纪初，疑古之风又起。1917 年，胡适先生在北京大学讲授中国哲学史时，就认为“东周以上无史”。后来，以北京大学为中心形成了一个“古史辨派”，其代表人物是著名历史学家顾颉刚先生。

“疑古”从一定意义上说也是思想解放。

1923 年，顾先生提出了“层累地造成的中国古史”的观点。1926 年，发表了奠基之作《古史辨》。顾先生认为，先秦两汉典籍中所记古史全系传说，实不可信，他甚至说大禹只不过是一条虫，并无其人。他决心要推翻这个古史系统，还其本来面目。

殷墟博物院

这也难怪。当时我国还没有现代意义上的考古学，更没有我们现在到处都能见到的远古时期的文物。

殷墟甲骨的大量出土，尤其是罗振玉、王国维对甲骨文的研究，推翻了疑古派关于中国史前史纯属子虚乌有之说。

1914 年，罗振玉通过对甲骨文的考释，有创意地提出了殷墟小屯可能是“武乙之都”的见解。

1917年，王国维发表了他对甲骨文研究的成果《殷卜辞中所见先公先王考》，列出了殷商祖先帝喾、相土、季、王亥等13人的前后顺序，从而使《史记·殷本纪》中被疑古派否定的记载得以证实。

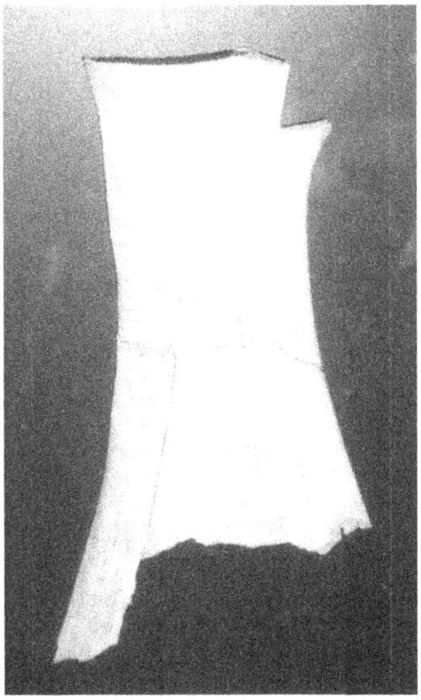

甲骨文片

之后，他又发表了《古史新证》，明确指出：“《史记》所述商一代世系，以卜辞证之，虽不免小有舛误而大致不误，可知《史记》据之《世本》全是实录。而由殷周世系之确实，因之推想夏后氏世系之确实，此又当然之事也。”同时，他还提出了以“地下之新材料”印证“纸上之材料”的研究方法，即著名的“二重证据法”。

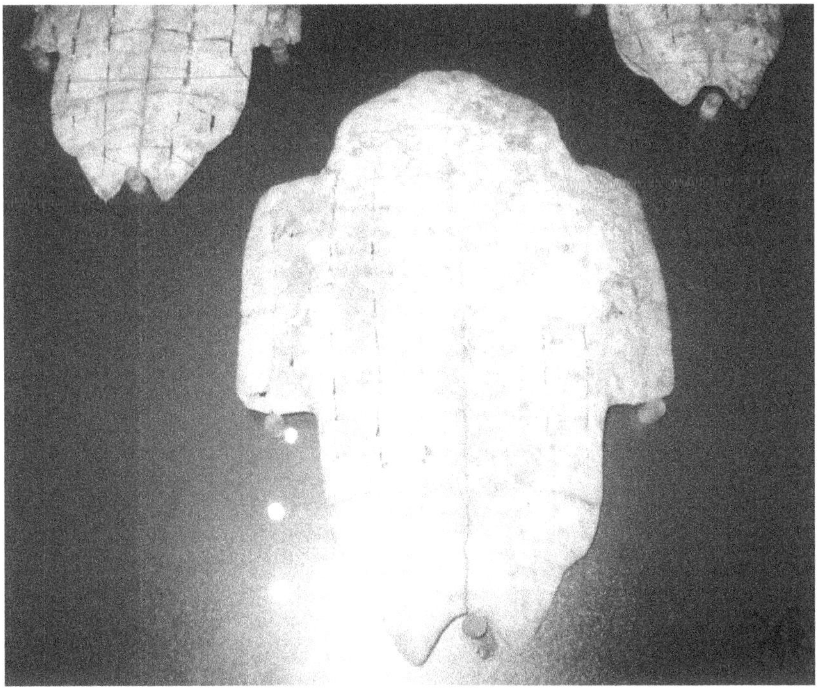

甲骨文片

王国维是中国古文化史研究领域中的一棵参天大树,他的建树和贡献实在是太大了。郭沫若先生对此有很高的赞誉,他说:"卜辞的研究要感谢王国维。是他,首先由卜辞中把殷代的先公先王剔了出来,使《史记·殷本纪》和《帝王世系》等书所传的殷代王统得到了物证。""殷墟的发现,是新史学的开端;王国维的业绩,是新史学的开山。"

为了真正揭开殷墟的面纱,1928 年 8 月,上任不久的中央研究院历史语言研究所负责人傅斯年就派中山大学副教授董作宾到安阳进行调查。蔡元培院长看了董作宾的报告后,立即拨 1000 银元予以支持,10 月 7 日,殷墟发掘正式开始。以后的九年间,在著名学者李济、董作宾、郭宝钧以及夏鼐等的参与指导下,先后进行了 15 次考古发掘,1937 年七七卢沟桥事变之后,发掘被迫中止。1950 年后,更大规模的发掘一直有计划地不断进行。

商代司母戊鼎(模型)

除了甲骨文外,1939 年出土的司母戊大方鼎,为世界出土青铜器之冠,1976 年妇好墓出土文物之多轰动世界。

文献与考古证明,商王朝是继夏代之后中国历史上第二个世袭制王朝,从汤(太乙)到纣(帝辛)共 17 世,31 王,前后约 600 年。

商代晚期都城——殷墟的发现,大量文物、文献的出土及甲骨文的破译,彻底打破、而且结束了东周以上古史无证的历史,不仅使学术界大为振奋,而且在

商代司母辛四足觥

逻辑上顺理成章地进行了推论:先秦古籍、尤其是《史记》所记上古之史,决非空穴来风,必有实证相存。司马迁既然如实地记录了殷商史,写出了可信的《殷本纪》,那么,《夏本纪》也一定是真实的,其所依据的《世本》等也是可信的。

中国人从此对自己古老文明的存在有了坚毅的信心。

四、安金槐和王城岗

然而,夏王朝的都邑、活动区域在哪里呢?夏王朝不能只是存在于典籍之中,必须找到考古学的依据。

《世本》上说"禹都阳城",司马迁据此在《夏本纪》中说:"禹辞辟舜之子商均于阳城。"

那么,阳城又在哪里呢?

《史记集解》在解"禹辞辟舜之子商均于阳城"时说,阳城就是颍川(今登封市东南)。《括地志》说得更明确:"阳城县距箕山十三里。"阳城在"嵩山之阳,箕山之阴"。

这就是线索。

按图索骥不失为一个比较可行的好方法。于是,一场艰苦的寻找开始了。

开先河者是考古学家徐旭生先生。1959 年,徐旭生先生开始了豫西“夏墟”探寻之行,足迹到了登封。在告成镇与八方村之间空旷的田野里,他仔细地考察了早在 1954 年就发现的“八方村遗址”。

1975 年,河南考古工作者在王城岗开始了大规模的钻探和调查。两年后,1977 年,他们成功地发现了两座并列的小城堡城址,面积近 2 万平方米。遗址内有残留的奠基坑及完整的人骨架,遗址内还出土了青铜残片和早期的文字符号。他们还在一处战国至秦汉的城址出土的陶片上发现了“阳城”、“阳城仓器”的陶文戳记。

著名考古学家安金槐先生参加并负责此次具有历史意义的发掘。他根据文献记载和出土的文物,大胆、谨慎而又肯定地说,这是一座河南龙山文化晚期城址,极可能是禹都阳城。最主要的依据就是,这里的地理位置与文献所载十分吻合。

夏鼐先生闻讯从武汉赶到了告成,并主持了 11 月 18—22 日的专题学术讨论。

大家认真地听取了发掘者的介绍和分析,到现场看了又看,只有北京大学邹衡教授明确地表示认可安金槐的意见。也有少数人认为不是夏文化。更多人则是沉吟不语,将信将疑。怀疑的最大理由是:禹作为夏代国君,都城不可能这么小。

此言甚是。

虽然如此,毕竟看到了曙光。考古界决心努力苦干。

1996 年,“夏商周断代工程——早期夏文化研究”课题组的专家又来到了这里。

2002 年—2005 年,作为“中华文明探源工程预研究——登封王城岗城址及周围地区遗址聚落形态研究”的一个重要探测点,北京大学与河南的考古工作者又一次来到了这片热土。

苍天终于露出了笑容。

在 1975 年发现的小城之西,终于发现了一座大城,面积达 30 多万平方米,不仅出土了礼器玉石琮,还发现了祭祀坑、白陶器以及城壕与大面积夯土基址。

大城北面城墙的夯土残留长达370多米，城壕长630多米，宽约10米，深为3—4米；西城壕残长130多米。东、南两面的城墙、城壕受到了洪水的破坏。

经过碳14年代测定，王城岗遗址距今4070—3700年，与夏朝早期年代相吻合，加之大量新资料的发现，不少专家改变了看法，认可了夏鼐、安金槐、邹衡、郑杰祥的判断：此遗址属于龙山文化晚期；认识到，夏代的物质遗存应继续在河南龙山文化晚期和二里头文化中去找寻。

1996年11月20日，位于河南省登封市东南13公里告成镇的王城岗及阳城遗址被国务院公布为第四批全国重点文物保护单位。

五、徐旭生揭开了夏墟之面纱

人间不断有奇迹出现。

殷墟的发现虽然使考古界大为振奋，然而，到20世纪50年代末，几十年过去了，夏文化、夏遗址却仍没有找到踪迹。

考古学家徐旭生心中很不是滋味，他苦苦地思索着。从文献到田野，从田野到书斋，他不停地寻觅着。

绿松石

一天，他似乎得到灵感，眼前忽然一亮。在他不知道翻过几百遍的文献中，《国语·周语上》"伊洛竭而夏亡"这句话映入了眼帘，并且使他的目光久久凝聚于此而不移。

"对呀，应该到伊洛河流域去啊！"他用手拍着脑门自言自语，"过去怎么连这一点都没想到呢！"

1959年4月14日，就凭着古书上的这一句话，71岁的徐旭生兴冲冲地离开了北京，与其助手一起开始了豫西之行，徒步在几千平方公里的伊洛平原上寻找。

餐风饮露，沐光受雨，乐在其中。有一天，他来到了偃师县翟镇二里头村。

一个农民见他老在地上看来看去，走来走去，便上前问他："东西丢了吗？"

他回头一看，乐呵呵地说："是啊，掉了一座城！"

后经他一说,没想到那个农民也乐了:“我们拾到了,你去看看吧!”

徐旭生随农民来到村东,那里正在开挖水塘。他紧走了两步,急忙跳了进去。

塘壁上布满了大大小小的陶器碎片,用手一摸,“哗哗”往下掉。

“找到你啦,可找到你了!”徐旭生像小孩子见到了妈妈一样,高兴得一宿未能入眠。

1960 年 11 月,以殷玮璋为领队的中国科学院考古所专家一行 9 人来到了这里,多次发掘表明,这里是距今 3800—3500 年的一处夏代文化遗存。

二里头遗址在洛河之南伊河之北。此后 40 多次发掘表明,这是一座大型城址,面积约 375 万平方米,文化层厚达 3—4 米。城内有宫殿区、祭祀区,不仅有大型的建筑群,还有纵横交错的道路,显然是经过缜密规划与设计的。城址面积之大,是当时中国乃至亚洲所没有的。

一号宗庙遗址南北长 100 米,东西宽 108 米。一个单体建筑遗址达 10000 平方米,这是中国最早的大型宫殿建筑。

城内发现了铸铜作坊遗址,面积达 10000 多平方米,使用了 300 余年。这是我国发现的第一座、也是面积最大的铸铜遗址,使用时间上百年。此两项均堪称中国之最。

遗址中还发现了中国最早的车辙印痕,这无疑说明,中国最早的双轮车诞生在这里。

二里头遗址出土的青铜器件数不是很多,但却达 24 种,几乎包括了中国青铜时代的最主要的种类。其中有礼器爵、鼎、斝、盉,乐器铃,兵器戈、戚、镞,工具凿、锥、刀、锛、钻、锯、镢和鱼钩等。此外还出土了玉器、陶器、石器、漆器及金器等。

尤值一提的是第一次发现青铜礼器——爵,意义非常重大。这是中国最早的铜爵,它一方面说明夏人已由过去的铸造简单的兵器如铜镞到能够制造容器,铸造技术有了很大的进步与发展。

偃师二里头遗址纪念碑

另一方面，礼器是中国历史上青铜器的主体，爵的出现，标志着中国青铜时代由此发端。

上述的一些发现与文献记载有什么关联呢？

让我们回过头来看一下有关文献。

《世本》云："禹作宫室"；《古本竹书纪年》云：夏桀时"作倾宫、瑶台"；《晏子春秋》云：桀时还"为琼室玉门"……二里头遗址的发掘与上述记载基本符合。

此其一。

当今，国人很重视汽车，认为汽车的制造水平直接反映着一个国家的技术水平和人民的生活水平；更有甚者，以所乘之车的豪华与否，判断或衡量一个人的身价。

这种思想可能也是从老祖先那里传下来的吧。

古人是很重视车的。《吕氏春秋·审分览》就将车的发明看得比文字、农稼、制陶、城邑等的发明还重要，排在各种发明的第一位：奚仲作车，苍颉作书，后稷作稼，皋陶作刑，昆吾作陶，夏鲧作城。

奚仲发明了车，奚仲何许人也？

《左传·定公元年》说："薛之皇祖奚仲，居薛，以为夏车正。"

查有关记载，奚仲姓任，为黄帝后人，曾居于薛（今山东滕县东南），后迁到了河洛，他不仅发明了车，还被委任为夏朝专门管理车舆的官员。

二里头遗址中发现了车辙，《世本》及《吕氏春秋》又说奚仲发明了车。虽然目前发掘中还未见到当时的车，但我们可以断言："中国的第一辆车发明于夏"决不是无稽之谈。而且我们还可以断言："车辙既现车必现"，发现只不过是时间迟早的事罢了。

此其二。

《古本竹书纪年》载："太康居斟鄩，羿亦居之，桀又居之。"

《国语·周语上》说"伊洛竭而夏亡"。

二里头正处于伊洛河之间，其位置恰与古籍记载中的夏人活动的区域大体相符。因而可以判定，二里头遗址是一处夏王朝的都邑，至于属何朝代，尚须探讨，但称之为"华夏第一都"，则已经成了学术界的共识。

此其三。

二里头遗址虽然还不能百分之百地说就是“夏墟”，但“二里头文化的主体为夏代的遗存”这一说法，已为考古界大多数学者所接受，学术界也倾向于认为二里头是夏王朝中晚期的都城之所在。

二里头遗址面积巨大(长2500米，宽1500米)，有四个相互叠压的文化层，发现了大型宫殿基址、墓葬、铸铜遗址及铜器、玉器、骨器等，与先前发现的同类遗址(如1953年发现的郑州达庙、1954年发现的洛阳东干沟)相比，更具有典型性和代表性，于是，从1961年起，这类考古学文化便以“二里头”之名命名之。夏鼐先生1962年在《新中国的考古学》一文中正式称其为“二里头类型文化”。

1981年，二里头文化遗址被国务院公布为全国重点文物保护单位。

六、偃师商城

关于二里头文化的属性，学术界在很长时间内争论不休。一部分学者坚持认为二里头不属夏文化，而是商汤灭夏后建立的都城西亳。

山重重，水复复。

1983年偃师商城遗址的发现及其后连续的发掘，使争论出现了变化。

柳暗花明新天地。

偃师商城遗址位于偃师县城之西尸乡沟村，与二里头遥遥相望，仅距6公里。多年的探查表明，这是一座商代早期的城址，距今3600—3400年。

偃师商城铜尊

尸乡沟商城遗址东西长1215米，南北长1700多米，面积达2平方公里。这里不仅出土了大量石器、陶器、铜器、玉器，还发现了小城、大城和宫城三重城垣。城址内存有城门、宫殿、道路、墓葬、青铜作坊、池苑、各种居址及供水、排水遗迹。小城又称内城，为南北长方形，长约1100米，宽约740米，墙体宽6—7米。宫城位于内城南部，处于南北中轴线上，是我国城市规划中第一个中轴对称的实例。

偃师商城小城的年代、布局、内涵、性质、特点等在夏、商学术研究中地位非同一般,因而小城的发现入选为1997年全国十大考古发现。

偃师商城遗址的发掘,不仅向人们提供了较为全面、系统、完备的研究商代都城制度和商代早期社会的资料,而且对认识和建立夏、商文化序列起到了直接的促进作用。“偃师商城为夏商界标说”成了学术界的基本共识。

偃师商城遗址的发现意义重大。

其一,这是一座夏商时期布局和结构最清楚、保存最完好的都城遗址,不仅宫庙分离、寝宫与朝堂分离,而且开中国建筑中轴对称布局规则之先河。

其二,经碳14测定,其建筑年代早于郑州商城,为“商代第一都”确定无疑。

其三,偃师商城距二里头仅6公里,是汤灭夏这一重大历史事件在考古学文化上的直接反映;它的地理位置、年代和文化性质,符合文献记载商汤所居亳都的条件。

其四,新的发现说明,偃师商城的始建年代就是夏王朝灭亡和商王朝建立的时间,在学术上为夏文化与商文化的分界提供了明确的实体证据。

其五,更多的学者认为二里头文化整体是夏人的文化遗存,二里头遗址是夏代的都城。

第四节 文明的疑团

在我国史前文明发展中,河洛地区从裴李岗文化到仰韶文化、龙山文化、二里岗文化等,脉络清晰,连绵不断,一目了然地展现了中华民族发展的历史。但是,也有例外。

精致的良渚文化、奇特的三星堆文化和奥妙的红山文化,一方面,其绚丽灿烂令人目不暇接,另一方面,其诡谲神秘也令人不得其解。

一、“玉琮王”

人间天堂杭州市有一座公园,横跨余杭区良渚、瓶窑两镇地域,面积34平方公里，遗址达119处之多。这就是闻名遐迩的“良渚文化遗址公园”。

公园里建有良渚文化博物馆，馆内有一块镇馆之宝——玉琮。

此玉琮距今5300—4000年。由于其年代久远、体积较大、制作精良，因而被公认为名副其实的“玉琮王”。

是何人造出了如此精美的玉器呢？

为弄明白其来龙去脉，还是让我们先全面地浏览一下遗址吧！

1. 良渚文化十分发达

1936年，西湖博物馆的施听更先生首先在良渚遗址发现了黑陶和玉器，20年后，1955年正式挖掘，1959—1960年，著名考古学家夏鼐通过全面考察，将其命名为“良渚文化”。经过几十年的研究发现，以余杭地区莫角山为中心，环太湖四围发现了100多处良渚文化遗址，有村落、墓地，又有祭坛等遗存。

良渚文化不仅发达，而且多有奇迹。

一是农业发达。许多石犁的出土，证明耕作技术已经比较先进。犁耕稻作农业的出现，说明太湖地区原始社会时期农业已相当先进。

二是手工业发达。制陶技术先进。陶器以黑陶为特色，胎薄面匀，质地细腻，造型美观，比例合度，其中有鼎、圈足盘、罐、豆、双鼻壶、贯耳壶、阔把杯，制作精美，有的上面还绘有旋涡勾连纹、纺织纹、鸟纹或网纹，有的还涂有一层漆。

出现了纺织业。从出土的丝线、绢片和丝带以及纺轮等可以看出，这一带养蚕业、纺织业的发展已有相当的规模。

三是玉器制作工艺精良。玉器是中国特有的物质文化形态，从一定意义上说，也是中国文明的前奏。

由于真玉来之不易，这就使玉在玉石的自然属性之外，被赋予了一种特别的观念，即通常所说的等级观念和宗教神秘观念，它反映了原始社会后期原始礼制、原始宗教的灵魂和核心。因此，玉器生产不仅代表了当时的生产力水平，而且还反映了礼、礼制与权力的结合，反映了当时文明制度的核心内容。

良渚文化中玉器种类繁多，有珠、管、璧、璜、琮、钺以及三叉器等。良渚遗址是我国出土数量最多，器类最丰富、制作最为精美的文化遗址。其中仅反山大墓即出土玉器450多件。这说明墓主人已有条件大量占有了他人的劳动，从一个侧面证明良渚时期已出现了私有制或阶级。这也预示着出现了文明的曙光。

良渚文化遗址出土了大量精美的玉器，除了少量实用器之外，大多为礼器，用来祭祀天、地、神祇或祖先。玉器内涵丰富，充分反映了良渚时期等级制度、政治理念、宗教意识以及风俗民情。

在良渚文化玉器中，玉琮实为重器，以其奇特精巧的造型、严谨对称的构图、深奥神秘的寓意而被人称道。

良渚出土的玉琮王

"玉琮王"为 1986 年在反山 12 号墓出土的一件玉琮，高 8.8 厘米，射径 17.1—17.6 厘米，为偏矮方柱形，重 6500 克。玉琮四面均有宽 5 厘米的竖槽，三条较细的横槽将其分为四节。玉琮上刻有圆目兽面的"人兽复合像"，可能是当时人们共同崇拜的偶像或神，具有超凡本领，有至高无上的权威。玉琮形状为内圆外方，意为天地相通。玉琮上还有一些鸟纹，可能是把能在天地间飞翔来往的鸟也视为一种神。此玉琮因其个头较大且纹饰华美而被誉为"玉琮王"。

良渚文化的玉器上刻有人神兽合一的形象，也有似神似兽的人形象。专家们说，玉琮上的人面像，可能是社神，也可能是太阳神，也可能是山神，反映了当时先民们的天地观、宗教和民俗事象。由于良渚文化玉器上出现最多、最常见的纹样是神人和神兽复合构成的图式，因而有专家戏称其为良渚部族的族徽。

玉礼器还与巫关系密切。一般来说，有礼器就可能有巫，巫的出现说明社会有了进一步的分工，出现了不事生产的有文化的"巫"阶层。

良渚文化的玉器中有大量的非礼器，如一些璧、环和琮，完全是个人财产。从琮、璧、钺为贵族墓葬专用品也可以看出，玉器已成为这一阶层地位、身份、等级以及财富的标志。

玉质指示物的性质和作用反映了良渚玉器神圣与世俗合二而一的特性。

四是丰富的刻画符号。笼统地说，考古发现各种器物上的刻画符号，记录的是当时人的活动和思想。良渚文化中的玉器、陶器刻画符号丰富而多样，有单刻符号，也有成组的刻画符号。那么，这些刻画符号表达的是什么？一些图腾神像上的刻画符号又是什么含义呢?

刻画符号并不是文字,尤其单刻符号,不具有表音表义功能,有些可能只是记事符号,如“十”字形。成组的刻画符号分两种,有些仍停留在图画阶段,可能比较随意;有些可能有表意功能,如陶壶上的刻画,可与今天的题诗、题辞相类比。

有一件黑衣陶贯耳罐腹部有四个横向的符号。李学勤释第一个为“方”字,方国的意思。第二个释为“钺”,是国家的象征,即“越”。第三个释为“会”,第四个释为“矢”。董楚平认为,“会矢”即军事会盟。“方钺会矢”,就是越国会盟的记录,或者可能是建国文献,因为国名与后来的越国相同。

2. 良渚疑团

良渚文化之灿烂令人叹为观止,但也有许多谜团让人百思不解。

疑团之一:良渚人是何部族,属何酋邦? 良渚人是哪里来的,又到哪里去了呢?

有人分析说:良渚时代可能是个渔猎的社会,良渚人是“水人”,是一个崇尚鱼龙的民族,是水系民族蚩尤人——“吃鱼人”,后期才进入农业社会。

又有人分析说:玉器、陶器上的一些刻画符号似船、似帆、似篷,使人联想这里可能是“篷风国”,即防风国。因为在西海渚语中,防、篷、帆是通假的。

有人分析说:良渚玉器上有一尊战神经常出现,良渚文化中的石钺又相当发达,说明良渚人强悍好勇,加上地理位置在东南,因而良渚人很可能属蚩尤集团中的九黎部族。九黎部族中有一支羽人,其图腾崇拜为鸟、兽,良渚玉器中的一些图案很像鸟、兽,因而良渚人很可能就是羽人或羽民。

疑团之二:良渚文化何以突然消失,良渚人哪里去了?

有人分析说:良渚文化晚期,天气变暖,雨量增加,海水上升,太湖地区大部分陷入汪洋之中,辉煌了1300多年的良渚文化就此毁于一旦,洪水使良渚人失去了家园。

有人分析说:良渚文化后期出现了萎缩与分化,一支南下,融入了当地土著文化之中;少部分留下后自然萎缩,最后融于马桥文化之中;大部分北上,但由于在强大的中原文化面前没有优势,屡屡受挫失败,进而四下分散,融入了中原文化之中。

有人分析说:良渚文化地处杭嘉湖一带,这里是历史上的吴越之乡。由此可知,良渚人之祖先可能就是早期生活在绍兴一带的越人迁入此地的后裔;良渚人虽然失散了,但良渚文化又成了后来吴越文化的母体。

疑团之三:精致的玉器是怎样打造出来的?

良渚玉器中的"神徽像"可称为良渚玉器"精品中之精品":高不足3厘米、宽不足4厘米的神人双手叉腰骑坐在神兽上,神人的手、胸和头上的羽冠所刻线条十分纤细,有些肉眼似乎也难看清。放大镜下观察表明,1毫米宽度内竟有四五条细线。

在四五千年前,人们还根本不知道什么是金属的情况下,硬度达到6度以上的这样精良的玉工艺品是怎样打造出来的呢?

有人说是用鲨鱼牙刻出来的。有人说是先加温降低玉的硬度。有人说是用细石器加工的。有人说是用钻石器加工的。

这些分析虽有些道理,但并无根据。况且,像钻石这样比玉还硬的工具又是怎样制造的呢?

疑团之四:祭坛何以成了墓地?

瑶山祭坛为人工营建的方形土坛,但没发现有附属建筑,也没发现祭祀遗物,如玉礼器、陶礼器。故其"祭坛"性质,尚难确定。

没有发现祭祀活动的痕迹,怎么就能判断瑶山土坛是祭坛呢?

既然是公共的祭坛,后来又怎么成了墓葬之地呢?

瑶山祭坛、墓葬,神秘莫测。

3."玉琮王"的启示

在距今5300年至4000年以前的我国的文明曙光时代,良渚文化的光芒耀人夺目,而同时期黄河中游及长江中游的龙山阶段诸文化,其发展水平还达不到这个高度。然而,一到接近距今4000年之时,良渚文化却突然消失了……

这说明,在文明起源和国家起源"连续"的演进过程中,也有一定意义的断裂。

二、"玉猪龙"

一类文化的发现,往往与河流、湖泊有关。

红山文化就是发现在内蒙古与辽宁接壤的大凌河、西辽河流域（支流有西拉沐沦河和老哈河等），因1935年首次发现于赤峰市的红山而得名，遗址分布面积达20万平方公里。

20世纪初叶，我国考古学家梁思永与日本、法国的学者曾对赤峰一带史前文化进行了调查与研究。1935年日本学者滨田耕作等开始在红山前、红山后村进行了挖掘，并于1938年出版了《赤峰红山后》一书。1954年，考古学家尹达对红山文化进行了考察，并在第二年出版的《中国新石器时代》一书中，正式把分布在内蒙古、辽宁和河北交界的燕山南北及长城一带的新石器时代的文化叫红山文化。1970年以来，一批重要的红山文化遗址的发现，尤其是1979年喀左县东山嘴宗教遗址和女性人体雕像的发现，引起了中外考古界的极大震动。

红山文化属于北方发达的农耕经济原始文化，内涵十分丰富，不仅出土了彩陶、"之"字纹陶器、细石器，还出土了大量石器，如石斧、石锛、石磨盘、石磨棒等。尤其是手工业相当发达，形成了独具特色的彩陶工艺和制玉工艺。红山玉器出土上百件，其中大型玉猪龙举世闻名。红山玉猪龙是我国玉器中出土最早的龙形玉器，因而有玉器中"天下第一龙"之誉；又由于它是红山文化玉器的卓然代表佳构，因而玉猪龙就成了红山文化中的宝中之宝。

红山文化距今6000—5000年，社会形态尚属母系社会盛期，是中原仰韶农耕文化与北方草原文化相结合后而哺育出的一个富于生机的新文化，是古代北方草原文化的光辉代表。

关于红山文化的性质，1992年9月，苏秉琦先生在《迎接中国考古学新世纪》一文中提出了中国国家起源发展经历了古国、方国、帝国三个阶段，认为中华民族形成与发展的格局是多元一体，肯定了玉器为"上万年的文明起步"，同时将红山文化的坛、庙、冢等文化遗存的性质确定为早期城邦式原始国家，即古国。

1. 红山文化十分发达

红山文化反映了我国北方尤其是燕山以北地区新石器时代文化的内涵和特征。在发掘的文化遗存中，最具特点、影响最大者有三。

一是女神庙。在凌源、建平两县交界的大凌河与老哈河之间，有一架东西走向的小山梁，人称牛河梁。

1983 年秋,考古人员无意中在北梁上发现了一个泥塑头像的鼻子,从而引起了一次大规模的认真发掘。有趣的是,发掘中正好发现了一个没有鼻子的泥塑头像,将当初发现的那只鼻子拿来一放,恰是这一神像所缺。故此,有人不无调侃地说,这一重大发掘,既是人努力的收获,也是神指示的结果。

牛河梁女神像

女神庙全长 22 米,宽 2—9 米,主体建筑长 18.4 米,是半地穴式建筑。庙由多间组成,主室为圆形,左右两侧各有一室;主室北部为一方室,南部为一长室。整个布局既严谨又对称。

女神庙还出土了大量已被损坏的泥塑人像,塑像之大令人吃惊——最小的也比现在的真人还大,大者一般是真人的三倍。这些泥塑的工艺水平很高,以头部为例,结构合理,五官比例准确,生动地再现了 5000 年前我们先人的健康形象。

女神庙遗址中最重要的发现是 1984 年 10 月 31 日上午出土于女神庙主室西侧的彩塑女神头像。头像残高 22.5 厘米,宽 16.5 厘米,大小基本与真人相近。刻塑像面部为方圆形,略显扁平,眼角上挑,颧骨突出,鼻子较低且短,下颚圆状稍尖,颇具蒙古人种之特点。女神头像对 5000 年之后出土似乎很高兴,嘴角上挂着一丝惬意的微笑。研究者认为,头像生动地再现了母系社会的真情,她不仅是红山人的"女祖",也是红山人的"共祖"。

红山文化女神庙的发现意义重大。女神庙距今已有 5000 年的历史,因此可以肯定地说,这不仅是中国最早的神殿,也是东方建筑史上最古老的房屋,是东方建筑之祖。遗址中的宗教文化遗存不仅对了解和认识中国史前宗教与民俗有着特殊的价值,而且对探讨中国文明的起源有直接实证价值。

二是祭坛。东山嘴遗址中心为一座大型南圆北方形石砌建筑基址,基址的总体布局以南北轴线对称分布,由于基址上多处有陶塑人像群出土,其中有一女性裸像,专家们认为,这很可能是当时人们进行祭祀的场所。这一基址在我国新石器时代还是首次发现。

三是积石冢。牛河梁以女神庙及广场平台为中心，十几座积石冢环其四围，组成了一个规模巨大的祭祀建筑群。距女神庙南1公里之遥，牛河梁第二地点有4冢，以东西方向排列。此坛有三个大台阶，即以同心圆的方式以三圈石桩分三层叠起。

红山文化的墓葬不同于其他新石器时代的墓葬，特点鲜明。其一，不是土坑竖穴，每个墓冢都有内、外石墙，使用石棺。墓上都人为地堆积数量巨大的石块，如同金字塔，故而被称为积石冢。小一些的全部以石相垒，大的外围以石相砌，中间填土。其二，每个墓地都有一个中心大墓，其他小墓围其四周分布。其三，冢上置坛，以便祭祀。其四，墓葬内的随墓品都是玉器（极个别例外）。1989年秋发掘的牛河梁第二地点一号冢21号墓出土玉器有20件。

红山文化的积石冢位置处于山坡之阳或山顶之上，因而地下条件较好，既不潮，又不燥，因而出土的骨骼和玉器都十分完好。

红山出土的玉猪龙

四是玉猪龙。红山文化遗址中出土了大量的玉器，其中动物类玉器最多，如玉龙、玉凤、玉人、玉鸟、玉龟、玉马、玉豕、玉蚕、玉蝉蛹等，此外还有玉佩、玉筒等。所有玉器设计之美、雕琢之精令人惊异。动物类玉器的大量出现，一方面反映了人们对生活的热爱，但从另一个侧面看，也可能反映了生产力低下时期人们对自然的多神崇拜。如玉鸟可能是鸟中之王的凤凰，玉龟可能象征水神或可长寿之神。

红山文化遗址出土玉猪龙多件，其中体形最大、形制最规整的一个高 26 厘米，重 1000 克。另出土于 1984 年的一件玉猪龙高 16 厘米，周身呈自然卷曲状，器体相连，头部较大、高昂，喙部突出且略向外翘，有獠牙显现，极富动感，造型十分生动。

玉猪龙是红山文化玉器中最具代表性的器物，也是红山人身份、等级的标志物。在牛河梁墓葬中，玉猪龙多摆放在主人胸前，其寓意可能是要表达主人的愿望和追求。

玉猪龙由于雕品所现耳短且肥，眼睛呈圆状，当初主持发掘并予以命名的郭大顺先生经过多年思考后，又认为其形非猪，很可能为熊。

红山文化多个玉雕龙的发现，不仅对研究龙的起源有积极意义，而且再一次表明，中华民族对龙的崇拜不但历史久远，而且地域范围十分辽阔，辽西一带是玉文化的故乡，更是龙的故乡。

2. 红山疑团

牛河梁文化遗址的发现，与众不同的女神庙、祭坛和积石冢，说明早在 5000 年前，这里已经出现了规模较大的祭祀中心，且可能有一定的原始宗教将人们维系在一起，显现了中国文明起源的曙光。

但由于红山文化至今没有发现较大的中心居址聚落，红山先民的生活、生产状况尚不清楚，虽然一些研究者有一些大胆的推论或结论，但却不能不使人感到失之偏颇。

疑团之一：红山文化进入文明时代了吗？

有专家认为，红山文化后期陶器上的刻画符号就是文字，又发现有炼铜坩埚，发现的壕沟可能是城壕，加之有复杂的祭祀礼仪，因而可以说红山文化已进入了文明社会。

持相反意见的专家认为,红山文化还没有进入文明时代,因为现有资料没有表明这里有青铜器制造及应用,没有资料证明这里出现了城市,符号也决不是文字。红山文化还不具备文明时代的主要特征。

疑团之二:红山人是商人的祖先吗?

有研究红山文化的专家说,红山人后来南下进入中原,大约在尧的时候迁到商丘,于是成了商人的先祖。由于红山文化发达,所以商比夏发达,故商灭了夏。

持不同意见的专家认为,关于商的起源,《史记》及其他典籍均有所记述,有的还很明确,比如契,是黄帝后裔。随意推测说红山人南迁是没有根据的,再进而推测说契是南迁红山人子孙更是不符合逻辑的,然后再把契帮助大禹治水、王亥经商和发明牛车等说成是继承了红山人先进文化等,更是既不符合史实,又近于荒唐的臆说,已经没有任何意义了。

疑团之三:红山文化是黄河文化、长江下游文化之根吗?

有研究红山文化的专家说,在迄今发现的考古学文化中,红山文化年代较早且玉器发达,因而良渚文化的形成是受红山文化影响的结果;有的专家则进一步说,由于红山人进入了中原,带去了先进文化,不仅影响了黄河文明,而且又南下影响了长江下游文化,使其发生了急剧变化,从而才有了良渚文化和后来的吴越文化。

持不同意见的专家认为,学术研究是极其严肃的事,要依事实为据,天马行空的想象毕竟只是想象而已。

疑团之四:史前中国文明的单一玉文化标准能够成立吗?

关于史前文明起源的要素和判断标准,摩尔根和恩格斯强调文字的发明与应用,英国考古学家 V. G. 柴尔主张城市的出现是文明开始的标志,美国人类学家 C. 克拉克洪提出了三项标准,即高墙围绕的城市、文字和复杂的礼仪中心。我国考古学界根据中国的情况,提出了文字、城市、青铜器三原则。其中,青铜器的出现,不仅反映了礼仪的发展,也是生产力发展的体现。

玉器由于硬度较大,决定了其制作难度也较大。玉器的发达,说明手工业的发达,这是毫无疑义的。至于说玉器的设计、生产所反映的生产水平以及人的认识水平、艺术水平、宗教理念、祭祀礼仪一定就比陶器、青铜器的设计、生产、认识等水平高,尚无有力的证据。进而抛开文字、城市,仅说哪个地区的玉器制作和玉器文化处于领先地位,哪个地方就是史前中国文明的源头,则更是难以成立的感情超过理性的简单判断。

“玉猪龙”的启示。在距今6000年至5000年以前的我国的文明曙光时代,红山文化无疑光芒耀人,而同时期黄河中游及长江中游的仰韶阶段诸文化,其发展水平还达不到这个高度。然而,一到接近距今5000年之时,红山文化之痕迹却渐渐地看不到了……

这说明,在文明起源和国家起源“连续”的演进过程中,也有一定意义的断裂。

三、“青铜神树”

在我国史前文化发展中,由于没有文字记录,致使许多重大的考古发现得不到合理的解释,这似乎是很可以理解的,如精致的良渚文化、辉煌的红山文化在发展中出现了断裂,以至不知了去向。

但是,大千世界,无奇不有。三星堆文化的发现,又给我们提出了一个新的课题:为什么在中华民族进入了文明社会门槛之后,天府之国还存在文化上的诸多千古之谜呢?这是进步文化的表现还是落后文化的表现呢?

古蜀国历史悠久,传说中有许多美丽的故事,如蚕丛纵目、鱼凫羽化、杜宇成鹃、开明复活,但由于典籍记载十分缺乏,因而使其蒙上了神秘的色彩。对此,唐代伟大诗人李白既惋惜又感到无奈:“蚕丛及鱼凫,开国何茫然。尔来四万八千岁,不与秦塞通人烟。”

三星堆文化遗址在四川广汉市南兴镇三星村,距成都40公里左右。据三星堆遗址管理委员会介绍,三星堆遗址是殷末商初时期古蜀国的都城,距今4800—2800年,分布面积12万平方米,是国内迄今发现范围最大、延续时间最长、出土文物最精美、文化内涵最丰富的古蜀文化遗址。三星堆文化的发现,为人们进一步认识辉煌的古蜀文化揭开了序幕。

三星堆文化经过十多次发掘,发现了房屋、陶窑、墓葬和城墙遗址。在两座祭祀坑内出土了青铜神树、青铜立人像、青铜容器和兵器、金杖、金面罩、象牙以及玉石器等。其中尤以青铜器造型奇特,工艺精良,为世人所称道。

1. 三星堆文化十分发达

三星堆文化出土文物中最有价值的是陶器、玉石器、金器和青铜器。

金器出土于1986年7月。金杖长142厘米,直径2.3厘米,杖为木质,以纯金打造的金箔卷包,木已炭化,箔净重500克。金杖上端有三组平雕图案,全长46厘米。上部为两个前后对称、面带笑容的头像,顶戴齿形冠,耳垂三角形饰坠。其下是两只顶头的鸟,鸟下是两只顶头的鱼。这是三星堆出土文物中唯一有刻画的金属器。有专家们推测,金杖可能就是史籍中说的"权杖",图案可能就是族徽,因为神鱼能入水通地,鸟能升空登天,意为金杖是通神之器。另一金器为黄金面罩,罩在一铜质圆顶、一铜质平顶人头像之上。黄金面罩也是我国考古发掘中第一次出土。

三星堆文化中的陶器以夹砂褐陶为主,也有泥质灰陶、泥质橙黄陶和红褐陶。器型主要有圈足豆、圈足盘、平底盘、高柄豆、鸟头柄器、尖底器和器座以及尊形器。其中2000年12月17日中央电视台发掘现场直播当天出土的双耳小平底罐为全国首次发现。陶器多为素面,纹饰以粗绳纹、凹弦纹为主,间有网纹和云雷纹。

三星堆文化中的玉石器多为礼器,即如石斧、石锛、石凿等也是礼仪品。在诸多的玉璧、玉璋中,体形巨大是其明显的特征。最大的石璧直径达70厘米,重50多公斤。玉戈长80厘米,玉璋长150厘米。

三星堆文化中最有典型意义的是青铜器。三星堆出土的青铜器不仅种类较多,而且造型有着非同一般的奇特夸张,从一个侧面艺术地反映了古蜀时代蜀人奇异的艺术心理,诙诡浪漫的情怀和勇于创新的开拓精神。

现在,让我们简略地欣赏几件古蜀先人的作品吧!

青铜神树

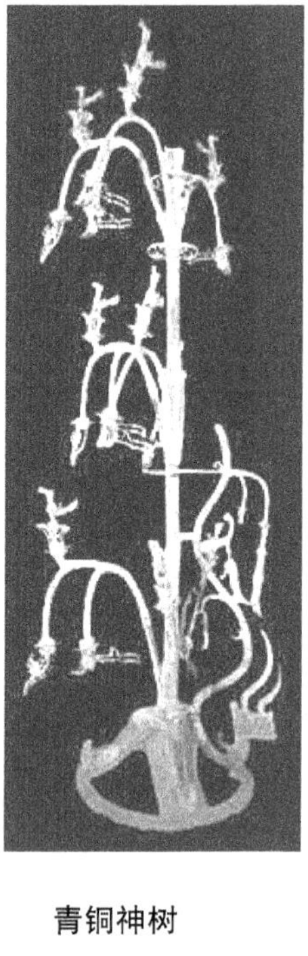
青铜神树

通高3.96米,如上部不残缺,估计可能在5米左右。神树分底座、树干、树枝三部分。底座呈圆形,三条树根将其与主干相连,起支撑作用。树干有一龙缠绕。树干上套有三层树枝,每层三支。枝条上又有短枝,其枝头有花蕾及一枚包在叶子中的果实,花蕾上各有一只跃跃欲飞的小鸟。在底座一侧上部,有四根横梁,将一龙倒挂在树干上。此神树树枝有三层,可能寓意"天、地、人"

和谐共处；树有九枝、九鸟，上枝九果、下枝九果。这里的鸟，很可能就是太阳神。以九为数，可能寓意枝繁果硕，神人和合，天赐无限福祉于人间。

这株青铜神树做何用途呢？有人说是古籍中的西方若木，有人说是东方扶桑，有人说是中央建木，有人说三者兼而有之。总之，这是一株助人通天的神树，是古蜀民族通天观念的产物，是古蜀独有的文化现象。

青铜立人像

1986年8月在月亮湾二号坑发现了大批青铜人像。其中最为奇特的是大型青铜立人像。此尊铜像连底座通高260.8厘米，其中铜像高181厘米。此像造型设计雍容大气，神形超俗，使人睹之浮想无穷。主人头戴华美之冠，身着绣有纹饰的左衽大襟衣，左臂平伸，右臂上举，两手呈空握状，赤足佩以精美脚镯，神态自若地立于方座之上。方座由两部分组成，上部为四个大象头状的卷鼻兽面纹连体支撑，其下是一个覆斗形的底座。此人是一国之君、巫师之长，还是乐伎班头？他在做什么？似在演说，似在布道，似在表演，似在舞蹈。

青铜立人像

青铜人头像、人面像

蒜头鼻铜人头像

三星堆文化中有数量很大的青铜人头像和人面像，其最显著特点是造型夸张。就面部设计来说，大都耳大面方，鼻高嘴阔，眼大眉宽，从而显得粗犷雄伟，气宇轩昂，充满阳刚之气。其中有数尊头像饰以金面罩，除表示其地位尊贵之外，更给人以神秘之感。无疑，这些人可能是一些显贵。最使人感到有震撼力的是青铜纵目人面像，宽138厘米，不仅嘴大至耳跟，而且双目圆睁，眼球凸出眼眶之外达16厘米，刚毅中带有几分狰狞与凶恶。

这个人莫非就是“蚕丛”，或神威的武士、将军？令人感兴趣的是，另有一些造型线条圆润，耳、鼻、口、眼多有妩媚之态，在静逸中闪现着青春女性的阴柔之美。这些人又是些什么人呢？是嫔妃，是公主，还是乐伎？

玉边璋

通长54.5厘米，璋面为上下两幅图案基本相同的对称图案。图案分五层。上层三人各双足着靴呈外撇站立状，头戴平顶冠，耳饰为铃形，双手于胸间作抱拳状。第二层为两组大山（山下有小山），山形内部上端为太阳，两侧有云气纹，两山之间有燃烧的火焰，一山外侧有一只大手，拇指按在山腰上。第三层为两组S状勾连的云雷纹。第四层三人衣着手势状若一层，但戴的是尖形高帽，呈跪拜状。第五层仍为两山，山两侧各有一牙璋，两山之间有一勾状物相连。分析图案之寓意，似为向天地（山神）祈福的祭拜，空中伸下的大手，意为上天已赐福祉于人间。

玉边璋

2. 三星堆疑团

三星堆文化震惊了世界，但结合文献探究它却实在太难了。这是因为有关古蜀的文献实在是太少了。《文选》卷四《三都赋》刘逵注说：“扬雄《蜀王本纪》曰，蜀王之先，名蚕丛，柏灌、鱼凫、蒲泽、开明。从开明上到蚕丛，积三万四千岁。”扬雄之书早已不存。东晋常璩《华阳国志》载：“有蜀侯蚕丛，其目纵，始称王。死后作石棺、石椁，国人从之。故俗以石棺椁为纵目人冢也。”此外，别无其他专门记载，因而三星堆遗址的发掘也给人们留下了许许多多的不解之谜。

谜团之一：三星堆文化之源在哪里？

根据出土的不同器物，如小扁薄磨制的斧锛石器、灰褐陶器、陶器纹饰、鸟头勺把、青铜器等，有的专家认为三星堆与岷江上游新石器文化有关，有的认为与川东、鄂西史前文化有关，有的认为与山东龙山文化有关，有的认为与中原文化有关，有的认为是本地土著文化与外来文化融合的产物。至于具体器物的性质、用途，更是众说纷纭，莫衷一是了。比如直径70厘米、重达50多公斤的石璧，有人说是祭器，有人说是衡器，大相径庭。

谜团之二：三星堆文化之族属如何？

根据出土器物的特点、性质、用处推及所能显示的生活状态、宗教意识等，有的专家认为三星堆人属氐羌人、东夷人、越人、濮越人，也有的认为是巴人，有的认为主体系岷江上游的氐羌人，有的认为是土著与外来民族的融合，还有的说是犹太人后裔。至于三星堆政体性质，有人认为是附属中原王朝的一个方国，有的认为是已独立的王朝，有的认为只是以王权为主的政治实体，还不是国家。

谜团之三：是祭坑还是掩埋坑？

一般来说，史前文物多出土于墓葬或聚落遗址中，而且多为陪葬品，但三星堆文化中的上千件珍贵文物，均出土于一、二号大型祭坑之中，其中既有陶器、骨器、玉器、青铜器，也有金器和骨器、贝器。初步研究表明，一号祭祀坑大约相当于殷墟前期，二号祭祀坑大约相当于殷墟晚期。将大量的礼器和生活器掩埋在大坑之中，出了什么事件？出于何种原因？是祭祀天地神祇和祖先的吗？因而有的专家认为是掩埋坑，是新王朝推翻旧王朝后将其用品毁坏而掩埋。为什么要毁坏呢？有专家推测说可能不是同一民族，有的则说类似秦始皇的焚书坑儒。

谜团之四：青铜文化何以发达？

三星堆青铜器群所显示的青铜文化内涵丰富而奇特，青铜神树、青铜巨人、青铜纵目人面具等世所仅有。究竟是何动因产生如此发达的青铜器文化，目前尚无有力的证据能够说明。有的专家认为主要是受中原文化之影响，有的说主要是受荆楚文化之影响，有的说是受西亚、近东和南亚文化之影响，有的说是独自发展成长起来的。

谜团之五：三星堆文化有何宗教倾向？

有人说，三星堆文化反映了古蜀人以竹为图腾，以竹为崇拜；有人说主要是自然崇拜；有人说是太阳崇拜；有人说不只是自然崇拜，更不是图腾崇拜，主要是祖先崇拜；有人说是包括自然、祖先和上天在内的多种崇拜。

谜团之六：三星堆文化何以突然消亡？

三星堆文化历时多久，又何以突然消亡，专家们认识不一。有的专家认为三星堆文化时代应属新石器时代晚期，有的认为三星堆文化属古蜀国鱼凫王朝，有的认为是古蜀国杜宇王朝，有的认为是古蜀国开明王朝。有的认为立国当在千年以上，灭国在商末周初；也有的认为灭亡于西周；还有的认为历时 2000 年，灭国在春秋战国时期。至于灭亡之因，有的认为是朝代更替，有的认为是外族侵人,有的认为是洪水灾害,还有人认为是外星人入侵。

谜团之七:陶刻符是文字吗?

三星堆文化出土的陶器上有一些类似今天字母一样的神秘符号,有些则是简单的图案。这些符号是文字吗?这里出土的铜器虽然数量不少,但铜器上却没有刻符或类似金文、甲骨文一样的符号。在如此发达的古蜀文化中,当时竟然没有只字记载,甚至连符号也没有,原因何在呢?

"青铜神树"的启示。在距今4800年至2800年以前的我国的商周时代,古蜀文化十分发达,与商文化平行发展,是西南地区的一个文明中心。然而,它的源头在哪里,为什么存在长达2000年之后,却消亡了……

这说明,在文明起源及发展"连续"的演进过程中,有时也会出现莫名其妙的断裂。

第五节　啊,摇篮

中国的史前文明虽然没有文字记录,但几十年的考古发现已使人们感到它是一条滔滔的巨流,经久而不息;它是一个东方的伟大巨人,充满了睿智与活力。

然而,这条大河的源头在哪里呢?哺育这一巨人的摇篮在哪里呢?

中国史前考古成就巨大,从华北到东北,从西北到华南,从西南到华东,仅新石器时代以来,发现文物之多、之精,令人惊讶万端,感叹不已。中华民族文明起源的因子、标志比比皆是,以至人们抑制不住兴奋,不得不用"满天星斗"来形容它。

然而,在这满天星斗中,有无北斗?北斗又在哪里呢?

一、文明起源在初级阶段是多源的

在研究我国史前文明发展史中,对文明因素的形成及文明判断标准的讨论相当深入;对如何将国际上的学术成果结合我国的实际加以综合,形成新的共识,也是讨论得比较多的一个问题;然而,对文明起源分期的讨论却被忽视了。

1. 文明起源有两个阶段

中国史前文化光辉而灿烂,但就文明起源而言,很明显存在着两个阶段,这就是初级阶段与高级阶段。

文明的诸多因素不是一个早晨全都一齐出现的，它有一个发育的过程。所谓文明起源阶段，就是文明因素发育成长的一个全过程。

在文明起源的初级阶段，由于某些土壤与气候的适应，个别因素如农业、手工业出现较早并可能发育较快。在这个相当漫长的阶段中，通过艰苦的演化和积累，一些文明因素渐次发达。红山文化、良渚文化、石家河文化等就是发生在中国文明起源初级阶段的后期，因而出现了女神庙、祭坛、积石冢建筑和莫角山、石家河原始城市的雏形以及精致的玉器等。

这说明，中国文明起源在初级阶段是多源的。

在文明起源的高级阶段，多种文明因素渐次具备并逐步发育成熟，整个社会的综合文明程度大大提高，从而促使社会发生了飞跃。河南龙山文化就是这一阶段的产物。仰韶文化时期虽然陶器上也有刻画符号，但符号并不是文字，二者有本质的区别，决不能混淆，更不能故意混淆。王城岗城址中灰坑473出土了"共"字，这是我国最早发现的文字。夏代出现了国家，各种文明因素齐备，我国社会正式跨入了文明时代的门槛。

这说明，中国文明起源在高级阶段并不是多元的。

2. 文明起源和进入文明时代的条件不可降低

关于文明起源的要素和判断标准，目前国际上公认的是城市、文字、复杂的礼仪及其中心建筑等。我国考古界据此确立为城市、文字、青铜器三大判断原则。应该说三项并备的条件还是比较科学和实事求是的。

近些年来，我国学术界一些专家以我国史前文化复杂多样为由，认为这些标准不适应中国的特殊情况，应改变。然而，细作分析以后发现，主张改变者所提准则，是比原来更科学、更严格、更严谨还是放松和降低了呢？答案很清楚，是后者！如有的专家就提出，只要玉文化发达，就是文化先进，就是进入了文明时代。在他们看来，把中国进入文明时代的时间提得越早，中国就越古老，越伟大！这是科学的态度呢还是简单的爱乡情绪呢？这种主张不仅不是科学的，而且是有害的。试以这种逻辑推论，如果把火的运用当做判断进入文明的唯一条件，那么，人类在几十万年前不就进入文明社会了吗？可惜这只是愿望，并不符合实际。至于把符号当做文字来对待，不仅是荒唐的，也是无知的。试想，一个民族，一个社会，连文字也没有，其文明又在哪里呢？如仅仅能从事复杂的手工业生产，能雕琢精美的玉器，就是高级文明的话，那又何必办工艺美术大学，发展高科技呢？

社会进入文明时代的标志必须明确，内涵不能含糊，随意解释。有的专家认为，城市、文字、青铜器三标准很难适应文明起源的多样性和区域性，主张把国家的出现作为社会文明的标志，而又把国家形成的标志定为阶级或阶层的存在及强制性权力的设立。这一想法表面上看似有一定的创意，但实质上是一种无实际界定标准的模糊定性，基本上无法操作。加之界定含混，随意解释度很大，如依此办理，必会出现混乱局面。

所以，科学研究必须实事求是，功利性的情绪必须克服。

二、各地区进入文明时代有先有后

各地区进入文明时代有先有后，这不仅符合事物发展不平衡的规律，而且也已被无数事实所证明。

1. 发展不平衡

中国古代文明在起源与发展过程中，各地区的发展进程和水平总是不平衡的。中原地区的新石器文化发展年代较早，进程也较快，但在一定阶段上则并不比其他地区水平高，如河姆渡文化的木构技术、玉器，马家窑文化精美的彩陶及青铜器，大汶口文化的白陶、蛋壳黑陶，屈家岭的城址，红山文化的玉器、神庙等。但是，到了新石器时代的晚期，中原地区的文化发展步子较大，速度较快，很快赶上并在一些方面超过了上述地区，比如文字的出现和国家的形成。与此同时，原先发展较先进的地区不知出于何种原因，前进的步子却放慢了。中原新石器文化在发展过程中由于始终占据主导地位并对周边文化产生了强烈的影响，因而最先跨入了文明时代的门槛。二里头文化的宫殿、墓葬、青铜器、玉器、文字符号等文明因素表明，其时已存在着国家政权、阶级差别，其历史已进入到文明时代。

2. 中原步履快捷

中原地区之所以最早出现国家，除了自身的条件外，也是周边文化促成之结果。就自身的情况来说，首先是仰韶文化基础稳定，影响力巨大，在中国史前文化发展体系中一直处于主导地位，促进了社会的前进步伐。其次，北方的粟作农业生命力极其旺盛,其所形成的农耕文化是推进社会文明的最直接力量,也就是说,中国的文明实质上是农耕文明。再次,中原地理位置优越,在辐射和吸收周边文化方面,大大优于东南文化和东北文化。因而在文化结构上,中原在激烈的融合中发展并强大起来了。

对此,李先登先生在《关于中国文明起源的若干问题》一文中也有明确的表述。他说,中原地区首先进入文明时代,是中国古代文明的核心,随着历史的发展,中国古代文明区域以中原为中心像滚雪球一样逐步扩大,并将周围地区不断地汇入中国古代文明的区域之中,同时周围地区的优秀文化因素也不断地被吸收到中国古代文明之中。中国古代文明的起源,严格地说是一源的,而不是多源的。不是各个地区齐头并进、各自独立地同时进入文明时代的,并且进入文明时代以后,中国古代文明也只有一个全国性的中心,而不是有多个中心,这个中心就在中原。

三、黄河,中华文明的摇篮

苏秉琦先生提出中国文明起源"满天星斗"说之后,对文明起源"多元一体格局"的研究不断深入。人们在检讨以往的一些偏颇时,不少人对过去学术界"中原文明摇篮说""黄河文明摇篮说"在心理上产生了一些微妙的变化:有的不再承认中原为中国文明之摇篮了;有的"欲说还羞",不那么理直气壮了;有的感到不那么合时宜了。但也仍有不少专家在论述多元一体时强调中原仍是中心,强调不能忽视中原的地位和作用。

1. 中原文明在中国文化发展中具有的特殊地位与作用

严文明先生在《文明起源研究的回顾与思考》一文中指出:中国文明的起源是一件具有世界意义的大事。中国文明是最先起源,发展水平最高,并且是最具有影响力的。她强大的生命力在世界上是独一无二的。

中国文明起源是一个很长的过程,当不晚于公元前4000年。

中国文明不是在一个狭小的地方,也不是在边远地区,而是首先发生在地理位置适中、环境条件优越的黄河流域和长江流域的广大地区。各地情况不同,文明化的过程也有所不同。它们相互作用,此消彼长,逐渐从多元一体走向以中原为核心、以黄河流域和长江流域为主体的多元统一格局,再把周围地区也带动起来。这一格局的形成是中国古代文明的重要特点,也是她之所以具有无穷活力和强大凝聚力,以至成为世界上几大古老文明中唯一没有中断而得到连续发展的伟大文明的重要原因。

李学勤先生在多种场合强调研究中原文化、河洛文化的重要性。他指出:就整个中国传统文化的渊源及结构考察,中原文化则一直具有特别重要的地位和作用。近年学者的共识,中国自古以来就是多区域、多民族的国家,对应在文化上也是多源和多线的,从而区域文化研究日臻繁盛,然而大多偏重过去着眼较少的中原以外地区。相形之下,中原文化,包括河洛文化的研究,反而显得不足了。加强和深化这方面的研究探索,正是我们若干年来一直在呼吁的。

关于中国史前文化的特点,严文明先生还曾用"重瓣花朵式的向心结构"的比喻来说明中原文明与其他地区文明的关系。他在《中国史前文化的统一性和多样性》一文中说,由于中原与周围文化区联系紧密,并且具有一定程度的统一性,所以在以后的历史发展中,不论哪个文化区占了主导地位,都能牢固地保持中国古代文明的特色。由于中国史前文化已形成一种重瓣花朵式的向心结构,进入文明时期以后,很自然地发展为以华夏族为主体,同周围许多民族、部族或部落保持不同程度关系的政治格局,奠定以汉族为主体的、统一的多民族国家的基石。这种格局不但把统一性和多样性很好地结合起来,而且产生出了强大的凝聚力。即使在某些时期政治上发生分裂割据,这种民族的、文化的凝聚力也毫不减弱。这是中国历史发展的一个特色。

中原地区史前文明发展水平较高,又处在核心位置,因而最有条件最早进入文明社会。我国历史上的第一个王朝夏之所以建立在中原地区,并非偶然。中国早期文明不是在一个地区一次发生,而是在许多地区先后发生的,是这一广大地区中的许多文化中心相互作用和激发的结果。早期文明的起源地区应包括整个华北和长江中下游。而在文明发生和形成的整个过程中,中原都起着领先和突出的作用。

2. 黄河,中华文明的摇篮

文明的起源和文明的摇篮是两个不同的概念。

文明起源是时间和范畴上的概念,主要指何时出现了何种文明因素或条件。

摇篮是一个比喻,其喻体是一个地域概念,主要指文明从胎儿降生起,哺育婴儿逐步发育成长的地方。

关于文明的起源及文明孕育、成长的摇篮，许顺湛先生曾在《五帝时代研究》一书中指出，太湖地区、江汉地区、燕山地区、海岱地区、甘青地区和成都平原，都出现了早期文明。也就是说，这些地区都孕育了文明，但毋庸讳言，这些文明都是断续性的文明，其文明中心只可称为地区性的短暂中心，其摇篮只是当地文化的短暂摇篮，只有黄河中下游的河洛大地才是名副其实的中华民族文明的摇篮。

说中原是中华民族和中华文明的摇篮，是基于对中原考古及历史资料的如下认识：

其一，中华民族的文明始于农耕文明。文明时代源头形成，主要表现在农业生产社会化、手工业专业化、脑力劳动阶层出现和城市的出现（小城堡城市化）。以此四个方面作为文明起源的标尺来衡量，最早具备这些条件的是中原。

其二，由于农业的发展，促进了对先进工具的需求，于是出现了金属冶炼技术，出现了青铜用具及兵器。

其三，生产的进一步发展，促进了社会分工，从而出现了手工业者和巫。手工业的专业化，进一步促进了青铜器、玉器等制作技术的发展；巫的出现，使原始宗教得到了发展。

四、社会分工促进了城市化发展，脑力劳动者阶层的出现以及巫的专业化等则促进了文字的产生

说中原是中华民族和中华文明的摇篮，只是说这里不仅是中华文明最古老的孕育之地，也是中华文明从诞生、成长，一直到夏、商、周三代，光辉绵延不断，有完整的成长史。这块沃土产生的文明，是中华文明当之无愧的代表；这块地域，较其他地域也最具代表性。

说中原是中华民族和中华文明的摇篮，丝毫也不排斥其他地域文明可能比中原文明在时间上可能还早，在一个阶段上可能比中原文明还先进。

说中原是中华民族和中华文明的摇篮，只是说在迈向文明时代的道路上，黄河流域的文明因素和条件比红山文化、良渚文化更全面、更完备一些，黄河文明的曙光在这里喷薄而出了，升腾了。如果说燕山地区、太湖地区出现的文明因素

比黄河中下游地区还要早一些,本应以此作中华文明代表的话,那么,可惜的只是,这缕黎明前的曙光没有能够冲破黎明前的黑暗而不知所终了。

说中原是中华民族和中华文明的摇篮,只是说在迈向文明时代的道路上,黄河流域的龙山文化要比长江中游的石家河文化发展步伐快一些。如果说黄河中下游地区在龙山文化中晚期已开始跨入文明时代,属文明时代的开端,那么,长江中游地区的石家河文化也是接近文明时代的门槛了。

关于红山文化、良渚文化和石家河文化衰落的原因,在资料发现不多的情况下,目前还难以做出正确的评判;石家河文化之后是否真的衰落了也还需要更多的考古发现才能证明;红山文化、良渚文化是否真的衰亡了,也尚不能做出最后的结论。

在中华文明起源过程中,尤其是在初级阶段,真可谓满天星斗。分析各地文明起源的过程及原因,虽不免相互影响,但土生土长的成因起决定作用是毋庸置疑的。中华民族是在中华大地上诞生、交流、融合中发展壮大起来的,“外来说”或“西来说”是不足采信的。

无数的山河川江哺育了中华民族茁壮成长。

黄河是中华民族的母亲河。

黄河中下游这片广袤的沃土是中华民族和中华文明的摇篮。

参考资料:

1. 闻一多:《伏羲考》,《闻一多全集》第 1 卷,三联书店,1982 年版。

2.《河南风物志》,河南人民出版社,1985 年版。

3. 许顺湛:《再论黄帝时代是中国文明的源头》,《考古与研究》1997 年第 4 期。

4. 晁福林:《中国文明起源的若干理论问题新探》,《河南社会科学》2006 年第 6 期。

5. 安志敏:《中国新石器时代论集》,文物出版社,1982 年版。

6. 王国维:《古史新证》,清华大学出版社,1996 年版。

7. 杜金鹏等:《试论偃师小城的几个问题》,《考古》1999 年第 2 期。

8. 董楚平:《方钺会矢——良渚文化释读之一》,《东南文化》2001 年第 3

期。

9. 李先登:《关于中国文明起源的若干问题》,《天津师范大学学报》1988 年第 2 期。

10. 严文明:《文明起源研究的回顾与思考》,《文物》1999 年第 10 期。

11. 严文明:《中国史前文化的统一性和多样性》,《文物》1987 年第 3 期。

12. 许顺湛:《五帝时代研究》,河南人民出版社,2004 年版。

第四章　三代的奠基文化

司马迁说:“昔三代之居,皆在河洛之间。”由于夏、商、周三代政治中心皆在中原,因而三代在文化上的建树,为中华传统文化其后的发展奠定了初步的但又是坚实的基础。

华夏文明的起源在早期是多源的,从时间上说大致出现于铜石并用时代。但由于种种原因,只有河南龙山文化独树一帜,并在二里头文化时期形成了国家(夏朝),这就在客观上造就了华夏文化的直系母体——中原黄河流域的古代文化。

刘庆柱在《河洛文化是中华民族文化的核心文化》一文中指出:20 世纪 50 年代末 60 年代初,考古学家在河南偃师二里头村找到了早于安阳殷墟商代遗址、晚于河南龙山文化的大型建筑遗址。研究表明,这是目前所知时代最早的中国古代宫殿建筑遗址。考古发现证实,晚于河南龙山文化的二里头遗址,不但早于安阳殷墟遗址,也早于郑州商城遗址和偃师商城遗址。据此,学术界一般认为以二里头遗址命名的“二里头文化”就是“夏文化”。二里头遗址即历史文献所说的“夏墟”。正是由于偃师二里头遗址的考古发现与研究,不但确定了夏代后期的都城遗址,而且使河洛地区在中国古代文明起源、形成与早期发展中的历史地位更为突出。

他说,华夏文化是汉文化、中华民族文化的母体文化。华夏文化主要源自中国古代早期国家夏商文化及其更为久远的河南龙山文化,多年来的考古发现与研究已经证实,河南龙山文化是夏文化形成的直接源头。河洛地区是河南龙山文化的重要分布地区,就这点而言,河洛地区可以说是夏文化、华夏文化的发源地及其形成、发展的核心地区,也可以说是以后汉文化、中华民族文化的发源地。

20世纪50年代，河南省考古工作者在郑州市发现了属于商代早期的二里岗遗址，几十年来的田野考古工作证实，二里岗遗址是一座商代早期大型城址，其中有规模巨大的城墙，数量众多的宫殿遗址，有重要的手工业作坊遗址，还有一些“重器”——大型青铜礼器出土。这说明该遗址不是一般的大型城址，而应该是商代早期的都城遗址之一。

80年代初，在偃师县发现了保存较好的商代早期遗址。深入、全面、系统的考古学研究，证明偃师商城遗址同样是一座商早期的都城遗址，而且还是目前我们所知道的保存着宫城与郭城时代最早的中国古代都城遗址。郑州商城和偃师商城的考古发现与研究，从考古学上解决了早期商代王朝的存在问题，从而使安阳殷墟的商代晚期文明在河洛地区找到了源头。

研究表明，商代在城市构建、农业、手工业，尤其文字方面的建树都较夏代有了进一步的发展。

周代初年，武王伐纣后，就与周公共同认识到洛阳为“天下之中”（见《何尊铭文》与《史记·周本纪》等），认为新的统治中心应定于洛阳。不久武王去世，年幼的成王即位，一切权力由周公掌握。在克殷后七年，周公就开始兴建洛邑并使其成为统治东方的另一个政治中心。《尚书》中的《多士》、《洛诰》等都是在洛邑发布的政令记录。

周代不仅综合国力有了很大提高，在政治、思想及文化建设方面有了更为全面的发展。周公关于国家体制、政治体制、组织体制、思想体制等方面的创造，影响了其后中国数千年的发展。

第一节　国家文化的雏形

中华民族的文明源于农业文明，因而农耕文化不仅是诸多文化中的长者，也是其母体或主体。几千年来，农耕文化浸润着中国文化的方方面面。不论是手工业、畜牧业、建筑业，也不论政治史、思想史、文化史，也不论分支的哲学、文学、教育学，无不打有农耕文化深深的印痕。中国悠远丰厚的农耕文化，既充满着田园风光的恬谧、小康的温馨，也有着小桥流水的欢乐，男耕女织的惬意。但毋庸讳言,也有着思想的封闭、政治的专断、灾荒的疮痍、民生的哀伤。然而,农耕文化始终是中国的主体文化,其肇始于三代。

农耕文化是三代时期国家文化的基础和主干,由此派生出来的历法文化、水文化和城建文化,无不是围绕农业而生、围绕农业而完善的。

一、农耕文化

农耕文化的产生与发展有两大因素,一是自然地域的原因,一是农耕思想的强力支撑。黄河中下游地区的气候和土壤适于农业,这是它之所以成为以粟为主的农业区的根本条件。在自然经济条件下,粮食的多少又是衡量国力的首要标准。粮多既可富民——人人有饭吃,有衣穿,社会安定;粮多又可使国强——士兵有饭吃,有衣穿,军队富有战斗力。

三代时农耕文化主要表现是初步确立了以农为本的思想。

早期农耕文化的形成经历了两个阶段。第一阶段是感性认识阶段。这一阶段,人们基于对粮食的需求,认为粮食是养生之本,没有农业,人就失去了赖以生存的条件。这一思想的表现,可从典籍记载黄帝功绩及先民们对其称颂中得到充分的印证。《史记·五帝本纪》记载,黄帝"艺五种","时播百谷草木",又说他发明了养蚕,"淳化鸟兽虫蛾"。黄帝还是衣服、生产工具的发明者。《周易·系辞传下》说"黄帝垂衣裳",又说"黄帝……刳木为舟,剡木为楫","黄帝……断木为杵,掘地为臼,臼杵之利,万民以济"。

博爱县石刻耕织图之一

典籍的这些记载说明，中国人之所以尊黄帝为人文始祖，不仅仅是因为他繁衍了千千万万的子孙，另一重要原因是他发明了农业，养育了千千万万的子孙。

第二阶段是理性认识阶段，认为农业是立国之本。我国农业发展中还有一个奇特的现象，即始终与畜牧业分离，从未有机地结合在一起。农区的畜牧业，即使有一些规模，也一直是以“副业”的面貌出现的。这样一来，农业就成了国家经济命脉的唯一支撑，只有发展农业，才能富民强国。

博爱县石刻耕织图之二

随着社会的进步，手工业、矿业、畜牧业等发展起来了，商业出现了。从一定意义上说，这些部门的生产效益远远大于农业。但在国家、在掌权者看来，只有农业才是兴国之“本”，其他行业都是“末”，必须“强本抑末”，决不能本末倒置。

管子是众所周知的春秋时期著名的“经济学家”，懂经济，会管理。但他照样坚持的是“重农抑末”政策。管子在谈到农业与其他行业的关系时说：“上不好本事则末产不禁，末产不禁则民缓于时事而轻地利，轻地利而求田野之辟、仓廪之实，不可得也。”（《管子·修权》）管子是把“重农”提到了立国的高度来认识的。他在《管子·治国》中说：“凡为国之急，必先禁末作文巧。末作文巧禁而民无所游食，民无所游食则必农，民事农则田垦，田垦则多粟，粟多则国富。国富者兵强，兵强者战胜，战胜者地广。是以先王知众民、强兵、广地、富国必生于粟也。”

管子讲得多么透辟、多么深刻、多么到位啊！

二、历法文化

三代之时生产以农业为主,且生产力相当低下,因而要想使农业获得收成,最重要的就是不违农时。

历法产生的初衷是为农业生产服务的。相传黄帝时就已有了历法,称作黄帝历,之后又有颛顼历,可惜没有文字记载。

在郑州大河村遗址中,已发现陶器(片)上绘有太阳纹、月亮纹和星座纹,由此可知,河洛远古先民在5000年前就懂得观测天象。

产生于夏代的《夏小正》,是我国最早的一部完整的星象物候历。《夏小正》将一年分为十二个月(有人认为是十个月),详细记载了每月的天象、星象、物候和农事活动。如种谷、园艺、桑蚕、渔猎、采集、养马等。

历法是一门专业性很强的学问。《夏小正》是我国第一部有文字记录的历法,主要据北纬34.5°的方位观测星象,记录物候,所记农事活动主要依据的区域是黄河、淮河流域。《夏小正》为其后历代研究和制定历法的主要根据,是中国天文、历法研究的奠基之作。

《夏小正》

在商代甲骨文卜辞中,已有日食的记载,如武丁时"贞:日有食"。也有两个月共有59天的记载,因而大月30天,小月则29天。同时出现用十个天干和十二个地支构成六十进制的连续纪日法。

周代人在观测星象时,已明确将赤道带、黄道带两侧的28个星座作为标志,从而测出了日食和月食,并根据太阳与28星宿的位置关系,测定一年中的季节,同时用圭表测出日影来确定节气和朔日。

历法的产生,一方面表明我国原始农耕文化的发达,另一方面也证明我国对天文学的认识远远早于西方发达国家。

三、饮食文化

中国有句古话,叫做"民以食为天"。这句话的含义很丰富,但最基本的内涵是说吃饭很重要。吃饭既是维持生命的需要,也是社会交往的需要。所以,饮食文化既是农耕文化的产物,也是社会发展的产物,是人们对生活方式进行选择的文化。

三代时期的饮食文化内容虽然不很复杂，但已包括食物加工方式与方法、花色品种选择与搭配、餐具酒具质量与配备、饮食的各种礼仪与要求等。据说周代就出现了“八珍”，说明烹饪技术已相当高明，已走向“艺术”。孔子的“食不厌精，脍不厌细”就是对周代饮食精美的真实写照。

三代时期饮食文化最突出的特点是重视饮食礼仪。《礼记·礼运》说：“夫礼初，始诸饮食。”饮食有许多要求，比如“席不正，不坐”，“食不言，寝不语”等。每饭要思祖德谢神灵，“虽蔬食菜羹，必祭，必齐如也”等。饮食时要尊重长者：“乡人饮酒，杖者出，斯出矣。”这是“礼仪之邦”在饮食文化上的反映。

四、水文化

人的一生离不开水。水是人的朋友，水也是人的敌人。人与水结下了不解之缘。

专家研究表明，在远古社会，有一个洪水时期。因而有人推测良渚文化、石家河文化可能是消失于洪水。在我国典籍记载中，大禹治水的传说内容相当丰富，不言而喻，开掘河道、疏水导流等，当是我国水文化的源头，大禹则是我国水文化之父。

大禹治水给后人留下了宝贵的经验，其最主要的就是疏、导、蓄。传说他疏浚了黄河，开凿了三门，他导长江之水入湖入海。为了治水，13 年当中三过家门而不入，他不愧是中华民族最早、最出色的抗洪英雄。

大禹治水

在远古先民尚不会凿井取水之时，为了生存，只有逐水而居。这虽然有取水之利，但当夏秋水患到来之时，人们就难免遭受灾害，甚至有生命之虞。因而如何用水之利而预防水之患，便成了摆在先民面前的两大任务。

为了用水，人们学会了引水、蓄水和汲水，凿井技术也有了进一步的提高。

为了防水，人们住在了高处。但山坡、丘陵地带除取水不便之外，其可耕地也不如平原、浅滩肥美与广大。为了既有大片沃土又可避免水的威胁，人们在向水争地的实践中学会了修堤挡水之法。于是，筑堤技术随之得到了发展。

在我国水利史上，最早懂得开渠引水之事发生在黄河岸边。史载，魏惠王为了发展生产，在黄河南岸开挖了鸿沟，黄河之水通过鸿沟经惠济河流经开封，然后南下入淮。这既可灌溉，又沟通了黄、淮两大水系，为以后的漕运打下了基础。

此外，在王城岗、二里头、平粮台遗址中，已出现了城市排水系统，出现了“三通”水管接头。

简言之，三代时人们已经学会了用水、防水和治水。

五、建城文化

1955 年郑州商城的发现，1959 年偃师二里头遗址（这是目前所知时代最早的中国古代宫殿建筑遗址）的发现，1983 年尸乡沟偃师商城的发现，安阳殷墟几十年的发掘，洛阳周王城的发现等，为研究我国早期产生于河洛地区的都城与宫殿建筑提供了最可靠的材料。研究表明，三代之都城及宫室，从其形制、功能以及附属设施等的设计与建筑所形成的城建文化的基本思想，影响了中国都城、宫室建筑数千年。

三代时期建城文化的思想内涵主要有两点。

其一是等级制度。都城构建要按照人的等级，天子是至高无上的，任何人不得超越，其次是诸侯王，再次是卿大夫。《左传 · 隐公元年》曾记录了郑国公叔段违反礼制扩建“京”的事情：“先王之制，大都不过参国之一，中五之一，小九之一，今京不度，非制也。”宫室建造也是如此。《礼记 · 礼器第十》记载：“天子堂九尺，诸侯七尺，大夫五尺，士三尺。”二里头宫殿建筑在高大的夯土台上，四周为回廊；殷墟的宫殿比夏更高更大，都说明天子地位的崇高。

其二是重视布局。城市建筑的布局按其功能有严格的规定，从大的格局讲，宫殿区、宗庙区、居民区和“市”要按一定的方位安排，必须合乎制式。宫室的布局与使用也要符合等级规范，要突出王权至高与至尊。《周礼 · 考工记》记载了商代的规制：“匠人营国，方九里，旁三门，国中九经九纬，经涂九轨，左祖右社，面朝后市。”从安阳殷墟遗址可以看出，整个建筑沿南北轴线排列，甲乙丙三个建筑群分别为听政、居住和祭祀之所。甲组为行政与寝殿区——前殿后寝且沿南北轴线对称布局；乙、丙组为宗庙和社祀建筑群。这种模式，汉、唐至明、清一直沿袭而不革，从而形成了中国帝王宫殿的基本风格。现存的北京故宫，就是严格依帝王礼制规范而建的。三大殿建筑雄伟，装饰繁复，陈设华贵，运用各种方式和手段以显其皇权之神圣。其后三殿（乾清、坤宁、交泰）为帝后寝宫，建筑也十分华丽、壮观。

第二节　成长中的国家文化

作为跨进文明时代的标志，甲骨文的出现在我国历史上有着特殊的重大意义，可以说，如果没有甲骨文，中国的远古历史将永远是一个不解之谜。青铜器不仅是生产技术发展的标志，更是宗教、礼制等文化发展的里程碑。国家文化之所以能在河洛地区诞生并不断发展、壮大，辐射四方，皆有赖于此。

三代时期的文化对后世影响最为深远的是周代形成的国家体制和制度，其突出成就是基本形成了较为完备的礼乐制度和宗法制度。礼乐之制及礼乐思想影响了中国政体、吏制数千年，至今我们依然能够感到它不息的脉搏。

一、甲骨文化

被誉为20世纪中国四大文献发现之一的甲骨文，不仅是研究盘庚迁殷至帝辛灭国273年历史的第一手可靠资料，也是我国3300年前国家、社会、思想及生产各方面的历史见证，因而它具有无与伦比的文物价值和文献价值。

1. 甲骨之上记录了失传的文字

殷商之时，天人观念不仅确立，而且相当浓厚。人们要办一件比较重要的事，往往要预先占卜。《周易・系辞上》："探赜索隐，钩深致远，以定天下之吉凶，成天下之亹亹，莫在乎龟蓍。"《史记・龟策列传》对此也有记载："王者决定诸疑，参以卜筮，断以蓍龟，不易之道也。"占卜的工具是蓍草和龟甲。普通人一般用蓍草，比较简易，贵族则用龟甲。

主持占卜的人地位较高，被称为"巫"。

商代用以占卜的主要是龟腹甲（少量的是背甲）和牛肩胛骨。

占卜的内容很多,主要有政治、经济、农事、战争、天象、婚丧等。

占卜的方法是:在经过整理刮磨的甲骨背面用钻或凿做成若干个圆形小洞窝或椭圆形的小槽,然后用火在钻凿处小心地烤炙,这样,甲骨的正面就出现了"卜"形的裂纹。"巫"根据裂纹的形状、长短等,阐释所占事项的吉、凶、成、败。

甲骨刻片

占卜后,"巫"将占卜人、占卜事宜、占卜时间以及占卜内容和结果用刀刻在卜兆之旁,形成完整的卜辞,并作为记录保存起来。

由于甲骨文主要是占卜的记录,故又称为"卜辞",又由于主要是刻写在甲骨之上,故又称为"契文"或"书契"。

甲骨文的出现,说明我国4000年前已有了成熟的文字系统,中国远古社会从此结束了结绳记事的时代,社会文明向前跨出了具有决定意义的一步。对此,《周易·系辞下》也有明确的记述:"上古结绳而治,后世圣人,易之以书契。"

2. 王懿荣与甲骨文

甲骨文发现于殷墟。

1899年,清大臣、金石学家、国子监祭酒王懿荣因害疟疾卧病在床。医生在给他配制的中药中,有一味药叫"龙骨"。王懿荣以其职业和学识的敏感性,感到龙骨上这些有规则地排列的所刻符号,可能就是古代的文字。他拖着病体到宣武门菜市口药铺询问了龙骨的来源,但对方没有明确告诉他。

"掌柜的,你这里还有多少龙骨?"王懿荣急切地问。

"十二片。""多少钱一片?""二两银子。""有点贵了吧? 不过,我全要了!"

王懿荣可谓慧眼识珠,用二十四两银子买了十二片甲骨。之后,他又托古董商范维卿买进了约1500片甲骨。王懿荣经过仔细研究,不仅在甲骨刻画符号中发现了"日、月、山、水、雨"等字,还发现了殷商几代国王的名字。由此他断定:甲骨上的这些刻画符号就是商代的文字。这个结论震惊了历史学界。

1908年,罗振玉访知甲骨文出于殷墟后,不仅急忙派人前往购买,还亲自前往考察，先后得到甲骨将近 2 万片，经过研究整理，编成《殷墟书契》（前编）出版，后又编了《殷墟书契菁华》（续编），为开创甲骨文的研究奠定了坚实的基础。

这期间，金石学家刘鹗、王襄、孟定生以及日本、英国、美国、加拿大的一些专家和传教士又先后购得甲骨数万片。1928 年至 1937 年，中央研究院历史语言研究所在著名考古专家董作宾、李济、梁思永等的主持下，先后在安阳小屯组织了 15 次发掘，得到甲骨 24900 多片。

在殷墟数十年的挖掘中，甲骨出土最多的有三次。

1936 年 6 月 12 日，小屯北宫殿区甲骨坑，出土有文字的甲骨 17096 片，记录内容多为武丁时期各类事项。

1973 年在小屯南发现一甲骨坑，出土甲骨 7150 片，其中有字者 5041 片。

1991 年在花园庄东发现一甲骨坑，出土甲骨 1583 片，其中有字者 579 片。

迄今为止，世界范围内收藏的出土甲骨当在 15 万片以上，绝大多数是盘庚迁殷至商灭亡时期之物。

经过研究和整理，能辨认的甲骨文单字近 5000 个，已被认识的约1700个。甲骨文多数已被著录公布于世。早期的著作主要有第一次将甲骨文资料公布于世的刘鹗《铁云藏龟》（1903 年）以及罗振玉的《殷墟书契》（1915 年）、加拿大明义士的《殷墟卜辞》（1917 年）等，后继者有董作宾的《殷墟文字甲编》（1948 年）和《殷墟文字乙编》（1953 年）。集大成者为郭沫若主编的《甲骨文合集》。

所有这一切，都使人们永远忘不了甲骨文研究的先驱、第一位功臣、甲骨文之父王懿荣。

王懿荣（1845—1900），字正孺，又字（号）廉生，山东福山（今属山东烟台）人，清代著名金石学家。出身仕宦诗书门第，清光绪六年（1880）进士，授翰林，曾三次出任国子监祭酒。光绪二十六年（1900），八国联军入侵北京，懿荣受命作为团练大臣率军据守京城。七月二十六日，敌军攻入东安门。为免遭受辱，懿荣表示“吾义不可苟生”，遂与家人投井殉国。《清史稿》有传。

为纪念甲骨文发现 90 周年和铭记爱国学者王懿荣的功绩，1989 年 10 月，山东省文物局、烟台市福山区政府在福山城区城里街中心建立了“王懿荣纪念馆”。

3. 甲骨学

甲骨文的发现震惊了世界。

中国古代史、文字史研究从此进入了一个新领域，出现了新局面。

中国考古、古代科技、中国书法研究从此进入了一个新领域，出现了新局面。

其一，甲骨文是成熟的文字。

文字是社会进入文明门槛的最重要的标志。世界上公认的最古老的文字有四种，这就是古埃及纸草文字、巴比伦泥板文字、美洲印第安人的玛雅文字和中国的甲骨文。有趣的是，前三种文字在发展中均不幸中断了，唯有甲骨文从内容到书体都延续了下来。

以甲骨文与汉代许慎《说文解字》比照研究可知，甲骨文的结字方法以象形、形声、假借为主，已具备了中国象形文字的基本形式。与现代汉语比照研究可知，甲骨文在语言上已有名词、动词、代词和形容词；在句法上除少量倒装外，句子成分和序位也大致相同。这说明，4000 年前，中国的文字已经成熟。

甲骨文的发现，使得世界考古界一致认为，中国进入文明时代的时间，最迟也在夏末商初。

文字是记录民族文明的最直接的载体，文字从产生到成熟一般须有 2000 年左右的时间。甲骨文是世界公认的最成熟的文字之一，由此上溯进行推测可知，中国文字的产生，时间可能更早，中国进入文明时代的时间可能更早。

其二，甲骨文是打开殷商史之门的钥匙。

《尚书·多士》说“惟殷先人，有典有册”。孔子一生研究殷礼和周礼，他虽然说过“周因于殷礼，所损益可知也”（《论语·为政》），但他从来没有见到过记录殷礼的典册，他曾无可奈何地说：殷礼“不足征也，文献不足故也”（《论语·八佾》）。

殷商时期的文书、档案、典册在哪里呢？这就是甲骨文发现之前，一些人对商史、夏史持怀疑态度的重要原因，即使信者也深感无据可证。甲骨文发现后，1904 年，孙诒让发表了《契文举例》，开以甲骨文窥视殷商社会之先河。尤其是 1917 年王国维《殷卜辞中所见先公先王考》和《续考》的面世，是甲骨文发现 19 年来第一篇最具学术价值的科学论文。此文产生了巨大的冲击波，对史学界疑古之风来说，这是一次颠覆性风暴，《尚书·多士》得到了证实，《史记·殷本纪》得到了证实，殷商史以崭新的信史面貌展现在了世人面前。甲骨文的出土，彻底改变了殷商史“文献不足征”的局面，因而具有划时代的历史意义。

就目前可辨识的近5000个甲骨文单字中，能释读的约1700个，尚有3000多个单字释读困难或不可释读，其中多涉及人名、地名以及可能是卜辞的专门用语。我们相信，随着考古的发展和研究的深入，将会有更多的单字得到合理的释读。不言而喻，这也必将对进一步认识殷商史起到不可估量的推动作用。

其三，中国书法史源头久远而灿烂。

书法不仅仅是写字，书法还是一门艺术。就书体而论，人们比较熟悉的是真、行、草、隶、篆。

青铜器发现之后，人们才知道，篆书之前还有金文（钟鼎文）！金文之前还有古老的书体吗？

殷墟甲骨发现之后，人们才知道，金文之前还有甲骨文！因而，甲骨文不仅是中国文字之源头，也是中国书法之源头。文字是记录和表达语言的符号，书法则是字的书写方法。书法不仅有书体的不同，而且更讲究字体的结构和篇章布白。

就书写工具而论，书法有毛笔书法与硬笔书法之别。毛笔笔锋的制作原料主要是羊毫、狼毫；硬笔书法的工具主要是硬笔或金属器具。

就技艺而论，传统的书法多用毛笔书写，其要领有四。一是握笔，要做到五指齐力而指实掌虚；二是运笔，不论顺锋、逆锋起笔，都要中锋铺毫；三是用墨，点画要圆满周到；四是结体，上中下、左中右结构要相互照应。

就章法而论，篇章布局既要错综有变化，又要疏密得当，"疏可以行马，密不能容针"；题识、落款要允当，要字冷而印暖。

研究表明，殷商之时已有毛笔，甲骨文中有朱书而未刻或仅刻了一半的卜辞；还有些龟甲上的大字刻后填朱小字填墨，两色相映，非常美观。从中略可窥见殷商书法家丰富的艺术情趣。

甲骨文主要是用刀刻在甲骨之上的，就其刀法而言，也多有变化，不仅有单刀，还有双刀和复刀。由于其用刀，不言而喻，甲骨文不仅是中国书法之祖，更是硬笔书法之祖。

甲骨文作为史实的记录，它是典册；甲骨文作为书法，它又是艺术品。这二者合一的品格殷人认识到了吗？答案是肯定的。殷人将两者完美地结合在了一起。看一看殷人对甲骨文的刻意修饰吧！

故宫博物院珍藏的“宰牛骨”和加拿大皇家安大略博物馆珍藏的“虎骨刻辞”,两片甲骨除经过精心的打磨刮削外,其上还镶有一颗绿松石;著录在《殷契佚存》中的黄浚旧藏“壬午获白兕”甲骨,也同样镶有一颗绿松石。

一旁是精心刻写的文字,字体端庄秀逸,布白整齐雅致,一旁又镶有熠熠闪亮的宝石,这不是书法之林中的珍品、极品,又是什么呢!

中国书法史的源头不仅是久远的,也是灿烂绚丽的,使华夏人永远感到自豪的!

4.“甲骨四堂”

在百年的甲骨文研究中,前期的罗振玉、王国维、郭沫若和董作宾四人成就最为突出,加之四人字号中均有一个“堂”字,因此被誉为“甲骨四堂”。

“四堂”之名始于复旦大学陈子展教授。陈子展曾说,要论甲骨文之研究,那就是“堂堂堂堂,郭董罗王”。由于此言贴切风趣,因而成了传遍天下的名言。

罗振玉像

罗振玉(1866—1940),号雪堂。罗振玉不仅收集了大量的甲骨文资料,而且进行了开拓性的研究。(1)他第一个访知甲骨文出土于安阳,并指出殷墟即“武乙之都”。(2)他将甲骨文中可知的商王之名与《史记·殷本纪》所记进行比照,发现大多相同。(3)对甲骨文中字的考释,他提出了“由许书以上溯古金文,由古金文以上窥卜辞”的研究方法。(4)对甲骨文中词的考释,他提出“对一词的考释,必求其形声义的符合”。(5)他强调在考释字、词的基础上注意对卜辞的通读。

王国维像

王国维(1877—1927),号观堂。王国维对甲骨文研究最大的贡献是1917年发表了《殷卜辞中所见先公先王考》及《续考》,不仅以甲骨文所记先公先王及其事迹证实了《史记·殷本纪》为一部信史,还纠正了司马迁所记的个别不准确之处。

郭沫若(1892—1978),字鼎堂。甲骨文被发现和公之于世后,除王国维外,无人进行综合性研究。郭沫若在流亡日本十年间,正值学术研究上升期,他用了很大气力集中研究了甲骨文。1928年夏,郭沫若在日本见到了王国维的《殷墟书契考释》和日本各大图书馆所藏甲骨文,不久,写出了《卜辞中之古代社会》,1929年秋又写出了《甲骨文字研究》。在全面研究的基础上,又出版了《卜辞通纂》。由于他观察敏锐,方法科学,加之当时研究处于空白时期,因而其很快就登上了甲骨文研究之巅,在学界产生了巨大影响。在甲骨文发现80周年之时,他还主持(胡厚宣先生具体主持并总其成)编辑了大型工具书《甲骨文合集》十三册。

郭沫若像

董作宾(1895—1963),号彦堂。董作宾对甲骨学研究作出了突出的贡献。第一,1928年8月,董作宾受中央研究院院长蔡元培之委托,第一个赴安阳调查殷墟状况。回京复命时他详细汇报了殷墟情况及发掘甲骨的重大意义。蔡元培听后十分感慨,立即拨款让董作宾带队到殷墟进行考古发掘。历时17天的发掘,得甲骨854片和一批石、陶、玉、骨、蚌器和青铜器。之后的14次发掘中,他又主持了两次,参与了五次。

董作宾像

第二,董作宾对甲骨文研究的最大贡献是他创立了甲骨断代学。1933年,他发表了《甲骨文断代研究例》,提出了断代的10条原则,第一次将甲骨文分为五期,被学界公认为是划时代的奠基之作。此后又发表了《殷墟甲骨文字》(1943年)等。他还主编了《殷墟文字甲编》和《乙编》、《外编》。

第三,董作宾结合甲骨文资料,发表了《殷历谱》,重建了西周共和以前的年代及上古史的框架。1949年他受聘任台湾大学教授,之后又任"中央研究院语史所所长"。

第四,开甲骨文书法之先河。为了深入研究甲骨文的书体,董作宾还对甲骨文进行了大量摹写。董作宾甲骨文书法多为第一期卜辞刻书写风格，同时也吸收了墨写朱写风格。从整体看，董书结体虽整肃冷峻，但形态富于变化，因而既合矩式，又飘逸多姿，既有刀斧之力的阳刚气象，又有毛笔之润的潇洒神韵。董作宾曾说：武丁时期是殷商盛世，因而书契文字气魄宏放，技术娴练，字里行间充满了艺术的自由精神，非其他王朝所比拟，所以我喜欢这一派。

董作宾和罗振玉不仅是中国甲骨文书法的开先河者，尤其董作宾更是将毛笔书法与硬笔书法相结合的第一人。

郭沫若对董作宾的成就作了高度评价，他说：卜辞研究，自罗、王而外，董氏所获为多。

二、青铜文化

青铜器的出现和使用是史前社会进入文明时代的重要标志。

我国冶铜技术起源相当早，不仅传说中有黄帝铸九鼎、夏禹铸鼎的记载，阳城岗考古发掘中也发现了铜渣。但青铜技术的真正成熟是在商周时期。郑州商城遗址出土的铜鼎、尤其是安阳殷墟司母戊大方鼎的出土，震惊了世界，它以无可置疑的事实告诉人们：青铜器不仅是器物，而且是艺术、是博大的文化。青铜器品类繁多，除生活器具、礼器外，它还是兵器、乐器、货币、饰器、衡器等。其设计、制作所涉及的工艺、美术、书法、篆刻、雕琢、音乐、舞蹈等，在使人感到眼花缭乱的同时，也感到了历史的悠远与厚重，绚丽与深邃。

不仅我国如此，世界各国的文明史也是这样。青铜器震撼了人们，以至历史和考古学家不得不将其在人类文明史上重彩浓写，在“石器时代、铜石并用时代”之后，列为“铜器时代”（距今约4000—2200年），然后才是铁器时代。

三代时期河洛青铜文化的内涵与特点是什么呢？

1. 金文

金文又叫钟鼎文，因主要出现在殷周时期乐器“钟”和礼器“鼎”上而得名，在考古学上又叫青铜铭文，是专指青铜器内壁、内底及其他部位铸造或刻写的文字。

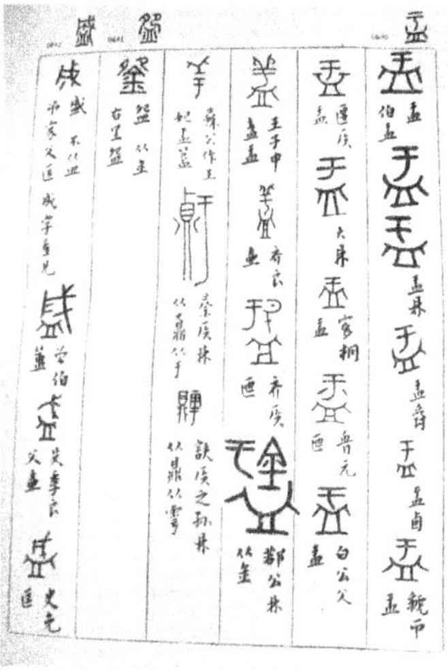

《金文编》所录金文

毛公鼎

青铜铭文主要是记录器物主人的姓氏或器物的用途。商代早期的铭文字数很少,多则三五个,少则一两个。即便到了商代晚期,据目前看到的铭文,也没有一篇超过 50 字的。

我国的历史在西周共和元年之前是没有文字记录的,因此,青铜铭文就成了研究殷商西周历史的重要文献。进入西周以后,青铜铭文数量开始增多,如著名的毛公鼎、小禹鼎铭文长达 400 字。此时的铭文内容也相当丰富,记录了当时包括王室在内的一些人物和事件,如祭典、狩猎、赐命、兵戎、训诰、契约等,成了今天研究当时政治、军事、经济、文化等情况的重要依据。

从汉字发展史看,由于青铜铭文书写方法不是后世的大篆、楷书,故从形体的角度而言,特称为"金文",以与其他形体有别。金文是汉字发展史上继甲骨文之后形体演变的一个重要阶段。金文使用的单音字比甲骨文要多,尤其是形声字居多。金文的笔画较少,比甲骨文简洁,书写也更规范。由于春秋时期诸侯林立,文字没有能够统一,因而同一个字在不同地域有不同的写法,字的结构与笔画地方色彩浓厚,这是造成青铜铭文难以辨认的重要原因。今天,识别青铜铭文已成了专业性很强的一门学问。

从书法发展史看,金文是中国书法史的开始。金文从甲骨文而来,在结构上与甲骨文很相同,但在用笔和形体上却有很多不同,最突出的特点有二,一是笔画粗壮,肥笔较多;二是运笔上在转弯处不用方笔,而用圆转,因而,从一定意义上说,金文是中国美术字的源头。金文字体秀丽,布局典雅,有很高的欣赏价值。

周宣王时所铸"毛公鼎"有铭文32行,共497字,是目前所见钟鼎文中篇幅最长、字数最多者。该铭文运笔流畅,结体严整,笔力瘦劲,布局匀称,为钟鼎文之上乘。他如《大盂鼎》、《散氏盘》等,也是钟鼎文中之佼佼者。

2. 青铜礼器

青铜器在商周时期的大量再现,既是生产水平较高的产物,也是当时政治、文化发展的需要——以青铜礼器显示和维护奴隶主统治阶级的地位和权力。

殷商时就有了较为严格的礼制,奴隶主,即商王有至高无上的尊贵与权威;周公之后,周代的礼制更加完备。正是在这种情况下,青铜器才成了礼制的体现和载体。

青铜器作为礼器,主要用于宴乐与祭祀。宴饮时,主人位居上席,客人和陪同人员在两侧。根据人物不同的身份,选用大小不一、但制作同样精美的青铜器分别用来装盛菜肴和酒类。

祭祀用的青铜器虽然仍有等级之别,但一般形制不仅硕大,而且上面还有许多神秘的饰纹,以此表示对祖先或神祇的崇敬。司母戊是礼器中最典型的代表。

据记载,使用青铜礼器的等级区别是:天子九鼎八簋,诸侯七鼎六簋,大夫五鼎四簋,卿士三鼎二簋。

3. 青铜器的造型与纹饰

青铜器的造型与纹饰是青铜文化的重要内容,它不仅反映了时代工艺水平,更体现了器物的精神气质、艺术风貌。

青铜器的造型主要根据器物的类别和大小而定,在实用的基础上增加美观。如鼎作为礼器,必须庄重、严肃,又要美观,而生活和宴饮中的酒器如尊、爵,则可相对活泼多样一些。另外根据功用,较小一些的圆鼎多设计为三足,而大型的方鼎则多为四足。

就纹饰来说,我国早期的青铜器主要以动物纹为主,间有一些云雷纹。最早的青铜纹是二里头出土青铜器上的实心连珠纹。动物纹主要是虎、象、鹿、羊、牛、龟、蛇、凤、蝉、鱼以及蟾蜍等。

青铜器上的饰纹来源于远古陶器,尤其图案,这种渊源关系更为明显。常见的青铜图案有夔纹、云雷纹、饕餮纹和鳞纹,多为单层的线刻纹。夔是传说中的

郑州出土的商代饕餮纹罍

一种怪兽，类似龙，但多为独角一足。云雷纹实是用连续回绕的线条构成的几何图形，多为方形。饕餮纹实为饕餮头像。饕餮是传说中的猛兽，性贪食，面狰狞，故多用于门饰。装饰性的鳞纹多为鱼鳞状，上下叠压，呈波浪状。至商末周初，单层线刻纹逐渐被线刻与浮雕相结合的“三层花”式的纹饰所代替。这一表现手法的主要特点是，在凸起的主纹上加刻一些阴线，主纹之下刻出一些细密的地纹，从而增强了多层次的视觉效果。

青铜器纹饰虽然花样繁多，但整体上看则质朴无华，既从一个侧面反映了先民的图腾崇拜，也真实再现了他们的艺术理念和艺术神韵。

中国青铜纹饰基本上是沿着“线条→抽象图案→动物图案（兽面→龙类）→人物故事”的方向发展的。纹饰到东周时已突破了前期相对单一、僵化的模式，开始表现生活图景如宴饮、战争、狩猎，出现了大量的人物。河南汲县（今卫辉）出土的战国时期的铜鉴是其代表性的杰作。此铜鉴上之图名《水陆攻战图》，画

新郑出土的春秋时期莲鹤方壶

面上既有划船进攻、击鼓助阵，兵士格斗、放箭射击之场面，又有庆功行赏等场面，故事性很强，其中有人物290多位，神情不同，姿态各异，栩栩如生，十分生动。辉县出土的青铜壶壶盖上的舞蹈图案也很生动。图上有舞者7人，分为3组，有的扭动腰肢，有的作屈膝之状，有的手持枝条，有的手在空中作舞。因图中有树两株，故有研究者认为此图案表现的可能是殷商时期的“桑林之舞”。

灿烂的青铜文化既是物质文明的产物,更是宗法、礼乐文化的产物和载体,同时也反映了一定时期的宗教文化。中原的青铜文化,从一定意义上说,就是一部浓缩了的中国古代历史的画卷。

三、宗法文化

我国宗法制度的形成在周代。周代的宗法制度是在"分土封侯"制度的基础上发展起来的。周公当政和成康时期的分封诸侯,对巩固周天子的统治起到十分重要的稳定作用,也为其后的宗法制度奠定了基础。

1. 分封制

什么人能被分封到各地为诸侯呢? 主要是三部分人。

一是周王室的子弟及同姓亲属。武王封其兄弟立国者15人,姬姓立国者40人。如武王之弟振铎被封于曹(今山东定陶),成王的弟弟叔虞被封到晋,建都于唐(今山西翼城)。

二是为国家建功立业做出贡献的大臣,如周公之子伯禽被封到鲁,建都曲阜,吕尚被封到齐,建都临淄。

三是有帝王血统的人,包括被消灭、被并吞国家的王室后人,如商被灭后纣王之子武庚被封到宋国。

被封为诸侯的人对周天子而言是臣,但在其封国内则是国君。这样,诸侯在自己的领地内也可继续将土地再分封给亲属及卿大夫。

分封制的基础是"畿制",即将京城的范围加以确定,由王室主管。畿外之地才能分封给诸侯,这样做既保证了王城的收入,也保证了王城的安全。

其次是"爵谥制"。诸侯的爵位由天子加封,如发生叛逆或不轨,可以褫夺。周朝将所封诸侯分为五个等级,即公、侯、伯、子、男五种爵位。周王室以其级别确定其权力及财产。

公爵国土地面积最大,约50平方公里,如鲁国、齐国;侯爵国次之,为35平方公里,如晋国;伯爵国亦35平方公里,如申国;子爵国、男爵国相同,均为25平方公里,如黄国、许国。

分封制实行后,不仅实现了国家权力和财产的再分配,也达到了从政治结构方面建立起维护国家政权的等级制度之目的。这是一个了不起的创造。

2. 宗法制

宗法制以宗族血缘关系为纽带，其核心是“嫡长子继承制”，并与分封制相关联，将宗法关系与国家制度结合在了一起。

宗法制的基本原则是什么呢？《春秋公羊传·隐公元年》对此有一句简明的概括，这就是“立嫡以长不以贤，立子以贵不以长”。

夏商周三个王朝基本上实行的都是嫡长子继承制，但商代君位继承还实行了“兄终弟及制”，并无定则。有鉴于此，在周灭商后，周公便将其明确为嫡长子继承制，就是“传嫡不传庶，传长不传贤”。嫡长子继承王位后，众庶子、庶兄弟则分封为诸侯。分封制实行后，诸侯们也效法周天子的做法，实行嫡长子继承制，他们的庶子、庶兄弟们则被封为卿大夫。这样，就在全国形成了盘根错节、关系复杂的以贵族为核心的等级制度，并以这种“亲亲”关系作为精神支柱，支撑和维护着王权。

宗法制虽以血缘为基础，但并不要求子孙共姓当初之姓。由于实行分封制，同姓庶子、庶兄弟被封到各地后，为区别宗支，往往以国为姓。诸侯国内的卿、大夫被封到所在的采邑（关）后，又将采邑分割为大大小小的禄田（乡、亭），分封给有关人员。这样，被封到不同地方的人为了区别自己的分支，也以所在的采邑、禄田为氏。于是，许许多多不同的姓氏就在这时候出现了，封建的宗法制度也由此从贵族集团直接延伸到了千家万户。

四、礼乐文化

周公名旦，是文王四子，武王之弟，因封地在周（今陕西岐山北）故后人称其为周公。周公既有文韬武略，且阅历丰富，故一生建树极多，荦荦大者有五：一是辅助武王伐纣灭殷，二是摄政当国辅佐成王，三是平息武庚管蔡叛乱，四是营建东都成周，五是制礼作乐建典立章。

周公作为古代伟大的政治家、军事家、思想家，最值得称道的是不仅辅佐成王巩固了国家政权，奠定了“成康之治”的基础，还总结前代经验，结合周初实际制度，完善了礼乐制度。就这方面而言，说他比孔子的贡献还大并不为过。孔子景仰周公也正在这一点：“周监于二代，郁郁乎文哉！吾从周。”（《论语·八佾》）

礼不同于民间的习俗，礼不仅是习俗的升华，更是中华古代文明特有的一套制度与文化架构，是政治、教化、道德和刑法合一的文明体系。它具有定名分、序民人、别尊卑、明贵贱的社会整合功能和政治功能。

1. 礼乐文化是一种制度文化

周克商之后，周公分析殷代列王的为政之道，得出殷亡于“失德”的教训，也即史书上常说的“殷鉴”。怎样才能不失德并保证德政的连续性呢？周公不愧为是一位高瞻远瞩的政治家，他不仅提出了施行“德政”的政治纲领，而且还提出了要建立一套全新的政治制度，同时还提出了制约操权柄者的一套系统的行为规范。这就是“礼”。这是一场比武王克商意义还要重大的革命。

周公制礼作乐，是我国古代建立人文精神的重要开端，对其后儒家、法家等学派的治国思想都产生了重大影响。

周礼包括礼制和礼典两大项：所谓讲礼乐，首先是讲制度，讲秩序。周公强调，“礼”是社会秩序的基础和核心，要建立良好的社会秩序，首先就是要正名分，辨等级，明贵贱，这就是“礼”。所有的人都要循礼而为，所有的事，都要依礼而办，任何人不得违礼，不得僭越。

礼乐之制也是中国最早、最完备的法典。周公之礼分为五类，适用面很广，基本涵盖了政治、军事及社会生活的各个方面：

一曰吉礼，主要用于祭享郊庙、神祇等。

二曰凶礼，主要用于丧、荒、吊、恤等。

三曰宾礼，主要用于朝觐、迎宾、巡视等。

四曰军礼，主要用于军事、赋役、封疆等。

五曰嘉礼，主要用于飨燕、庆贺、婚冠等。

乐即乐章、乐曲。乐与礼是配套而行的。行什么样的礼，就奏什么样的乐章。礼乐的配合，使社会上一切较为重大的活动既庄重、严肃，十分规范，又显得内涵丰富，华美富赡，有大家气象。

2. 礼乐之制既是思想文化形态，也是儒学之源

周公所制礼乐不仅是规范人的行为的制度，也是中国文化史上第一次完备地规范人们思想的文化形态。

周公制礼作乐之目的、指导思想是什么呢？简言之，就是“敬德保民”。周

公认为，打天下以武，治天下必须以德，“敬德”就是敬天，他说：“皇天无亲，惟德是辅”，只有敬天，天才能佑国。“保民”就是以民为本，民生安则社稷安，民生富则国家强。周公的这一“以人为本”的思想，奠定了其后历代统治阶级治国的基本思想。

周在殷时是殷商一个属国，且远在西北，其文化远没有殷发达。当周灭商后，殷人不服，进行了顽强的反抗，武庚联合管叔、蔡叔叛乱是最集中的一次。为了防止“殷顽民”即殷贵族继续作乱，周公采取分而治之的办法，将殷人迁到各地，其中一批人来到了成周。周公封其弟康叔为卫君，卫属殷地。在送行时，他叮嘱说，殷之所以亡，是纣王荒于酒、淫于妇，你到卫地后，要以此为诫。你要多请教那里的贤者、长者，同时务必爱护百姓。周公的上述“指示”，即后来的《康诰》、《酒诰》和《梓材》三篇文献。

周公制礼作乐，就是不仅要从法典上治理国家，还要从思想上、理论上“化育”人民，尤其是殷人。怎样吸取殷商的优秀文化，做到“以殷治殷”和“以周治天下”呢？周公在处理这一问题时十分开明，他以广博的胸怀，邀请殷遗民中的知识分子参与，请他们总结夏、殷治国的经验，并将其吸收到所制的礼乐中。周公此举，实际上起到了一石二鸟的作用，一方面靠殷儒们的经验和知识顺利地完成了礼乐的制定，一方面缓和了与殷人的矛盾，并在合作共事中增加了了解与信任。周公尊重儒者，所以也赢得了儒者的信任与尊敬。从一定意义上说，周公之礼乐，即早期儒家思想的汇总。周礼是夏礼、殷礼的继承与发展，因而比较完备，这一点，孔子讲得最清楚，他说：“殷因于夏礼，所损益可知矣；周因于殷礼，所损益可知也。”（《论语·为政》）“周监于二代，郁郁乎文哉！吾从周。”（《论语·八佾》）

周公所倡礼乐，其后经过孔子和荀子的发挥，“礼”成为了一个博大的体系，不仅包括政治制度，而且包括道德标准和行为准则。礼不仅是对操权柄者的要求，也是对有文化知识和修养的“君子”的要求，成为了全社会成员认同的社会规范。从周代开始，礼乐文明就成为中华文明的主要特征和标志，并在发展中世代绵延。中华文明内涵极其博大，如简言之，则不过是“礼”、“理”二字。礼是中国人思想、行为一致认同的准则，具有强大的民族凝聚力，这已为2000多年的历史所证明。

所以，后人认为儒学的创始人实际上有两人，即周公和孔子，前者在洛阳完成了制礼作乐的儒学奠基工程，后者完成了集大成工程。为了研究礼乐，孔子还曾不远千里到洛阳向老子请教，至今洛阳老城文庙还有“孔子入周问礼至此”碑。

故后人说“礼乐是儒学之源”，其因盖基于此。

3. 礼乐文化的核心是人本

周公所制礼乐虽带有一定的宗教功能，但基本精神则是以人为本。《礼记·表记》说：“周人重礼尚施，敬鬼神而远之，近人而忠焉。”远鬼神而近人，是周文化的一个特点。中国人文、人本精神之源头，可追溯至此。

周公制礼，最基本的目的，在于发扬伦理道德。有鉴于此，周公在制礼作乐时吸收了大量殷遗民的参与，故能集前圣之大成，礼乐的范围广及政治、经济、社会及人们的日常生活，诸如冠、婚、丧、祭、乡射、朝聘之类。大者有国家典章法制，小则涉及个人行为规范，无所不有。其中既包含着传统、制度、成文法，又包含着风俗习惯等。周公在制礼作乐的过程中，既大量继承了历史传统，又结合新的情况加以创新，是因时而制，突出了时代特色，体现了“礼，时为大”的原则。

周代的礼乐，集中体现了通常人伦观念中的“仁”和“义”，即所谓的“亲亲尊尊”。亲其亲则为仁，尊其尊则为义。将仁义道德制度化，是周代礼乐文化的基本内涵。礼乐之制成了其后儒学之源——“礼所以经国家、定社稷、利人民；乐所以移风易俗，荡人之邪，存人之正性。”——周公的思想不仅影响了孔子，也影响了中国3000多年。周之礼乐之所以能够垂诸后世，并以此经国化民，烛照中华，盖在于其具有深厚博大的人本精神。

正因为如此，至今我们还能清楚地感觉到它跳动的脉搏；正因为如此，在中华文明形成的过程中，礼乐发挥了重要的作用。毋庸讳言，礼乐制度在维护统治者利益方面也发挥了重要作用，在礼的掩护下，社会财富不断地集中到少数人手中；在礼的保护伞下，少数统治者的利益得到了维护。但从总体上讲，礼乐制度所体现的人本精神，在推动社会的文明与进步中发挥了应有的作用。

第三节 周代的学术思想及文化

周代是我国历史上思想最活跃、学术最繁荣的一个时期,百家争鸣的局面造就了很多的思想和学术巨子。

周代前期是两都制,洛阳为其陪都。成王营洛后,河洛地区逐渐成为了全国的政治、经济和文化中心,加之最高统治集团高涨的政治建树热情,从而进一步推动了思想的进步与学术的发展。从一定意义上说,中华传统的思想、文化与学术,起源于周,来源于诸子百家。

产生于河洛地区的周代文化,以其学术的严谨性、逻辑的周密性、内容的博大性和思想的深刻性而著称。这也是它之所以成为中华民族核心文化和主流的根本原因。

一、周公与儒家文化

周公是儒学的奠基人。

周公是中国政治史上一位杰出人物,他既是政治家,也是思想家。中国传统的治国思想以及必要的国家机器和职官构架,早在3000年前就在他那里基本形成,中国儒学的基本思想也萌芽于他。此两者决定了他中国历史上伟大政治家、思想家的地位。

洛阳周公庙中的周公像

1. 周公确立了以“敬天”、“明德”为基本内容的政治教化思想

天和人的关系,一直是中国政治史、思想史上的一个根本问题。在古人那里,“天意”就是宇宙发展的规律,人、社会、国家,只有符合天意才能存在和发展。“天”的观念在远古时期已经出现,至三代时更加明确。周公的高明之处就

在于,他能及时地抓住这一根本并将其用于现实社会,赋予其一定人文的价值。在论及夏为什么会灭亡时,周人就明确地说:“有夏多罪,天命殛之。”(《尚书·汤誓》)这就是说,夏的暴政违反了“天”,所以一定亡。在论及文王为什么会得天下时则又说:“穆穆文王,于缉熙敬止,假哉天命,有商子孙。”(《诗经·大雅·文王》)这就是说,文王顺天承命,代表了天意,他是理所当然的天子。周人的这些看法,源自周公。周公把“天”用于政治,表明天命观已基本成形。

周公的“明德”思想,在《尚书》的《大诰》、《洛诰》、《多方》和《多士》中都有明确的反映,而上述诸篇都是周公对殷臣民和周臣民的训诫讲话。西周人不仅用天命解释周取代殷的原因,还用“德”来说明“小邦周”战胜“大邑商”的原因。周公曾多次在不同的场合说:“自成汤至于帝乙,罔不明德恤祀”(《多士》),“惟乃丕显考文王,克明德慎罚”(《康诰》),“乃惟成汤,克以尔多方,简代夏作民主。慎厥丽,乃劝;厥民刑,用劝。以至于帝乙,罔不明德慎罚,亦克用功”(《多方》)。为什么反复强调以“明德”治天下呢?这表明,早在3000年前,周公就知道打天下和治理天下的方法是不同的,前者重在军事,后者重在政治和思想。这一点正如王国维在《殷周制度论》中指出的那样:“《康诰》以下九篇,周之经纶天下之道胥在焉,其书皆以民为言。《召诰》一篇言之尤为反复详尽,曰命,曰天,曰民,曰德,四者一以贯之。”周公倡导仁爱,反对欺诈,是以德治国的首倡者,“德”是其治国理论的核心。

2. 周公确立了以宗法为核心的国家政治制度

分封制是周公的一大发明。周朝的政治制度虽然也在一定程度上承继了殷的制度,但为了巩固周天子的统治,周公一改夏、商时部落联盟而又相对独立的政治制度,用了很大气力推行以宗法为核心的分封制。史载,太公和周公分别被封于齐、鲁之后,太公曾问周公如何治理鲁国。“太公曰:‘何以治鲁?’周公曰:‘尊尊而亲亲。’”(《汉书·地理志》)在“普天之下,莫非王土”的周王朝,所谓“亲亲”,就是周王室把大量的姬姓子弟及亲属分封到全国各地为诸侯,诸侯们又将他们的亲属分封为卿大夫或到领地内各处分食天子所赐,这就形成了以血缘关系为联系纽带的官宦网络,以宗法关系为基础的利益集团。其结果,正如荀子所说,周室疆土上虽方国林立,但大都在一姓手中:“周公兼制天下,立七十一国,姬姓独居五十三。”(《荀子·儒效》)周公建立的“封建亲戚,以蕃屏周”的政治制度，对巩固周的统治起到了决定性的作用。

3. 周公确立了以“礼”“乐”为核心的社会规范

为了维护统治秩序，除了政治制度规范之外，还必须有社会成员认可的社会行为规范。周公完成分封之后，及时总结夏、商统治时的经验教训，制礼作乐。集中反映周代礼制的《周礼》出于周公之手。清代学者孙诒让认为，《周礼》“爰术官政，以垂成宪，有周一代之典，炳然大备”，是“经世大法”（《周礼正义序》）。周公所制之礼，不仅仅是指专事祭祀或庆典的礼仪，而是包括刑法政教、朝章国典在内的典章制度。这是因为，礼的作用首先是在政治方面，其次是在社会成员之间。这一点古人也是十分清楚的。“礼，经国家，定社稷，序民人，利后嗣也。”（《左传·隐公十一年》）“礼，所以守其国，行其政令，无失其民也。”（《左传·昭公五年》）在儒家那里，礼对伦理秩序的道德性规范，不亚于法家以法对社会生活秩序强制性规范的作用，“礼之于正国也，犹衡之于轻重也，绳墨之于曲直也，规矩之于方圆也”（《礼记·经解》）。

与此同时，周公还损益殷制，修订了管理国家的各种典章制度。据《周礼》记载：大宗伯掌邦礼，以吉礼事邦国，以凶礼哀邦国，以宾礼亲邦国，以军礼同邦国，以嘉礼亲万民。大司诗教掌六诗，大司乐掌乐舞，太卜掌三易（连山、归藏、周易）。还以天官冢宰、地官司徒、春官宗伯、夏官司马、秋官司寇、冬官司空分掌邦政。同时，还修订颁行了治典、教典、礼典、政典、刑典、事典等六种典制。

应该说，乐也是礼的内容之一，它是配合礼的，乐的作用主要在于宣传，在于教化，用乐舞称颂统治者和歌颂社会，通过乐舞的感染和潜移默化，从而制造维护周天子统治的社会舆论。“移风易俗，莫善于乐；安上治民，莫善于礼。”（《礼记·乐记》）乐对巩固封建宗法等级制度起到了极大的辅助作用。

周公在政治、思想领域中的建树，为其后儒学的兴起与儒制的创立奠定了坚实的基础。因而有专家指出，中国儒学的创立可分两个阶段，前期的创始人应是周公，后一阶段集大成者则是孔子。

4. 孔子倡周礼而儒学兴

周公在洛阳“制礼作乐”，在思想文化方面开创了儒家学说之基础。由于周公封于鲁、周公后人以礼乐治理鲁，故在周边国家中，鲁国保存西周典籍及文物制度最多、最丰富，因而周公思想、儒家思想之根基也最深厚，以至在“礼崩乐坏”之时，鲁国也不忘先祖“尊尊而亲亲”之训，故有“周礼尽在鲁矣”（《左传·昭公二年》）之说。

孔子是儒学的奠基人。孔子之所以能建立儒学，这和他能够不断学习、吸收春秋时期各学派的思想观念，不断补充和更新自己的理论和理念是分不开的。

孔子一生自强不息，不耻下问，在其倡礼兴儒过程中，有两件事十分重要。

其一，孔子崇拜周公。

孔子生于鲁襄公二十二年（前551），少年时家境贫寒，但他“十有五而志于学”（《论语·为政》），且学习非常努力，“十室之邑，必有忠信如丘者焉，不如丘之好学也”（《论语·公冶长》）。孔子早年习礼，之后便以学习研究礼乐为主，并主张以礼乐治国。他一生向往文、武、周公之治，目睹“礼崩乐坏”的现实，决心以恢复周礼为己任。孔子神往周公，经常梦见周公，即使“昼寝”也不可免。他深知周礼的完备、神圣：“殷因于夏礼，所损益可知也；周因于殷礼，所损益可知也。其或继周者，虽百世可知也！”他称颂周礼说：“周监于二代，郁郁乎文哉！吾从周。”（《论语·八佾》），一生信誓旦旦：“吾学《周礼》，今用之，吾从周。”

孔子学礼是有创造性的。孔子一生最大的贡献，也是最大的追求，就是把周礼演进而发展成为“仁”学。“一日克己复礼，天下归仁焉。”（《论语·颜渊》）孔子提出仁学思想具有里程碑的意义在于建立了儒学的理论体系，至此，儒术才成为了学派，“儒家”才真正成为了儒家；至此，儒学才使人们的思想得到升华，认识到了自己的精神本性，认识到了自身人格的追求目标。

孔子说：“人而不仁，如礼何，人而不仁，如乐何？”（《论语·八佾》）强调礼的内在伦理感情和道德自觉。那么，什么是“仁”呢？孔子说：“能行五者于天下，为仁矣。”（《论语·阳货》）“五者”即恭、宽、信、敏、惠。在这里，“仁”涵盖了全部的社会伦理秩序、道德规范以及典章制度。

如何治理社会，孔子将“礼”与“刑”进行比较后说：“导之以政，齐之以刑，民免而无耻；导之以德，齐之以礼，有耻且格。”（《论语·为政》）不难看出，孔子认为，礼的真正内涵，就是伦理的道德情感，它优于法，或者说，在治国中，它要先于法。孔子的这一思想，源于周公。

正是有这一渊源关系，故历代在尊孔子为圣人之时，也未忘尊周公为“元圣”。

其二,孔子崇拜老子。

鲁国是周公之子伯禽的封地,伯禽带去了周文化并致力推行周文化。孔子生于陬(今山东曲阜),青少年时期受到良好的周礼教育,所以十分崇拜周礼。但当时的曲阜毕竟只是一个诸侯国中心,皇皇的礼乐在千里之外的周的首都——洛邑,而不是在曲阜。礼虽是周公所创,但要见到周公已是不可能的事了。孔子决心到洛邑向大学问家老子请教古礼。

到洛邑问礼于老子可以一举多得,一是老子是周礼的最好传人,理应求教,二是可以目睹洛邑的宏丽与先王的一些遗制,三是可以亲身体会周天子礼乐典章制度的伟大。经过一番准备,鲁昭公二十四年(前518),孔子不远千里来到了心仪已久的洛邑。在洛邑,孔子向老子问礼,向苌弘问乐,同时参观瞻仰了周室殿阁、明堂、太庙、祭坛,感受到了"先王之遗制"的伟大、盛隆,对周的典章、制度、官制、礼仪以及淳朴的洛邑民风社情有了更深入的了解。《孔子家语》专门有一《观周》篇,细腻、生动地描绘了孔子观览明堂、太庙时的情景:"孔徘徊望之。谓从者曰:吾今乃知周公之圣与周所王也!"最令他终生不能忘怀的还是求礼于老子。他观览了周守藏室的各种典籍,听了老子一番教诲之后,感动得五体投地。回到鲁国后,他万般感慨地对其弟子们说:"鸟,吾知其能飞;鱼,吾知其能游;兽,吾知其能走。走者可以为网,游者可以为纶,飞者可以为缯。至于龙,吾不能知其乘风云而上天。吾今日见老子,其犹龙邪!"(《史记·老子韩非列传)孔子喻老子为龙,老子在孔子心中的地位、形象是何等的崇高与神圣则不言自明!

孔子尊崇老子,一是他认为周公之后老子对周礼的了解最为完备,要问礼,最好的选择就是向老子学习。二是他崇信老子"道"之高妙和欣赏老子"天人相通"的思想。崔大华先生说:"老子哲学把人放在中心地位,就人在宇宙中的地位、人的存在、人的本质、人的价值等关涉人生的根本问题进行探索,而这也奠定在天人合一的关系之上。"细心地研究《论语》,就不难发现,孔子不仅主张以人为本,而且不少说法与老子也有很多有趣的相似之处。如孔子说,他"五十而知天命","七十而从心所欲不逾矩"(《论语·为政》),这是和体悟老子哲学大有关系的。老子认为人是有欲望的,而基本的欲望是应得到满足的,因此必须"甘其食,美其服,安其居,乐其俗"(《老子》第80章),孔子认为"食不厌精,脍不厌细”(《论语 · 乡党》)是人的本性。孔子对老子的继承、吸收、升华与扬弃,在《论语》中多有体现,毋须费词。

孔子之学,初始于鲁,尚不系统,更不成熟,经过中原的游历与问礼,尤其是大量吸收周礼与老子之学,旁及各种有益成分,才逐渐成为自成一统的儒学体系,河洛文化对孔子影响至深至巨,在中国学术思想史上是公认的事实。对此,齐鲁文化研究者杨朝明有相当简明的概括:“孔子思想和儒学虽然融会三代文化精蕴,但直接源流则当归之于周、鲁文化。孔子主要是在周文化与鲁文化的背景下开创儒家学派的。”

二、吕尚与兵家文化

吕尚又称姜尚,曾在殷商为官,后投奔西伯姬昌。吕尚多学,有谋略,深得西伯信任。西伯死后,吕尚被西伯之子武王姬发尊为“师尚父”,掌管政治、军事之权。经过精心的政治、军事准备,在吕尚的建议下,武王公开打起伐纣的义旗,受到了大多数诸侯的拥护。八百诸侯盟津会师后,表示拥戴武王。吕尚审时度势,在他的周密部署和果断指挥下,以战车三百乘、精兵三千,配以诸侯援军四万余众,发动了有名的牧野之战,击败殷军七十多万,一举夺取了纣王之都朝歌,推翻了殷商王朝。

1. 吕尚兵学重谋略

吕尚的军事策略思想在《尚书 · 牧誓》及传为吕尚所著的《六韬》等文献中均有记载。其要点如下:

姜太公

其一,在战略上强调战争的正义性。在军事战略方面,他非常重视战争的性质,认为正义的战争一定会战胜非正义的战争,人心的向背在军事上有重要意义。《六韬》的第一篇《文韬》对收揽人心工作的重要性有很精到的论述。他很重视伐纣前的动员工作,以此统一联合大军的思想,使联军树立了必胜的信心。同时,也用宣传的方法瓦解纣王的军心,从而使得大量前线商军倒戈。

其二,在战术上强调各个击破和重视速决速胜。在战术上他成功地运用了各个击破的方法,注意集中较强的兵力夺取局部的胜利,从而积小胜为大胜,即以局部的"全胜"来赢得大局的全胜,在战略上达到以少胜多的目的。在战术上重视速决和速胜,他认为,不速决于我则兵疲,于敌则可增援,此最易生变故。

其三,重视战车重武器的使用。牧野之战,三百辆战车方阵协同步兵发起排山倒海式的猛烈攻击,以强力快速摧毁敌军有生力量,这在战史上还是第一次。周人对这种战术感到十分自豪,以此为题材的流行歌曲曾传唱一时:"牧野洋洋,檀车煌煌,驷騵彭彭。维师尚父,时维鹰扬。"(《诗经·大雅·大明》)

其四,重视地形地势的运用。《六韬》中有《虎韬》、《豹韬》两章,对此进行了专门的论述。

其五,重视指挥艺术的灵活运用。吕尚强调要斗智,是最早提出兵不厌诈者:"兵者,诡道也。"为此要做到:"外乱而内整","内精而外钝"(《兵道》)。

其六,军事翦除与政治怀柔相结合。吕尚很重视"文伐",就是利用收买、离间、女色、打入敌人内部等方式使敌方涣散、瓦解,失去战斗力。在吕尚的指挥下,武王在占领朝歌后,团结诸侯盟军迅速扩大战果,很快便征服了各地的殷属方国,奠定"小邦周"一统天下的基础。

吕尚是中国兵学思想的奠基者,同时又是兵学思想的实践者。在其后的数百年中,虽然有七国之争,秦汉之争,汉胡之争,涌现出不少兵家和良将,但就军事思想而言,无出其右者,因而司马迁说:"其事多兵权与奇计,故后世之言兵及周之阴权,皆宗太公为本谋。"(《史记·太公世家》)吕尚封齐后,兵家思想在齐又得到了新的发展。

2. 吕尚兵学的影响

周灭殷后,为了巩固自己的统治地位,除了实行军事控制和政治怀柔外,在组织上采取了大量分封,将周室贵胄和大臣派到各处战略要地为王。齐、鲁地位显要,首先分封给了太公和周公。周公由于有摄政重任,由其子伯禽就任于鲁。齐、鲁两国的执政者长期生活在河洛地区,其思想、生活、生产和习俗无不带着河洛文化的烙印,他们到了齐鲁之后,在政治、经济、文化诸方面,基本上是照搬了周的旧制,只是在策略上有所不同。齐、鲁大地成了东西文化的交汇之地、融合之地。河洛文化与当地土著文化的结合,形成了真正意义的齐鲁文化。

太公、伯禽受封齐、鲁时，周室给他们明确规定的治国方略是“启以商政，疆以周索”(《左传·定公四年》)，但在执行中却并不一样。《史记·鲁周公世家》有一段很生动的记载。太公到任后五个月即返周述职，周公问其如何治理时，太公回答说：“吾简其君臣礼，从其俗也。”伯禽却是三年后才返周述职。“周公曰：‘何迟也？’伯禽曰：‘变其俗，革其礼，丧三年然后除之，故迟。’”从中可以看出，齐、鲁两国的治国目标是不大一样的。鲁国侧重于发扬河洛文化中的“文”的方面的成果，齐国则着眼更长远些，审时度势，以“兵”强国。其结果是，没有多长时候，两个原来各方不足百里的小国，齐国很快发展到方圆二千多里，是鲁国的四倍。齐桓公之所以称霸，原因是多方面的，但和他上承吕尚思想，“兵”“文”并用，且重在以兵战提高综合国力，屡战屡胜是分不开的。

齐国以兵学治国而霸业兴。

在齐国，受吕尚兵学思想影响较大的是孙武、孙膑和司马穰苴。

孙武的先人并不姓孙，因有战功被齐景公赐为孙姓。孙武对人类的最大贡献是写下了一部不朽的《孙子兵法》，提出了“知己知彼，百战不殆”的指挥原则。孙武为总结前人的军事经验，曾深入阅读了夏、商、周的许多典籍，《六韬》、《尚书》、《易经》更是其必读之书。孙子虽未在齐国出仕，但1972年4月在临沂银雀山汉墓出土的竹简《孙子兵法》说明，《孙子兵法》在齐鲁大地的影响是巨大的，在齐国以“兵”强国中，是发挥了重要作用的。

孙膑是孙武的后人，相传直接受业于鬼谷子。孙膑以其多谋善断受到了齐威王的赏识，拜为军师，在齐国军队建设和推行霸业中发挥了重要作用。银雀山汉墓在出土《孙子兵法》的同时，也出土了《孙膑兵法》竹简，这也有力地说明，兵学思想在齐鲁的影响是很大的。

司马穰苴为齐人，深通兵学，曾任齐国司马，景公时奉命收复失地与燕作战，大败燕军。其兵学思想在齐威王时被整理后收入《司马法》中。

在经济发展的同时，齐国重视兵学，坚持以军事强国，这是齐国能在诸国纷争中成其霸业的根本原因，也是河洛兵学在齐国实践的结晶与硕果。

三、老庄与道家文化

生于河洛地区的老子、庄子以其对人生、社会、自然的深刻观察，为世人留下包容着无限哲理与睿智的《老子》与《庄子》，老庄哲学以其内容的深邃、博大薪传天下，从而形成了老庄学派与老庄文化——道家。

老子思想对后世影响极大，以至《老子》一书以《道德经》之名传世，为人习读。

庄子思想对后世影响极大，以至《庄子》一书以《南华经》之名传世，为人习读。

1. 道家之祖老子

老子姓李，名耳，字聃，春秋楚国苦县（今河南鹿邑）厉乡曲仁里人（《史记·老子韩非列传》）。

老子是中国哲学思想的第一位奠基人。老子长期生活在洛邑，他曾担任过周守藏室柱下史，接触过大量的周朝典册，不言而喻，其中就有许多周公亲自制定的政治、文化及法制方面的典籍。

老子的《道德经》是我国历史上第一部最具思辨色彩的哲学著作，同时也是以后道家学派的经典。老子的学说在思想和哲学层面上的原创性，其成就在当时已达到巅峰程度，对以后的儒、墨、法、名各派都产生了深远的影响。老子思想所涉及的命题对人类社会和自然界来说，都是带有根本性的。如：

他关于宇宙、天地万物本原的论述（如道生一，一生二，二生三，三生万物）；

关于人与天、地、道关系的论述（如人法地，地法天，天法道，道法自然）；

关于自然无为的论述（如道常无为而无不为。我无为而民自化）；

关于理想社会的论述（如小国寡民）；

关于人的修养的论述（如修之于身，其德乃真）。

这些历经2000多年的宇宙观、人生观、方法论的大命题，人们至今还讨论不已，更不用说在当时的影响了。作为中国的圣人，孔子对老子的无限尊崇与向往，就足以说明老子思想的精深与博大。

2. 道家之圣庄子

庄子名周，字子休，战国时宋国蒙（今河南商丘东北）人，曾做地方的漆园小吏。

庄子继承和发展了老子的哲学思想，并形成了自己独特的思想体系和表达方式。他独创庄子学派，以其丰富的思想与超人的智慧而被誉为道学之圣。

庄子在哲学上主张“天人合一”，但更强调“天”代表着自然，人要顺应自然，摒弃"人为"。庄子认为,"天"就是"道",是宇宙万物的本源,讲天道就要自然无为。

庄子像

庄子在政治上主张国家要无为而治,人在生存方式上要返璞归真,认为"天地与我并生,万物与我为一"。

他不仅否定统治者提倡的"仁义"和"法治",也否定世俗的礼、法、权、势,认为"圣人不死,大盗不止"。

庄子主张绝对的精神自由,认为人生最高的境界是逍遥自得,不受任何羁绊,不为外物所累。他认为做官会戕害人的自然本性,并有黄雀在后之虞,而在贫贱中生活却能自得其乐。因而他淡泊名利,宁肯编织草鞋为生,安时而处顺,也不受楚王重金之聘而被人制约。

庄子主张护养生命,清静无为,修身养性,物我两忘,与世无争。他认为道给人以貌,天给人以形,人不可以内心的好恶和外在的原因损害自己的本性。人有生即有死,有死也即有生,人应坦然走过生命的旅程。

让我们看几段庄子的描写。

其一,鲲与鹏。

北海有一种鱼,名叫鲲,身躯有几千里之大。鲲化为鸟,人称大鹏,其脊背也是几千里之大。大鹏奋起而飞,两只翅膀像无边之云,蔽日遮月。它要到哪里去呢?原来它要飞越大海到南边的天池去。它起飞的时候,激起的海浪有三千里,它则如同旋风一般,冲天直上九万里,向南而去。蝉和小雀听说这件事后禁不住笑了,说:"咳,何必呢!你看我们,飞到榆树上,飞到枋树上,不行的话又回到地上,多自在呀!干么飞到九万里的高空去天池呢!"

其二,庄子辞楚。

庄子正在河边钓鱼,楚王派来的使臣对他说:"楚王很敬佩先生的才能,请你到朝廷为官,为天下做事。"庄子说:"我听说楚国有一只三千岁的神龟被捕杀后供奉在庙堂之上。请问,这只龟是愿意被杀后让人供奉在高堂上呢,还是宁愿活着在泥水中潜行曳尾呢?"使者说,当然是后者啦!庄子说:"你们回去吧,我也是这样想的呀!”

其三,头骨之乐。

一天,庄子在山中古道旁的草丛中发现了一个人头骨。庄子对头骨说:“先生,你是病死的吗?也许是打仗被人杀死的吧!你不是做了坏事,感到愧对父母妻儿自杀的吧?也许你是饥寒交迫死的吧!也可能你是寿终正寝吧!”说完,他一把拿过人头骨作枕而卧便入睡了。

梦中,人头骨对庄子说:“先生,你考虑的问题真不少呀!你刚才说到的事,都是人生之累,死后便什么都没有了。”庄子说,那你就谈谈死后的乐趣吧。人头骨说:“人死了之后,上边没有了国君,下边没有了臣下,也不用操心四季之事了。我自由自在地游玩,其轻松快乐,就是面南称王也不能相比呀!”庄子说:“真的是那样吗?假如上天让你复生,还你父母妻儿、乡亲朋友,你愿意吗?”人头骨一听,满脸忧愁,哭丧着脸说:“我就那么傻吗?我怎么能抛弃面南王乐而再回到人间的苦累中去呢!”

其四,庄子卧病。

庄子卧病在床,命在旦夕,弟子在床边暗泣。庄子说:“生和死都是一样的,只要善待就行了。”弟子们说:“先生一生贫困,死后连陪葬之物也没有,故而感到很悲伤。”庄子说:“我以天地做棺椁,以日月作连璧,以星辰作珠宝。这不是最好的陪葬么!”弟子们说:“连个棺椁都没有,乌鸦和鹰会啄食的。”庄子一听就笑了:“在地下被蝼蚁、老鼠吃掉和在地上被乌鸦、老鹰所食有什么不一样呢?你们就不要偏心眼了吧!”

从以上描述中可以看出,庄子的哲学实质上是人的生命的哲学,正因为此,它具有终极的意义,故而对中国哲学的内涵与发展产生了巨大的影响。

庄子善辩,并形成了独特的文风。其所论逻辑严密,妙喻连珠;其行文汪洋恣肆,跌宕起伏。庄子之文语言生动。他善于将高深、玄远之理以通俗之寓言故事来表述,将严肃、庄重的命意在笑谈中轻松传递。庄子具有诗人之气质,为文意象飞扬、想象丰富、形象夸张,代表了先秦散文的最高成就,尤其豪迈的气势,旷达的心胸,对后世文人产生了重大影响。

正是基于此,鲁迅对庄子的散文予以了很高的评价,他在《汉文学史纲要》中对其思想内容、艺术特色进行分析之后说:他不仅是一位出色的思想家,而且是一位了不起的文学家，他的成就，“晚周诸子莫能先也”。

3. 老子和庄子思想对齐鲁的影响

由于老子和庄子的哲学思想具有人生思维的普遍意义，因而对周边地域、尤其黄河下游地区经济、文化比较先进的齐、鲁地区，影响更大，孔子洛阳问礼便是最典型的证明。齐国稷下学派的兴起，就与老庄思想的东进、齐人善于学习和转识成智有直接的关系。现简要说明之。

稷下学派是战国中后期在齐国首都临淄兴起的一个学术群体，在中国思想史上有重要地位。稷下学派的兴起主要原因有二：一是早期受到当时统治者的大力支持，尤其与齐桓公、齐威王、齐宣公的提倡和支持是分不开的。齐桓公三代一方面不断扩建稷下学宫，为学术繁荣提供了很好的物质条件和环境，另一方面，他们实行了比较宽松的文化政策，为学术发展提供了较好的政治环境。二是受河洛地区“经”文化和百家争鸣学风的影响。《史记》、《汉书》记载稷下学士约千人，成就较大者 76 人。在稷下学士中，其成就显著者，无不是精研儒、道、墨、名、法、阴阳家等学说且多有个人发明者。稷下学派最大的特点就是学者们并不属某一家一派，而是形成了学派群体。但就其思想倾向而言，道家的成分较为浓厚。例如管仲，他是稷下学派的集大成者，他既有名家主张，也有农家主张，更是一位深谙治国之道的政治家，他提出的“尊王攘夷”主张深得齐桓公赞赏，并成就了齐国的霸业。但就《管子》中的许多篇目而言，如《枢言》、《白心》、《心术》、《内业》等，原始道家的思想十分突出。如：“凡道，无根无基，无叶无荣。万物以生，万物以成，命之曰道。”（《内业》）“道也者，动不见其形，施不见其德，万物皆以得，然莫知其极。”（《心术上》）这些论述，与《老子》都是直接相通的。其他稷下人物，如彭蒙、田骈、接子、季真、环渊，也都是道家学派，即使具有法家思想的慎到，其著述中很大一部分也是论述“道”的。虽然稷下道家的认识不完全是认知《老子》

庄子故里所塑庄子像

和《庄子》，二者之间很有些差异，但从总体上说，都是与老庄哲学心心相通的。

四、墨子与墨家文化

墨子是战国初期的思想家，是墨家学派的创始者和代表人物。

墨子名翟，战国初年鲁（今河南鲁山县）人。司马迁在《史记·孟子荀卿列传》中提及墨子时说："宋之大夫，善守御，为节用。"墨子的生平事迹除墨子中有些记述，多散见于诸子及杂记之中。《庄子·天下》中说墨子"好学而博"、"真天下之好也……才士也夫"。《孟子·尽心》对他也很称赞，"墨子兼爱，摩顶放踵利天下，为之"。

墨子像

1. 墨子是个科学家

墨子的主要思想及成就保存在《墨子》一书中。《墨子》不仅记述了墨子的思想和主张，书中还记录了他自然科学研究观察的结果，如光的传播、球面镜、凹面镜、凸面镜、小孔成像等现象。此外还涉及了数学中圆的概念、物理学中力与重量之关系等问题。墨子还制造了登城的云梯、车辆等器械，所造木鸢能在空中飞翔三日，可见技术非同一般。所以，墨子不仅是一位思想家，还是科学家和工程师，而且造诣很高。

由于墨子在自然科学方面成就很高，且专业性很强，此仅简要介绍而不展开叙述。

其一，墨子对"运动"和"力"进行了研究并下了定义。

其二，墨子对杠杆的研究早于阿基米得，墨子指出，力等于力臂乘以重量。

其三，墨子研究了光学，其中包括光的传播、光与影的关系、小孔成像、球面镜、凹面镜、凸面镜，总结和概括了几何光学的基本原理。

其四，墨子研究了声学和声的传播。

其五，墨子研究了倍数、圆、直线、平行、长度、正方形，并给它们下了准确的定义。

其六，墨子研究了十进位制，是我国第一个对商代以来的进位制概念进行研究的科学家。

英国科学史家李约瑟在所著《中国科学技术史》中，对墨子所涉学科的研究予以了高度评价。在数学卷中他指出：商代的数字系统是比古巴比伦和古埃及同一时代的字体更为先进、更为科学的。如果没有这种十进位制，就几乎不可能出现我们现在这个统一化的世界了。在物理卷中他说，墨子关于几何光学的研究，比我们所知的希腊还早，其成就印度也不能比拟。

2. 墨子是墨学的创始人

墨子学派是从儒学中分出来的，《淮南子·要略》说："墨子学儒学之业，受孔子之术。"墨子从儒学阵营杀出，在对儒学的批判中建立起了自己的学说体系。由于墨子成了儒学的反对派，与儒学相抗衡，因而名声大张，《韩非子·显学》中说墨学曾一度与儒学一样，成为世人皆习的"显学"——"世之显学，儒墨也。"《吕氏春秋·当染》也说他和孔子齐名，"此二士（指孔、墨）者，无爵位以显人，无赏禄以利人。举天下之显荣者，必称此二士也。皆死久矣，徒属弥众，弟子弥丰，充满天下"。

墨子的思想涉及哲学、伦理、逻辑以及政治、军事、科技各方面。其主张为兼爱、尚贤、尚同、非攻、非儒、非乐、非命、节用、节葬、天志和明鬼。其核心是兼爱、非攻和尚贤。

墨子主张兼爱。他认为"兼相爱""交相利"是治国之本："天下兼相爱则治，交相恶则乱。"

他在论述这一思想时说，我进行过考察，天下何以会乱？根本原因就是不相爱。现在，当臣的不爱国君、当子女的不爱父母的现象比比皆是。假如人们都相互爱，爱别人像爱自己一样，哪里还会有不忠不孝的呢？假如都能把别人当成自己，把别人的家当成自己的家，把别人的国当成自己的国，哪里还会有盗贼、偷窃、侵略呢？天下早就太平了。

墨子主张非攻。他认为老百姓是战争的最大受害者，战争"夺民之用，废民之利"，"贼灭天下之万民"，因而是"天下之厚害"。

他说，小偷窃取了别人一棵菜、一头猪、一匹马，人们都谴责他，说他损人利己。一个罪犯杀了人，大家更是义愤填膺，因为他的罪比小偷更大，更危害人民。这样的道理上上下下，人人都知道，都说这是不义的。然而，现在有人率领军队去攻打一个国家，杀死了许多人，比小偷和罪犯坏得多，可有人偏偏说这是正义的。怎么罪越大反而受到称赞呢，这不是黑白不分又是什么呢？

一次,他听说楚国要攻打宋国,并已经请公输班帮助造好了攻城的云梯。他一面立即派他的弟子禽滑厘率300名青年学生支援宋国,并带去了他们制造的有利守城的防御器械,一面冒着生命危险到楚国首都见楚惠王。他向楚王及大臣们讲了利害关系,并当场演示了他制造的防御器械。经过九次较量,公输般的攻城器械都用尽了,也没有攻破墨子的守城器械,而且他的一些更好的器械还没来得及用上。楚惠王一方面感到实力不行,一方面感到理亏,最终放弃了攻打宋国的念头。

墨子主张尚贤。他认为治理国家靠人才,要做到"官无常贵,而民无终贱"。

他在论述这一思想时说,周公制定的宗法礼乐制度是不对的,人不能分等级,更不能终身制。诸侯世卿相传相继的"无故富贵"毫无道理,应废除。出身虽然低微,但只要有才能,也应参政治国。要实行改革,撤掉那些腐朽昏庸无能者,使那些"农与工肆之人,有能则举之,高予之爵,高予之禄"。

墨子的政治思想代表了社会大变革时期中下层小生产者及新兴地主阶级的利益,喊出了他们希望改变地位,跻身"士"的行列,走上政治舞台的呼声,因而受到了他们的欢迎。也正由于此,墨学才得以和代表统治阶级利益的儒学相抗衡。但随着小国的被兼并,国家统一已成为不可阻挡的大势所趋,墨学一方面已经不适应形势的需要,一方面遭到中央集权者的禁绝,故而走向了衰微。

但是,墨子的思想中也存在着深刻的内在矛盾。他既认为人的力量是重要的,又肯定"天志"及鬼神之作用;他既主张君王、诸侯、百姓是平等的,诸侯国君由贤者出任,又认为人民必须服从国君,达到"一同天下之义"。理论的不彻底性也是其衰落的重要原因。

3. 墨子是个哲学家

墨子哲学上的建树是多方面的,最突出的是他提出了直接感觉的认识论和创立了比较完整的逻辑学体系。

其一,在认识论方面,墨子认为,人的知识来源有三,即闻知、说知和亲知。

在闻知方面,他说,不论是亲自听说或经第三者传说,都不是亲眼所见,因此,对听说的东西要加以分析、辨别、筛选,才能真正变成自己的知识。

所谓说知,就是用已知的知识,去考察和推导未知的东西。

墨子最重视亲知。他认为,人们通过脑子思索和耳、目、鼻、舌、身感觉到的知识是最重要的知识，但这些知识有时还只是表象，不一定是本质，所以，还必须加以综合、比较、整理、推论和判断，才能达到真知。

其二，在名与实方面，墨子主张以名求实，名实相副。

其三，关于如何判断客观事物正确与否，他提出了著名的“三表”原则。《墨子·非命》中说：“何谓三表？子墨子言曰：有本之者，有原之者，有用之者。”接着，他具体阐述了什么是“本”、“原”、“用”。这就是，第一，要以“古者圣王之事”为依据，第二，要以“百姓耳目之实”为依据，第三，要以“国家百姓人民之利”为依据。这就是说，既听其言，又观其行，又验其效。墨子将言论、事功、绩效三者结合起来作为检验客观事物正确与否准则的提法，是对唯物论的一大贡献。

当然，墨子的认识论也有一定的片面性和局限性，主要是他过分强调感觉经验的真实性，忽视了理性认识的能动作用。

墨子在逻辑学方面的建树也很突出。

其一，墨子是最早提出经过逻辑思维来“别同异、明是非”的哲学家。他认为，任何一种事物，要么是“是”，要么是“非”，不可能既是“是”又是“非”。一种事物与另一种事物的关系，要么是同，要么是异，不可能既是同又是异。这就是我们今天逻辑学上的“排中律”。

其二，他第一个提出了“辩”、“类”、“故”等逻辑概念。他认为“辩”是一种专门的知识，专门的论辩技能。他经常在反驳对方时指出对方所犯逻辑上的错误是“子未察吾言之类、未明其故也”。

其三，他还阐述了由“概念”经过“判断”和“推理”达到结论的思维全过程应注意的事项，总结了演绎、归纳以及直言、假言、选言判断等推理方法，从而建起了比较系统的逻辑学范畴。

五、韩非与法家文化

韩非（前280—前233），战国时韩国（今河南新郑）人，司马迁称其为韩国王室公子，精于“刑名法术之学”。韩非主张以法治国，是法家杰出的代表、集大成者和法家学派的创始人。有《韩非子》传世。

1. 韩非的法家主张

韩非生活在公元前3世纪,正是诸侯纷争、相互兼并的时期。针对如何富国强兵,不断发展和壮大国力,他提出了与儒家、墨家的"法先王"、"以古为是"截然不同的"务法不务德"(《定法》)的以"法"治国思想,明确提出了强国的"重赏、重罚、重战、重农"策略。这一时期的法家人物十分活跃,其中最主要的代表人物有商鞅、慎到和申不害,他们分别提出了重法、重术、重势的思想。

韩非所主张之"法",与商鞅、慎到和申不害三人最大的不同是,韩非将法治、术治、势治结合在一起,形成了以"法"为中心的一套完整的统治术。

第一,韩非具有进步的发展观。韩非不是就法论法,而是强调时代使然。他说,时代发展了,如果还用倒退的眼光盲目地赞美"尧、舜、汤、武之道",那就是不识时务,"必为新圣笑矣"。因此,政治家要站在时代的前列谈治国,"废先王之教","不期修古,不法常可",才能顺应发展潮流,同时还要根据国情、民情审时度势,做到"世异则事异","事异则备变"。他认为,在大变革时期,墨守成规者必然失败(《五蠹》)。

第二,韩非强调法、势、术相结合。法——国家要健全法制;势——国君要有极高的权势,要高度集权,无论如何不能再分封诸侯;术——国君要有驾驭群臣及全局的策略和手段。要密切关注时局变化,及时察觉二心之臣,不允许有犯上言行,一旦发现,必须果断处置。

第三,提出了君主专制中央集权理论。韩非认为,社会已发展到了建立中央专制集权国家的时代了。他主张:(1)"事在四方,要在中央。圣人执要,四方来效。"(《物权》)也就是说,国家权力必须掌握在国君一人之手才能有利于国家机器的高效运转。(2)只有法还不行,国君还必须有"势",即权势。他认为,"抱法处势则治,背法去势则乱"(《难势》),因而主张国君必须拥有极大的权势,甚至可以专断独行。(3)要清除和打击反对国君的一切政治势力,尤其是对世袭的旧贵族,要毫不留情地采取措施,"散其党"、"夺其辅"(《主道》),除恶务尽。(4)要培植新的政治势力,注意选拔、起用出身低微而能力超凡的人才。他说:"宰相必起于州部,猛将必发于卒伍。"(《显学》)

韩非之所以直言不讳地主张君主专制,这也和他出身贵族的阶级立场有直接关系,这也是其思想中缺乏民本、民主思想的重要原因。

第四，韩非主张治国要用重法、重罚。韩非和他的老师荀子一样，都是“人性恶”论者。他认为人们之间各种关系中利害关系是第一性的，凡是人，毫无例外地都是“畏诛而利庆赏”（《二柄》）。因此，只有实行重罚严刑，“以刑止刑”，人民才会循规蹈矩，贼盗才能止窃敛迹，社会才会安定有序。他甚至提出，对普通老百姓“生而乱，不如死而治”（《外储说右下》）的过激政策。

第五，韩非第一个提出了“法不阿贵”的原则。韩非认为，一旦“法”被制定，就必须严格执行。要“以法为教”（《五蠹》），任何人也不能特殊。儒家“刑不上大夫”的思想是法治的头号大敌，要彻底清除。只有“法不阿贵”，只有“刑过不避大夫，赏善不遗匹夫”（《有度》），才能实现“法”的公平与正义。

韩非的法家学派思想，适应了新兴地主阶级的利益和要求，更适应了建立统一大帝国的时代发展的要求，因而受到力图铲除分裂割据、建立封建集权的一些强国大国的欢迎。韩非在韩国不受重用，秦国却待其为上宾，原因盖出于此。

韩非关于法、术、势相结合的思想主张，在理论上比较严整和系统，是当时法家学说的最高成就。韩非的主张，既具有理论的指导性，又具有实践的可行性，不仅成了秦强国的理论基础，也为秦统一六合，建立封建大帝国提供了思想武器。

韩非提出的“法不阿贵”思想，对反对特权，维护法的尊严，产生了很大的、积极的影响。这是韩非对中国法制思想最重要的贡献。

2. 韩非的哲学思想

韩非作为一个哲学家，有许多光辉的思想启迪后人。

其一，进化的历史观。韩非认为历史是发展的，必须用发展的眼光认识社会的过去、现在和未来。社会前进了，如果墨守成规，仍用老眼光、旧方法去观察、处理和解决问题，不仅是落后的，也必然是行不通的。他说：

韩非

圣人不期修古，不法常可；论世之事，因为之备。宋人有耕田者，田中有株，兔走触株,折颈而死,因释其耒而守株,冀复得兔。兔不可复得,而身为宋国笑。今欲以先王之政,治当世之民,皆守株之类也。(《五蠹》)

其二,主张改革,变法强国。韩非是商鞅变法的拥护者、宣传者,他尤其赞赏商鞅"治世不一道"的变法观念,因而极力主张"不期修古,不法常可",变法图强。他认为,万事万物都是在变化的,看不到这一点,人的思想就会僵化。

其三,主张天道自然。韩非反对天命思想,宣传天道自然。他认为,"道"是先天就存在的,是万物产生与发展的本源,"宇内之物,恃之以成"(《解老》)。为此,韩非还在哲学史上第一次提出了"理"的概念。韩非认为,"理"是事物发展的规律,不同的事物有不同的特殊发展规律。"道"与"理"密切相关,"道者万物之所成也,理者成物之文也",人们要把事情办好,必须自觉尊重规律才行。

其四,反对"前识",坚持"参验"的唯物论。韩非认为,人们只有接触事物、观察事物,才能认识事物。他认为,没有什么"生而知之"的"前识",主观妄想和臆测的"前识"是靠不住的。人只能通过"参验"才能知道事物的实际、言智辞的真伪。"循名实而定是非,因参验而审言辞"是认识事物的规律(《奸劫弑君》)。不经过"参验"的言辞只能是妄说,不可信。这里,"参"就是观察、研究,"验"就是以实际来验证、检验。

其五,韩非是中国思想史上第一个提出"矛盾"这一哲学概念的人。同时,他也认识到矛盾在有条件的情况下是可以转化的。如国家的强弱转化,关键的条件就是是否以法治国,"国无常强,无常弱。奉法者强则国强,奉法者弱则国弱"(《有度》)。2000多年前即有如此锐利之目光,其学养之深、之厚,可知矣。

楚人有鬻盾与矛者,誉之曰:吾盾之坚,物莫能陷也。又誉其矛曰:吾矛之利,于物无不陷也。或曰:以子之矛,陷子之盾,如何?其人弗能应也。夫不可陷之盾与无不陷之矛不可同世而立。今尧、舜之不可两誉,矛、盾之说也。(《难一》)

韩非的文章善于说理,其文思缜密,结构精致,议论透辟。在阐述事理、法理时善于运用历史故事和寓言进行推证,风趣而且幽默。

《韩非子》中的寓言（有人统计为323则）故事短小精悍，生动形象，富有哲理，意趣隽永，让人回味不尽。有的已经成了脍炙人口的成语典故，为后人常常引用，以其强大的艺术生命力而流传百世。

六、邓析与名家文化

春秋时期出现了名家学派。何以称其为“名家”？因为他们讨论的主要是“名实”问题。作为哲学范畴的名辩学说实际上就是今天所讲的逻辑学。

中国的名辩文化始于邓析，其有名的人物有尹文，代表人物为惠施与公孙龙。

邓析（前545—前501），春秋晚期郑国（今河南新郑）人，曾为郑国大夫。邓析是早期法家的代表人物，他曾以作《竹刑》而闻名于世。邓析又是名家学派的开先河者，善“操两可之说，设无穷之词”。《汉书·艺文志》说其有《邓析子》一书，可惜早已亡佚，今所见为后人伪托之作。其事散见于《荀子》、《吕氏春秋》等书中。

1. 邓析是法的改革者

邓析不赞成礼治，主张以刑治国。《荀子·非十二子》说邓析“不法先王，不是礼义”。郑国在子产当政后，制定了一套法。为了让公众了解法，子产把它铸在鼎上，故后人称之为“鼎刑”。但邓析认为子产所制定的法不完善，因而“数难子产之政”，并自己制定一套新的法。杜预注《左传》时说：邓析“欲改郑所铸旧制，不受君命，而私造刑法，书之于书简，故言‘竹刑’”（《左传·定公九年》）。邓析主张执法要公平，“治国制刑，不隐于亲”，如果还是刑不上大夫，那就没有任何意义了，“同罪异罚，非刑也”。

邓析

邓析还是中国律师的鼻祖。《吕氏春秋·离谓》记载了他帮助老百姓打官司和群众向他学习法的事迹，诉讼时，依案件大小适当收些衣物作费用。由于每每胜诉，“郑国大乱，民口欢哗”。邓析还很注意普及法的知识，让老百姓懂得如何以法维权,于是,他开办了一所私学,“学讼者不可胜数”。

邓析要改革郑国的法,这必然涉及当政者的统治和利益。老百姓对邓析的欢迎和支持,从一定意义上说,则又造成了“郑国大乱”,影响了政权的稳定。当权者认为,讼师的存在,其花言巧语使老百姓变得十分奸滑,世风变得相当刁顽,而邓析就是天下无讼而大治的罪魁祸首。公元前501年,邓析被郑国当局以私自立法罪杀害。

荀子在《非十二子》中虽对邓析有所肯定,但以批判居多,说他“好治怪说,好琦辞。其察而不惠,辩而无用,多事而功寡,不可以为治纲纪。然而其持之有故,其言之成理,足以欺惑愚众”。《吕氏春秋》对邓析也颇有微词,说他“以非为是,以是为非,是非无度,而可与不可日变。所欲胜因胜,所欲罪因罪。郑国大乱,民口欢哗”。由此可知,改革之路荆棘漫漫,多么坎坷。

2. 邓析的名辩思想

关于邓析善操两可之说,《吕氏春秋》上举了一个例子:

一年夏天,一位富人被暴涨的河水溺死,尸体被下游的一位船工捞起。当船工知道这是一位家有万贯的富户后就乐了:“哈哈,发财的时候到喽!”

富人的亲属听到船工漫天要价后惊呆了,但又无可奈何,就去找邓析:请您给出个主意吧!邓析对死者的亲属说:安心等吧,不用着急。除了你们一家之外,有谁愿意出钱呢?等他自己降价吧!死者的亲属觉得邓析讲得有道理,就耐下性子不再找船工了。船工见富人的亲属不来赎尸,天气炎热,尸体可能很快就会腐烂,情急之下,就去找邓析:先生,请出个主意吧!邓析对船工说:安心等吧,不用着急。除了他家向你赎尸之外,还有第二家吗?回去等他们送钱吧!船工觉得邓析讲得有道理,就耐着性子回去了。

这里,邓析用两面思维的方法,对矛盾的对立双方进行了全面的思考,这是辩证的思维方式。他对两家所作的分析,站在各自的立场来看,都是对的,都是有道理的,都是绝对正确的,并不矛盾。

但是,邓析给出解决问题的方法在一定意义上却是不正确的。关键在于,他只强调了于双方各自有利的一面,而没有提醒双方也要考虑不利于自己的一面和对方可能坚持的一面。而双方也没有考虑到这点,双方被这种思维棚架了——只有各自的标准,而失去了一个客观的标准。

这说明：世界上存在的客观事物，有绝对的，也有相对的；绝对的事未必就是真理，真理实际上一定不是绝对的；从逻辑思维上讲是对的，但逻辑上的"对"不一定就是正确的。

所以，邓析对两家的谈话和结论，不是相悖的。但是，若从同一事件的整体而言，他所得出的两个结论则是相悖的。

可见，名家的思辨在一定意义上说充满着智慧，充满着机辩，充满着技巧，可以给人许多有益的启发和借鉴。

3. 公孙龙与"白马非马"

名家的学说随着时间的发展日臻成熟，继邓析、惠施、尹文之后，公孙龙是集大成者。

惠施（前370—前310），春秋战国时宋（国都在今河南商丘）人，曾为魏相。惠施一生致力于探讨宇宙万物的构成，认为万物之"同"与"异"都是相对的。同时偏好于辩说，他曾与人讨论过"矩不方，规不可以为圆，凿不围枘"的问题，讨论过"白狗黑。孤驹未尝有母。一尺之棰，日取其半，万世不竭"的问题等（《庄子·天下》）。惠施没有留下著作，其言论散见于《吕氏春秋》、《孔丛子》、《庄子》和《列子》中，所记毁誉兼有之。惠施与庄子是好朋友，《庄子·秋水》里有一则记述两位哲学家在桥上散步时的对话，足见两人的风度。

> 庄子与惠施游于濠梁之上。庄子曰："倏鱼出游从容，是鱼之乐也。"惠施曰："子非鱼，安知鱼之乐？"庄子曰："子非我，安知我不知鱼之乐！"惠子曰："我非子，固不知子矣；子固非鱼也，子之不知鱼之乐，全矣！"庄子曰："请循其本。子曰'汝安知鱼乐'云者，既已知吾知之而问我。我知之濠上也。"

从两人轻松交谈和相互调侃中可知，惠施和庄子都企图用相对论的方法诘难对方。

公孙龙（前320—前250）的生平史无记载，从《史记》中可知他长期为平原君的门客。公孙龙自我评价说，"龙少学先王之道，长而知仁义之行。合同异，离坚白，然不然，可不可，困百家之知，穷众口之辩"（《庄子·秋水》）。诚如所言，他对名家学派的突出贡献在于他提出并论证了“白马非马”及“离坚白”的命题，从而建立起了中国的语言形式逻辑。有《公孙龙子》一书传世。

公孙龙

据《初学记》卷七引刘向《别录》记载：一次，公孙龙骑着马要出关。关吏上前拦住了他，说：“先生，上边有规定，马不能出关。”公孙龙笑了起来，说：“我骑的是‘白马’，不是你们规定的‘马’呀！”关吏争不过他，只好让他过去。

公孙龙集中谈“白马非马”是在《公孙龙子·迹府》和《白马》篇。

> 白马为非马者，言白所以名色，言马所以名形也。色非形，形非色也。夫言色形不当与，言形则色不宜从，今合以为物非也。如求白马于厩中，无有；而有骊色之马，然不可应有白马也。不可以应有白马，则所求之马亡矣；亡则白马竟非马。欲推是辩，以正名实，而化天下焉。（《迹府》）

用今天的话来说就是：关于白马异于马的道理，主要有两点：“白”仅指的是事物的颜色，“马”则是指事物的形体。事物的颜色不等于事物的形体，事物的形体也不等于事物的颜色。当说到事物颜色时，实际上已抽掉了形体，所以形体不应再参与其中；说到形体时，实际上已抽掉了颜色，所以也就与颜色无关。因此，把颜色和形体合在一起当做一回事，显然是不对的吧！打个比方吧，想在马棚中找一匹白马，恰好没有，而只有黑马，这样，你就不能说马棚里有白马。既然不能说马棚里有白马，那你所要的白马就没有了，既然没有，这不就说明白马的概念毕竟不同于马的概念了吗！我想把同样的道理推而广之，并用这一原理来明确名实的关系，从而使天下的逻辑规范起来。

“白马”和“马”本是两个不同的概念，是个别与一般、同一性与差异性的问题，两者的关系是既矛盾又统一。

对一般人来说，“白马是马”的命题好像是容易理解、容易接受的。但“白马是马”命题的涵义也不是表示简单的等同,而是说二者是辩证的统一。公孙龙敏锐地发现了辩证统一中的对立面,就以“白马非马”的命题表示个别与一般这两个对立面的矛盾。这是个天才的发现。

公孙龙还发现了概念的内涵和外延之间的关系,即二者是有区别的,不能混淆。就马的内涵论,“马”仅指马的本质属性,和“白马”的概念是不同的,不包括“白马”。但就马的外延论,“马”又包括“白马”在内的一切马。

公孙龙虽然以“白马非马”而名扬天下,但却遭到各种学派的反对和攻击。《公孙龙子·迹府》曾记述了儒家后学的不满。一位据说是孔子的后代、名叫孔穿的人就直接找到公孙龙那里。

孔穿见到了公孙龙,恭恭敬敬地施了一个礼。“先生,你的名气很大,天下无人不知晓。我很佩服您,今天特地来投奔您,请您收我做弟子吧!”

公孙龙对来人打量了一下,然后说:“那好吧。不过我也要问一句,你还有别的什么要求吗?”

孔穿立即说:“要求倒没有。只是有个条件,请先生今后不要再讲什么‘白马非马’了,那是不正确的,天下的贤士都反对您的这个学说,您就放弃了吧!然后我就当您的弟子。”公孙龙一听就笑了。

“你既然大老远地跑来要求当我的弟子,今天我就先给你讲一篇序言吧。”他看了一眼孔穿,并请他就座。

“你是知道的,我之所以有点小名声,不就是坚持了‘白马非马’吗?我要是放弃了‘白马非马’,还教你什么呢?你要当我的学生,说明你感到你的学问和智慧不如我。但现在你又要我放弃‘白马非马’,先来教训我,这不又说明你认为你的学问、智慧比我还强么,这真是太荒谬!再说,我的‘白马非马’论,你的老祖先孔子也是赞成的呀!”公孙龙走到案前,指着堆在一边的书说:“当年,楚王到云梦打猎,丢失了一张心爱的弓,随从人员表示立即返回原路去找。楚王制止了他们,说:‘楚人失之,楚人得之,何必再找呢!’孔老夫子知道后说:只须说‘人失之,人得之’就行了,何必说‘楚人’呢!由此可知,你的老祖先心里清楚得很啊,他知道‘楚人’和‘人’是两个不同的概念,懂得‘楚人非人’。这和我所说的‘白马’和‘马’不是一个概念、‘白马非马’不是一样的吗?孔老夫子说‘楚人非人”你不反对,却来反对我说‘白马非马’,这不是太荒谬了吗?”

说到这里,公孙龙有点生气,嗓门有些提高。“就你现在的思想情况来看,你习儒的,但又不赞成孔子‘楚人非人’的观点;你要拜我为师,又反对我的‘白马非马’学说,这不就更荒谬了吗?是双重的荒谬啊!”

孔穿被问得哑口无言,于是站了起来,说:“先生,对不起。”就告退了。

此外,公孙龙还提出了“离坚白”的命题。在公孙龙那里,一块白色的石头,视觉上只能感到它是白的,而不能感到它是坚硬的;用手触摸,只能感觉其坚而不能感觉其白。因此,“坚”与“白”是彼此分离的。

“白马非马”和“离坚白”的提出,在中国哲学史、逻辑史上具有划时代的意义。可以说,从一般的“白马是马”的认识,到“白马非马”认识,是逻辑思维从低级阶段走向高级阶段的直接反映,它廓清了认识过程中的许多问题,具有里程碑的意义。

其一,任何概念在内涵上都是有特定的具体含义的。“马”是一个普通的概念,只命其形,不命其色。“白马”是个别概念,既命形又命色。“马”不命色只是强调它没有确定的色,而实际上这是泛指,它包括各种色。“白马”的命色,是专指已确定的白色,具有了排他性,已不包括黄色、黑色等非白色。从逻辑上说,“白马”与“马”虽然都具有马形的共性,但有“各色”与“仅指白色”的明确区别,在内涵上是两个不同的概念。

其二,任何概念在外延上也是有区别的。如果要“马”,黄马、黑马皆可。如果要“白马”,则黄马、黑马不可。也就是说,黄马、黑马虽然都是马,但不是“白马”。因此,要马和要白马绝对是不同的,这是因为,“马”包括黄马、黑马,而“白马”是不包括黄马、黑马的。这说明,任何概念在外延上也是有区别的。

其三,概念有种、属之别。公孙龙在《白马论》中说:“马固有色,故有白马”,从大前提上肯定了“马”是包括“白马”的,从类的种属关系上承认“白马是马”这一命题,表明“白马”和“马”的区别不是排斥和全异关系,而是种概念与属概念的关系。

其四,揭示了一般与个别的关系。“白马非马”这一命题中的“非”仅作“有区别”和“不等同”解,并不是“全异”和“不包含于”之义。这从一个方面说明了个别与一般的辩证关系。

名家对中国哲学尤其逻辑学的发展作出了独特的贡献,在中国思想史上熠熠生辉，因而谈及那段历史时，无不乐而道之。

参考资料：

1. 刘庆柱：《河洛文化是中华民族文化的核心文化》，《光明日报》2004 年 8 月 31 日。

2. 李民：《河洛文化与〈尚书·洪范〉》，《光明日报》2004 年 9 月 14 日。

3. 崔大华等：《道家与中国文化精神》，河南人民出版社，2003 年版。

4. 杨朝明：《齐鲁文化》，齐鲁书社，2001 年版。

5. 杨海中：《河洛文化与早期齐鲁文化》，《齐鲁文化研究》2005 年总第 4 辑。

第五章　河洛经文化

地处“天下之中”的河洛地区，不仅是中华文明曙光出现最早的地方，更是第一个跨入文明时代、出现国家的首善之区。以三代文明为核心形成的早期河洛文化，为中华文明的发展奠定了宽厚而坚实的基础。儒、道、法、墨、兵、名各派之学，围绕国家、社会、自然、人生等重大命题，在百家争鸣中互有消长，不断完善，不断发展。

周公制礼作乐以规范社会、规范人伦，但总的来说，周代在意识形态方面还是多元的，允许各种思想和学术的存在与发展。尤其是所播下的以人为本的思想火种，具有潜在的无限强大的生命力。

秦灭六国统一六合之后，中国的思想和学术有了主次之别。秦国之举，意欲强行一以统之。但痛定思痛之后，人们认识到这不仅是野蛮、愚昧的，也是行不通的。

汉承秦制，为建立统一的、强大的封建帝国，统治者及士林精英都曾不断地探寻意识形态上的理论支撑。兵家思想、黄老之学、墨法主张、古今经学都力图大显身手。

国家意识形态的确立不是随意的，是由各种因素决定的，但最根本的是国情的需要和传统的制约。

河洛经学的兴起，与强秦之亡和汉室之兴有直接的关系。

第一节 汉代的经学

经学在汉代被确立为官学,经学思想被确立为指导国家发展的意识形态,这对经文化的形成和河洛文化作为主流文化地位的进一步确立和巩固,都起到了重要作用。

一、儒术被独尊了吗

秦始皇"焚书坑儒"造成了中国文化史上的一场浩劫。

然而,秦始皇真的认为儒术不能治国才决定"焚书坑儒"的吗?

其实,秦始皇"焚书坑儒"只是为了镇压儒生中那些桀骜不驯及狂傲的诋毁者,以儆效尤。秦始皇何尝不晓得儒生的重要和儒学是统治之学呢!所以,坑儒之后仍在起用博士。

炎汉初立之时,刘邦并不比秦始皇高明多少,他对儒生们整天在左右聒聒噪噪也是不耐烦得很。但他也深知在自己的发家史中,张良、萧何、郦贾之徒发挥了重要作用,因而态度转变得很快。《史记·郦生陆贾列传》载:

> 陆生时时前说称《诗》、《书》。高帝骂之曰:"乃公居马上而得之,安事《诗》、《书》?"陆生曰:"居马上得之,宁可以马上治之乎?且汤、武逆取而以顺守之,文武并用,长久之计也。昔者吴王夫差、智伯极武而亡;秦任刑法不变,卒灭赵氏。乡使秦已并天下,行仁义,法先圣,陛下安得而有之!"高帝不怿而有惭色,乃谓陆生曰:"试为我著秦所以失天下,吾所以得之者何,及古成败之国。"陆生乃粗述存亡之徵,凡著十二篇。每奏一篇,高帝未尝不称善,左右呼万岁,号其书曰《新语》。

刘邦采纳了陆贾的建议,但这也不意味着他同意独尊儒术,而依然是王、霸之术兼而用之,同时也不排除诸子治国之策,只是强调作为意识形态,必须以儒学为主。这在陆贾的《新论·本事》中说得很明白:"治事者因其则,服药者因其良。书不必起仲尼之门,药不必出扁鹊之方。”这里,择优而用的思想表达得很清楚。

儒学在汉代被确立为“独尊”地位,经历了三个阶段。

1. 清除黄老

质言之,由于刘邦对诸子学说知之极少,在治国驭民等大政方针上,并没有留下什么明确的意见。

刘邦之后,惠帝也没有什么建树。

景帝怎么样呢?景帝受其信奉黄老之学的母亲窦太后之影响,对儒学与黄老之学在治国方面孰优孰劣也不愿多谈。《史记·儒林传》曾记述了一段趣闻。原文如下:

> 辕固,齐人也,以治《诗》孝景时为博士,与黄生争议于上前。黄生曰:“汤武非受命,乃弑也。”固曰:“不然。夫桀纣荒乱,天下之心皆归汤武,汤武因天下之心而诛桀纣。桀纣之民弗为使而归汤武,汤武不得已而立,非受命为何?”黄生曰:“冠虽敝必加于首,履虽新必贯于足。何者?上下之分也。今桀纣虽失道,然君上也;汤武虽圣,臣下也。夫主有失行,臣不正言匡过以尊天子,反因过而诛之,代立南面,非弑而何!”固曰:“必若云,是高皇帝代秦即天子之位,非邪?”于是上曰:“食马肉勿食马肝,未为不知味也;言学者毋言汤武受命,不为愚。”遂罢。

一天,信奉黄老之说的黄生在景帝面前大谈三代之史。当讲到商汤灭夏、武王克商时,他说:“汤武非受命,乃弑也。”儒生辕固立即站起来反驳说:“不然!”接着说,夏桀和商纣残暴无比,早已失去了民心,商汤和文王顺应民心而诛桀纣,这都是不得已而为之。当然,这也是天意。接受天意还不是受命吗?黄生说:你说得不对!天下是有名分的。帽子再破也是帽子,戴在头上;鞋子再新也是鞋子,只能穿在脚上。桀纣纵然失德,但他们毕竟是君王啊;汤、武纵然伟大,毕竟是臣啊。臣不能匡正君王之过而诛杀他们,不是弑又是什么呢!辕固听到这里,声调放缓了一下,说:听黄先生这么一说,看来当初高帝就不该推翻暴秦了。并走上前指着黄生说:今天,就请你当着皇上和诸大臣说个明白,高帝当初即天子之位,错了吗？景帝一看问题扯远了,急忙出面制止:“食马肉不食马肝,不为不知味;言学者不言汤武受命,不为愚。”于是,争论不了了之。

文帝怎么样呢?《史记·礼书》载:“孝文即位,有司议欲定礼仪。孝文好道家之学,以为繁礼饰貌,无益于治,躬化何谓耳,故罢去。”株守无为而治,实质上是思想贫乏、不思进取的表现。

武帝怎么样呢？公元前141年,景帝死,武帝立,时年十三岁。建元元年(前140)十月,武帝召集贤良方正等百余人,询问古今治国之道。前朝博士董仲舒连对三策,并建议说:“诸不在六艺之科、孔子之术者,皆绝其道勿使并进。邪辟之说灭息,然后统纪可一而法度可明,民知所从矣。”

武帝很赞赏董仲舒之论,并封其为江都相。然而时机尚不成熟。窦太后尚在,承相卫绾怕操之过急而生变,宣布所有对策一律不予采纳。不久,卫绾辞职,窦婴、田蚡为相。两人急于求成,进儒斥黄,但却为窦太后所诟,武帝被叫入后宫,受到太后指责。

建元六年(前135)六月,窦太后死。此时,不仅一直指斥儒学的一大障碍得以排除,儒学在同黄老之说的斗争中也更加成熟,更多的有识之士认识到,只有以儒术为指导,才能阻止国家的分裂,促成帝国的强大。

年方20的汉武帝就像从笼中放出的大鹏,决心展翅腾飞,内强军民,外御胡奴,大干一番。

2. 儒学的演化

在董仲舒等众多人的努力下,儒学在武帝一言九鼎之后,终于登上了政治上的主流殿堂。董仲舒习《春秋》,但他研习的只是其中的一派,即《公羊》学。《公羊》学主张建立大一统国家的指导思想,正好适应了武帝要建立大汉帝国的要求,于是,《公羊》儒术便被确定为国家的意识形态。这样,所谓的“独尊儒术”,实际上是“独尊公羊之术”。

儒学独尊之后经历了几个演化阶段。

首先是演化为“经”。

儒学独尊之后,社会的一切都要以儒家的经典尤其是《春秋公羊传》为最高法典,以《公羊》之义解释政事、兵事,甚至法律。

董仲舒所倡儒学虽然有博大严密的理论架构,但由于它本身仅是《春秋》的一派，且《公羊》学本身就吸收了阴阳五行等观念，再加上董派自身在发展中又形成了无数分支小派，因而众多从政的儒生在引用儒家之说指导实践和解释现实时，便出现了纷纭不一的矛盾和混乱局面。不仅如此，出于不同的功利，其不同观点之间还出现了相互攻击的现象。

看来，儒家经典的“教义”必须统一。

在政治干预之下，经过董仲舒等统一的阐发，儒学遂演化为义理不变之“经”。

其次是由一元变为多元。

汉武帝及董仲舒倡扬《春秋公羊》之学，但武帝所立太子刘据却甚喜《春秋穀梁》之学。武帝之后昭帝守成，且在位仅13年，社会思想形态没有什么大的变化。汉宣帝为刘据之孙，也喜《穀梁》之学，所用丞相韦贤等，皆是《穀梁》学人。在他们的支持下，《穀梁》学派势力迅速壮大。汉甘露三年（前51），宣帝在石渠阁大殿主持召开会议，儒学各派各选名人出席。经过一番辩论，最后同意将《穀梁》列为官方经典。至此，《公羊》学一统的局面被打破。

再次，古文经学兴起，儒学走向成熟。

董仲舒提倡的经学主要是今文经学，以义解经，因而随意性较大，以至滑向谶纬。古文经则主要指秦之前在六国流传的文本，如《春秋左传》。由于其多用大篆、籀文及六国不同文字书写，故称“古文经”。古文经与今文经在文字上有许多不同，因而在理解上也便出现了不同。古文经学家由于重视历史事实，讲求实证，因而不仅使人们感到其随意性小，而且感到其更真实、更准确。

古文经学家以刘歆为代表。刘歆曾向汉哀帝上疏说，《春秋左传》早于《春秋公羊传》和《春秋穀梁传》，且作者曾见到过孔子，因而其思想更接近圣人，三传都应列为官学。但他的主张没有被采纳。

东汉光武帝刘秀即位后，尚书令韩歆等极力主张古文经也应列为官学，《左传》也应设博士传授。经过一番争辩后，古文经学取得了胜利。从此，经学走上了多元化。

不言而喻，古文经学虽争得了一席之地，但毕竟争得的只是为统治阶级服务的一席之地。光武帝允许古文经学存在，但决不允许其威协谶纬之学的地位。当其主张与今文经学过于矛盾时，光武帝便露出了杀机。坚持古文经学的桓谭被斥退、贾逵见风而转的曲意迎合、大多数人的三缄其口，说明在封建社会，任何官方学术的开放，都不可能是无限的。但有一弊也必有一利，古文经学的避让官场，使更多的学者潜下心来从事学术研究，从而使古文经学在典章制度、器数名物、文字训诂等方面取得了更大的成绩。

经学的多元化促进了儒学的发展，同时，在学术重建的过程中对社会的影响也进一步得到了加强。经学的多元化表明，儒学真正成熟了。

3. 儒学精神的反正

儒学在汉代得到了极大的发展，但由于儒学的政治化，儒学的经学化，经学又滑向谶纬等原因，致使儒学在成熟的过程中也失去了不少原有的面貌与精神。

儒学在张扬的过程中失掉了什么呢？又怎么使其优秀传统复归呢？

经学家兼文学家扬雄认为，儒学质朴平实，是修身齐家治国平天下之术，因而真正的儒者，必须把个人修养与社会应用结合在一起，而不能只是叫喊空疏的口号而失掉个人品格，不能本末倒置，更不能求末弃本。他在《法言·孝至》中写道："圣人德之为事，异业之。故常修道者，本也；见异而修德者，末也。本末不修而存者，未之有也。"看来，他所讲是很有针对性的，那就是反对为了个人功利而将儒学经化、谶纬化。他要恢复的是儒学的人文精神，即"内圣外王"的个人关怀和社会关怀。

今古文经学家对经及经义争论不休，甚至为了各自利益不惜借用政治势力置对方于死地。这也从一个侧面说明占统治地位的意识形态出现了一定的危机。为平息争论，建初元年（76），章帝效法宣帝石渠阁故事，在白虎观召集今古文经学辩讨大会，考详同异。由于双方争论激烈，会议持续了好几个月。最后，在章帝的干预下，双方以折中的方式形成了"会议纪要"——由班固写成了《白虎通义》。

由于经学处于独尊，地位优越，具有极大的排他性，不允许对立面或"异端"的存在，因而它就不可能保持应有的蓬勃与生机。至东汉中期，尤其受谶纬之冲击，经学明显出现了衰微之势。白虎观会议，虽然双方达成了妥协，但并没有为经学注入活力。

一些有识之士已经看到了经学出现的颓势。为使经学更具活力，必须使经书有一个好的版本，完备的内容，正确的阐释。基于此，一些经学家便配合邓太后，在安帝年间发起了一场声势浩大的校书活动。经学大师王逸、马融等对经典的校正，实际上是对汉初以来儒家学术思想的一次检讨和清理，通过校书，拨乱反正，把被抛弃、曲解了的儒家早期学术思想重新复归。

马融等在东观校书十数年，不仅使《诗》、《书》、《礼》、《易》、《左氏春秋》等得到了重新注释，还注释了《孝经》、《离骚》和《淮南子》等书，由是古学遂明。同时，由于马融学问博洽、治学严谨，更无趋炎附势之心，因而对所注之书，言有所据，释义平实，无根之言，概不妄出。

马融以自己卓越的学识，继承了早期儒学的传统，并从古文学的立场，发扬其求实学风，重新阐释了儒学的人文主义精神，反映了东汉中期以后出现的求精、求实的文化思潮。在这一进步文化思潮的影响下，张衡、赵岐及马融的高足郑玄也在经学方面取得了突出成就。

在回归儒学原本精义方面，赵岐也很重视儒学早期的人文精神，他的《孟子章句》是我国第一部系统研究孟子思想的学术性著作。通过对《孟子》的研究，他指出，孟子思想中最核心的是"治国之道明，当以仁义为名"，又说："王化之本在于使民养生丧死之用备足，然后导之以礼仪。"

汉代经学大家的殿军是郑玄。郑玄虽承马融之学，但他广采众说之长，不存门户陋见。郑玄穷其一生，对儒家经典的研究状况进行了全面的梳理与注释，尤其对《左传》等重要典籍，极其认真地进行核校诠释，在吸收前人成果的基础上，去芜存菁，求同存异。郑玄此举，对早期儒家人文思想的复归，对先秦儒家典籍原貌、全貌的保护，功莫大焉。

二、经学的形成

1. 何谓经学

一般认为，经学就是儒学，或者说是用儒学解释六经之学。这种说法是不确切、不准确的。

《庄子·天运》中说："丘（即孔子）治《诗》、《书》、《礼》、《乐》、《易》、《春秋》六经，自以为久矣。"关于六经的内容及功用，《庄子·天下》又说："《诗》以道志，《书》以道事，《礼》以道行，《乐》以道和，《易》以道阴阳，《春秋》以道名分。"

由此可知，六经之产生在儒、道、法、墨、兵、名等学派诞生之前，是三代之时先民们知识、智慧与经验的结晶，其内容、架构之后虽经孔子修订、删汰，但其基本精神仍保留着原始百家面貌。由此可知，“经”非儒学所专。这一事实已成为大多数学者的共识。

那么，为什么要把三代之时产生的这些文化思想称为“经”呢？

对此，经学大师各有解释。郑玄在《孝经注》中说：“经者，不易之称。”也就是说，经所讲的是真理，是规律，是原则，可以遵循。班固在《白虎通义》中说：“经，常也，有五常之道，故曰五经。《乐》仁、《书》义、《礼》礼、《易》智、《诗》信也。”这就是说，经所讲之理，为伦常之道、之纲，可为思想行为之准则。在总结前人概括的基础上，梁朝时刘勰在《文心雕龙·宗经》中说得更为简练：“经也者，恒久之至道，不刊之鸿教也。”请注意：刘勰在这里用了“恒久”、“至道”、“不刊”、“鸿教”等词来说明“经”的永久性、正确性、不易性、博深性，可以说，讲得既全面又深刻。

2. 经的内容

一般认为经就是儒家之学也是有道理的。这是因为经的最初确立，是从儒学的创始人孔子开始的，是他从三代诸多文献中精选了六种加以整理和解说，并通过所办的私立学堂进行传承。

汉代初年，由于统治阶级的需要，确立了五经——《易》、《诗》、《书》、《礼》、《春秋》的官学地位。汉统治者尊崇儒术，强调以孝治天下，故东汉时又增加了《论语》、《孝经》。

由于经学在汉代地位崇高并专设博士进行研究和讲授，所以后人又称其为“汉学”，经学从此成为了一门专修的学问。至唐代，又增《尔雅》为经，宋代又增《孟子》为经。至此，被列为官方之学的“经”共有十三部（《周易》、《尚书》、《诗经》、《周礼》、《仪礼》、《礼记》、《春秋左传》、《春秋公羊传》、《春秋榖梁传》、《论语》、《孝经》、《尔雅》、《孟子》）。自隋代实行科举取士至清末科举制的废除，其间，经不仅是历代莘莘学子必读的教科书，也是开科取士的最基本内容。

《周易》为哲学之典，又用于占卜，内蕴原始哲理辞深旨宏。

《尚书》为上古典册，记录先王文告及讲话，是法先王之主要依据。

《诗经》为西周至战国时诗歌总集，为世人业文必读必知之典。

《周礼》为周王室及各诸侯国制度汇集，是了解国家政治发展史之册。

《仪礼》为战国时期各国礼制仪式和具体规范之汇编。

《礼记》为论述各种礼仪之著作汇编。

“春秋三传”为记述春秋时期各国史实及得失成败之“正史”，为执政者通鉴。

《论语》为记述孔子及其弟子之言行录。

《孝经》为记述孝道及如何实践孝道之书。

《尔雅》为训解字词、诠释名物之大辞典，为解经之据。

《孟子》为记述孟子及其弟子之言行录。

十三经对中国的哲学以及政治、思想、文化等影响2000多年，可谓至大至深，但由于“经”后来成为了一门专门的学问——“经学”，庞杂的解说和繁琐的考证也随之而来。于是，最初生动、实用、在民间广为流布的“经”，自唐代以后，其传承范围日渐萎缩，最后不得不完全退回到了书斋之中，成了少数人的学问。

汉代，经学得到了极大发展，但由于经学的谶纬化，从某种意义上说，儒学在一定程度上滑向了歧路。

三、经学的传承

经学在汉代得到很大发展，和统治者的推行与众多经学大家的产生有关。

1. 洛阳太学

太学是汉代在首都设立的国家教育机构，类似今天的大学。

西汉前期社会上只有私人设立的塾学，讲授百家之说。汉武帝当政后，深感意识形态之重要，采纳了经学大师董仲舒的建议，罢黜百家，置儒于一尊，同时开办太学。

太学开设于武帝元朔五年（前124），课程设五经（《易》、《诗》、《书》、《礼》、《春秋》）。教师称作“博士”，每人授经一门。学生称作“博士弟子”，每人学习一经。首期招生50人。由于国家需要人才，至成帝时招收已达3000人，西汉末年达10000人。

光武帝刘秀喜爱经术，建武五年（29）在洛阳开阳门外兴建太学。于是，四方学士，云会京师。顺帝永建元年（126），“百年校庆”之前，对太学重修扩建，用工11.2万人，建房240栋，有室1850间，并修建学术报告大厅，为后来不断地扩招打下了基础。史载，至东汉桓帝时，太学生最多曾达30000人，为世界上规模最大的国立大学。

汉代最高统治者大多都重视太学，光武帝曾多次到太学视察，与师生共同讨论问题和联欢，明帝刘庄曾亲自登上讲台进行专题讲座，闻者趋之若鹜，万人空巷，“观听者盖亿万计”（《后汉书·儒林列传一上》。太学还吸引了很多“留学生”，就连匈奴也曾派王子到洛阳就读。顺帝死后，梁太后掌权期间，还专门举办了高级干部子弟培训班，命令六百石以上官员及大将子弟均要入学受业。

由于师承不同，教授们所传各经在内容和文字上互有差异，为了统一经文，汉灵帝熹平四年（175），专门组织权威学者对六经文字进行勘比校正。之后，请当时经学家兼书法家蔡邕等人，将刊正过的经文写于石碑之上，镌刻后立于太学门外（史称“熹平石经”），供全国各地学习者抄录和临摹。

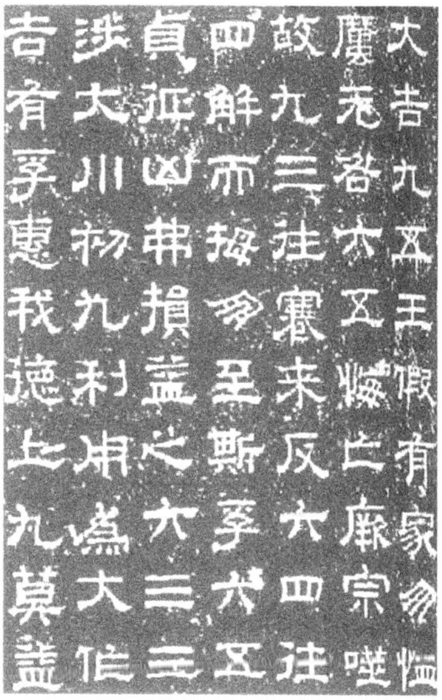

熹平石经

“熹平石经”共46块，每块高一丈，宽四尺，因由蔡邕以八分隶书撰写刊刻，不仅是难得的经文最好版本，也是难得的艺术精品。石经立于太学南门之外，以屋瓦覆之，四面围以栏杆保护，由河南郡派卒守卫。史载，石经落成之日，举行了隆重的庆典，之后数日，观者日车千辆，大街小巷，莫不盛赞。

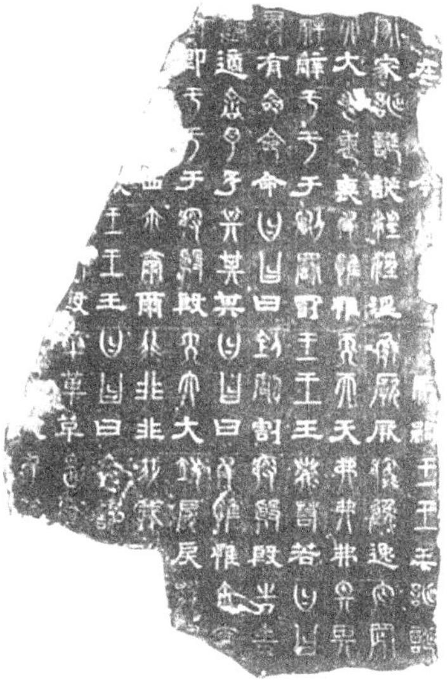

正始石经

东汉末年董卓乱政，兵燹之后，洛阳几成废墟，太学亦未能幸免。魏文帝曹丕视事后太学得以恢复。齐王曹芳正始二年（241），又将已毁石碑加以补刻，并特以古文、篆、隶三体刻《尚书》、《春秋》两部，史称“正始石经”。

经过半个世纪的整饬，至西晋武帝时，洛阳太学又恢复了生机，有生员万人。武帝曾三次到太学视察，对师生员工进行鼓励，天下为

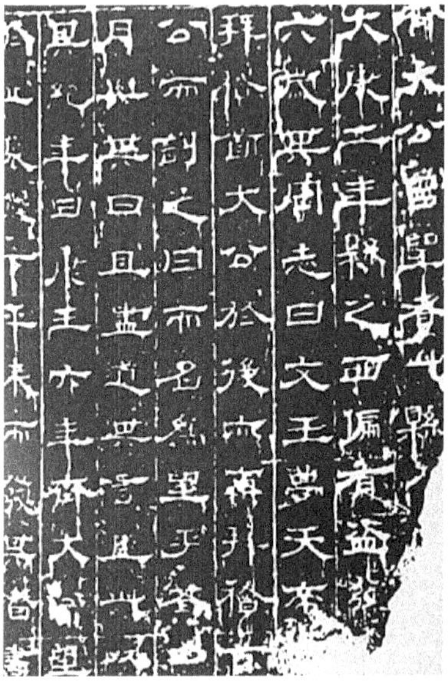
三临辟雍碑

之欢呼。咸宁四年(278)十月二十日,当局立碑记帝之功德,今存《三临辟雍碑》即此。

永嘉之乱时,洛阳太学再遭破坏,直至北魏孝文帝迁都洛阳后才得以恢复。

洛阳太学创立于西汉,盛于东汉,历魏、西晋、北魏,600 多年间,为中国的教育事业和河洛文化的传承做出了不可磨灭的贡献。

2. 经学大家

经学得以传承,一方面是由于官方的倡导与支持,一方面得力于经学大师的钻研、考订、辩证与解读。

在汉代统治阶级的引导和倡导下,经学成了治国经邦之学,由于汉代不少经学大家还参与了国家政策的制定和国家的管理或地方的管理活动,从而从一个侧面促进了经学义理的阐发更加结合实际,更加贴近实际。经学向实用之学方向的发展,使其增加了一定的生命活力。

经学毕竟是一门专业性很强的学问,故另有一些经学家在致力于经文义理、名物解析和纠谬厘舛时,不惜为一字一辞,旁征博引,穷其一生。其严谨治学的精神,令人叹佩不已。当然,其中也难免有一些迂腐之处。

汉代经学在学术上分为两派,即今文经学派和古文经学派。当时活跃于政坛、文坛,名声显赫之代表人物有董仲舒、京房、桓谭、贾逵、张衡、许慎、马融、郑玄等。

董仲舒(前 179—前 104),西汉广川(今河北枣强广川镇)人。汉初思想家,今文经学家,景帝时为博士,武帝时出任江都相、胶西相。

董仲舒习《春秋公羊》之学,在武帝将儒家思想确立为国家意识形态的过程中发挥了关键性作用。《汉书·董仲舒传》载,在武帝召集贤良方正对策时,董仲舒连上三策。他针对西汉初年国家虽然安定而不强大、诸侯势张而国家政令不畅的实际,提出,要克服现有时弊,唯行《春秋》之义:"《春秋》大一统者,天地之常经,古今之通谊也。"指出当前最大的积弊之一是杂说异端太多,"师异道,人异论，百家殊方”。因此，他建议朝廷必须采取果断措施，“诸不在六艺之科，孔子之术者，皆绝其道，勿使并进。邪辟之说灭息，然后统纪可一而法度可明，民知所从矣”。这里，他明确提出了“罢黜百家，独尊儒术”之建议。董仲舒所论观点鲜明，切中要害，且文采飞扬，酣畅淋漓，深得武帝之心。武帝对董之诸多建议都予以了采纳，“立学校之官，州郡举茂才、孝廉，皆自仲舒发之”。

董仲舒是儒学历史发生重大转折的主要推动者，王充在《论衡·超奇》中对此高度评价：“文王之文在孔子，孔子之文在仲舒”，此说至允至当。

董仲舒在贤良对策中还提出了“天人感应”之说，认为国家失德，上天以灾异警告，国家有德，天必有祥瑞等。此举实为其后谶纬邪风之先导。

汉代太学讲经图

京房（前 77—前 37）本姓李，字君明，东郡顿丘（今河南清丰）人。汉明帝时为博士，出为魏郡太守。京房为今文经学家，善音律，精于《易》，为西汉“京氏易”之开创者。京房喜以“变通”说《易》，故多以《易》讲灾异，发其后谶纬学之端倪。

桓谭（约前 23—50）字君山，沛国相（今安徽宿县西北）人，东汉哲学家、经学家、音乐家。桓谭精于音律，善操琴。通五经，倡导无神论，反对谶纬之说。他曾以烛光作比喻，讲人的精神离不开人的形体，正像烛光不能离开烛体一样。一次，他在光武帝刘秀面前毫无忌惮地指斥谶纬“非经”，致使帝大怒，被加以“非圣无法”之罪名而罢官，后死于流放途中。所著《新论》二十九篇，其说深得王充称赞。

贾逵（30—101），字景伯，扶风平陵（今陕西咸阳西北）人，曾任侍中及左中郎将之职。东汉古文经学家、天文学家。贾逵承传其父贾徽之学，精通《左传》、《古文尚书》，又习《毛诗》。同时主张谶纬之学，曾上书明帝，认为《左传》与谶纬之学相合。贾逵的曲意迎合，为学者所不齿。著有《春秋左传解诂》等。其天文、历法造诣很高，主张历法应按黄道计算日、月之运行。

张衡（78—139），字平子，南阳西鄂（今南阳市北）人，东汉经学家、天文学家和文学家。《后汉书》卷五九《张衡传》载，张衡不仅“通五经，贯六艺”，而且“善机巧，尤致思于天文、阴阳、历算”。张衡反对谶纬之学，曾多次上书请求禁绝。

许慎（约58—约147）字叔重，汝南召陵（今河南漯河市召陵区）人，曾任太尉南阁祭酒。东汉文字学家、经学家。

许慎师从贾逵，精通古文经与文字学。许慎对我国文化最大的贡献是于永元十二年（100）撰成《说文解字》一书。该书十五卷。收单字9353个，重字1163个。《说文解字》的贡献是发明了部首检字法。该书设部首540个，开中国字典编纂部首检字之先河。由于他是我国第一位全面、系统、科学地研究汉字者，不仅当时就有“五经无双许叔重”（《后汉书·儒林传》）之誉，还被后人尊为“训诂之祖”、中国“字圣”。

马融（79—166）字季长，东汉右扶风茂陵（今陕西兴平东北）人。古文经学家，曾任校书郎、议郎、南郡太守。马融博通群经，先后注《周易》、《毛诗》、《尚书》、《三礼》、《论语》、《孝经》等。马融又是一个浪漫的教育家，有学生千余人。尝设纱帐，前面授徒，后列女乐。其门下佼佼者有郑玄、卢植等。

郑玄（127—200）字康成，东汉北海高密（今山东高密）人。郑玄幼年入洛阳太学习研今文《易》及《公羊》学，同时又从张恭祖学《古文尚书》、《周礼》、《左传》等，之后又师从马融习古文经。郑玄于学术上以古文经说为本，兼采今文经说，故而成为汉代经学之集大成者。其所注《毛诗》、《三礼》、《周易》、《论语》、《尚书》简明精当，流传极广，影响至今。

荀爽（128—190），字慈明，颍川颍阴（今河南许昌）人，献帝时曾任司空，参与王允谋除董卓事。治古文费氏（直）《易》，作《周易注》。

服虔字子慎，河南荥阳人，东汉灵帝中平（184—189）末曾任九江太守。尚古文经学，撰《春秋左氏传解谊》，盛行于两晋、北朝，时有南杜（预）北服（虔）之誉。

太学者，大师之谓也。汉代太学之所以长盛不衰，正是有上述贾逵、郑玄一类名师任教。高素质的教师队伍，保证了高水平的教学质量，从而又培养出了一批学问渊博的高才弟子。汉代太学良性循环的经验为后世兴办官学树立了楷模。

四、谶纬之学

谶纬之学作为一种文化思潮主要在西汉后期和东汉早期流行。

1. 谶纬之学是对经学的反动

儒学在诞生之际如同其他学说一样，充满着蓬勃生机，在经过数百年的发展之后，尤其经过孔子的整理、加工、提高和充分阐释之后，儒学以其他学派少有的系统、完整、贴近生活、贴近政治的特点走向社会，走向统治阶级上层。

儒学的经典被当做“经”在汉代被推崇到无以复加的崇高地位之后，被视为无所不包的真理，尤其是《公羊》之学，成了衡量国家政治生活和各种制度正确与否的准则，成了解释自然及社会各种现象和变化的理论之源。

所谓“谶”，就是通常人们所说的“宗教预言”，只不过总要打着“经”的招牌或以其为幌子，以表明这些谶语的神圣性、权威性，“诡为隐语，预决吉凶”。正因为如此，当它成为一种文化思潮时，还难免就有一些学者和政治人物卷入，他们往往通过引经据典，对那些模棱两可的谶语加以诠释，以期说明某种政治现象或生活现象。

“纬”，对“经”而言。所谓“纬”，就是用宗教语言解释经典，从而将儒家经典神秘化、儒家思想宗教化。由于儒家的学说并不是万能的，不可能对纷繁复杂的任何社会现实都作出各种令人信服的解释，这样，就出现了两种倾向：一是借用深奥、神秘的形式和语言，随意发挥和阐解经典中的“微言大义”；二是假借孔子或早期儒家人物之名义，编造阐发儒家经典义理之书籍，再以此解释现实的社会现象。

这就是说，“纬”离不开经。所谓“谶纬”，就是指西汉早期及以后方士们依傍经籍所编撰的各类图书。

首开谶纬之风者是董仲舒。董仲舒在武帝贤良对策时，就大谈“天人感应”、吉凶征兆。贾逵在明帝面前也说图谶之说《左传》早已有之。至于其他一些习经者随意解说灾异、帮人祈福弭祸、侈言趋吉避凶，甚至大庭广众之下充当巫之角色者，更是比比皆是。

由于光武帝的信奉和提倡，谶纬之风在东汉之初漫延全国。《后汉书·方术列传》载:“光武尤信谶言,士之赴趋时宜者,皆骋驰穿凿,争谈之也。”但由于谶纬之语皆晦涩不明、似是而非,因而要想争取众人的信赖,必须拉大旗作虎皮,利用神圣的经典作包装进行推销,借助经典的义理进行兜售。舍此别无他途。因此,汉代有名的谶纬学者,无一例外地都十分熟悉经学。而一些经学大师为了取悦最高统治者,也不惜以此求荣或违心地进行说教。

光武帝刘秀像

经学义理的被歪曲利用,谶纬之说的泛滥肆行,完全背离了儒家学说之精义。

2. 谶纬之学的社会化

谶纬之学的社会化是与统治者所倡、所导分不开的。

汉武帝为谶纬之学的始作俑者。

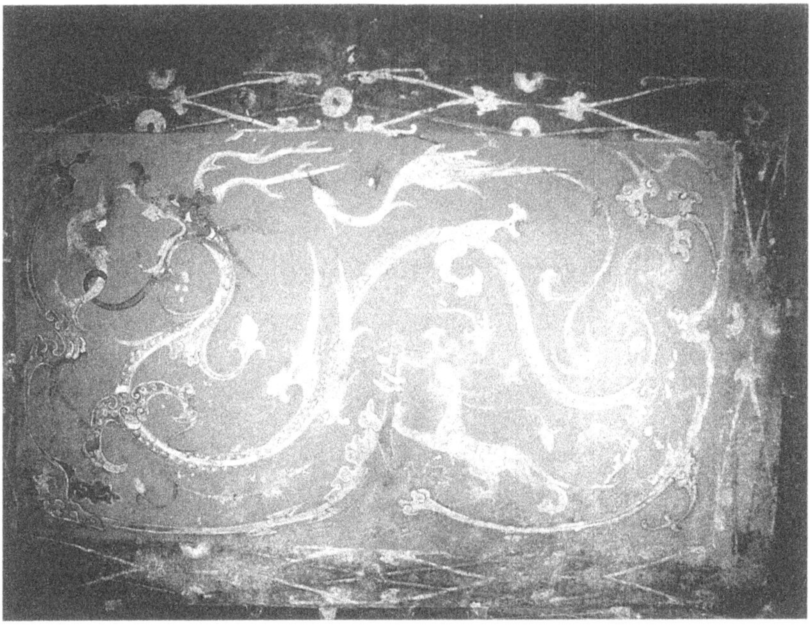

汉代四神壁画

《汉书·董仲舒传》载,汉武帝在召集贤良方正问古今治国之道时,就提出一些史无所记的问题。如:“三代受命,其符安在?灾异之变,何缘而起?”董仲舒于此借《春秋》之义,对以“天人感应,必有征兆”等,其实,这并非儒家义理,而是以吉凶附会,已经走上谶纬之道了。

光武帝刘秀对谶纬之学的社会化更是起到了推波助澜的作用。

光武帝发迹于南阳。《后汉书·光武帝纪》载,新莽之时,天下大乱。刘秀时为一儒生。宛人有李通者,为人多智。他认为王莽之政不会长久,就以图谶“刘氏复起,李氏为辅”游说刘秀,刘秀在众人的拥戴下,打起了复兴汉室的大旗。九里山前摆大阵,昆阳城下硝烟滚。当刘秀实力远远超出各路大军时,关中又传出谶语《赤伏符》,说“刘秀发兵捕不道,卯金修德为天子”。“卯金”者,刘也。在众人的劝进下,于是,刘秀不失时机地称帝自立,登上了皇帝宝座。

由谶纬而发家,刘秀对谶纬之说不可能不情有独钟。刘秀暗自认为,得天下谶纬有功,巩固天下恐怕也离不了吧!于是就在建武中元元年(56)“宣布图谶于天下”,宣布谶纬之学为官方之学。从此,谶纬被尊为“秘经”,号为内学,具有了神学的权威性。史载,光武令下,天下人对谶纬趋之若鹜,不论庙堂,也不论陋巷,无不谈谶。尤其见风使舵者,更是千方百计,曲以阿上。由是,凡赞成、附会者,仕途畅顺,晋爵加官,诋毁、反对者,则治罪罢黜。

谶纬之妄言借经学之名欺世,经学因谶纬荒诞而“不经”。社会空气由此受到毒化。

3. 谶纬的反对之声

谶纬之学从一开始就遭到了心有良知学者们的抵制。

据《后汉书·桓谭传》载,当谶纬之风刮起之时,桓谭就预感到不祥,他立即上书光武帝,希望他能改弦更张,远离妄邪。他说:“天道性命,圣人所难言也”,“今诸小慧巧才伎数之人,增益图书,矫称谶记,以欺惑贪邪,诖误人主,焉可不抑远之哉!”光武帝不仅听不进桓谭之忠告,反而认为桓谭有意唱对台戏,“帝省奏,愈不悦”。意料之事终于发生了。《桓谭传》载:

> 其后有诏会议灵台处所。帝谓谭曰:“吾欲以谶决之,何如?”谭默然良久,曰:“臣不读谶。”帝问其故,谭极复言谶之非经。帝大怒曰:“桓谭非圣无法,将下斩之。”谭叩头流血,良久乃得解。出为六安郡丞,意忽忽不乐。

道病，卒，时年七十余。

一代大儒，年逾古稀的一介文弱书生，为了反对谶纬，一仍孟夫子所言“威武不能屈”，时人无不为之扼腕唏嘘。

还有一位“不识时务”的南阳学者尹敏。

为了普及谶纬，光武帝指示博士尹敏编一本“标准”谶纬之书，然后用中央的名义下发全国。尹敏不敢拒绝，只好“诺诺”。他想用私下劝说的方式让光武帝收回成命。《后汉书·儒林列传》载，尹敏对光武帝说：“谶书非圣人所作，其中多近鄙别字，颇类世俗之辞，恐贻误后生。”光武不听，说其迂腐。尹敏无奈，只得曲以应付。光武帝对尹敏不能按其要求编写一本合格的“教科书”很不满，“帝深非之，虽竟不罪，而亦以此沉滞”。

张衡以其宽博的自然科学知识和深厚的经学功底，对以正统面目出现的谶纬之说从来就持反对态度。《后汉书·张衡列传》载：“初光武善谶，及显宗、肃宗因祖述焉。”“衡以图纬虚妄，非圣人之法，乃上疏”请禁绝谶纬。张衡在疏中指出：自古以来圣贤之书皆无谶纬之言，何也？因其纯属虚妄，与自然规律相悖。他还就谶纬之书中把大禹治水说成共工理水、把战国时的墨翟说成春秋时人、把汉代地名益州说是古已有之等无中生有、张冠李戴、矛盾百出等事实，揭露其纯属伪书的真面目。他说，谶纬之徒的伎俩其实很简单，“譬犹画工，恶图犬马而好作鬼魅，诚以实事难形，而虚伪不穷也”。他建议：“宜收藏图谶，一禁绝之，则朱紫无所眩，典籍无瑕玷也。”

虽然章帝、和帝、安帝对张衡本人都很重视，张衡为废谶纬也一直不断在抗争，但他的意见还是以被束之高阁而告终。

谶纬之风不仅败坏了世风，也败坏了纲纪。东汉末期，社会动乱，凡欲图神器者，莫不以制谶为先，致使流言不胫而走，蛊惑人心。故曹魏代汉后，朝廷即下令禁绝内学，违者以罪究。司马氏代魏后更为严厉，据《晋书·武帝纪》载，泰始三年(267)岁末，明令全国“禁星气谶纬之学”。《资治通鉴》卷一〇三载，前秦苻坚禁图谶，“尚书郎王佩读谶，坚杀之。学谶者遂绝”。此后，历代朝廷，基本上都是采取禁绝态度。隋文帝不仅下令禁绝，还派专使到全国各地督办，凡谶即焚，吏所违者死。唐高宗还将禁谶写进了法律。宋、元、明时也无不如此。泛滥于东汉之时的谶纬，经过 1500 年的肃清，至清代，所剩已经寥寥。

第二节　魏晋的玄学

儒学在汉代取得了至尊的地位，除了统治阶级倡扬之外，与其他学派如道家、法家相较，主要是它更适应社会发展的需要。但是，由于儒学的经化，尤其经学的谶化，儒学与政治、儒学与官方思想紧紧地捆绑在了一起。政治的干预使学术研究失去了应有的宽松环境。这样，一些不愿曲意阿上而且很有才气的经学家为了远害全身，在经学研究及义理阐释时，便有意避开现实而高谈阔论。于是，经学在发展中便出现了一股清谈之风。东汉后期经学大师马融就是早期的这类知识分子中的一个典型。

《后汉书·马融列传》载，马融家境较穷，但他安贫乐道，孜孜以习经，以至成了全国最著名的古文经学家。但学富五车的他却整天为衣食所窘。饥寒是一位很好的教师，它使马融终于明白一个最浅显的道理，"清高不能为衣食"，他有了感悟，面对群书长叹一声："古人有言：左手据天下之图，右手刎其喉，愚夫不为。所以然者，'生'贵于天下也。"于是，他接受了朝廷的征召，到洛阳参加了朝廷组织的东观校书。

但积习难改。马融一心致力于古文经的整理与校释，不要说逢迎，连一般的应酬也不会，有时还自恃才高而提意见，致使邓太后不悦。马融在东观 10 年而未有升迁。邓太后死后，马融曾任郎中、南郡太守，但由于不善为官，最后还是回到京师当教授。复杂的现实使他束手无策，也很苦恼。无可奈何中的他走向了另一条路，那就是：随遇而安，及时行乐。晚年的他，由于学术地位极高，门徒遍天下，因而更不拘于礼法。《后汉书》说他"不拘儒者之节"，不仅住所装修豪华，所着衣饰也名贵奢华。高兴时不是与学生一起抚琴、吹笛，就是欣赏女乐歌舞。即使给学生上课，也很随便，"尝坐高堂，施绛纱帐，前授生徒，后列女乐"。

马融学问博洽，以清高自居，阔论经典又不拘礼法，不仅对后世知识分子影响很大，而且可以说是他直接启开了魏晋文人蔑视礼法、浮华清谈之风。

但魏晋玄学决不是一般文人的放浪形骸、清议玄谈，而是中国文化史上一大奇观。它既涉及哲学、文学、艺术等学术,更涉及伦理、道德等一代世风。

玄学作为一种哲学思潮,在中国思想史上有着承上启下的重要地位和作用。玄学与经学既在理论形态上相对立,又在思想上上承下延。它以其精密的思辨,以“道”释“儒”,既纠两汉经学僵化之流弊,又下启隋唐佛学与宋明理学。

一、玄学及其流变

魏晋玄学之“玄”来源于《老子》第一章中的“玄之又玄,众妙之门”。玄者,道也。故魏晋玄学又被称作“新道学”,意在说明玄学是道家的继续。

东汉末年社会的长期动荡及其后王权更迭、政局不稳,使得以往大一统的思想在人们心中形成的根深蒂固的君君、臣臣及尊尊、卑卑观念受到极大冲击,甚至说土崩瓦解。《魏书·王肃传》曾对当时的社会有过如下描述,说“天下分崩,人怀苟且,纲纪既衰,儒道尤盛”。统治阶级对社会尤其意识形态控制力的变弱,从某种意义上说,思想环境相对宽松了。政治中心的淡化,也使人们感到社会、人伦、事功等不再是绝对的或唯一的中心。

西晋中叶以后,社会政治更加动荡。社会的不稳造成了经济发展缓滞,城乡隔离,而自然经济日显重要,这就使得老庄思想中的崇尚自然、崇尚无为有了新的生长土壤;政治动荡还造成了一定的政治高压,不满于此的知识分子则有意对政治疏远,这也促进了玄学迅速为人们接受并成为了社会思潮之主流。

玄学家们在审视社会中,思考自然,感悟人生,演绎哲学。

玄学的宝典是所谓的“三玄”,即《老子》、《庄子》和《易经》。玄学家的主要特点是善名理,尚玄远。“名理”指的是概念和逻辑,“玄远”则指理论的玄奥深邃。

魏晋玄学的代表人物是何晏和王弼,其次是郭象、向秀、阮籍、嵇康等人。

何晏、王弼“贵无”,向秀、郭象“崇有”,阮籍、嵇康崇尚“自然”。

1.“贵无”与“崇有”

魏晋玄学的“有”“无”之辩,对中国哲学在纯粹形式上的思维起到了推动作用。以王弼为代表的“贵无”派和以郭象为代表的“崇有”派在各自领域都有很高的建树。

何晏、王弼二人的哲学思想都是以“无”为中心。《晋书·王衍传》说,何晏认为："天地万物，皆以'无为'为本。'无'也者，开物成务，无往不成者也。阴阳恃以化生，万物恃以成形；贤者恃以成德，不肖恃以免身。故'无'之为用，无爵而贵矣。"王弼在所著《老子指略》中说："夫物之所以生，功之所以成，必生乎无形，由乎无名。无形无名者，万物之宗也。"这就是说，万物之上有一个"无"，它是万物生成的根本原因，"无"就是万物的本体。

王弼从"本与末"、"动与静"和"一与多"等方面论证了"以无为本"的本体论命题。

关于本与末。王弼从老子的"道生一，一生二，二生三，三生万物"出发，认为天下万物发展变化各异，但其中必有一个总的原理，这个总的原理就是"道"，"道"是万物之本，各种具体事物则是末。

关于动与静。王弼从"无"出发认为，天下万物无不处于"静"，处于"虚"。他在《周易·复卦注》中说："有起于虚，动起于静。故万物虽并动作，卒复归于虚静，是物之极笃也。"这就是说，运动、变化都只不过是静的具体形态，最终还是虚无。王弼注《周易》影响很大，开以道家之学注经之风气。

关于一与多。王弼从老子"一生二，二生三"出发，认为在无限数中，一是"始数"，多则是"极数"。也就是说，任何个别和一般都是统一的，个别是因为占有了一般才成为具体的个别。

总之，王弼认为，整个世界就是由无数具体的无构成的，这个从其中抽象而出的"无"就是万物的本体。

其后的向秀和郭象也都承认"无"，并在《庄子注》中又对"道"即"无"的思想极尽发挥。他们认为，"道"就是无，"至道"则是"至无"；道充满着宇宙，但它又无形无名，无法确定。"道"虽然什么都不是，但"道"生万物，所以"道"又无处不在，什么都是。

但他们所承认的"无"是有条件的，是在"崇有"的基础上承认的。

崇有论的代表人物是裴頠和郭象。

与贵无派认为"无"是哲学的核心一样，崇有派认为"有"是哲学的核心。裴頠曾著《崇有论》一书，反对王弼"无"中生有；郭象则认为"有"不是生于无，"有"靠自生，而不是靠他生。

裴頠在《崇有论》中说，世界的终极存在不是"无"，而是万事万物的自身，任何事物都有各自独特的表现形式、自身的发展规律,事物的存在源于相互之间的联系。裴頠认为老子所说的"有生于无","无"就是"道"。王弼的"无"则是什么都没有的"无"。两者是不同的。他质问道:什么都没有怎么可能生出具体的东西呢?母亲没有怀孕,怎么可能生出孩子呢?因此,"有"才是万事万物的根本。

郭象也不赞成王弼的"无",他也认为王弼所称道的"无"就是什么也没有,因此也就不能生成万物。他在《庄子·齐物论注》中对此有一段简洁而概括的表述:

无既无矣,则不能生有。有之未生,又不能为生。然则生"生"者谁哉?块然自生耳。自生者,非我生也。我既不能生物,物亦不能生我。则我自然矣。自己而然谓之天然。

郭象在这里很明白地表达了自己的看法:一是无不能生有,有只能是自有,独立存在的。二是万物之间没有联系,自然而然。

从上述言论可知,崇有派对贵无派的批评集中表现在对"无"的如何理解上。崇有派认为王弼所说之"无"与《老子》中的"无"不同,"无"就是什么都没有。显然,崇有派给贵无派戴的这顶帽子是戴错了。因为贵无派所说之"无"是从具体万事万物的"无"中抽象出来的"无",是从能感觉到的"无"中升华出来的不能感觉的"无"。后者比前者具有更丰富的逻辑内涵。

其实,王弼所讲"以无为本",主要在于阐述哲学的本体论这一古老命题,而郭象对"有"的讨论,则是在讨论宇宙的生成,各自的方向不同。但由于他们有时都太着重对现实(形下)的分析,所论问题互有交叉,因而有时便不免对立。如果各自沿着自己的方向——本体论、生成论——深入讨论下去,可能会对中国哲学在纯粹形上思维力方面作出更大的贡献,取得更多的成就。

2."自然"与"名教"

"名教"与"自然"之辩是玄学思想的一个重要内容。

这里所说"名教",主要指以宗法思想及其道德观念为指导所实行的各种礼法、制度、名分等,是封建统治阶级用以钳制人们思想、维护其统治地位在社会上推行的道德教化。但由于统治者本身并不受封建道德的约束，因而名教的伪善性及“名”与“实”的脱节等弊端就暴露无遗。

玄学理论认为，从汉至魏晋全社会出现的伦理失范、道德危机，其根源在于一味地鼓噪“矜名”与“尚名”所致，只有釜底抽薪，才可见到实效。向秀、郭象在《庄子·人间世注》中分析道：“道之所以流荡者，矜名故也。”据此在《庄子·知北游注》中提出纠弊在于“绝学去教，归于自然”，“任其自行，斯不言之教也”。在郭象看来，名教即自然，也就是说，道家主张的自然与儒家主张的名教是一致的。

这实际上还是“主体”与“客体”、“本”与“末”这一基本哲学命题在现实中的应用。王弼认为，“不言之教”就是自然，而“自然”就是本、就是体，“名教”则是末，是客。他指出，“名教”出于“自然”，二者有主有次，有轻有重，不可偏废的最好方法就是“崇本举末”，以“自然”育化“名教”、净化“名教”，从而达到天道与人道的合一。他还明确提出：“以无为而居，以不言为教，以恬淡为味，治之极也。”(《老子·六十三章注》)

嵇康、阮籍对现实社会极度不满，主要是认为“名教”扭曲了人的自然性情。他们蔑视礼教是因为“礼教”泯灭了人性，他们要追求的是一种理想的、完善而超然的礼教。嵇康说，如果“越名教而任自然”，不仅超越了外在，也超越了内在，也就达到了人与自然的合一，即天人合一。他的这一思想集中反映在《释私论》中。他认为现行名教多为私而立，从而“是非无措”，人多“矜尚”。“夫称君子者，心无措乎是非，而行违乎道者也。何以言之？夫气静神虚者，心不存乎矜尚；体亮心达者，情不系于所欲。矜尚不存乎心，故能越名教而任自然。情不系于所欲，故能审贵贱而通物情。物情顺通，故大道无违；越名任心，故是非无措也。”对此，鲁迅在《魏晋风度及文章与药及酒之关系》中一针见血地指出：“表面上毁坏礼教者，实则倒是承认礼教，太相信礼教。”从道德出发否定名教的他，最终还是回到了名教上来了。这也从一个侧面反映出魏晋玄学在哲学上有时陷入悖论的不彻底性。

《世说新语·德行》篇记述了几位名士对待“名教”的“德行”：

王平子、胡毋、彦国诸人，皆以放任为达，或有裸体者。乐广笑曰：“名教中自有乐地,何为乃尔也!"

在乐广看来,个别愤世疾俗者为了否定"名教"而采取过激行为,不仅是可笑的,也是粗鄙丑陋的。

探究向秀、郭象崇拜庄子之因,与两人的个人气质关系极大。庄子具有大多数知识分子所欣赏的浪漫情怀,喜欢想入非非,爱好理想状态,幻想无为而治。向秀、郭象才情横溢,心系天下,他们对先王之治世、圣人之仁爱很是崇拜,很想以此有一番大的作为。但现实又是一堵不可逾越的高墙。于是,他们在庄子思想中找到了可资悠哉遨游之汪洋。

向秀、郭象承认社会上的等级差别,认为造成这一现象的原因是人的内在性分,关键是把外在的仁、义与人内心的"真性"统一起来。他们在《庄子·天运注》中说,只要人们不一味地矜尚外在的仁、义,努力满足各自不同的内在"真性",也就实现了仁、义,就会"善于自得,忘仁而仁"。这里,他们提出的所谓仁、义,实际上已经失去了传统的标的,只是个人的自我感觉和主观评判。这也是他们一味强调自然人性则一定会陷入主观唯心主义的必然结果。

魏晋玄学家对儒家的伦理及道德的这种形式上的否定和内容上的承认,是历史时代的产物。一方面是玄学理论本身并未超越儒学的维度,尤其是宗法思想,魏晋时代比汉代不仅没有削弱,在一些方面反而有所强化,如士族门阀制度盛极一时,在这种空气的桎梏下,玄学不可能对儒学的形式和内容从根本上加以否定。另一方面,道和儒在思想上本来就有共通之处,因而玄学的"以道统儒",在很大程度上"道"只能是躯壳而已,并没有实质上的重构。也就是说,它只有改良,而不可能有革命。试想,"以名为教"不行,以自然为教就能解决社会上早已根深蒂固的弊端吗?玄学在学理上的这种"在儒而非儒,非道而有道",正是其善于调和的必然产物。综观魏晋玄学家的著述可知,当他们要注解儒家经典时,便拿起了道家的思想武器;当他们要注解道家的经典时,又拿起了儒家的思想武器。这种看似矛盾而又统一的做法,造就了两类玄学家,一类是外道内儒,如向秀、郭象;一类是内道外儒,如道士葛洪。

3. "超乎形象"与"言意之辨"

由于对现实不满,但又惧怕政治上言涉敏感、陷于派系之争而失足引祸,魏晋时期的一些知识分子往往采取逃避现实的做法，以避免与任何政治集团发生冲突。这也是道家虚无思想在魏晋时期何以被世人乐于接受的原因之一。

道家追求“三玄”，就是庄子在《逍遥游》中说的“圣人无己，神人无功，圣人无名”的“三无”。所谓“三无”，即是超越了“我”与“非我”的区别，超越了自己与世界的区别，达到一种视万物为全无的境界。

魏晋玄学追求超越差别、“物我两忘”、“物我为一”的学理与思想，就是这一现象在哲学上的表现，用他们自己的话来说，就是“超乎形象”，精神上达到万物没有差别、天地与我同一的境界。向秀、郭象在《庄子注》中就很欣赏“逍遥游”，认为那种境界是至高的，是最值得追求的，“此乃至德之人、玄同彼我者之逍遥也”。什么叫“玄同彼我”呢？他们进而解释说，那就是万物同一，物我不分：“夫真人同天，齐万致，万致不相非，天人不相胜。故旷然无不一，冥然无不往，而玄同彼我也。”

魏晋时期知识分子的清谈风气，正是这种在玄学思想指导下逃避现实的一种典型表现。有人说清谈是在做文字概念的游戏，高谈虚论，言不及义，打口水仗。其实恰恰相反，这正是他们精妙思想在特定环境的酣畅再现，隽睿智慧与华美语言巧构结合的表现，是我国文化史上出现的一道靓丽风景线——言意分离的“言意之辩”。

“言意之辩”的内容决不是说话言辞技巧问题，它实际上涉及内容与形式、客体与本体这一哲学的根本命题，是魏晋玄学的一项重要内容。

王弼在《周易略例·明象》中说：“存言者，非得象者也；存象者非得言者也。象生于意，而存象焉，则所存者乃非其象也；言生于象而存言焉，则所存者乃其非其言也。”理想的结果是什么呢？“尽意莫若象，尽象莫若言”，“得意在忘象，得象在忘言”。王弼所论，道出了客体与本体的辩证关系。“言”与“意”通过“象”使二者之间形成了一种关系：由于有了“象”，“言”就具备了实际意义，“意”则无法再通过言来表现。这样，如果强调“言”，则便失去了“象”；如果强调“象”，则又便失去“意”。那么，结论就很清楚了，那就是只有“忘象”、“忘言”，才能得到“意”。

玄学家们正是这样，运用自己的才情与智慧，通过口才的训练，在人际交往中超越“言”和“象”，摆脱外界与自我，从而达到一种清虚与自由精神境界。这就是有时看来他们漫无边际地侈谈高论的思想原因。

玄学家虽然在讨论一些问题时海阔天空，脱离实际，但他们运用“言意之辩”的方法，通过对许多问题的讨论和辩论，从一个新的层次上提高了中国哲学的理论思维能力，同时，由于人们在讨论具体问题时有一种超越感，从而使精神境界也得到了提高和升华。这是魏晋玄学在哲学上最突出的贡献。

魏晋玄学的后期，张湛为其代表。张湛注《列子》，综合贵无、崇有说，认为世界及人生瞬息万变，稍纵即逝，因此人们要及时行乐，任性纵欲。玄学在张湛那里已经没有了生命，走入了泥淖。其后，玄学在发展过程中还出现了仙学、命术、占卜、星相、方剂等方术支派，因其已属旁系支流且有的已陷入方伎之术，此不赘述。

二、玄学大家

玄学由经学而来，以道释儒，因而魏晋玄学家对经学都相当熟悉，他们的大多数经学渊源和学养都很深。

1. 何晏

何晏（？—249），字平叔，东汉末年大将军何进之孙。曾任侍中、尚书。何晏精于《老子》，冯友兰《中国哲学史》（下册）指出，何晏的《道德论》、《无名论》“惟道为无，非具体的有，故能遍在群有，惟道为无名，故可得遍以天下之名名之”，是对老子“天地万物生于有，有生于无”思想的发挥。何晏熟悉儒家经典，曾撰《周易说》、《孝经注》，还与他人合著《论语集解》。

2. 王弼

王弼（226—249），字辅嗣，山阳（今河南焦作东）人。王弼之祖王凯为汉末学者，其父王业在魏任尚书郎，深通儒学。王弼生于洛阳，自幼聪慧异人，好儒学且通辩能言。《世说新语·文学》曾记其拜见何晏事，从一个侧面表现了他的聪慧与博学。

何晏为吏部尚书，有位望，时谈客盈座。王弼未弱冠，往见之。晏闻弼名，因条向者胜理语弼曰：“此理，仆以为极，可得复难不？”弼便作难，一座人便以为屈。于是，弼自为客主数番，皆一座所不及。（晏甚奇弼，）曰：“若斯人者，可与言天人之际矣！”

何晏注《老子》未毕，见王弼，自说注《老子》旨，何意多所短，不复得作声，但应“诺，诺”。遂不复注，作《道德论》。

冯友兰认为，王弼的《周易注》，“大开以道家之学注经的风气”（《中国哲学史》下册），影响很大。此外他还有《道德经注》、《老子指略》、《周易略例》和《论语释疑》等。

汤用彤指出，王弼注《老子》而阐“贵无”之学，向秀、郭象释《庄子》而有“崇有”之论，皆就中华固有学术而加以发明，故影响甚广，释子立义，亦颇挹其风流（《汤用彤全集》第四卷《魏晋玄学流别略论》）。

3. 向秀

向秀（227—277），字子期，河内怀（今河南武陟县西南）人，为竹林七贤之一，曾官散骑侍郎。向秀崇尚庄老，作《庄子隐解》，认为万物自生自化，所以应各任其性，这就是庄子所尊“逍遥”之旨趣。向秀一方面主张“自然”、“逍遥”，另一方面也主张不要违反“名教”，二者应合为一。向秀研究庄子造诣很高，以至注《庄子》之后人有“庄周不死矣”之叹。事见《世说新语·文学》刘孝标注：

秀与嵇康、吕安为友，取舍不同。嵇康傲世不羁，安放逸迈俗，而秀雅好读书。二子颇以此嗤之。后秀将注《庄子》，先以告康、安。康、安咸曰：“此书讵复须注？徒弃人作乐事耳！”乃成，以示二子。曰：“尔故复胜不？”安乃惊曰：“庄周不死矣！”

4. 郭象

郭象（252—312），字子玄，河南（今洛阳）人。《晋书·郭象传》说他“少有才理，好老庄，能清言。太尉王衍每云：听象语，如悬河泄水，注而不竭”。因其精于玄理，时人咸以为王弼之亚。郭象主张自然。他在《庄子注》中认为，世间万物都是自然生成的，因而也是独自存在并变化着，人们不必穷思殚虑地去探究。他认为，“名教”也是自然，依名教而生存也合乎自然。

郭象的《庄子注》是一部独立的、极有价值的著作，是道家哲学中的重要典籍。

5. 阮籍

阮籍(210—263)，字嗣宗，陈留尉氏(今属河南)人，曾任步兵校尉，故世人多称其为阮步兵。阮籍出身儒门世家，有济世之志，因对现实黑暗不满而耽于酒。《晋书·阮籍传》对其有如下记载：

> 容貌瑰杰，志气宏放，傲然独得，任性不羁，而喜怒不形于色。……博览群书，尤好老、庄。嗜酒能啸，善弹琴。当其得意，忽忘形骸，时人多谓之痴。

阮籍认为万物生于自然，老子所言“道法自然”是至理。他主张人们要不受约束地回归到自然中去。但面对纷繁的社会，他又感到十分矛盾：既认为礼法约束了人，戕害了社会，又认为没有礼法则社会就会出现无序。他在《大人先生传》中说：“君子之礼法，诚天下残贼、乱危、死亡之术耳，而乃自以为美行不易之道，不亦过乎！”在《乐论》中则又说：“礼逾其制，则尊卑乖；乐失其序，则亲疏乱。礼定其象，乐平其心；礼治其外，乐化其内。礼乐正而天下平。”

阮籍思想上的矛盾状态很有代表性，真实地反映了当时知识分子精神上的苦闷。

6. 嵇康

嵇康(223—262)，字叔夜，曾任中散大夫，故世人多称为嵇中散。《晋书·嵇康传》称他“学不师受，博览无不该通，长好老庄”。又说，“康善谈理，又能属文，其高情远趣，率然玄远”。

嵇康主张自然、否定名教主要出于反对司马氏集团假借“名教”诛杀异己。他揭露统治集团以“名教”之名而谋一家私利之实，提出要“越名教而任自然”。《嵇康传》说：

> 又以为君子无私，论曰：夫称君子者，心不措乎是非，而行不违乎道者也。何以言之？夫气静神虚者，心不存乎矜尚；体亮心达者，情不系于所欲。矜尚不存乎心，故能越名教而任自然；情不系于所欲，故能审贵贱而通物情。

嵇康抚琴图

由于他愤世疾俗，自标清高，激烈地抨击司马氏之政，不能为统治者所容，后被人陷害，终以“非汤武而薄周礼”之罪名遭杀身之灾。

三、玄学的贡献及影响

魏晋玄学的产生，使中国传统哲学的发展达到了一个新的高度，实现了一次飞跃。

1. 初步建立了中国哲学的“本体论”

中国哲学早就认识到纯理论思维的重要性，《周易》指出“形而上者为之道，形而下者为之器”。先秦时期可称为中国哲学的奠基期，这期间，形而上学有一些发展，但从总体来说还是停留在实证及现实人生层面的思维上。

魏晋玄学立足于“本末有无”之辩，眷顾于“名教自然”关系，强调“言意之辩”之方式，深入探讨了宇宙自然的本质、生命的本质和人存在的终极意义，从而建立了中国哲学的本体论体系。

回顾历史可知，汉代和先秦哲学，除公孙龙少数名家外，从《周易》到孔、孟、庄、老，基本上都是围绕天人关系而展开的，即宇宙是什么，人与天的关系是什么。魏晋玄学的一个突出变化，就是各种主张开始脱离具体的事物，讨论逻辑、讨论思维、讨论天地万物的本体。对此，玄学提出了“无”、“有”、“简”、“静”的命题，这种抽象思维的形而上，探讨游于物外的本体，不仅是对宇宙本体和人的存在实质的准确概括，也是一种全新的思维方法。所有这些成就，确立了魏晋玄学在中国哲学史上独特的学术性质与重要地位。

简言之，魏晋玄学的主要贡献是：

其一，深入探讨了宇宙的根本、本质，以本末、有无为其基本命题建立起了中国哲学的本体论。

其二,以“言意之辩”为方法,在思辨哲学的纯粹性和理论深度方面,取得了前所未有的成就,是中国哲学史上形而上学的一次重大飞跃。

2. 创立了独特的解释学

儒家思想体系是通过孔子与《论语》、孟子与《孟子》以及《诗经》、《尚书》、《礼仪》与《周易》等一系列论著构成的;道家思想体系是通过《老子》、《庄子》、《列子》等一系列论著构成的。法家、墨家思想体系等也无不如此。

魏晋玄学则出现了一个例外。魏晋玄学的主要代表人物何晏、王弼、郭象等都没有专门的哲学著作,他们的哲学思想和哲学观点是通过注经来表达的。在这样的情况之下,魏晋玄学却形成了一个独特的哲学体系。

何以会如此呢?

孔子是儒家的创始人,但众所周知,孔子一直坚持的是“述而不作”。

他“述”什么呢?他述的是三代典籍,是《诗》、《书》、《礼》、《乐》、《春秋》与《易》之旨。

他是“怎样”述的呢?他是以史证经,通过删、订的手段阐发微言大义。

汉代是儒学得到普及与发展的重要时期。而儒家经典之所以能在汉代得到普及与发展,则主要得力于经学家的名物考订与义理阐发,得力于对大量经典的诠释。

魏晋玄学家成功地继承了先秦以来的注经传统,认真地总结了其经验和教训,并在新的基础上突破了汉儒注经的局限。

其一,突破了汉儒狭隘的功利观念。汉儒注经主要是为现实服务,重在阐述义理。

其二,突破了汉儒依附政治的积习。汉儒注经以官方意志是瞻,甚至不惜曲意阿逢。

其三,突破了汉儒纠舛求证之囿。汉儒注经十分看重勘校文字,征证典章器物,为证一字一物不惜万言。

魏晋玄学家挣脱了思想藩篱,不仅指导思想明确——探讨事物规律,并找到了正确的方法——言意之辩,因而能沿着哲学思维的方向大步发展。

例如王弼。王弼有《周易略例》和《老子指略》。在十分熟悉儒家经典义理的前提下,他坚持一方面以《老子》之义注《周易》,将易理道学化;一方面以《周易》之义注《老子》，将道学儒学化。这一创举的意义在于，将两个互为矛盾的事物通过一个中介——他的解释——转变为和谐的互相补充关系。王弼从道家经典和儒家经典中吸收了有益成分，建立了他的“贵无”哲学本体论体系。

郭象也是如此。郭象以儒家的一些思想注《庄子》，通过“辩名析理”，在“在儒而非儒，非道而有道”中建立了自己的“崇有论”。

魏晋玄学家在建立自己严谨的哲学体系过程中，建立了中国早期的解释学基础。

3. 佛学由此中国化

佛教自汉代进入河洛地区后，在发展中经历了逐步儒化的过程，而这一过程的较大起步发生在魏晋时期。

流行于印度和西域的大乘佛教被介绍到中国以后，直到西晋元康、永嘉年间，基本上都是处于引进的初级阶段，其对中国思想界影响极小。佛教在中土得不到广泛传播的一个重要原因是它尚不适应中国的国情，世俗化的中国大众也还不适应神学体系中佛教的高度抽象思辨色彩。

魏晋玄学为佛教适应中土提供了思想的借鉴和发展的土壤。

简言之，王弼“贵无”，认为“无”是万物之本，并进而说这一观点早已被庄子阐述。大乘佛教般若学的核心是“空”，不仅“我空”、“法空”，而且“一切皆空”。这里，“空”不仅是教义，也是思辨方法。然而，怎么来解释这个“空”呢？聪明的佛学家比如僧肇，便提倡学习玄学家之法，借用中国老百姓早已认同的老子、庄子之言，把佛学故事、佛理概念、佛旨范畴以及基本命题加以敷衍，并仿照玄学清谈的风格，用老百姓易于接受的形式进行解说。

在僧肇思想的指导下，高僧们纷纷以玄释“释”，如道安大讲“本无”，竺法深提出了“本无异说”，支愍度大讲“心无”，支道林提出了“即色说”等，都和王弼的“本无”主张，郭象的“玄冥”、“独化”看法是一致的。

佛教在用玄学释“释”时，还采用了玄学调和儒、道之法，将玄学与佛学教义不一致的地方进行“求同存异”，在差异中刻意求同，从而使两种异质文化调和起来。

佛教以玄释“释”的方法收到了奇效，中国从此出现了“玄学化佛教”，不仅受到了老百姓的欢迎，也受到了士林的欢迎，众人第一次认识到：佛学原来也是一门大智慧。从而愿意接受它,以至佛教在玄学之后成为又一大社会思潮。

魏晋玄学是魏晋时代思维水平的最高表现形式,它在中外文化交流中发挥了重要作用,不仅在理论上成为佛学适应中土的先导,而且其“有无之辩”的方法也为阐释佛学精义提供了纯粹的抽象思辨。当然,交流是双向的,玄学也受到了佛学的影响。

正像汤用彤指出的那样:外来文化只有依附中国文化才能生存,才能发展。僧肇思想的产生,既是魏晋玄学的继承与发展,也是印度佛学中国化的开始(《汤用彤全集》第四卷《魏晋玄学流别略论》)。

4. 一次思想解放

魏晋玄学由于在思想上批判了既往的守旧,在哲理上否定了“天人感应”,在生活上提出崇尚自然,因而魏晋玄学对社会来说,就不期而然地成了思想解放之学。

在玄学的熏染下,大一统思想受到挑战,正统观念淡化,生命哲学代替了政治哲学,积极的入世让位于超功利的恬淡,士人们更加强调的是个体生命的自由和人性的张扬。

思想解放使魏晋社会崇尚标新立异,并成为时尚。

对社会风气而言,思想的解放产生了旷放飘逸的“魏晋风度”。

所谓“魏晋风度”,实指魏晋名士的处世态度。

魏晋名士的出现,是中国历史上一个十分独特的文化现象。知识分子作为社会的一个阶层,向来依附于统治阶级,此时却不然,知识分子的精神面貌、价值取向、美学趣味等从来没有像魏晋时期这样丰富多彩和具有开放性。丰富多彩主要表现在不拘一格,开放性则主要表现为非礼教、非正统。

名士风度的自我表现千姿百态,但不外是:诗酒流韵,俊姿自赏;寄情声色,徜徉山水;清谈问道,超拔求仙;咏怀咏史,长歌笑啸;蔑视礼教,情性怪诞。

就其表现类别而言,大概有自我欣赏类、耽于诗酒类、愤世疾俗类、旷达任放类、雅量超俗类和颓唐荒诞类等。试以其言行例读于后。

自我欣赏类如殷云,《世说新语·品藻》载:

桓(温)公少与殷(芸)侯齐名,常有竞心。桓问殷:“卿何如我?”殷云:

“我与我周旋久，宁作我！”

旷达任放类如王徽之，《晋书·王徽之传》：

尝居山阴，夜雪初霁，月色清朗，四望浩然……忽忆戴逵。逵时在剡，便夜乘小舟诣之。经宿方至。造门不前而返。人问其故，徽之曰：本乘兴而来，兴尽而返，何必见安道耶！

《世说新语·任诞》还有一些细节描述，更为生动。

王子猷居山阴，夜大雪，眠觉，开室，命酌酒。四望皎然，因起彷徨，咏左思《招隐诗》。忽忆戴安道。时戴在剡，即便夜乘小船就之。经宿方至，造门不前而返。人问其故，王曰：吾本乘兴而行，兴尽而返，何必见戴！

雅量超俗类如王羲之，《世说新语·雅量》载：

郗太傅在京口，遣门生与王丞相书求女婿。丞相语曰：“君往东厢，任意选之。”门生归，白郗曰：“王家诸郎，亦皆可嘉，闻来觅婿，或自矜持，唯有一郎在东床上，坦腹卧，如不闻。”郗公云：“正此好！”访之，乃是逸少，因嫁女与焉。

对文学艺术而言，思想解放不仅带来了文风的转变，诗歌、辞赋清新隽丽，别开生面，而且内容涉及社会生活的方方面面，产生了玄言诗、游仙诗、咏怀咏史诗、田园山水诗。就诗情来说，普遍淡泊超逸、空灵玄虚、自然简约。同时，魏晋还产生了志怪小说和笔记小说，文学批评注意了理论体系的建立，明显地走向理性化、人性化。

玄言诗是用诗的形式阐述老庄及佛教哲理，虽文义冠世，实无诗趣，因而相当短命。

谢灵运不仅是魏晋山水诗人的代表，也是文学史上开山水诗派的第一人。

《晋书·谢灵运传》载:"出为永嘉太守,郡有名山水,灵运素所爱好,出守既不得志,遂肆意游遨,遍历诸县,动逾旬朔。民间听讼,不复关怀。所至辄为诗咏,以致其意焉。"

谢灵运像

谢灵运善对风景作细腻传神的工笔描写,以表现山水的情致风韵。如:"池塘生春草,园柳变鸣禽"(《登池上楼》),"明月照积沙,朔风劲且哀"(《岁暮》),句子清新明丽,景色动静有韵。

山水诗的另一位代表人物是谢朓,其代表作是《晚登三山还望京邑》,被传唱千古的名句是"余霞散成绮,澄江静如练"。

田园诗的代表人物是陶渊明。陶渊明不仅诗被人称道,其人格更为不得志的知识分子所称道。陶为官十载,最后挂冠而去,主要是气节高标:"不为五斗米折腰向乡里小儿",从而结束了八十天的彭泽县令生涯,归隐田园。请看他归隐后的《饮酒》诗五:

结庐在人境,而无车马喧。问君何能尔?心远地自偏。采菊东篱下,悠然见南山。山气日夕佳,飞鸟相与还。此中有真意,欲辩已忘言。

此诗虽然语言质朴无华,但山水景色那种仿佛也有灵性的意味却展现了出来。人们从诗人心灵的恬静、精神的自由、形体的安逸中感受到了返璞归真的田园之美。

咏史诗的代表人物是左思。左思写了不少咏史诗,借史抒写怀才不遇和对时世的不满。他的长赋《三都赋》极写蜀吴魏时三都之繁华瑰丽,内容富赡,辞藻华美,文坛为之一振,富豪权贵争相传写,以至洛阳为之纸贵。

此时笔记小说最有名的是刘义庆的《世说新语》。

此时志怪小说最有名的是干宝的《搜神记》。

此时文艺理论最有建树的是钟嵘的《诗品》和刘勰的《文心雕龙》。

总之,魏晋玄学的出现,不仅是我国哲学史上一束奇葩,也是中国思想史之树上最耐人品味的一颗多味之果。

第三节　洛学与理学

宋代结束了五代十国的分裂局面,定都开封。国家的统一,经济的发展,文化与学术的繁荣,使开封成了当时世界上最有名的商业和文化大都会。

陈寅恪先生对宋代文化情有独钟,给它以很高的荣誉:“华夏民族之文化,历数千载之演进,造极于赵宋之世”,他还认为,中国文化的复兴,有赖于“宋代学术之复兴,或新宋学之建立”(《金明馆丛稿二编》277 页)。

如果说儒道结合是魏晋玄学的一大特点的话,那么,宋代理学则是在此基础上又将佛学关于心性之理融入儒学中,从而形成了一个新的儒学系统——理学。

唐代中期以后,文坛主将韩愈排佛,但很多人又崇佛,这就出现了一个有趣现像,以儒解佛,援佛入儒。佛学从汉代传入中土之后,受中国传统文化的影响,佛学理论已融入很多的儒学精神。然而,儒化了的佛学又反过来影响中国传统文化,并相互融合成为中国传统文化的一部分。经过唐末和五代十国长时期的融合,至宋明终于建立起了熔儒、释、道于一炉,以儒家的纲常伦理为核心内容,以佛道哲学思辨为理论基础的庞大严密的理学体系,并逐步发展成为了中国文化思想的主体。理学在形成与发展过程中受佛学(主要是禅宗、华严宗、天台宗、净土宗)思想的浸润,因而是具有明显时代特征的哲学体系。但释与理也有很大的差别,如关于“心性”,禅宗认为二者为一物,程朱认为心不同于性。人未生时有性,但非有心。心属于气,性属理。

理学后来发展为程朱、陆王两派。二程和朱熹是以理为第一原理的客观唯心主义。陆九渊、王阳明心学从哲学基础、方法到最终目标,都贯穿着主观唯心主义精神。

一、早期理学

理学的早期代表人物是周敦颐、张载,建立起理学体系的是二程,朱熹在前人的基础上发扬光大,成为集大成者。

周敦颐(1017—1073),字茂叔,号濂溪,北宋道州营道(今湖南道县)人。周敦颐受佛学思想的启发,在《通书》中首先将儒家的心性之论发展为"心性义理"的命题,从而使这一问题具有了本体意义。其次,他吸收了道家的一些思想,在《太极图说》中以《周易》的"太极"范畴为主体,提出了宇宙生成模式论,并由此论及人生观、动静观。

《太极图说》的核心是"明天理之本源,究万物之始终",其目的在于把天道伦理化,把伦理天道化。

张载(1020—1077),字子厚,凤翔郿县(今陕西眉县)横渠镇人。张载曾在多数寺院参学问道,故其受释家影响颇深。著有《西铭》(又名《订顽》)、《东铭》、《易说》和《正蒙》等。在《西铭》中,他以儒家之说为指导,提出了道德理想的新设想——"民胞物与"。他认为个体的生命要让位于社会需要这一终极追求。在《正蒙》中,他提出了"气"说,认为万事万物由气构成,此气就叫"太虚"。气凝聚则为物,气分散则为太虚。聚、散是太虚之客形,而本体则是太虚。他还主张要区别"天地之性"与"气质之性",开理学人性论之先河。他的天地、气质之性后来被发展为天理人欲之说。

张载由于不赞成王安石变法,于熙宁三年(1070)回到陕西眉县。他在讲学中建立了自己的思想体系,从而形成了"关中学派",人称"关学"。

二、二程洛学

程颢(1032—1085),字伯淳,北宋河南伊川(今属河南省)人,人称明道先生。举进士后曾任主簿、县令、御史等职。因与王安石政见不一,离开东京到洛阳潜心研究儒学,开理学之先河。

程颢造诣很深,这和他能贯通各家学说有关。《宋史·程颐传》说他"泛滥于诸家,出入于释老者几十年,返求诸六经而后得之。秦汉以来,未有臻斯理者"。

程颐(1033—1108),字正叔,程颢之弟,人称伊川先生。曾任西京国子监祭酒,崇政殿说书。绍圣四年(1097)贬送涪州编管,徽宗即位后大赦天下,复还洛阳。

二程首将"理"的概念纳入其思想体系之中并将其作为哲学的基本范畴。

二程像

他们认为,世界的本源是"道",万事万物生于道。治世也要依道而行,以德为主,兼以刑兵。二程因长期在洛阳著书讲学,故人们又称其所创理学为"洛学"。

1. 政治倾向

北宋士大夫的一个特点是参与意识浓重,不但要主宰文坛,成为文化的主体,也时时以天下为己任,有高度的政治主体意识。范仲淹是其中最典型、最杰出的代表。庆历新政虽然失败了,但在大多数士大夫心中,范文正公永远是顶天立地的楷模。

二程在政治上是追慕范仲淹的。嘉祐二年(1057),程颐25岁,写了《上仁宗皇帝书》,主张革新政治,"行先王之道","复三代之治"。提出"天下之治,由得贤也","愿得一面天颜,罄陈所学"(《程氏文集》卷五)。熙宁元年(1068),神宗即位后,程颐又连上数札,如《论王霸札子》、《上殿札子》、《论十事札子》等,提出:"治天下者,必先立其志。正志先立,则邪说不能移,异端不能惑,故力尽于道而莫之御之。"(《程氏文集》卷一)在这几道札子中,集中体现了洛学"推明治道"的精神,明确指出了治道的"本"、"用"之别。"正志先立"为"本",是核心,是原则,只有确立了"本",具体的政策如重人才、轻赋徭、修武备、实仓廪、备灾害、明教化等才能实施。

范仲淹之后又有王安石的变法。开始,包括二程在内的一些大臣都希望变法能一改朝廷弊政。熙宁三年(1070),当均输法、青苗法遭到争议时,王安石与众人发生了分歧,包括二程在内的一些大臣不再支持变法。二程从开封回到了洛阳,从此致力于理学的研究。

二程从熙宁变法中吸取了教训,认识到治道之本仅仅提"正志先立"还远远不够,正确的治道之本的提法应是"格君心之非"。他说:"治道亦有从本而言,亦有从用而言。从本而言,惟从格君心之非,正心以正朝廷,正朝廷以正百官。"(《程氏遗书》卷一五)

"格君心之非"的提法出自孟子。《孟子·离娄上》:"人不足与适也,政不足间也,惟大人为能格君心之非。"张载和二程之所以接受孟子的"格君心非",是因为现实使他们看到,人君有时不可能自觉"立志",人君不正,何谈朝政!对此,二程认为:"君仁莫不仁,君义莫不义。天下之治乱系乎人君仁不仁耳!"实践说明:"夫政事之失、用人之非,知者能更之,直者能谏之。然非心存焉,则一事之失,救而正之,后之失者,将不胜救矣。格其非心,使无不正,非大人岂谁能之?"

但二程、张载等人的政治之见毕竟是书生之见,为当政者所不屑。

2. 理气之说

虽然在先秦诸子著作中也有"天理"之词,但将"天理"的概念纳入哲学范畴之中的则是二程,而且是其理论的基础,从这个意义上说,是学术上的一大开创。

什么是"天理"呢?二程认为,天理即道,是产生宇宙万物的根源,是最高的精神实体,在哲学上具有本体论的意义。

什么是"气"呢?二程认为,气是构成万事万物的原始材料,万物在形成和发展的过程中,都是由气化而再形化的。在"理"、"气"关系上,两人指出,理不离气,理为气本,理先气后。

3. 人性之说

二程继承并发展了《中庸》"天命之谓性"的观点,提出了"性即理"的基本命题。二程认为"本心即性",也就是说,理学是包括"心性之学"在内的"性理"之学,如果离开心性谈性理,则会失去理学的人文意义。

4. 知行之说

关于行与知之关系，二程主张最突出的特点是强调重知，以知为本，知先行后。这一主张后来被王阳明接受，王阳明在此基础上提出了“知行合一”。需要说明的是，这里的“行”和今天所说的“实践”还不是一个概念，而仅是和“知”相应的一个思想概念。

5. 理欲之说

关于理和欲的关系，二程不认为“理存在于欲”，认为二者是对立的，世界的本源是“理”，要通过格致知去把握理，因此主张“存天理，灭人欲”。

需要说明的是，这里说的“理”，即儒家一向重视的“礼”，就是礼仪道德；这里说的“欲”，指的是“私利”。在二程看来，“理”就是“公”，体现的是人的普遍性的理性本质。二程从道德修养的角度认为，“天理”就是“至善”，是人人应努力追求并以此自律的道德原则；“人欲”则是个体的物质生活欲求。二程认为，人之所以为人的最根本标志，就是人保有天理。“人之所以为人者，以有天理也；天理之不存，则与禽兽有何异矣！”（《二程集·粹言》）

二程之学影响很大，四方前往洛阳游学者很多，其中最有成就者为游酢、杨时、吕大临、谢良佐，被称为“程门四弟子”。

6. 程门立雪

游酢（1053—1123）、杨时（1053—1135）作为二程的弟子，对二程十分向往和崇敬。据说杨时拜二程为师时年已四十，而且是辞官前往的。清初黄宗羲撰《宋元学案》，其中“伊川学案”记载了一段师生佳话：

> 伊川尝日瞑目静坐，游定夫（游酢）、杨龟山（杨时）立侍不敢去。久之乃顾曰：“日暮也，姑就舍。”二子退，则门外雪深尺余矣。

这就是脍炙人口的“程门立雪”故事之由来。

三、朱子理学

二程理学经过其弟子杨时传到南方，再传罗从彦，三传李侗，至南宋朱熹而集大成。由于二程和朱熹对理学贡献至大，因而宋代理学被称为程朱理学。

朱熹

朱熹(1130—1200),字元晦,号晦庵,南宋徽州婺源(今属江西)人。曾任县主簿,后知漳州、潭州,回京后任焕章阁待制等职。

朱熹的父亲朱松也是一位学者,曾师从罗从彦及洛学传人罗宪等。朱熹早年为学博而杂,24岁时师从李侗,从此理学日益精进。朱熹之所以能成为理学的集大成者,有如下原因。

其一是学养基础深厚。朱熹学问渊博,不仅精通儒家经典,而且涉猎音韵、文字、训诂、乐律、典章、天文等诸多领域的知识。

其二是他不盲目排斥佛、道,而是深入进行研究,并注意吸收其有益的成分。

其三是专心致力于学术。朱熹虽出仕为官,但终不以其为务,后辞而归山,一生中有40年时间从事学术研究和讲学布道。

朱熹在理气、人性、行知关系等诸方面继承和光大了二程的思想。

在理气关系上,朱熹认为,理为气之本,不仅气永远不离本,而且理先气后。他认为理、太极、道在哲学上同属一个范畴,均为哲学逻辑结构的形而上本体,一方面是万物存在的根据,一方面也是人类社会最高的伦理道德原则。

在人性论方面,朱熹十分赞成张载和二程,认为他们在理论上提出"气质之性"是一大发明,不仅有功于圣门,而且有补于后学。朱熹还极力论证"人性即天理",提出要尊重人性,并明确认为"率性就是循天理"。

在行知关系上,朱熹也主张知先行后,认为人的道德实践要有一定的思想指导,这就是"知",只有知道事物的当然之则,才有可能作出合乎当然之则的行为。朱熹认为二者之间存在着"知行互发"关系,只有通过行才能更好地感知,而不是什么都知道以后才开始行。

朱熹是"存天理、灭人欲"的坚决支持和主张者。他反对为了个人生存而无限追求"目则欲色,耳则欲声,以至鼻则欲香,口则欲味,体则欲安"的"人欲"。他认为"天理"就是"公":"人只有个天理、人欲。此胜则彼退,彼胜则此退,无中立不进退之理。"因而,"存天理,灭人欲"是人人都要面临的选择。"人只一心,天理存则人欲灭,人欲胜则天理灭。未有天理人欲夹杂者。"(《朱子语录》卷一三)因此,脱离官方道德原则的"欲"必须禁止。但朱熹认为人世间的饮食男女之欲是正常的,是符合"理"的,不在禁灭之中,佛学在这个意义上的禁欲他是不赞成的。

四、陆王心学

朱熹之后，理学发展进入了一个新的阶段。主要代表人物对程朱之说既有继承也有扬弃，但更多的是发展。

1. 陆九渊

陆九渊

陆九渊(1139—1193)，字子静，自号象山居士，人称象山先生，南宋抚州金溪(今江西省金溪县)人。乾道八年(1172)为进士，曾任县主簿，死于知荆州任所。

理学到南宋形成两个流派，即理学与心学，朱熹坚持理学，陆九渊是心学的创始者。陆九渊不赞成朱熹之说，更不承认朱是"道统"的继承者。陆九渊认为理、性应归诸心，心即理。孝宗淳熙二年(1175)，36 岁的陆九渊和 45 岁的朱熹在江西信州(今上饶)鹅湖寺会面，双方就学术见解及治学方法进行了交流与辩论。双方各持己见，在"求同"上没有取得任何成果。象山力主心、理同一，"即心即理"。"心即理"是陆九渊的思想、哲学基础，他对"理"的解释是既包括宇宙本原，也包括存在秩序，"心"既是伦理性的实体，也是万物根源性的实体。"心即理"的提出是时代的产物，一方面说明陆九渊已从程朱理学中走出，完成了心学理论的创设，以道统正宗自居，可以以心学对抗、甚至反对理学了；另一方面也表明心学要适应社会的需要，倡导社会政治要顺理顺心，"以民为心"。这说明心学具有积极向上的处世精神，要人们加强修养，抛弃利欲，维护社会秩序，奋发自立，有所作为。

在陆九渊哲学体系中，"心"既是人自身，又是天赋的伦理道德，也是宇宙的本源，是凌驾于万物之上又不脱离"吾心"的主体精神。"理"与心同，故万物之理也都是心的感悟。

从哲学建树上说，陆九渊的"心即理"说是以人生伦理为核心的，将主观化的理与客观化的心相统一，从而确立了道德本体与理本体合一的"心"本体。

2. 王守仁

理学发展至明代，有突出成就的代表人物是王守仁。王守仁将我国历史上由陆九渊建立的第一个典型的客观唯心主义哲学体系加以发展,并推向了高峰。

王守仁(1472—1528),字伯安,号阳明,明代浙江余姚(今属浙江)人。守仁出身仕宦之家,其父王华为成化十七年(1481)状元,官吏部尚书。守仁 28 岁为进士,曾任南京兵部尚书等职。

王阳明精于陆九渊之学,并对陆氏心学作了进一步的发挥,认为"本心即理",并提出了"良知即是天理"的命题,主张通过致良知,克服私欲,回归良知。

"心即理"的具体内涵是什么呢?那就是用人心固有的"天理"取代客观的天理,而固有的"天理"不过仍旧是封建主义的道德律条。王阳明本身就是封建统治阶级中的一员,其具有维护封建统治的自觉性是必然的。这也是王阳明实践道德的本质。

"致良知"是王阳明心学体系的核心。王阳明提出"致良知"的目的之一,是想以道德论取代本体论和认识论,并以此对抗程朱理学对人们精神的束缚。王阳明说,"吾心之良知"才是真知,其他的主张,包括圣人孔子之言,也未必正确。"良知"是天地万物的真理,如果能"致良知"于每个人的日常生活之中,人们就可以不断完善自我,达到至高的修养。在这里,"良知"与"致良知"就构成了"心即理"说。

王阳明的"知行合一"说虽然不同于"认识与实践的统一",但与程朱的"先知后行"已有很大的不同,它承认认识来源于实践,已具有唯物主义的因素。"知行合一"的思想基础仍是"心即理"这一核心,但其内涵则已突破了道德论与人性论而上升到认识论这一高度。

王阳明正德年间曾率军平息宁王朱宸濠的叛乱,因功被封为新建伯。

由于王阳明在学术上的重大贡献,因而受到世人的推崇。清人王士祯说他是"明代第一流人物,立德、立功、立言皆居绝顶"。郭沫若说:"他的一生是自强不息的奋斗主义的体现,他是伟大的精神生活者,他是儒家精神的复活者。"(《历史人物·王阳明》)

心学发展到后来也分为若干学派,其中泰州学派最有代表性。王艮认为,"百姓日用即道"(《明儒学案》卷三二《泰州学案》一),后学罗汝芳认为,"此捧茶童子,皆是道也"(《泰州学案》三),已不在共相与殊相关系上展开讨论,而是认为每一件具体的事,都是"道",都是"理",都具有本体的意义。这说明理学作为一种道德哲学，实践性是其最基本的品格。

宋代理学的产生，是中国思想文化的一大进步。理学不仅在哲学层面上为儒家伦理道德学说提供了本体论基础，而且就其在中国文化思想发展史上的积极贡献来说，也是十分巨大的。

首先，理学家们提倡独立思考和充分发挥个人主观能动性，尤其在学术上开创了“我注六经，六经注我”的新风尚，这对克服脱离实际、食古不化的因循守旧之风直接起到了解放思想的作用，对封建专制思想也是一个有力的冲击。

其次，理学十分重视人的主观意志力量，在道德实践上提倡气节和加强品德修养，提倡在现实生活中达到崇高的精神境界，只要肯努力，定能有作为。

再次，理学主张以理统情，自我节制，在群体发展中发奋立志，成就个人；理学强调人的社会责任和历史使命，主张以牺牲小我而有利于大我，不承认有什么不死的灵魂，人格的力量要在大我中显现。总之，理学在塑造中华民族性格方面起到了重要作用。

不可否认，理学的负面影响也是很大的。理学的政治伦理观念从总体上来说是为封建统治阶级服务的，因而从南宋至明代，一直为朝廷所提倡，尤其是在维护“三纲五常”封建道德、扼杀人的自然欲望时，在“破山中贼”和“破心中贼”时，“存天理，灭人欲”时时被统治阶级所祭起，成了高悬于人们头顶之上的一把杀人不见血的屠刀。

第四节　邵雍的易学

宋代理学与汉唐儒学的最大区别在哪里呢？

汉唐儒学重在注疏《六经》，从而张扬周公、孔子所倡导的先王治国保民之学。

宋代理学则从自我心性出发解说经典义理，从而阐发天道与性命之大义。

邵雍（康节）与周敦颐（濂溪）、张载（横渠）、程颢（明道）、程颐（伊川）为北宋大儒，但他们不为前贤成就所囿，各自从生命境界的体认出发，殚精竭虑，探讨人生与社会，并形成了独特的思想体系。由于他们成就卓著，在理学方面各有贡献，被后人称为“北宋五子”。

邵雍

一、邵雍其人

邵雍（1011—1077），字尧夫，祖籍范阳（治所在今河北涿州），少时随其父迁共城（今河南辉县）苏门山，中年时隐居伊川（今属河南洛阳），晚年居洛阳（按：今洛水之南安乐窝有旧居在焉）。因谥康节，故世称康节先生。

邵雍是鸿儒。

其子邵伯温所撰《邵氏闻见录》卷一九说：“康节先公于书无所不读，独以六经为本，盖得圣人之深意。”邵雍一生倡内圣外王之道，行伦理纲常名教。在洛阳期间，富弼、司马光在天津桥南为其购宅一处，他们和吕公著、二程经常出入与之论学。

邵雍是哲学家。

《邵氏闻见录》卷一九说：“其所著《皇极经世书》，以元会运世之数推之，千岁之日可坐致也，以太极为堂奥，乾坤为门户”，提出了太极本体论。邵雍创“神生数，数生象，象生器”的易学象数之学，为宋代理学之先驱。

邵雍是隐士。

他一生不仕，或耕于陇亩，或隐于大市，潜心著作，心系民瘼，受到世人的尊敬。

邵雍是诗人。

他以诗论史，以诗论哲，以诗抒怀，有3000多首诗收入《伊川击壤集》而传世。

二、象数之学

邵雍的学术思想虽然传承有自，其道学源于穆修、陈抟系统，但其核心内容则与之迥然。邵雍精心研习《易经》，但从方法到义理与传统大异其趣。哲学史上有“周易”与“宋易”之说，其因盖出于邵雍对《易经》的建树——以数为架构，建立起了自己的思想体系。其象数之学,自成一家,使易象之说从此以新的面貌出现,因而被誉为“易圣”。《宋史》对邵雍的学术成就和贡献高度评价,在《邵雍传》中说:

> 雍探赜索隐,妙悟神契,洞彻蕴奥,汪洋浩博,多其所自得者。

邵雍对《周易》进行了深入的研究,他认为,《易》最初比较简约,之后出现了卦、爻、辞。“卦爻辞”是文王所为,于是《易》就成了文王之易,是为《周易》。因此,他称《周易》为“后天之学”。

邵雍要建立的是先天易学,即伏羲的八卦之学。他认为,伏羲所画八卦图式虽然仅有卦无文,但已经很完备地具有天地万物之数。

1.《先天图》

邵雍的象数易学包括象、数、言、意四个方面的内容。“象数”指卦象、卦数和易图、易数;“言意”则为象数的内涵义理。关于四者的关系,他在《观物外篇》中说:“有意必有言,有言必有象,有象必有数;数立则象生,象生则言用,言用则意显。”他同时指出,四者之中,最重要的是“象”。

邵雍的发明和贡献在易图——他画出了具有独特个性的《先天图》,并以图阐发了他的象数易学的核心内容。

《先天图》是由“卦之生变”而绘出的图。此图以三画乾为祖,三变而得八卦。此图以六画乾为祖,六变而得六十四卦图。

通过图,他阐释了八卦、六十四卦是如何形成的,它与天道、人道的关系。他研究了一、二、四、八自然数的变化规律,总结了以乾卦为祖逆爻序的逻辑变卦的“加一倍法”、“四分法”,并认为这种变化体现了天地万物形成的过程。《先天图》还将方位与一年四季、阴阳变化相结合,利用图式来说明自然界与社会兴衰变化的关系。

2.《皇极经世书》

邵雍易学象数体系集中反映在所著的《皇极经世书》一书中。全书共12卷,前6卷以《周易》六十四卦推演、解说从尧到五代世事治乱;7至10卷以阴阳刚柔之数讲律吕声音;11卷为《观物内篇》,12卷为《观物外篇》,阐解学说义理。

这是一本哲学之书。

邵雍的哲学体系是“心学”。书中既论述了心学中的“性命之学”,也论述了“物理之学“。

这是一本“本诸天道,质于人事的书”。

邵雍为了以六十四卦解自然变化、朝代兴替、人之福祸等,提出了“元、会、运、世”等概念。“元”为人类社会发展周期,他经过测算,以129600年为一元;一元有12“会”,每会10800年;每会30“运”,每运360年;每运12“世”,每世30年。该书根据中国数千年之史排出了从尧至宋历代帝王的三张历史年表,通过这些兴衰之变,力图证明朝代的变化与天道有一定的因果联系,从而印证儒家的“天人合一”观念是正确的。基于此可以看出,邵雍虽然强调社会的兴替是天道使然,但仍是以史实为基础的,只不过是绕了个弯子,实质上指斥的仍是人事。

三、性命之学

邵雍对理学的贡献主要是提出了“性命之学”。

邵雍对《周易》有精深的研究,但他的研究方法与时人很不相同。他把易学的内容分为两类,一类是研究人的,一类是研究物的。前者可称“人学”,邵雍称其为“性命之学”,后者则是“物理之学”,也即“天学”。

性命之学是儒家讨论的问题,孟子就经常谈到人性问题。天道则是道家的课题。儒家有人学而无天学,老子有天学而无人学。

邵雍则既论人学,又论天学。他在《观物外篇》中说:“学不际天人,不足以谓之学。”从一定意义上说,邵雍是司马迁提出“究天人之际,通古今之变,成一家之言”1100多年后,对天人关系研究最为深入并自成一家之言的一位学者。

邵雍认为,人虽然有物性的一些特点,但人性更高于物性,因为人有灵性,有智慧,有意识。在人性论方面,邵雍既肯定了儒家的人文关怀,又肯定了道家的自然主义,在中国哲学史上具有重要意义。儒家的伦理哲学与道家的生命哲学,在邵雍的“易道”中统一了。

邵雍哲学体系的核心是“心学”。心学包括“性命之学”与“物理之学;“心”则有天地之心与人之心的区别。不言而喻,天地之心讲的是物理之学,人之心则讲性命之学。

就“人之心”而言，由于人的不同，所以“人之心”又有圣人之心与众人之心的不同。进而他又指出，由于众人是复杂的，因而众人之心也就有正有邪，有情欲，有善恶。邵雍认为，只有圣人之心是纯净的，无情无欲、无邪无恶。圣心之心无思无为，是不动的“太极”。心既是太极，则“万事万物生于心也”（《观物外篇》）。

邵雍是宋明理学中“心学派”的开创者。其特征是以象数（先天学）为心法，以心性为本体、视天道（天地之心）与人性（圣人之心）为一理的哲学体系。

四、二进位制和“加一倍法”

邵雍是《周易》象数派的代表。他根据“太极生两仪，两仪生四象，四象生八卦”的模式，画出了八卦小横图。

邵雍同时还画出了六十四卦卦序图，史称《伏羲先天六十四卦图》，又叫“方位图”。

邵雍在解释所编图式时说：“夫易之数，从逆而成矣。”（《皇极经世书》卷一三）这就是说，要了解易数关系，必须从坤卦始，以乾卦终。

坤☷	000—0
艮☶	001—1
坎☵	010—2
巽☴	011—3
震☳	100—4
离☲	101—5
兑☱	110—6
乾☰	111—7

这里，把“⚋”设为“0”，把“⚊”设为“1”。这样，八卦正好以二进位制的方法，把从0—7的自然数的关系表现了出来。

若将六十四卦以序排出，也完全是以

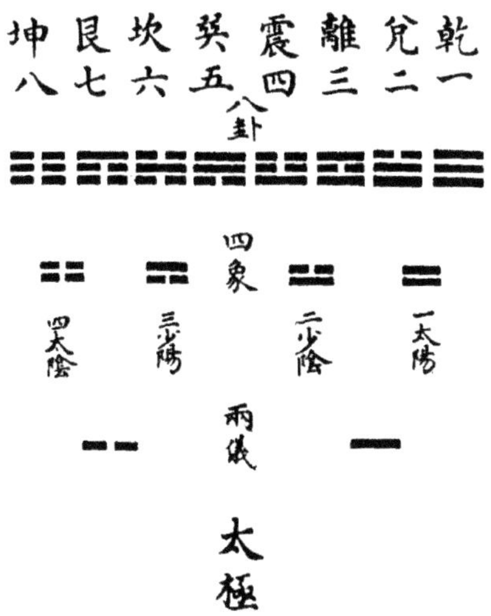

邵雍绘伏羲始画八卦图（即小横图）

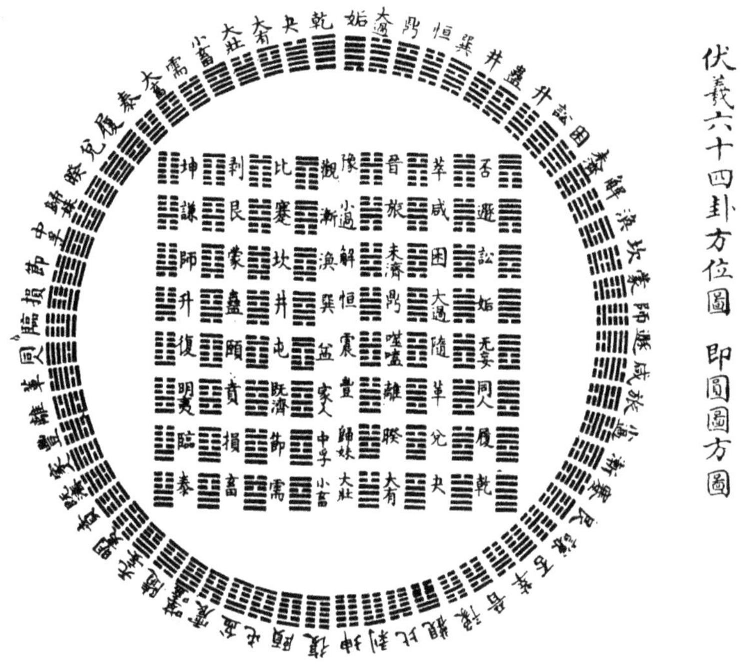

邵雍绘伏羲六十四卦方位图

二进位制的方法表示出了 0—63 的自然数关系。

豫	䷏	000100—4	师	䷆	010000—16
晋	䷢	000101—5	蒙	䷃	010001—17
萃	䷬	000110—6	坎	䷜	010010—18
否	䷋	000111—7	涣	䷺	010011—19
谦	䷎	001000—8	解	䷧	010100—20
艮	䷳	001001—9	未济	䷿	010101—21
蹇	䷦	001010—10	困	䷮	010110—22
渐	䷴	001011—11	讼	䷅	010111—23
小过	䷽	001100—12	升	䷭	011000—24
旅	䷷	001101—13	蛊	䷑	011001—25
咸	䷞	001110—14	井	䷯	011010—26
遯	䷠	001111—15	巽	䷸	011011—27

恒	䷟	011100—28	丰	䷶	101100—44
鼎	䷱	011101—29	离	䷝	101101—45
大过	䷛	011110—30	革	䷰	101110—46
姤	䷫	011111—31	同人	䷌	101111—47
复	䷗	100000—32	临	䷒	110000—48
颐	䷚	100001—33	损	䷨	110001—49
屯	䷂	100010—34	节	䷻	110010—50
益	䷩	100011—35	中孚	䷼	110011—51
震	䷲	100100—36	归妹	䷵	110100—52
噬嗑	䷔	100101—37	睽	䷥	110101—53
随	䷐	100110—38	兑	䷹	110110—54
无妄	䷘	100111—39	履	䷉	110111—55
明夷	䷣	101000—40	泰	䷊	111000—56
贲	䷕	101001—41	大畜	䷙	111001—57
既济	䷾	101010—42	需	䷄	111010—58
家人	䷤	101011—43	小畜	䷈	111011—59

依照“加一倍法”，每增加一个爻位（实即数位），二进制数表中所包含的自然数的数目就会增加一倍，如二进制六个数位包含了 64 个自然数（0—63），增加到七个数位，自然数的数目也就翻了一番，而包含 128 个自然数（0—127）。如增加到八个数位，就包含 256 个自然数（0—255）。如从八个数位增加到十五个数位，自然数的数目就会翻七番，即包含 32768 个自然数（0—32767）。以此推演，数位越多，所包含的自然数的数目也越多。

需要说明的是，先天八卦图体现的是三位二进制数表（0—7），行天六十四卦图体现的是六位二进制数表（0—63）。

据《二程外书》卷一二载，邵雍的发明得到了程颐的高度赞扬，并为其命名为“加一倍法”。邵雍听后很高兴，说，大哥恁聪明，弟愿传授。程颐说，可惜没工夫，如学会需要 20 年工夫。朱熹则称其为“加一位法”，并说：“自有《易》以来，只有康节说一个物事如此齐整”（《朱子语类》卷一〇〇）。即按“加一倍法”

的原理,每增加一位,即二进位制图式中的自然数的数目就加一倍。

从邵雍指出的“逆数”要诀可以看出,他当时对二进位制的认识是很明确的,其使用是很精确、很成熟的。今天,令我们感到遗憾的有二:一是邵雍没有把此成果推广开去,将其应用到更广的范围和更多的领域中;二是其他一些人,尤其是数学家们,没有对此跟踪进一步研究。如果那样的话,更多的新发明必然会接踵而至。

邵雍研究数,再往前走,可以沿着今人关于数学的概念走下去,成为有成就的数学家。但邵雍研究数,走的是《易》数之路,由数入“道”——天地生成、物理性命。看来,他的主业是当哲学家,数学家在其心中,可能只有“兼职”的地位而已。即使如此,我们还是要问:

是什么制约了邵雍的二进位制向前发展呢?

心有灵犀一点通。600 年后,德国的莱布尼茨(1646—1716)取得二进位制的发明权。

莱布尼茨也是哲学家兼数学家,和邵雍的知识结构大致一样。他为什么能将二进位制推广开来,促进了科学技术的进步呢?

五、邵雍会算命吗

邵雍在其著作中经常说到的“命”,大都是指“天命”而言。是否也包含着人生之命运呢?邵雍有时回避,有时又不回避。熙宁十年(1077)夏,邵雍病危,恰值张载从关中来看他,在切脉之后张载对他说:“先生信命乎?载试为先生推之。”邵雍回答说:“世俗所谓命,某所不知,若天命则知矣。”张载只好说:“既曰天命,无可言者。”看来他是不相信命运的。他有一首诗《闲行吟》,反复劝人不要占卜:

买卜稽疑是买疑,病深何药可能医?梦中说梦重重妄,床上安床叠叠非。

列子御风徒有待,夸父逐日岂无疲!劳多未有收功处,踏尽人间闲路歧。

看来，邵雍是不相信命运的。

但邵雍的《皇极经世书》后来怎么被一些术士推崇为相命占卜之经典了呢？《皇极经世书》面世之初，除平时与邵雍有些交往的人外，并未被更多的人重视，其主要原因有二：一是它并非经世之书，而是《易》学研究之书，加之邵老夫子没当过官，名气不是特别大，故知其有著述者寥寥。二是此书内容深奥，非饱学之士实难卒读，也读不懂。

金子必然是闪光的。《皇极经世书》的价值终于被人们发现了。

儒学家发现了它的人文价值，认为这是一部有创见的书，有的人提出邵雍应像孔子、孟子一样在文庙中享受供奉。

道学家发现了它关于生命价值的论述，认为其关于自然生成的见解超过了老子。

术士们发现了它关于天命与社会应对的象数推算十分精微，通过象数可以观物，而观物之象数可以知人事，进而可知社会、天地之变化，以已知测未知。邵雍之前，尚无人能达到如此地步。

南宋哲学家、蜀人张行成精于象数，他对邵雍十分崇拜。他杜门10年，除撰《周易述衍》外，另撰《皇极经世索引》、《皇极经世观物外篇衍义》两书。张行成为了让人读懂《皇极经世书》，对“元、会、运、世”作了许多“索引”，即加了许多的注。这些索引将邵雍书中所言人一一用卦加以注解。之后又有人加以更多地附会，并杜撰出一些占卜算命的小册子，谎称为邵雍著述。于是，《皇极经世书》成了算命的元典，邵老夫子成了算命先生的祖师爷。

翻检宋代至清的一些研究、解说《周易》的书可知，不少作者可能都从事过以《易经》之理、八卦之法推演命运的事，张行成就是其中之一。清代乾隆年间的《易经》学者、蜀人刘斯组，也是极其佩服邵雍的，在精心研读的基础上，他整理写出了《皇极经世书结言》。值得注意的是，此书出现了《康节先生传》，传中记载了邵雍在英宗治平年间即知若干年后王安石当政变法之事：

治平间，雍与客散步天津桥上，闻杜鹃声，惨然不乐。客问其故，雍曰：洛阳旧无杜鹃，今始有之。不二年，上用南人为相，多引南人，专务变更，天下自此多事矣！客曰：“何以知之？”雍曰：“天下将治，地气自北而南；将乱，自南而北。今南方地气至矣，禽鸟飞类，得气之先者也。《春秋》书六鹢飞退，鸲鹆来巢，气使之也。”

其实，邵夫子在此不过是玩了一次孔子叹西狩获麟的故事。至于治乱与气的关系，恐也属无稽之谈。杜鹃是一种候鸟，在洛阳栖息并不为怪。显然，这一故事是后人附会而出的。至于邵雍著梅花易，不仅不可信，也不值得费口舌分辩什么著作权，邵夫子也不会贪天之功为已有的。

传说属通俗文化，品味不一，有的可能有些趣味，有些则味同嚼蜡。邵雍毕竟是人不是神，有些传得很玄，很离谱，自以为能俘虏他人，其实不然。检索一些有关邵雍算命的传说，发现也有个别较合常理者。此引《碗毁》一段供欣赏。

某日，邵雍占卜推知一只祖上传下来的瓷碗要毁于今日，且时不过午。收藏了多年，保存得好好的，怎么会毁坏呢？从课象上他尚看不出来。于是，他用绳子在碗上绕了几圈捆绑结实后将其吊在书房的梁头上，之后搬了一把椅子坐下，他要看看此碗今日是如何一个毁坏法。日将午，佣人催老夫子用饭，喊了几次，只听答应，不见人来。夫人等得有些着急，便亲自前催。当邵夫人看到邵雍不是像往常那样坐在案前写字，而是呆呆地望着吊在空中的一只破碗时，便顺手抽下门闩，“咣当”一声，把碗敲了个粉碎。口中还喃喃地说：一只破碗，有什么好看的，连饭也不吃了。邵雍笑了，他站起身来，自言自语地说：真没料到，是我毁了它呀！

《康节先生传》举例说邵雍会算命，也未必是无根之谈。查《宋史·道学一》有邵雍传，虽语焉不详，但言之甚凿，均有所记。“雍知虑绝人，遇事能前知。”又说：“雍于凡物声气之所感触，辄以其动而推其变焉。”

由此可知，邵夫子除对中国哲学有重大贡献外，尊其为“预测学”先师，民间也是很有一些根据的。

邵雍生前曾为其父在伊水之畔择有墓地，他死后葬在其父之侧，故今伊川县平等乡西村有邵雍墓园。

参考资料：

1. 汤一介、胡仲平：《西方学术背景下的魏晋玄学研究》，《中国哲学史》

2004 年第 1 期。

2. 陈来:《郭象哲学及其在魏晋玄学中的地位》,《中国哲学》第 11 辑,三联书店,1984 年版。

第六章　佛学的汉化和儒化

佛教从印度传入我国已经2000多年，由于中国这片土地辽阔而肥沃，佛教已由当初的一株幼苗成长为参天大树。

有趣的是，原诞生地的印度佛教却于13世纪在印度的国土上湮灭了。

佛教在中国沃土之上生存2000年而仍充满生机，并形成了汉传、藏传、南传三大系统（按：本书仅讨论汉传佛教），成为了中国传统文化的重要组成部分，原因何在呢？

其实，答案很简单：中国国土上的佛教，已经不是2000年前原来意义上的佛教了，经过无数次的洗礼，它已经姓"中国"，名字叫"中国佛教"了。

结论：中国佛教是来自印度而又有别于印度佛教的具有中国特色的佛教。

什么是"有中国特色的佛教"呢？

其实，答案也很简单，那就是：佛教的儒化和汉化。

佛教这一特色的形成与完成，其过程大多发生在河洛地区。

第一节　佛教的传入

公元前2年，大月氏使臣伊存口授《浮屠经》给西汉末年博士弟子。当时儒生既读"五经"，又善谶纬。公元65年，楚王英供养伊蒲塞、桑门，斋戒祭祀浮屠，公元70年，刘英以结交方士、制造谶纬，被控谋反。此时，佛教在中国人眼中犹如方士、谶纬。佛教实际上尚处于附属于巫术的阶段。

关于佛教传入中国的时间，儒家典籍和佛教资料都有多种记载，确切年代虽然尚无法确定，但总体上应在秦汉之时。

一、伊存授经

佛教产生于印度，大约于秦汉时已传入中国。在历代学者研究考证的基础上，中国佛教协会和中国宗教学会共同确认1998年为佛教传入中国2000年纪念年。

这就是说，佛教传入中国在公元前2年。

何以作如是说？依据又是什么呢？

依据的是正史资料。

此事见裴松之注《三国志·魏书》(卷三〇)所引鱼豢所撰《魏略·西戎传》。其中写道：

> 昔汉哀帝元寿元年，博士弟子景庐受大月氏王使伊存口授《浮屠经》。

汉哀帝元寿元年即公元前2年，距1998年恰2000年。

不过，史学界过去常常以汉明帝白马驮经之永平十年(67)作为佛教传入中国之确切时间，比伊存口授传经晚了69年。其实，史籍上也有秦始皇时即有佛教传入中国的记载，如《历代三宝记》卷一就有记载：

> 始皇时，有诸沙门释利防等十八贤者，赍佛经来化。始皇弗从，遂禁利防等。夜有金刚丈六入来破狱出之，始皇惊怖，稽首谢焉。

《佛祖统纪》也有类似的记载，还说秦始皇“以厚礼遣出境”。这又比伊存口授早了200多年。但令人遗憾的是，这些史料的记载或者是语焉不详，或者仅仅是传说。总之，还比较单薄。

二、白马驮经

中国历史上记载较为详细的第一个与佛教打交道的皇帝是汉明帝刘庄，最脍炙人口的故事是白马驮经。

刘庄(前28—75)是光武帝刘秀的第四子,30岁继位,史称明帝。关于他将佛教引进中国一事,《资治通鉴·汉纪三十七》记载较详:

初,帝闻西域有神,其名曰佛,因遣使之天竺求其道,得其书及沙门以来。其书大抵以虚无为宗,贵慈悲不杀。以为人死,精神不灭,随复受形。生时所行善恶,皆有报应,故所贵修炼精神,以至为佛。善为宏阔胜大之言以劝诱愚俗。精于其道者,号曰沙门。于是中国始传其术,图形其像,而王公贵人,独楚王英最先好之。

此段文字,实采自《后汉书·西域传》。在《西域传》"天竺"条下有如下记载:

世传明帝梦见金人,长大,顶有光明,以问群臣。或曰:"西方有神,名曰佛,其形长丈六尺而黄金色。"帝于是遣使天竺,问佛道法,遂于中国图画形象焉。楚王英始信其术,中国因此颇有奉其道者。后桓帝好神,数祀浮图、老子,百姓稍有奉者,后遂转盛行。

上述记载,都没有明确时间,但一些佛教资料如梁皎然《高僧传》和《四十二章经》序等,既讲了时间,又讲了白马。讲得最为详细的是隋费长房《历代三宝记》卷四。大意说,明帝夜梦金人,通人傅毅奉答为西方佛,于是明帝于永平八年(65)遣郎中蔡愔、博士弟子秦景至西域求佛,至大月氏时,恰值天竺高僧迦叶摩腾、竺法兰在此讲经,汉使致礼恳请东土传经,二人应邀,同意到洛阳传道,并用白马驮运经卷及佛像。永平十年(67)到洛阳后,明帝亲自接见并安置他们住在国宾馆鸿胪寺。第二年,明帝敕令仿天竺式样在洛阳城西修建了中国历史上第一座寺院"白马寺",中国的译经从此而始。白马寺也因而被称为"释源"和"佛教祖庭"。

迦叶摩腾又叫摄摩腾,他和竺法兰在白马寺译出了中国的第一部佛经《四十二章经》。《高僧传》称:"汉地见存诸经,唯此为始也。"

洛阳白马寺

作为印度文化传播的友好使者，摄摩腾、竺法兰为了佛教事业最后均圆寂于洛阳。为了纪念两位高僧，摄摩腾和竺法兰分别被葬于白马寺山门内东西两侧。3米多高的墓冢前立有两座石碑，分别刻着“汉启道圆通摩腾大师墓”和“汉开教总持竺法大师墓”字样。

三、永平斗法

“永平斗法”又叫“僧道斗法”，在白马寺碑刻中这是一则最有趣的传说。

佛教传入汉朝之际，受到汉明帝很高的礼遇，虽然当时还没有什么信众，也没有什么势力，但对一直受宠于官方的道教及方士来说，心理上已是很不平衡，他们预感到一种莫名的威胁，于是就想办法排斥它。

永平十四年(71)正月初一早上，汉明帝刚接受过大臣的新年祝贺，以褚善信和费叔才为首的五岳道士便在明帝面前攻击佛教说：佛非中土所产，《四十二章经》纯属编造，西域僧人只会耍嘴皮子，妖言惑众，其实并没有什么真本事。耳听为虚，眼见为实，皇上您要是不相信的话，我们两家可以比试一下。我们一定会把他们斗得落花流水，现出原形。

明帝将信将疑，只好说："那就试试吧！"

时间定在正月十五日。方法是以檀香木之火辨别道、佛两家所崇之经的真伪。

元宵节的到来，使洛阳城格外热闹。城西白马寺前广场上早已搭好了两个坛场。道士们说自己是东方圣教，坚持把道坛设在东边，佛坛于是设在了西边。道坛搭建得相当庄严，上面陈放着神圣的509部道教真经。经卷前摆放着香案和各种果蔬供品，500多位衣着整齐、表情严肃的道士坐在坛后及左右的席子上。西边的佛坛显得有些冷清，坛上仅安放着佛祖之像、舍利子和《四十二章经》，坐席上只有迦叶摩腾和竺法兰，坛后边站有一些助威的老百姓。

白马寺齐云塔

一切准备就绪后，在明丽和煦的阳光下，由大臣、宫女和卫士们簇拥着的汉明帝快步登上了观赛台。

一声锣响，两位手持火种的青年向东西两侧走去，迅速地将摆在坛前的檀香木点燃。

褚善信站了起来，首先带领众道士吟诵经文，之后绕坛三周，心中暗暗祷告："元始天尊、玉皇大帝、太上老君，请佑弟子……"

迦叶摩腾也站起身来，双手合十，先向佛祖致礼，再向明帝和四周的百姓施礼致敬，然后向场地中央慢慢走去。

檀香木之火引燃了道坛和佛坛。509部道经在熊熊的烈火中化为缕缕青烟。佛祖之像、舍利子及佛经不仅未被引燃，还在火焰中闪出道道金光。

走在广场中央的迦叶摩腾突然向前一跃，直升天空，绕场飞了三周，并在空中作偈唱道：

狐非狮子类，灯非日月明。池无巨海纳，丘无嵩岳荣。法云垂世界，法雨润群萌。神通稀有事，处处化群生。

见此状况，太傅张衍对道士们说："收拾一下回去吧，不服气是不行的！"众人听后立即欢呼起来。费叔才气恼交加，以头抢地，再也没有站起来。

在场的一些官员、宫中女官和老百姓纷纷要求皈依佛门，报名者达1460人。

永平僧道斗法无疑是一个传说，但清如秀《洛京白马寺释教源流碑记》及清悟成《佛说四十二章经》刻石前均有这一记述，可见斗法一事向为释界所乐道。不过，从中也可看出当时的社会状况。一是佛教初传入中国时曾遭到了社会的非议，尤其是遭到了道家的排斥。二是在大多数人眼中，包括皇帝和官方机构，视佛教和方士谶伎同属一类，并未将佛教视为思想意识形态。三是佛教尚处于幼弱的初级阶段，既没有组织，也没有受众。

佛学汉代传入中国，之后逐渐在民间流布。异国之学之所以能够生存，原因可能有以下几个。

一是得到了官方的承认。由于谶纬之学、灾异瑞祥、天人感应一直是汉代统治阶级意识形态的支撑，因而最高统治者对方士也一向给予尊崇的地位，这样，爱乌及屋，佛学也有了较好的生存条件。《后汉书·襄楷传》载，襄楷信奉道家，认为佛教与道教教义基本相合，可以提倡。桓帝延熹九年(166)，襄楷上疏桓帝，称赞佛教说：

此道清虚，贵尚无为；好生恶杀，省欲去奢。

他还特意把民间"老子入西域而创佛教"的传说讲给桓帝听，以使皇帝对佛教有亲切之感。以道解佛，消解佛道之间的矛盾，襄楷可谓功不可没！

二是中国是一个多神论的社会，凡能于精神有所慰藉而又不被官方禁绝的意识形态，大都有一定的市场和群众基础。佛教在汉代受到官方的推崇，并输入、置换了一些老庄思想于其中，并与儒家“五经”相调和，因而更易广为传播。

三是由于社会动乱、图谶张扬，儒家倡导的纲常名教受到了极大冲击，“独尊”的地位已大大动摇，出现了“民众不信，官方不屑”的现象。在主导思想丧失权威影响之下，佛教所宣扬的“出世远害、清欲仁慈”便更容易被人们所接受。

第二节　佛经的汉译

外来文化要在中国生存，必须适应中国国情。佛教在中国存在与发展的历史，实际上就是逐步与中国传统文化之主流——儒家文化交融的历史。从这一交融过程中可以看出，两汉之际，佛教主要依附儒学方士；汉末则又为道教方士所推崇，成了他们的附属物；到牟融时，又回到了儒术方士，以儒家“七经”为根据、以《老子》之说为依托，批评和否定道教神仙之说，与道教分道扬镳而更加走向儒化的道路了。

佛教初传入汉时，为向民间发展，就接受了民间巫术的渗透，某些西域僧人虽对此也不很认同，但禁而不止。即使早期的一些高僧也不能免，如安世高、支娄迦谶，以至佛图澄、昙无微都以巫术见长。佛教的巫术化不仅是佛教向大乘过渡的重要环节，也是走向民间的重要标志，大乘佛教在中国向多神发展也始于此。

大月氏使臣伊存出使汉朝，口授《浮屠经》，表明当时还没有带来经卷。其后汉明帝派人至西域求经，带回了一些经卷，摄摩腾、竺法兰来洛阳后，明帝敕建白马寺，至此，佛、法、僧俱全，佛经的汉译也从此开始，这不仅标志着佛教在中国真正开端，也标志着佛教儒化和汉化的开始。

佛教的儒化和汉化走着两条路子，一是以儒译经注经，一是以儒道思想为指导撰写佛教著作。殊途同归，二者之目的是一样的，都是企图将佛教依附于中国传统文化之后，以求得合法地位，从而在大众中进行传播。

一、《孝经》与《四十二章经》

据汉牟融《牟子理惑论》、梁慧皎《高僧传》等书记载，佛教传入中国的最早经卷是《四十二章经》，由西域沙门迦叶摩腾和竺法兰所译。

这部经有什么特点呢？

隋费长房《历代三宝记》卷四说：

《旧录》云：本是外国经抄，元出大部，撮要引俗，似此《孝经》一十八章。

这就是说，这本经有两大特点：一是它是从大众部经书（按：即《阿含经》）中择要节录出的一部经书，二是为了使中国的大众能够看懂它并接受它，从内容到形式都模仿了中国的《孝经》。

《四十二章经》全名叫《佛说四十二章经》。"佛"，指释迦牟尼。"说"同《论语》中的"学而时习之，不亦说乎"的"说"相同，即"悦"，意为听佛讲经是很快乐的。四十二章就是42段、42条。为什么不用40段或41段而一定要用42段呢？释迦牟尼认为，一个人从修行的第一步起到最后成佛，要不断上攀，共有42个阶位。"四十二"即隐含修行的42个阶段。

《四十二章经》中有着不少儒家思想的内容，虽然每章讲的都是关于怎样才能做一个合格的比丘僧，但却常常说要孝敬父母、要自尊自爱等。如第一章讲"辞亲出家"，意为出家要么是自己的意愿，但得到了父母的同意；要么是父母的授命，在父母安排之下出家。并说只有这样做才是对的。这就是《历代三宝记》判说此经译时模仿了儒家经典《孝经》的缘故。《四十二章经》中也有道家的内容，比如有些方术，在汉代就广为流传。该经文词华茂，朗朗上口，好念好诵。

《四十二章经》最初译出的时候，担心汉人不能接受，曾以《父母恩难报经》名世，这也是《旧录》称其为《孝经》的缘由。

在解《四十二章经》时，一些佛学大德也往往援儒释佛，下面以例证之。

例一，《佛说四十二章经》的《经序》第一句为"世尊成道已，作是思惟：离欲寂静，是为最胜"。佛学大师在解这句经时，往往把佛经中的释迦牟尼与中国圣人孔子相提并论。说：孔子是提倡多动脑筋思考问题的，同时主张思考要与加强学习相结合，在这方面，他有一句名言，就是"学而不思则罔，思而不学则殆"。释迦佛祖也是如此，他的思维十分深刻，比如，人怎样才能脱离苦海呢？在他之前，谁也说不清楚，谁也讲不到位。但他"作是思惟"，说最根本的是"离欲寂静”。仅仅四个字便概括了一切。“欲”就是人的欲望，如情欲、食欲。通过修行，人们完全能远离“五欲”：财、色、名、食、睡。把地狱的这五条根彻底打破，那就什么烦恼也没有了。怎么打破呢？那就是认真修行。而修行的最好方法就是参禅静坐。一静万事休。学会了静寂，就可以入定，能够入定，就得到了智慧。这一点，儒家也认为很重要，如“四书”中的《大学》就说：“知止而后有定，定而后能静，静而后能安，安而后能虑，虑而后能得。”因此，佛说此法“是为最胜”，也是中国圣人所一贯主张的。

例二，《四十二章经》第一章有“常行二百五十戒，进止清净”句。佛学大德在解这句时，往往把佛家之戒与儒家之倡相互印证。说：佛教教义要求比丘僧修行中要接受二百五十戒，比丘尼要接受三百四十八戒。但最重要的、也是最根本的是“五戒”，这就是：不杀生、不偷盗、不邪淫、不妄语、不饮酒。佛教讲的“五戒”，说是修行功夫，实是做人的道理。不但佛教讲“五戒”，儒家其实也是讲“五戒”的，只是使用的词语不同罢了。儒家提倡“五常”，就是仁、义、礼、智、信。——不杀生就是有仁，不偷盗就是讲义，不邪淫就是守礼，不妄语就是有信，不饮酒就是有智（头脑清醒）。故此可知，佛家“五戒”，儒家“五常”，两者的含义是完全一致的。

例三，在讲“辞亲出家”一句时，还往往引用其他佛经中有关佛祖行孝的故事。佛经载：释迦牟尼开始要求出家时并未获得父亲的同意，父亲要求他结婚、生子之后才能出家。佛祖听从了父亲的安排，在娶了第一个夫人之后，又娶了第二个夫人，并生了孩子，为祖先传宗接代。这和中国圣人所说的“不孝有三，无后为大”是一致的。佛祖出家后在外边修行，当听说父亲逝世后，便立即回到家里举丧，亲自将父亲安放在棺木中，然后与兄弟、儿子等一起将棺材抬到灵山安葬。佛祖就是一个大孝子，读他的经有什么不对呢！

用中国人固有的儒家知识、伦理观念，阐释佛家之说，以便使人们在不知不觉而又感亲切的氛围中获得“自觉”，这就是佛学译经者的智慧。

当然，从另一方面看，佛理也正是在这不知不觉中演化着，融入了更多的儒学义理。对于这一点，佛界也是公认的。山东泰安有一著名的普照寺，在泰山脚下，2006年8月19日作者在参加一次学术讨论会时谒临宝地，就亲见寺院内筛月亭石柱上阴刻对联一副：“列泉种竹开三径，援释归儒近五贤”，特录为证。

二、早期的译经

第一批来中国译经的有安息人安世高、月氏人支娄迦谶。安世高在汉桓帝建和初年(147)到了洛阳,支谶则在桓帝末年(167)到达洛阳。

安世高为安息国太子,因酷爱佛理而让位于其叔,之后又远避家乡而东来洛阳。先后译经34部。

安世高之前,洛阳只有《四十二章经》,由于当时佛教还没有形成教团,故真正信佛的还没有一人,《四十二章经》也仅是附在《道德经》之后,诵读者并不多。

安世高意识到,要使佛教得到发展,当务之急的工作有两项,一是尽快地译出更多的经,以使佛教教义系统、完善;二是发展教徒,形成教团。

于是,安世高在白马寺努力译经,其中理论性很强的是《阴持入经》,集中阐述佛教原理"四谛"中的"苦谛"。经说:人生就是苦,感官的感受是苦的远因,爱欲特别是饮食男女是苦的近因。人要脱离苦,就要自觉禁欲。他还译有把禅定与佛理结合密切的大小《十二门》和《安般守意经》、《修行道地经》等。上述佛经贯穿着早期的小乘思想,属上部座中说一切有部经。其中影响最大的是充满"禅数"的《安般守意经》。该经教人在修禅时要静心守持,意念专一,使身心达到宁静安谧之态。为了使人们便于接受教义,也多用当时人们比较熟悉的道家术语解释佛教。如《安般守意经》中就有这样的句子:"安为清,安为净。守为无,意名为。是清净无为也。"这和道家的清静无为、静心养气是一致的。《高僧传》说安世高善七曜五行、医方异术,故其所译经中掺入了中国固有的一些如气功一类的方伎医术,也就是很自然的事情了。

安世高精通汉语,口才很好,他利用这一优势组织讲经。由于解说生动,启人心智,听众如云,大大普及了佛教知识。安世高还在洛阳收徒讲习,比较有名的弟子有韩林、皮业和陈慧,陈慧的高足有康僧会。安世高可谓小乘佛教在华布道的第一人。

东汉末年政局多变,洛阳、关中一带时有动乱,为避乱,安世高后来便离开洛阳前往江南去了。

支娄迦谶在洛阳的时间大约是汉灵帝光和、中平年间(178—189),二十多年中译经14部,几乎把当时大乘经都译了一遍,包括后来被收入《华严经》中的

《兜沙经》、编入《大般若经》中的《道行般若经》以及《平等觉经》、《首楞严三昧经》、《般舟三昧经》等。《道行般若经》是大乘经中影响力最大的经，经中充满着怀疑与否定权威的批判精神，加之支谶在翻译中吸收了老子及庄子的一些思想，并用一些意义相近的言词来表述，如在译《道行般若经》时，将梵语“波罗蜜行”译为“道行”，将“如性”译为“本无”。由于便于理解，因而受到世俗的欢迎。《般舟三昧经》和《首楞严三昧经》均属大乘，都是宣扬“禅定”的：只要人们在修禅中专心思佛，将来即可升入西天极乐世界。支谶所译般若类经典，对其后四百年间佛教在中国的发展产生了巨大作用，尤其与魏晋玄学相里表，对中国的文化思想产生了重大影响。般若学开中国净土信仰之先河。

本为异国文化的佛教经过数百年的演化最后成了“中国佛教”，安世高和支娄迦谶是其儒化、汉化过程的开先河者，功垂不朽。

在洛阳译经作出贡献的还有支亮和支谦。

大乘佛教译经大师支娄迦谶去世后，其弟子支亮继承了未竟之业。支亮字纪明，东汉河南（今洛阳）人。支亮大乘之学的传人为支谦。

支谦又名支越，字恭明，东汉末年河南（今洛阳）人。支谦之祖本大月氏人，汉灵帝时奉使率数百人东来，后均归籍于汉，定居洛阳。支谦聪慧无比，不仅汉语精熟，还习西域六国之语。由于支谦为支娄迦谶的再传弟子，故译经史上将两人与支亮并称“三支”。

东汉末年洛阳时局动荡，为专心译经，支谦南渡至吴。由于其名声早播域中，支谦到达吴都建康（今南京）后受到吴国的优待，授为博士。支谦在吴 30 多年，译经 29 部，其中比较重要的有《无量门微密特经》、《瑞应本起经》、《私呵眛经》等。他还重译了《了本生死经》、《菩萨本源经》，补订增译了《法句经》，与人合译了《佛医经》等。支谦通音律，晓梵韵，他依《无量寿经》等制作了《赞菩萨连句三呗》，将经文配以乐章，在音乐相伴下咏唱，对宣传和普及经典起到了很好的推动作用。

支谦一生并未剃度，是居士中对佛教作出贡献的佼佼者。

安息人优婆塞（佛教居士）安玄，持戒通经，于汉灵帝末年（189）到洛阳，先是做安世道助手，后来自己也参与了译经，并与汉僧严佛调合译《法镜经》。此经特为“居家开士”（在家菩萨）说法，把救护众生、度脱众生作为信奉佛教的第一大誓，以布施为中心，讲“六度”修行之法，这和早期佛教思想已大不相同。

中天竺僧人昙柯迦逻（法云）于魏嘉平年间（249—254）来到洛阳，他看到汉末以来已译了不少“经”，但有关佛法的“律”、“论”并无人译，僧人们行为自由，没有约束，于是他在白马寺召集西域籍僧人，要求大家要像在“家乡”一样实行戒律，并亲自动手，编译了一本《僧祇戒心》。

此外，魏嘉平末年（254），西域康居国僧人康僧铠到洛阳，为适应更多的居士学经的需要，他以《在家出家菩萨戒经》为名重译了《法镜经》，同时译了《无量寿经》。正元年间（254—256），安息沙门昙谛来到洛阳，根据他精于律学的特点，译出了法藏部戒律《昙无德羯磨经》。甘露年间（256—260），龟兹国僧人白延来到洛阳，先后译出了《首楞严经》、《须赖经》和《消灾患经》等。

三、牟融的经论

在中国儒学传承中，有“圣经贤传”之说，意思是说，“经”是圣人之作，解经的人所写的东西再好也不能称为经，只能称为“传”。如《春秋》是经，左氏、公羊、穀梁之学只能叫“传”，故而才有《左传》等之说。佛教是中国知识分子翻译的，故也采用此例，佛说为“经”，大德所解为“传”。那些学习、研究经、律、传的著作则叫做“论”。

在佛教儒化过程中，相传为东汉末年牟融所著的《理惑论》尤其值得一提。这是一部中国人自己最早写出的佛教著作（收入南朝齐梁时僧祐所编《弘明集》）。

牟融本人自幼习“五经”，兼学《老子》，但更致力于佛学。在《理惑论》中，牟融以儒家经典及《老子》阐述、解释佛教义理，尤其有针对性地对各种责难——佛非中国所产，属夷狄之术，与儒相悖；信徒出家毁容，有违孝道；妄说生死鬼神，非圣贤之语——逐一进行了辩答，颇能扫除一般人的模糊认识。

1. 关于夷夏之辩

牟融指出，夷夏之分没有绝对的界线，典籍上就有圣人大禹出于西羌、秦国大夫由余原在狄国做官的记载。但大禹领导人民治水成功，受到人民拥戴而当了华夏的国君；由余任秦国上卿，助穆公攻伐西戎，灭国十二，霸业遂成。即使圣人孔子，当年周游列国不得意时，也有居九夷的想法。因此，不能简单地认为，尊学佛理就是背叛,就是废尧舜周孔之道,两者并不矛盾。

2. 关于孝

牟融指出,沙门捐家财、弃妻舍子、剃头毁容等,均属个人小节,他们的目的是修道德、崇仁义,这才是大事,这和圣人提倡的完全一样。至于修炼成佛之后父母兄弟都能得到超度,更是大仁大孝。

3. 关于生死

牟融指出,人都会死的,但佛教宣扬因果报应、来世转生等,也是一种习俗,和我们祖先招魂的做法是一样的,《孝经》里不是就有人死之后"为之宗庙,以鬼享之"的说法吗?总之,这些都是我们自古以来就有的事。

4. 关于佛儒之别

牟融指出,尧舜周孔是圣人,他们主张入世以实现自己的主张,老子和佛教是主张出世以实现自己的主张,都是光明正大的,抑一扬一的做法是不对的。

《理惑论》以儒释佛,调和佛与儒、道的矛盾,减少了很多人对佛教的抵触情绪,对中国人接受佛教和佛教在中国落地生根都起到了思想上清除障碍的重大作用。

牟融《理惑论》的产生不是偶然的,是佛教发展的必然产物,这里所说的"发展"即指佛教的儒化、汉化过程。援儒入经、援道入经、援俗入经等,则是这一过程中必然的一幕幕。

第三节 佛学的传承

西域佛教的儒化与汉化经历了一个逐步完善的过程,除传入和译经发生在洛阳之外,宗教仪轨中首次设戒、受戒也是发生在洛阳,尤其是中国佛教形成的标志——禅宗的发端与形成也是发生在洛阳地区。

一、传戒与受戒

佛教虽然从秦汉时就传到了我国,但当时统治阶级主要是将其作为方伎之术接受的,加之在意识形态中占绝对统治地位的仍是儒家(间杂以各家),所以最高当局是不允许大众皈依佛门的。中国第一位最崇信佛家的贵族人物是汉明帝时的楚王英，曾在家中设坛供奉，但最终以企图谋反罪被人告发，落了个流放自杀的下场。

作为正式的僧人，必须接受传戒和参加修持。

1. 昙柯传戒

汉魏之际思想领域较为开放，一些士人不仅信教而且成了僧人。但由于当时还没有教团，也没有佛教领袖，更没有佛教仪轨，因而入教为僧并不举行什么仪式，也不受比丘戒，平时也没什么生活与道德规范约束，僧人与众不同之处仅仅是剃发除须而已。

无疑，这对佛教的进一步发展是不利的。

魏嘉平年间(249—254)，天竺僧人昙柯迦逻到了洛阳，一些西域僧人向他反映了中土佛界的状况并表示忧虑，希望这位对律部很有造诣的高僧能为大家受戒。

昙柯迦逻不愧是位高僧，他不仅感觉到问题的严重性，必须匡正时弊，而且很快就提出了“整顿”方案。第一步，要译出一部可供传戒遵守的经，用以统一思想；第二步，在组织上进行落实，建立教团，以保障戒律的实行。昙柯组织了几位水平较高的西域僧人，不舍昼夜，综合数部律典之精华，很快就编译出了一部《僧祇戒心》。

在众僧学习《僧祇戒心》的基础上，昙柯迦逻选一吉日，在白马寺正式设立戒坛，自己担任主戒师，按佛教仪轨进行了传戒。

洛阳传戒是中国佛教发展史上的一件盛事，也是里程碑，它标志着中国佛教从此成为正式的宗教团体，不仅经典逐步完备，戒律也走上正规。昙柯迦逻为中国佛教的独立发展在理论上和组织上奠定了腾飞的基础。

2. 华人受戒

据《高僧传》载，汉人第一个为僧者是东汉的严佛调。

严佛调原名严浮调，东汉末年下邳(今安徽宿迁)人。下邳为楚王刘英辖地，刘英崇佛，故这一带佛教也较其他地区盛行。严从小受佛教熏陶，之后又到首都洛阳，加之他以安世道为师，以安玄为伴，故而佛学日益精进。在学佛译经中，他不仅是安世高的得力助手，他还和安玄一起合译了《法镜经》，为中国居士修佛提供了一部很好的经典。严佛调在精心研究佛教义理的基础上，还独立撰写了《沙弥十慧章句》一书，开汉僧援儒释佛之先河。

鉴于当时情况，严佛调虽然在洛阳为僧几十年，但终没有受戒。

汉僧第一个受戒的是朱士行。

朱士行，魏颍川郡阳翟（今河南禹州市）人。士行聪颖好学，游学于洛阳，因笃信佛祖而出家，昙柯迦逻设坛传戒时，他第一个以羯磨受戒之人。

朱士行受戒后以弘扬佛法为己任，他秉承大乘教义，致力于宣讲《般若道行经》。他是中国讲经的第一人，此前，佛经均由西域人讲释。

《般若道行经》为汉灵帝光和二年（179）月氏高僧支娄迦谶所译。由于当时是天竺僧竺佛朔据梵文口授，然后由支谶口译，再由洛阳人孟元士等人笔录。该经通篇为意译，加之环节多，语言多次转换，难免存在着义理不畅甚至个别处相互矛盾之现象。朱士行在讲经中发现此经在不少地方语言不够准确，义理前后不能贯通等瑕疵。

朱士行决心西行以求《般若道行经》梵文原本，然后重新译定，以使此经义理畅达，文字准确。甘露五年（260），朱士行与十数僧友西出洛阳，过雍州（今西安），经敦煌走入茫茫戈壁，再过鄯善、若羌诸城，行程一万多里，最后到达于阗国（今新疆和田）。

朱士行在于阗访到《般若道行经》之后，面对洋洋60多万言的异国文字，众人立即分头进行誊抄。

当朱士行派人护送所抄经卷回洛阳时，却遭到小乘教派的阻挠。他们认为，《般若道行经》属佛教大乘派，其进一步东传，必将影响小乘之声誉，因而要求国王明令禁止此经出境。

朱士行多次出面与当局交涉，但毫无结果。

在无可奈何的情况下，朱士行想到了永明斗法的故事。于是他对国王说，《般若道行经》能否送到洛阳，最好是看一看佛祖的旨意。我们可在王庭设坛架火，如佛祖不让将此经送往东土，大火必会将经卷焚为灰烬；如经卷在火上安然无恙，那我们就要按佛祖的旨意，冒死也要护经东进。于阗国王和大臣们同意了朱士行的建议。

第二天，当熊熊烈火在王宫燃起的时候，朱士行手捧经卷，他一边在心中默默地祈祷，一边一步步地走下台阶，走向火堆。当他庄严地把用黄色缎帛包好的经卷放到火焰之上时，神奇的现象出现了，那跳动着的火焰一下子全都熄灭了。

在众人的欢呼声中，朱士行双手合十，像铁铸一般地挺立在王庭之中。

当《般若道行经》送到洛阳时，已是晋太康三年(282)，距朱士行西行已23年了。

《般若道行经》在白马寺保存了三年，又送到其他寺保存了多年，直到元康元年(291)才决定由于阗僧人无罗叉与竺叔兰合译，经过十多年的译、校和修订，晋惠帝太安二年(303)，以《放光般若经》之名，正式向社会公布。此时距朱士行西行已44年。

朱士行虽然西域求法未归，80岁时圆寂于阗，但在两地弘扬佛法之愿却是圆满的。

二、佛教学派

佛教在两汉之际传入我国时仅被视为神仙方术之一种，尚处初始阶段，至南北朝时有了较大发展，传遍了全国，开始出现了不同学派。隋唐时期进入鼎盛阶段，形成了很多具有中国民族特点的宗派。在后世发展中，影响较大的是天台宗、华严宗和禅宗。

1. 天台宗

天台宗形成于隋代，因其源于浙江天台山，故名。又因其宗《法华经》，也称法华宗。法华宗主张有二：一是“一心三观”，即一心可同时观察事物的空、假、中三个方面。他们称空、假、中为“三谛”。在此基础上，后来又提出了“园融三谛”(也叫“三谛圆融”)，认为空、假、中同时存于一心中，彼此圆融，互不妨碍。主张南北各派学说可以相互吸收和调和。天台宗的代表人物是智觊(538—597)，颍川(今河南禹州市)人，因博通佛理，时称“小释迦”。

2. 华严宗

华严宗因倡《华严经》而立宗。武则天喜诵《华严经》，并将经中一菩萨之名“贤首”赐予该宗创始人法藏(643—712)，人们因此称法藏为“贤首大师”，华严宗因此也叫贤首宗。华严宗主张“法界缘起”说，其名言是“一即一切，一切即一”，认为一切现象都是相互依持的，互为因果的，相即相入，圆融无碍。

3. 唯识宗

唯识宗又称法相唯识宗，创始人为玄奘（632—682）。玄奘为河南偃师缑氏人，在长安出家后广学各经，后至印度以戒贤为师学《瑜伽师地经》、《毗经》等。玄奘西行归国后，译出了许多瑜珈行派的典籍，其代表作为《成唯识论》。该宗认为任何事物都是有缘起的，“缘”即意识中的积习之气，也就是经验，事物依靠人的自身经验而生起。法相唯识宗认为人的“心”和“理”是不同的，有些人的心是不通佛性的，因而他永远也不能成佛。玄奘译经，固守西域原本，不善变通中国国情。基于上述原因，信众甚少，因此不到半个世纪即传无后人了。

4. 净土宗

净土宗因专修往生阿弥陀佛净土法门而得名，创始人慧远。净土宗历代无前后传承法统。洛阳僧人昙鸾对净土宗的形成起到了重要作用。昙鸾受业菩提支流《观无量寿经》且著《礼净土十二偈》发挥尽致从而使净土宗在北方得到一定发展。昙鸾立难行、易行二道之说，使净土立宗有了坚实基础。唐玄宗时，弟子慧日在洛阳罔报寺又著《往生净土集》，使净土教义普及民间。净土宗宣扬因果报应说，劝人修功积德，舍财为善，同时宣扬孝道，加之所讲经论平实近人，因而信众较多。

5. 律宗

律宗是因重视研究、实践戒律而名。中国戒律始于昙柯迦逻白马寺所译《僧祇戒心》并为僧人立羯磨受戒。唐时僧人道宣（596—667）大力提倡《四分律》，并著《四分律比丘含注戒本》、《四分律删补随机羯磨》等五部书加以阐发。他还在终南山依律制定出家受戒仪式之规，设戒坛为僧人受戒，因而渐成一派。律宗主张严格按照佛规修行，从出家之日起内心必须牢固树立防非止恶之观念。一要“止持”，即“诸恶莫作”——口不出秽言，行不作恶事；二要“作持”，即“众善奉行”——衣食行止坐卧等依律而行。

鉴真（688—763）是道宣的三传弟子，是律宗最杰出的代表之一，唐天宝三年（744）东渡奈良，将中国律宗传到了日本。中国近代最有名的律宗大师是弘一法师（李叔同）（1880—1942），佛教界尊其为近代重兴南山律宗的第 11 代祖师。其代表作有《南山律在家备览》、《四分戒律相表记》。

6. 禅宗

禅宗源于中岳嵩山少室,因主张“禅定”而名(详见下)。

三、中国的禅宗

禅宗是印度佛教中国化的光辉结晶。

儒家最推崇的是圣人。禅宗像中国的儒家一样,主张通过人们自身思维与实践的修行,从而使自我人性达到最高的境界——佛。

1. 达摩面壁修禅

禅宗的初祖为菩提达摩。

菩提达摩为南天竺国王第三子,精研大小佛法。据《历代高僧传》、宗密《圆觉经大疏钞》、《景德传灯录》载,达摩东渡后,于梁普通元年(520)九月到广州,因闻南朝梁武帝萧衍崇信佛法,于是第一站就到了梁的首都金陵(今江苏南京市)。

梁武帝郑重地接待了他——“帝遣使斋诏迎请,以十月一日至金陵”。下面是两人见面时的对话:

达摩像

帝问曰:“朕即位以来,造寺、写经、度僧,不可胜纪。有何功德?”祖曰:“并无功德。”

帝曰:“何以无功德?”祖曰:“此但人天小果有漏之因,如影随形,虽有实非。”

帝曰:“如何是真功德?”祖曰:“净智妙圆,体自空寂。如是功德不以世求。”

帝又问:“如何是圣谛第一义?”祖曰:“廓然无圣。”帝曰:“对朕者谁?”祖曰:“不识。”

梁武帝说:我建造了很多寺院供僧众使用,功德不算小吧?达摩回答说:我看这种做法根本算不上功德。武帝有点生气地说:怎么能说没有功德呢!达摩说:都是些不值一提的小事,何足挂齿!

两人话不投机,且达摩见武帝不悟,于是,渡江北去,十月二十三日来到北魏首都洛阳,又从洛阳到了嵩山少林寺,之后在一岩洞默坐面壁九年,以《楞伽经》授徒,修"二入"禅法,著《安心法门》、《悟性论》等六种(收入《少室六门集》)。

禅是梵文的译音,原作"禅那"(DhYana),意为静虑,通过修持,达到定和慧。"定"即"修定","慧"即"智慧"。

《续高僧传》卷一六记载了达摩的《二入四行论》:

> 入道多途,要唯二种,谓理、行也。借教悟宗,深信含生同一真性,客尘障故令舍伪归真……与道冥符,寂然无为,名理入也。行入四行,万行同摄……

综上可知,达摩禅法的主要内涵有二。

一是以"壁观"为中心修持。达摩的弟子宗密在《禅源诸禅集都序》卷上之二中说:"达摩以壁观教人安心云,外止诸缘,内心无喘,心如墙壁,可以入道,岂不正是坐禅之法。""壁观"是达摩的一大发明,是其所传的独特禅法。通过凝住壁观,达到无自无他,寂然无为,舍伪存真。这里,"自、他、伪"即现实存在,"真"指超现实的真如世界。

二是教义上强调"二入"。"二入"是禅法理论与修持相结合的教义。一曰"理入",即学习佛理,明心性之学;二曰"行入",即坚持实践。

2. 慧可断臂求法

禅宗的二世祖是慧可。

慧可(487—?)俗姓姬,洛阳人,自幼习《周易》,精于《老子》、《庄子》,后出家为僧,法名神光。神光40岁时慕名至嵩山投达摩习佛,为表示求佛之诚意,他不顾大雪之寒整夜立于达摩洞外,雪深没膝。但达摩仍不为所动,并说他是搞小聪明。为表示真诚,神光用刀砍下了自己的左臂。达摩见此,知其可教而收为弟子，并改其名为慧可。

慧可

达摩授慧可“安心”法门，九年后临终前正式传法于他，并说：“吾有《楞伽经》四卷，亦用付汝，即是如来心地要门，令诸众生开示悟人。”语毕，将袈裟相授以为凭信。达摩传灯慧可，是中国禅宗第一次“付法”、“传灯”，对此，《五灯会元》第 14 卷有详细记述。

慧可作为禅宗二祖，在继承达摩经法的过程中，以“藉教悟宗”为根本，以“二入”为法门。并倡“四行”：“一者报怨行”——即因果报应，善恶有报；“二者随缘行”——即今日福报皆昨日善业所积；“三者无所求行”——即有求皆苦，无求乃乐；“四者称法行”——即顺从自然，无染无着，无彼无此。值此，“二入四行”更加完备系统。这是慧可对禅宗的一大贡献。同时他还不断地将一些儒家精神融入佛学之中，从而使佛理更接近中国的传统文化。

禅宗三祖为僧璨，四祖为道信，五祖为弘忍，六祖为慧能。

3. 慧能南宗新论

禅宗到五世祖弘忍时，以“萧然静坐，不出文记，口说玄理，默授与人”之作风，开一代禅风，禅宗从此开始走向兴盛，不仅成了一支影响力很大的教派，而且成了中国佛教的代表。在五祖弟子中，最杰出的当数神秀和慧能。

慧能

慧能（638—713）俗姓卢，原籍为范阳（今北京西南），因其父贬谪岭南而从小生长在新州（今广东省新兴东）。由于家道败落，慧能为养家糊口，每天打柴卖柴，一次在市中卖柴听经时知有弘忍大师，于是北上湖北黄梅求法，时为唐高宗龙朔元年（661）。五祖见其聪悟诚挚，收在门下。

慧能虽不识字，且整天在寺内为佣，但由于他天资聪颖，知打水、担柴也是修持之功，所以做起来很认真。同时，他还处处留心观察，把弘忍所讲所言记在心中，并时时加以体悟，因而对五祖之学理解得相当透辟。

8个月后的一天，弘忍让其高足神秀谈一谈学禅的体会。神秀不假思索地写出一偈："身是菩提树，心是明镜台。时时勤拂拭，勿使惹尘埃。"五祖看后，感到神秀学业虽精，但尚未悟到"空性"。慧能见此，也说了一偈，让人写在墙上，曰："菩提本无树，明镜亦非台。本来无一物，何处惹尘埃。"在慧能看来，世上本无一物，既无树、无镜、无尘，更无须拂拭。五祖看后不禁吃了一惊，知慧能已悟佛性，当夜为慧能解说《金刚经》，并秘将袈裟付与慧能，嘱其下山南渡，继续修持，以待来日。

慧能遵从五祖所示，渡江南去后曾隐居十数年，直到五祖圆寂后多年才到广州，再后到了韶州宝林寺(韶关南华寺)，成了南宗之首。

禅宗此时已发展成为势力最大的宗教派别，并形成南北两宗。北宗神秀在洛阳，南派慧能在韶州(今广东韶关)。由于神秀(约606—706)占有位居两京(洛阳、长安)的优势，影响很大，而且屡屡被朝廷召见，尤其受到女皇武则天的垂青，因而北宗地位远远高于南宗，其影响范围也远远大于以韶州曹溪为中心、势力仅在岭南的慧能。

禅学南北两宗在修习方法上大不相同，北宗主张渐悟，南宗主张顿悟。

神秀对慧能也很佩服。据《神会和尚禅话录》(中华书局1996年版)载，武则天久视年(700)中，神秀奉武则天之诏到西京，神秀临行前对其弟子神会等人说：韶州有大善知识，佛法尽在彼处，汝等可前往向彼决疑。神会于是离开洛阳前往韶州向南宗慧能学法。

慧能认为，修行最重要的是"直指人心"，世上万物都包含在心中。在广州时，一次，两个小和尚看着挂在房前的经幡在风中飘动，一个说是风在动，一个说是幡在动。两人争论不休，慧能笑了一笑说，风亦未动，幡亦未动，是你们的心在动。众人听后无不折服。

慧能是一位勇于创新的人，他不赞成坐而修禅，提出了振聋发聩的"禅不在坐"的口号。慧能可能因为自己文化水平不高，所收弟子也多为下层，因而倡言"不立文字，教外别传"。即修禅不一定要有经卷、有佛像才能习经，只要心中有佛性，无须到西天拜求。修行的方法也不必处处讲繁琐的形式，"若欲修行，在家也得，不由在寺"。他所口授的《坛经》，主旨就是"明心见性"，"顿悟成佛"。慧能的主张不仅具有浓重的平民色彩，也是对传统佛教从内容到形式的重大改革,禅宗为佛教注入了新的活力。

其实,“顿悟说”此前竺道生已有所论。梁皎然《高僧传》载:

> 生既潜思日久,彻悟言外。乃喟然叹曰:夫象以尽意,得意则象忘;言以诠理,入理则言息。自经典东流,译人重阻,多守滞文,鲜见圆意。若忘筌取鱼,始可与言道矣。于是校阅真俗,研思因果,乃言:善不受报,顿悟成佛。

“顿悟”说的提出,是对佛教的一次极大冲击。既可顿悟,何须长年累月苦修?既可顿悟,何须繁琐地参拜诵念?慧能在竺道生基础上使“顿悟说”更为简约明了,无疑将佛教革命向前又推动了一步。

西来佛教典籍分经、律、论三类,只有佛说才能称为经,其弟子及再传弟子所说所著,最高只能称为“论”。然而在中国佛教史上,慧能所授之言却被称为“经”,这就是由其弟子法海辑录的《南宗顿教最上大乘摩诃般若波罗蜜经六祖慧能大师于韶州大梵寺施法坛经》,简称《六祖坛经》或《坛经》。

这一方面说明慧能在佛理上造诣很高,对禅宗贡献至巨外,也说明佛教的儒化、汉化、通俗化已被广大僧俗所接受,所走中国化之路是成功的。

慧能禅法,以定慧为本,定是慧体,慧是定用。纵观慧能对禅宗的贡献,就思想体系和方法论而言,大致有四:

一是哲学上的真心一元论,即真如(佛性、本心)缘起论。此为慧能的佛学理论基础和思想核心。

二是解脱论上的佛性论,即人人都有佛性。

三是实践上的顿悟论。

四是修持方法上的简约论。

如“无住生心”本是《金刚般若经》的精髓,认为可通过修练达到“心清静”,其关键在于要“不应住色生心,不应住声、香、味、触、法生心,应无所住而生心”。意即让自己的精神世界绝对不受认识对象的支配,而处于超脱物外的状态。但慧能大师在《坛经·定慧品》中说,他创立的禅法是“立无念为宗,无相为体,无住为本”。对此,义怀法师《林间录·卷上》说:“譬如雁过长空,影沉寒水,雁无遗踪之意,水无留影之心。”禅者之心脱离了情感的黏着,洒脱自如,事来心始现，事过心遂空。此种解释既简约又十分平易，因而受到信众的欢迎。

据《坛经》所记，神会到南方后，以慧能为师，终日修习，常在左右。慧能以晚年得此聪慧弟子而高兴，故在圆寂时暗示神会是其最好的接班人。

4. 神会北方弘禅

鉴于南方环境的局限，北方区位的重要，慧能死后，神会很快回到北方，先后在南阳龙兴寺、洛阳荷泽寺传经。神会认为，南宗为禅学正宗，决心大力弘扬南派禅宗，并以此弥南北之异，了南北是非。据宗密《圆觉经大疏钞》（见台湾新文丰出版公司《续藏经》110 册）记载，由于神会奋发勇进，讲经不辞昼夜，且发挥经义切中肯綮，很受僧俗各界欢迎，百姓名贤，无不称羡，南北各地前来求法为弟子者不胜其数。“于是，曹溪了义，大播于洛阳，荷泽顿门，派流于天下。”北宗盛势，竟为之让。

在南宗势力有所张扬的基础上，神会果断决定于开元二十二年（734）正月十五日在洛阳滑台大云寺召开无遮大会（僧俗均可与会），进一步扩大影响，力求早日获得正宗地位。他在与北宗代表崇远法师的论辩中，挑战性地指出，在达摩禅学传承中，南宗慧能是正宗，五世祖弘忍不仅付《楞伽经》与慧能，教以顿悟之学，还将袈裟相传为信，衣钵今存于韶州。他指名道姓地批评神秀传人普寂谬称七祖，妄树神秀为六祖，断言北宗只是达摩旁支，所言“渐悟”不是五祖所授。

在慧能圆寂后的 20 年中，南宗远在岭南，影响了了，也无人对北方神秀提出过任何批评。神秀死于神龙二年（706），张说在为其所撰《大通禅师碑》中称其为“两京法主，三帝国师”。三帝者，武则天、唐中宗、唐睿宗之谓也。神秀及其弟子普寂、义福在两京备受上下尊崇，其权威、世系无人敢疑。胡适对神会此举很是佩服，他说：“这时候，当普寂和义福生存的时候，忽然有一个和尚出来指斥这法统是伪造的，指斥弘忍不曾传法给神秀，指出达磨一宗的正统法嗣是慧能而不是神秀，指出北方的渐门是旁支而南方的顿教是直传……这种气概，这种博狮子的手段，都可以震动一时人的心魄，故清台定宗旨的大会确有‘先声夺人’的大胜利。”（《胡适集》卷五：《荷泽大师神会传》）

神会对深受皇家支持的北宗进行挑战，因而曾一度受到压制，但由于他奋不顾身，无畏前行，且因所传顿悟禅法功底深厚，简明易学，禅学南宗最终成为了正宗。乾元元年（758）夏，神会示灭，年七十五。第二年厝置洛阳龙门宝应塔，同年敕依塔建宝应寺。38 年后，经过多方辩争，贞元十二年(796)，神会被立为禅宗七祖。胡适对神会评价很高，他说："在中国佛教史上，没有第二个人有这样博大功勋，永久的影响。"

禅宗七祖神会

禅宗形成的过程，也是佛学汉化的过程。达摩禅学，不论神秀系的渐悟说，也不论慧能、神会系的顿悟说，其创派之人对中国儒、道经典以及中国人的生活方式、思维方式都十分熟悉，因而他们不仅在佛学的义理上喜用大众熟悉的语言作释解，即如表现形式，也尽量用大众比较熟悉的方式来传达。如南北宗分歧之始，双方所说偈语，就很类似汉代的谶语。当初神秀作偈曰："身是菩提树，心是明镜台。时时勤拂拭，勿使惹尘埃。"意为修禅须"拂尘看净"，渐悟法门。慧能则针锋相对地作偈曰："菩提本无树，明镜亦非台。本来无一物，何处惹尘埃。"意为学禅者须单刀直入，直了见性。正由于南宗更合乎中国传统文化培育出的中国人的率直性情、简要明了的接受习惯和重视实践修养方式，因而它最终赢得了大众，成为了佛教之主流。

禅宗之所以能发展，除了禅宗简化了佛教教义的繁琐，提倡直指人性，见性成佛外，与慧能所倡导的另外两点主张也有一定的关系。

一是他主张寺院经济要自力更生，《坛经》里说：运水搬柴无非妙道，要自立生存。

二是主张教门世俗化，不强调形式，反对死读经书。这就使佛教在社会上能够更好地普及，有了更广泛的群众基础。明清之际社会动荡，不少士大夫遁入空门，如吕留良、八大山人朱耷、著名政治家方以智等，正是因为他们感到佛儒可以互补，山林之中另有境界所存之故。

总之，禅宗的终极关怀是明心见性、顿悟成佛。每个人与生俱来都有一颗觉悟的、纯洁明静的心，只是由于起了相对的念头，才迷失了方向，失去了本心，沉入了世俗的欲望之中。本心是具有超越性的，可超越一切。参禅的目的就是明心见性，找到本心，只要了悟佛性，人人可以为佛。

需要一提的是，东晋十六国时期后秦高僧鸠摩罗什(343—413)。罗什为中国佛教史上“四大译师”，生于龟兹，其父为印度人。罗什在译经的同时也大力宣传般若三论。公元5世纪初，鸠摩罗什介绍佛教禅法，其中的五门禅是综合有部大师世友、众护、胁比丘等的说法。不久，贤觉又译出《修行方便禅经》，更系统地介绍了有部后期的禅法。由于两人成就杰出，被后人尊为“西域之俊、禅训之宗”。

第四节 佛教与世俗

佛教之所以能够儒化和汉化，原因是多方面的，但根本之因是它适应了中国人的需要，这里才有了它生长的土壤。具体来说，一是它适应了很多人的精神需求，如解脱自我、服务社会；二则它是大智慧，启人心智，教人生活。而佛教之所以能够在各阶层人众中流布，原因之一则是它的世俗化。

一、崇佛

佛教儒化、汉化过程中始终保持着一个传统，就是政教分离。政教分离并不影响皇帝和大臣们崇信佛教，也不意味着佛教就不影响政治和意识形态。一旦出现以教干政或其他出格行为，那些“忠谏”之臣就会搬出祖宗古训——周孔之制——加以劝止或采取行动。

崇佛现象主要发生在统治阶级上层，比较典型的是汉明帝、梁武帝、隋文帝、武则天、唐宣宗和唐懿宗。

1. 汉明帝引佛入中土

由于汉明帝永平求法，迦叶摩腾、竺法兰在洛阳译出了中国第一部佛经《四十二章经》，正如司马光所说，“于是中国始传其术”。因此可以说，明帝是中国历史上第一位崇信佛教的皇帝。本章第一节对此已有较详描述，此不赘言。

汉明帝

2. 梁武帝舍位充沙门

南北朝时南朝梁武帝萧衍笃信佛学，他宁肯当和尚，也不愿当皇帝，并三次脱下“龙衮”换上“僧袍”。

萧衍(464—549)原为齐时雍州太守，公元502年灭齐称帝，是为梁武帝。这位马上得天下的皇帝有一爱好，即十分崇信佛教。《梁书》说他称帝后曾多次设坛讲经，而且还是讲经高手，能讲几门经卷。萧衍博学，儒家典籍无所不通，故其以儒说经十分虔诚、生动、尽情，听者动辄万人，高僧大德也多来捧场。《梁书·武帝本纪》载：

梁武帝

(帝)兼笃信正法，尤长释典，制《涅槃》、《大品》、《净名》、《三慧》诸经义记，复数百卷。听览余闲，即于重云殿及同泰寺讲说，名僧硕学，四部听众，常万余人。

最使梁武帝伤心的事莫过于与达摩的谈话(见前“中国的禅宗”)。萧衍认为，自己整天读经，竟连达摩的话都听不懂，可见功底不深，佛性不悟。于是，大通元年(527)，他愤然离宫到了同泰寺，要以出家表示虔诚之意。由于大臣们苦苦相劝，他在寺内前后仅停留了四天。

按照僧家之规，出了家再还俗是要出钱赎的。梁武帝感到自己的行为有违佛法，就又回到了寺院。众大臣无奈，就用了一万万钱为其“赎身”。回宫不久，梁武帝就悔恨自己缺乏坚定的意志，不仅不合佛规，作为皇帝也有失信之嫌，于是又回到了同泰寺。这次他是下了决心的，大臣们轮番去劝，谁也说不动他。双方僵持了两个月，最后又以二万万钱作为“赎身”之费，他才勉强走出了寺院。

为了发展佛教，据《隋书·经籍志》和《历代三宝记》载，梁武帝还在天监十四年(515)于华林园中总集佛教经典，由沙门僧绍编成《众经目录》4卷，收经1433部，3741卷。这是佛教史上一次重要的文化建设。

晚年的梁武帝已无所作为，更不愿理朝政，于是刚过一个年头，他又第四次走进了寺院。大臣们在交了一万万钱之后，好说歹说才把他又“请”了出来。

梁武帝一心出家，早无心于政事，加之最后听信谗言，坏人当政，以至85岁那年卧病，后宫无人侍奉，最后气馁交加而死。

3. 隋文帝矢志弘佛法

王莽以图谶之说改制篡位，刘秀以谶纬之法即位称帝。隋文帝为笼络人心，略变其法，说他的前身是佛，必须大力弘扬佛法。

隋文帝

隋文帝杨坚(541—604)在位期间大力支持佛教，矢志弘法，因而隋代佛教有较大的发展。杨坚之所以崇佛，史书说与其出生于寺院有关。《隋书·高祖纪》载：

> 皇妣吕氏，以大统七年六月癸丑夜生高祖于冯翊般若寺，紫气充庭。有尼来自河东，谓皇妣曰："此儿所从来甚异，不可于俗间处之。"尼将高祖舍于别馆，躬自抚养。皇妣尝抱高祖，忽见头上角出，遍体鳞起。皇妣大骇，坠高祖于地，尼自外入见曰："已惊我儿，致令晚得天下。"为人龙颜，额上有五柱入顶，目光外射，有文在手，曰王。

杨坚当了皇帝后的确崇信佛教，在许多地方建造寺院，这主要与其家教和当时社会风气有关：杨坚的父亲就是佛教的拥护者，信佛在当时已成了一种时尚。但无论出自何因，杨坚对中国佛教的发展与传播起到了很好的促进作用。

4. 武则天施金造佛像

据《旧唐书》载，武则天(624—705)天生丽质，十四岁时，唐太宗李世民见其容貌姣好，就召入宫中立为才人，"及太宗崩，遂为尼，居感业寺"。李世民的儿子李治即位后史称高宗。《新唐书》载："高宗幸感业寺，见而悦之，复召入宫。久之，立为昭仪，进号宸妃。"

由于武则天有感业寺之经历，故其对佛教有天然之缘，经常请高僧入宫讲道，如著名的禅宗北派之祖神秀应诏后，就不断出入宫掖。武则天除了给予僧侣优厚待遇外，还在洛阳龙门开凿石窟。龙门石窟之最——奉先寺就是在她直接授意下精心雕凿而成的。奉先寺主佛卢舍那高达 17.14 米，头部高 4 米，耳长 1.9 米。由于设计科学，佛像各部位比例十分精当合式。大佛秀目丰颐，面容慈祥，神情中充满睿智。历代睹者中不少人都认为其模特可能就是则天女皇。奉先寺历时 4 年，用工逾百万，耗资不计其数，除国家府库支销外，据说很大一部分来自女皇所捐“脂粉钱”。

5. *唐宣宗拨乱再兴佛*

在中国佛教史上,唐武宗曾制造了有名的“会昌灭佛”之难(见本节下文)。李忱是宪宗之子,为武宗叔辈。会昌灭佛时李忱为皇太叔,他虽然同情僧侣,但无能为力,只好暗中通些声息,致使一些僧侣提前躲逃隐蔽了起来,从而保护了一些高僧大德。

武则天

宣宗李忱(810—859)继位后,不仅处决了前朝皇帝宠信的刘玄靖等十二位道士,又恢复和重建了被毁的寺院。如武宗时上都两街只保留了国师玄奘所居的慈恩寺等,僧30人,宣宗不仅让原来所有的寺院全部恢复,更添多所。对此《旧唐书·宣宗纪》记录相当详明。

6. *唐懿宗耗资佞佛*

宣宗在位13年,佛教有所发展。宣宗之后懿宗李漼继位,懿宗克绍其父,不仅善待佛教,而且达到痴迷地步,他命令在宫内开设道场,不惜耗费财力、人力,大做佛事,受到大臣的批评。当时,法门寺中供有佛指舍利,唐太宗贞观五年(631)曾下旨开塔祭拜,之后高宗、武则天、肃宗、德宗、宪宗、懿宗和僖宗曾七次迎舍利到长安或洛阳皇宫供养。咸通十四年(873)三月,懿宗提出迎佛骨时,“群臣谏者甚众”,但懿宗态度十分坚决,表示“生得见之,死亦无恨”。从京师至法门寺,迎佛骨的禁军和仪仗有数十万人。四月初八,当舍利到达长安时,这位皇帝又是斋戒,又是沐浴,慌得屁滚尿流,“御安福门,降楼膜拜,流涕沾臆”(见《资治通鉴·唐懿宗》),虔敬之态,空前绝后。具有讽刺意味的是,佛骨迎到宫中刚刚百日,这位“死亦无恨”的皇帝果然去了西天,年四十一。

上有所好,下必顺之,民间也兴起了崇佛之风,佛骨至京师时,“公私音乐,沸天烛地,绵亘数十里”。有的富豪以水银为池,以金玉为树,大做道场。懿宗佞佛,不仅造成了财富的浪费,也出现了一些其他弊端,如一些人为此废业破产、烧顶灼臂,甚至出现了假佛寺之名行逃赋避税之实的混乱现象。

二、抑佛

佛教在中国发展的道路极不平坦,儒、道、释在融合中也时有激烈的碰撞,甚至发生流血冲突。历史上的教难,原因虽然很复杂,但其中之一就是统治阶级感到佛教不利于其统治了。

在中国佛教史上,对佛教事业禁抑压制甚至进行摧残最为严重的是“三武一宗”,即北魏太武帝、北周武帝、唐武宗和后周世宗。

1. 北魏太武帝灭僧毁法

北魏前期,佛教、道教均在国内通行。太武帝拓跋焘(408—452)即位(424)后一如既往,不仅也经常召高僧入宫讲佛,自己也参加一些宗教活动。但由于宰相崔浩崇信道教,与道士寇谦之等经常在武帝面前毁谤佛教。久而久之,武帝更加崇信道教,并于太延五年(439)改元为太平真君。在寇谦之的蛊惑下,武帝对佛教产生了疑心和戒心。《魏书·世祖纪下》载:太平真君五年(444)正月,武帝下诏说“沙门之徒,假西戎虚诞,生致妖孽”,明令不许官员与僧人接触,禁止巫师、沙门活动,违者处以极刑。太平真君六年(445),卢水胡盖吴在杏城(今陕西黄陵西南)起兵数万反魏,声势一时震动朝野。武帝统兵平乱至长安时,在一寺院中发现藏有弓矢刀枪等兵器,勃然大怒,认为沙门不轨,竟然参与反叛。于是命令军士诛杀长安各寺僧侣,尽毁所有佛像、法具。寇谦之虽主张禁佛,但反对坑杀僧侣,武帝不听,并“诏诸州坑沙门,毁诸佛像”。武帝回师后,翌年再令全国灭佛,并由各地官员进行督办,凡寺院僧侣一律捕杀,所有经卷、佛像、法具,全部焚弃。并明令,“自今以后,敢有事胡神及造形像泥人、铜人者诛”。

2. 北周武帝革佛废道

北周武帝宇文邕在位18年间(560—578),对佛、道均不甚感兴趣。为了邀宠,一次,道士张宾对他说:沙门身缠黑衣,于国不祥。此时,曾为沙门而还俗的卫元嵩在一旁也乘机附和说:不仅如此,沙门怠惰,多贪财食,不足为尚。由于二人所言有私,受到一些大臣的驳斥。于是张宾、卫元嵩又密谋,用儒、释、道三家在一起辩论的方法,组织围攻僧人。经过七次争辩,武帝认为只有儒家才是正统,建德三年(574)下令沙门、道士一律还俗,佛像、法具尽行焚毁,所有寺庙一律没收,交王公作舍地,寺院财产全部充公。史载,当时全国废寺院40000余座,僧侣300万人还俗,其中青壮年一律从军。武帝此次禁佛非常严厉,但《北史·周本纪下》仅寥寥几句:五月“丙子,初断佛道二教,经像悉毁,罢沙门、道士,并令还俗。并禁诸淫祀,非祀典所载者,尽除之”。可能也是为帝王讳吧!

3. 唐武宗绝佛灭僧

唐武宗李炎(814—846)酷爱道术,一心求道成仙。据《旧唐书·武宗本纪》载,开成五年(840)正月文宗驾崩,武宗即位。九月,刚刚登基即"召道士赵归真等八十一人入禁中,于三殿修金箓道场,帝幸三殿,于九天坛亲受法箓"。此举遭到大臣反对,"右拾遗王哲上疏,言王业之初,不宜崇信过当。疏奏不省"。第二年为会昌元年(841),六月,又"以衡山道士刘玄靖为银青光禄大夫,充崇玄馆学士,赐号广成先生,令与道士赵归真于禁中修法箓。左补阙刘彦谟上疏切谏,贬彦谟为河南府户曹"。为巩固道教地位,道士赵归真极力在武帝前诋毁佛法,不仅说佛"非中国之教",还无中生有地说其"蠹害生灵"云云。武宗不听大臣劝谏,于会昌五年(845)七月,先是"敕并省天下佛寺",八月又下诏废佛。《旧唐书·武宗本纪》载:

> 天下所拆寺四千六百余所,还俗僧尼二十六万五千人,收充两户税,拆招提、兰若四万余所,收膏腴上田数千万顷,收奴婢为两税户十五万人。

除上述所记外,还焚毁经卷、佛像无数,寺内钟磬铜像一律熔毁,改铸为钱币和农具。会昌之难是中国佛教史上的一场空前浩劫,长期积累所形成的各种佛教资源被扫荡一空。所庆幸的是,此场灾难历时不长,第二年三月,武宗就因误服道士金丹而一命呜呼了。

4. 后周世宗禁僧削寺

隋唐时期既是中国佛教辉煌之时,也是中国佛教多事之秋。历经会昌劫难,加之晚唐五代又遭乱世冲击,佛教生命之境,实处奄奄一息。然而,屋漏偏遭连阴雨,破船又遇迎头风。不堪一击的中国佛教在风雨飘摇之中又一次遭到了后周皇帝的裁减毁削治理。

周世宗柴荣

周世宗柴荣(921—959)是五代时一位有作为的皇帝,《旧五代史·世宗纪》称其"神武雄略,乃一代之英主"。世宗即位后,虽励精图治,发展经济,但仍感国力不支。他认为佛教僧尼寺院不仅不能创造财富,而且无故地增加了负担。同时还发现有人为逃交赋税、躲避兵役,假冒出家。还有一些人故意烧臂、炼指、钉截手足、带铃挂灯、妄称变现坐化、圣水圣灯妖幻之类，皆是聚众眩惑流俗。显德二年（955）五月，世宗诏示天下，禁止百姓私自削发出家，凡出家者必须有父母兄弟官府的同意，不准建造寺院，未经受敕额的寺院一律废止，同时派人到寺院和民间搜查铜质法器及佛像，运至京城后交由官府铸制铜钱。史载，此次共废止寺院30336处，留下2694处，僧尼还俗60多万，留下的有61200余人。

综观中国佛教发展2000多年的历史，可知佛界有许多坚韧不拔的忠勇之士，在严峻考验面前，他们发挥了自己的刚毅和智慧，有的还不惜以身护法。鲁迅先生在《中国人失掉自信力了吗?》一文中说，“我们从古以来，就有埋头苦干的人，有拚命硬干的人，有为民请命的人，有舍身求法的人”，“这就是中国的脊梁”。此论与中国佛教界之情极为契合。

三、乐佛

佛教既是一门学问，更是一种生活，因而它与社会联系十分密切，故在中国佛教发展史、社会发展史上都有许多乐于学佛、事佛，并以佛乐生的趣事。

1. 佛教的世俗化

前文曾提到中国佛教的宗派——天台宗、华严宗、禅宗等佛教文化，这既涉及佛教信仰，也涉及佛教文化精神。这些有关佛教普世性的问题，其实都是学者和高僧大德们的事，对普通僧侣、对芸芸众生来说，只要知道有佛，心中向佛，只要会念“南无阿弥陀佛”也就差不多够了。

佛教在任何时候都存在着一个“现代化”、世俗化的问题。

这是因为佛教重彼岸，世俗重此岸，佛教重来生，世俗重今生。佛教的终极关怀只有和现实结合，才能落到实处，佛教只有成为“人间佛教”，才能更具生命力。

因此，佛教的“现代化”、世俗化从古至今都一直处于变动与演化之中。

在梵语中，“般若”就是智慧之意。般若经更强调智慧在解脱中的决定作用和统帅作用，所以特别用般若来标经名。智慧探讨的是真理问题。《小品般若》与《金刚般若》相比，是在论述性空假有的同时，提出了“方便”、“善巧”作为般若智慧的一翼，为整个大乘佛教的世俗化，提供了坚实有力的辩解武器，使早期佛教那种严峻的禁欲主义和悲观逃世主义得到了根本的改造，成为佛教得以扩大影响的动力。《维摩诘所说经》就是把般若和方便结合为一的典型，也是佛教世俗化的典型。

马祖(即道一)(709—788)禅师说的"平常心是道"(《景德传灯录》卷二八)，禅林十分认同。平常心就是本来的心，自然的心，也就是不受任何障蔽的心。据《赵州禅师语录》载，赵州禅师从谂(778—897)对此也很赞赏，一个弟子对他说，如有人问法师整天讲什么法，我怎么回答呢？赵州禅师说："盐贵米贱！"(231条)一学人求教如何修行，赵州禅师云："吃粥了也未？"回答说吃过了，于是禅师说："洗钵盂去！"(291条)

看来，不把教义教条化，而是生活化，就中有着深刻的哲理，普通人还是很难做得到的。由此想到那些故弄玄虚的人，与高僧大德相比，真有天壤之别啊！

佛教的世俗化使许多与其有缘的人享受到了佛缘之乐，诞生于河洛地区的禅学充实了世人的生活，升华了人的品性。仅以唐宋几位诗人为例说明之。

2. 王摩诘以禅寄情

王维(701—761)是唐代著名诗人，不仅学佛，信佛，还以《维摩诘所说经》之名自号摩诘，表现出对佛情别有一种幽缘。在禅理影响下，他的山水诗也另具一番清旷幽远的韵致，多表现禅意空与寂的境界，呈现出一种闲淡清冷、静谧悠然的情趣。如《过积香寺》：

王维诗意图

不知积香寺，数里入云峰。古木无人径，深山何处钟。泉声咽危石，日色冷青松。薄暮空潭曲，安禅制毒龙。

王维最有名的禅诗是《鸟鸣涧》：

人闲桂花落，夜静春山空。月出惊山鸟，时鸣春涧中。

这里,“夜静”、“山空”是作者所处之景,更是其心境;月出无声,但却惊动山鸟,于静中见动;山鸟何以“惊”,山鸟有性之故也。在玄冥的禅意中,了无痕迹地见心、见性,王维禅理学养之厚,由此可见一斑。

王维把禅理、禅趣写入山水诗中的佳构还有许多,如《饭覆釜山僧》:

晚知清静理,日与人群疏。将候远山僧,先期扫敝庐。果从云峰里,顾我蓬蒿居。藉草饭松屑,焚香看道书。燃灯昼欲尽,鸣磬夜方初。一悟寂为乐,此生闲有余。思归何必深,身世犹空虚。

此诗情、景、理交融,表现出一种空濛、旷寂而又灵动的禅意。

王维与禅学南宗大师神会为至交,王维受其请托曾为六祖慧能撰写碑铭,其中说“弟子曰神会,遇师于晚景,闻道于中年”(《能禅师碑》)。两人常常在一起切磋交流,神会曾对王维说:“众生本身心净,若更欲起心有修即是妄心,不可得解脱。”(《神会语录》卷一)王维深得其旨趣。

3. 白居易以禅养性

白居易(772—846)字乐天,新郑(今属河南)人,唐代伟大诗人,虽曾为官,但心系生民,倡“文章合为时而著,歌诗合为事而作”。白居易心胸豁达,晚年退居洛阳,号香山居士。白居易喜交友,其中包括佛界高僧名师。宋代释道元《景德传灯录》卷七就有白居易元和四年(809)向惟宽禅师询问修身养性的记载:

白居易

问:“何以修心?”师云:“心本无损伤,云何要修理。无论垢与净,一切念勿起。”又问:“垢即不可念,净无念可乎?”师曰:“如人眼睛上,一物不可住。金屑虽珍宝,在眼亦为病。”又问:“无修无念又何异凡夫耶?”师曰:“凡夫无明,二乘执着。离此二病,是曰真修。真修者,不得勤,不得忘。勤即近执着,忘即落无明。此为心要云尔!”

人的本心是澄明的，由于杂生垢念而迷失。通过开悟找回了本心，即依佛法而行。然而佛法在哪里呢?

惟宽之意是说即使好的念头也不生，心即空，空是最高的境界。白居易晚年心胸旷达，以禅修性，乐与佛友往来，写了一些禅味十足的诗。如《道场独坐》：

> 整顿衣巾拂净床，一瓶秋水一炉香。不论烦恼先须去，直到菩提也拟忘。朝谒久停收剑佩，宴游渐罢废壶觞。世间无用残年处，只合逍遥坐道场。

从诗中可知，晚年的白居易虽然不是心如枯井，但相当平静。

4. 苏东坡以禅看大千

苏轼(1037—1101)字子瞻，号东坡居士，为唐宋八大家之一，诗、词、文、赋俱佳，其脍炙人口的《赤壁怀古》，清峻高迈，意境雄浑。苏轼的家学教养及人生遭际，使他和庄老之学与佛教禅学紧紧捆结在了一起。中年以后，禅不仅是其思想的寄托，艺术的生命，更是其生活的憧憬。众所周知，苏轼不仅尚佛参禅，在释界还有很多好友，如禅宗云门系的怀琏、了元(佛印)、法秀等，他们过从甚多。

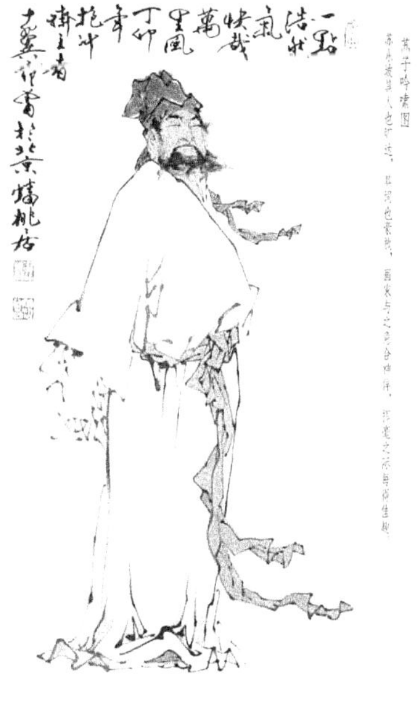

苏东坡

苏轼在文坛上之所以能开豪放派风气之先，与其理禅大有关系。

苏轼以禅入诗，以禅论文的例子很多。如《送参寥师》诗：

> 上人学苦空，百念已灰冷。……欲令诗语妙，无厌空且静。静故了群动，空故纳万境。阅世走人间，观身卧云岭。咸酸杂众好，中有至味永。诗法不相妨，此语当更清。

“苦”、“空”、“静”是佛教的基本教义，苏轼以生活经历说“中有至味永”，就显得不像是在说教，倒也给人以启发。

万事万物皆由缘起，苏轼对此很有领悟。《楞严经》卷四有语："琴瑟琵琶，虽有妙音，若无妙指，终不能发。"意为开悟需要心静与指点相结合。苏轼将其意入诗，写《琴诗》一首，颇得其禅趣：

若言琴上有琴声，放在匣中何不鸣？若言声在指头上，何不与君指上听？

苏轼熟读佛典，更受禅理熏染，致使文章神理、风格、气势大受影响。清初文学大家钱谦益对此深有感触，其《初学集》中有《读苏长公文》：

吾读子瞻《司马温公行状》、《富郑公神道碑》之类，平铺直叙，如万斛水银随地涌出，以为古今未有此体，茫然莫得其涯涘也。晚读《华严经》，称心而谈，浩如烟海，无所不有，无所不尽。乃喟然而叹曰：子瞻之文其有得于此乎！

5. 黄山谷以花悟禅

黄庭坚（1045—1105）号山谷，是宋代著名诗人和书法家，是"苏门四学士"之首。因其成就甚高，与苏轼并称"苏黄"。他和其老师苏轼一样，在佛学上很有灵性。由于山谷与佛界关系密切，《五灯会元》卷一七将其列入临济宗黄龙派祖心禅师法嗣并述其事。

黄山谷

山谷为诗好作艳词，一次谒见圆通秀禅师，禅师呵斥之曰："大丈夫翰墨之妙，甘施于此乎？"山谷很恭敬地听从了他，"公悚然悔谢，由是绝笔"。《五灯会元》卷一七在"太史黄庭坚居士"条还记载了他见晦堂法师，请其指点佛法入门捷径之事。

往依晦堂，乞指径捷处。堂曰："祇如仲尼道：二三子以我为隐乎？吾无隐乎尔者。太史居常如何理论？"公拟对，堂曰："不是，不是！"公迷闷不已。一日侍堂山行次，时岩桂盛放。堂曰："闻木犀华香么？"公曰："闻。"堂曰："吾无隐乎尔！"公释然，即拜之。

晦堂问孔子之言“吾无隐乎尔”一句作何解释，山谷所对，禅师以为不对。后在山游时，禅师指着漫山遍野盛开的桂花说：佛法如桂花，“吾无隐乎尔”！意为禅道就在你眼前，无可隐瞒，只要你用心体悟，触目皆是菩提。你若舍近求远，桂花之香虽在眼前，你也无能受用。山谷大悟。

佛教告诉人们，不要到处寻觅佛法，佛法就在自己心中，只要明白此理，就会“满目菩提”。佛性时时刻刻都在呈现着它自己，一草一木都是法性。

禅宗主张修行与生活一体化，修行离不开日常生活，生活中处处有禅意。宝志禅师《大乘赞》云：“大道只在目前，要且目前难睹。欲识大道真体，不离声色语言。”

黄庭坚还喜读《楞严经》。《楞严经》所讲圆融既是华严的至境，也是禅的至境。禅宗的圆融境要求有二，即理事圆融和事事圆融。前者是理事无碍，事事无碍；后者是空间圆融，时空圆融。该经影响了他的人生，从生活态度、心性修养到艺术追求，无不有其烙印。

6. 朱熹认同佛法求善

朱熹（1130—1200）字元晦，宋代理学的集大成者。理学从宋至清700年间一直占统治地位，因而二程及朱熹思想对中国传统文化影响很深。理学在形成过程中，也吸收了佛学的一些合理成分。

佛教认为人生为苦，并将苦列为“四谛”之一。《涅槃经》卷一二讲人生在世有八苦，并说人生之苦业是恶业造成的，因而有“苦海无边，回头是岸”的说法。《朱子语类》卷五九载，有一次，朱熹与学生讨论《孟子·告子》中的一句话：“学问之道无他，求其放心而已矣。”“放心”即放失了的善心。

或问“求放心”。（朱）曰：知得心放，此心便在这里，更何用求？适见道人题壁云：苦海无边，回头是岸。说得极好。

可见朱子在主张人要加强品德修养，知恶能醒，多做善事时，也是认同佛教的。

四、石窟艺术

佛教艺术是各类艺术中最值得骄傲的瑰宝之一，佛教艺术涉及的领域很多，雕刻、绘画、造像、音乐、工艺等。其中河洛地区的中国石窟艺术是世界佛教艺术大树中最灿烂的一株。作者目睹过敦煌、龙门、云冈的石窟造像，虽时隔多年，每当别人问及观感时，总是忍不住内心的激动说，感觉就是两个字：震撼！震撼！

1. 石窟艺术

石窟及造像艺术源于印度，因而石窟的天竺风格和造像、壁画的犍陀罗特色十分明显。但中国石窟艺术的魅力并不在于它呈现了异国风韵，其强大的艺术感染力、震撼力完全来自儒化、汉化过程中的创新。

龙门石窟奉先寺

佛教艺术的儒化、汉化或者叫中国化是一较长的过程，但有一点是不容置疑的，那就是它始于洛阳，并且完成于洛阳。

首先，中国正式建寺、供佛、译经始于洛阳，汉明帝敕命在洛阳西雍门之外所建白马寺是历史最好的见证。

其次，印度佛学进入中国后，经数代高僧大德的传解，已有很多儒学、道学的思想渗入其中，最突出的是以儒学的心性融合了天竺的佛性，使佛理佛法走向了世俗化，从而也促使了佛教艺术的世俗化。洛阳龙门石窟就是佛教艺术中国化的最好例证。

中国较大规模地开凿石窟和石刻造像始于前秦的敦煌，当初基本上是摹刻印度犍陀罗与笈多造像之法。至北魏，造像进入中原，由于受河洛之风之浸润，风格大变，至武则天时，这一外来文化最终走向了民族化。

2. 龙门、巩义石窟

洛阳龙门石窟和敦煌石窟、大同云冈石窟是中国最重要的三大石窟。

龙门石窟宾阳洞

洛阳龙门石窟分布在伊水两岸约 1000 米的石壁上，有 2100 多个石龛，造像 10 万余尊，最大者高 17.14 米，最小者仅 0.02 米。大型石窟主要有古阳洞、宾阳洞、莲花洞、火烧洞、魏字洞、石窟寺、普泰洞和路洞。其中属北魏时期的有古阳洞，著名的龙门书法艺术“龙门二十品”中的十九品在此洞中。宾阳洞先后开凿了 24 年，洞内主佛为释迦牟尼，另外还有 10 尊大佛。唐代开凿的大窟较多，最主要的是奉先寺、宾阳南洞、宾阳北洞、潜溪寺、万佛洞、唐字洞等。

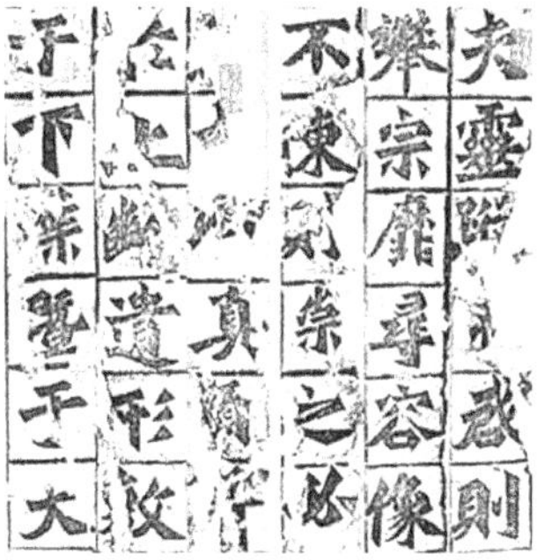

洛阳“龙门二十品”之一

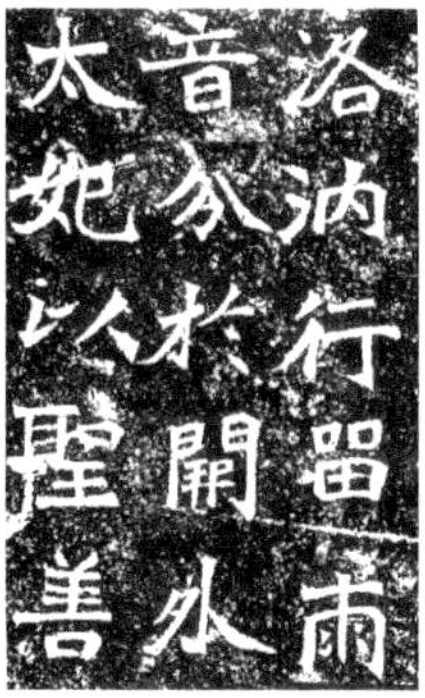

洛阳“龙门二十品”之一

龙门石窟造像略晚于大同云冈，其艺术性更趋成熟与完美。其早期造像虽保留了一些印度犍陀罗风格，但人物形貌神态已融入晋魏文人雅士之风骨秀韵，刀法洒脱俊逸。奉先寺的卢舍那大佛，身着中国传统的圆口锦衲，体躯高硕丰腴，面庞端庄秀爽；其神态，安详中蕴含着儒雅，慈祥中透射着严肃，微笑中流露着威严。大佛两侧的阿难文静，菩萨矜持，天王雄刚，力士威猛。这幅不朽的千古佳构，从内容气质上看，充分反映了唐代早期社会繁荣昌盛，朝气蓬勃的精神面貌，从审美情趣上看，全面渗透着的是阴柔与阳刚完美结合，总之，是一派强国的磅礴气象。

巩义石窟寺位于洛阳之东的巩义市，坐落在黄河南岸大力山的南麓。寺院初建于北魏景明年间(500—503)，宣武帝曾多次到此礼佛。石窟造像从北魏至唐、宋历代不断。现有较大的石窟5个，佛像7743尊。此处石窟与龙门不同，多呈方形，有方柱支撑，柱上亦为佛龛造像。除3尊较大的摩崖佛像外，这里雕刻有15幅帝后礼佛图。礼佛图人物众多，神态各异，整图设计严谨，雕刻技法娴熟，制作十分精细，既是帝王来此的写真纪念，更是少有的艺术珍品。

巩义石窟寺

巩义石窟帝后礼佛图

此外，洛阳四围各县市还有很多大小不一的石窟造像，如偃师的水泉、新安的西沃、宜阳的虎头寺、伊川的石佛寺、嵩县的铺沟、孟津的谢家庄、吉利的万佛山等，都有精美的艺术之作，是研究佛教造像艺术的宝贵资料。

参考资料：

1. 方立天：《佛教哲学》，中国人民大学出版社，1986 年版。

2. 聂静洁：《20 世纪西域佛教史若干问题述评研究》，《西域研究》2005 年第 1 期。

3. 亚蕴：《神会及其禅学思想》，《法源》1998 年总第 16 期。

4. 胡适：《荷泽大师神会传》，《胡适文集》卷五，北京大学出版社，1998 年版。

第七章 河洛圣贤文化

我国文化发展的第一个黄金时期是春秋战国时期，其地域则在河洛地区。那是一个名家辈出的时代，是一个百家争鸣的时代，是一个中国学术思想奠基的时代。百家争鸣不仅促进了文化的繁荣，思想的解放，也促进了学术的深化，流派的产生；而学术、思想流派的产生，则是社会进步、文化发达的结果，更是一个国家文化强盛的重要标志。在众多的思想文化流派中，最有影响的有九大家，这就是阴阳、儒、道、墨、法、名、兵家以及纵横家和杂家。伴随学派形成的同时，河洛地区在政治、军事、经济、文化诸领域中也产生了一大批精英，他们之中最杰出的代表人物有夏禹、伊尹、傅说、文王、姜尚、周公、老子、庄子、墨子、商鞅、申不害、韩非、吴起、鬼谷子、苏秦、邓析、公孙衍等。

丰厚的文化底蕴使河洛地区人才辈出，大批杰出人物的涌现又使河洛文化得到了有力传承、弘扬与发展。中国是一个尊圣崇贤的国度，并由此产生了“圣贤文化”。秦、汉、唐、宋到明、清，河洛地区文脉传续及对中华民族文化之贡献前已有述，兹就泱泱文化中可称为“圣”之翘楚者，再略述于后。

第一节 河洛道家

中国道家学派的创始人老子和道学思想的集大成者庄子均为河洛人。他们分别给我们留下了光辉无比的《老子》和《庄子》。

由于道家思想深刻而睿智，在发展过程中与儒学及其他思想既矛盾又融合，经过不断地完善和充实,最终与儒学一样,成为了中国传统文化的重要组成部分。

源于民间巫术的道教在汉代奉老子为其祖,奉《道德经》为经典,故道家之学又与道教发生了密切的关系。

一、老子的思想及影响

开创道家学派思想的第一人是老子。司马迁《史记·老子韩非列传》载:

> 老子者,楚苦县厉乡曲仁里人也,姓李氏,名耳,字聃,周守藏室之史。

老子像

楚苦县厉乡曲仁里即今河南省鹿邑县太清宫镇。苦县本属陈国,孔子逝世那年,即公元前479年为楚国所灭。老子与孔子为同时代人,估计可能比孔子还会大几岁。这样看来,老子在时陈国尚未被楚兼并,老子应为陈国人。

1. 老子的思想

《道德经》虽仅五千言,但其思想内容却涵盖万物、包容宇宙。

“道”是老子思想的核心,是道家哲学宇宙生成论的本体。关于此点,《道德经》中最有名的两句话是:

> 天下万物生于有,有生于无。(第41章)
>
> 道生一,一生二,二生三,三生万物。(第42章)

既然万物生于(通过有)无,道又生万物,那么,“道”、“有”、“无”三者是什么关系呢?老子认为它们之间有两层关系。其一,三者之间的关系,就是:道即有;道即无;有即无。其二,既然“道”既是“有”,也是“无”,加之“有”即“无”,那么,道就是“有”和“无”的统一体。

哲学是研究人与社会、自然规律的。在老子哲学中，道与人是什么关系呢？他说：

人法地，地法天，天法道，道法自然。（第25章）

这里，老子将人道、地道、天道合为一道，不言而喻，道仍处于本体的地位。

从这样的宇宙观出发，人怎么从事社会活动呢？要想有一番作为怎么办呢？老子也给人们指出了一条路：

道常无为而无不为。（第37章）

崇尚“自然”，主张“无为”，这就是老子要人们树立的人生观、价值观。要想“无不为”，其前提是“无为”。

哲学是为人服务的，它要提出解决社会矛盾的意见。“无为”不仅是老子面对纷杂和充满危机的社会所提出的救疗主见，也是其政治哲学的核心。

怎样才能做到无为呢？老子也给了人们明确的指教。首先是“清静”，不要浮躁，“静胜躁”（第45章）。其次是寡欲和“无欲”，“罪莫大于可欲，祸莫大于不知足，咎莫大于欲得”（第46章）。

既“清静”，又“无欲”，不就什么事情也干不成了吗？

非也。老子认为，清静、无为是做事的基础，有了这种心态之后，就可以踏踏实实地安心做事了。

“图难于其易，为大于其细”——先易后难，先小后大。

道理很简单，“天下难事，必作于易；天下大事，必作于细”（第63章）。

在讲明这一层道理后，老子就开始鼓励人们了。《道德经》第64章中说：

合抱之木，生于毫末；九层之台，起于累土；千里之行，始于足下。

所以说，老子主张的无为并不全是消极的，在老子看来，“无为”是做事的方法，是人的智谋，是人的品质。总之，是“大道”、“至道”。人们只有通过顺应、适应自然,思想上达到“无为”的境界,行动上才能达到有为的高度。

2. 老子思想的影响

老子的思想对中国传统文化及社会产生了深刻的影响。

在政治上,“无为而治”的介入,使儒家的“德治”和法家的“法治”矛盾得以缓解。尤其是在社会矛盾比较突出的时期,一些帝王和统治阶级的上层人物看到,既无仁德施于民,也大可不必严刑峻法,较妥的方法是“无为”,如老子所言“无为而民自化”,轻徭薄赋,使民生息,缓和矛盾,以求发展。

清代鹿邑太清宫

在思想文化方面,由于道家理论体系比较完整,在诸子百家中,它是唯一可以与儒家抗衡的学说。从汉代开始,又兴起了以道释儒之风,魏晋玄学、宋明理学更是吸收了道家学说中很多有益的成分。因此,道家思想最终和儒家思想一样,成为了中国传统文化的重要组成部分。

在社会生活方面,老子哲学的积极因素和消极因素同时在发生作用。一方面它给人们以智慧,思想豁达,遵顺自然,无为而无不为。另一方面则是消极处世,逃避矛盾,不求进取。

老子对社会生活最大的影响是道教尊其为始祖,称其为“真君”,称《老子》为《道德真经》。老子思想演化为宗教教义,成为了道教的思想基础(详见下文

“河洛道教”）。

二、庄子的思想及影响

庄子（前369—前286）名周，春秋时宋国蒙（今河南商丘市睢阳区东北）人。司马迁在《史记·老子韩非列传》中视庄子与老子为一派，故在老子之后为庄子写有小传：

> 庄子者，蒙人也，名周。周尝为蒙漆园吏，与梁惠王、齐宣王同时。其学无所不窥，然其要本归于老子之言。故其著书十余万言，大抵率寓言也。

正如司马迁所言，庄子的哲学思想指归与老子如一，以“道”为本。但庄子对老子以道为核心的哲学形而上本体论有所发展，并成为其哲学的唯一逻辑线索。

1. 庄子的思想

庄子的哲学思想核心仍然是“道”，并认为“道”具有绝对性，一元性，以“道”为本，“主之以太乙”（《庄子·天下》，以下只注篇名）。

就宇宙观而言，庄子认为，现实物质世界的依据和本源是“无”，“无”是物质抽象的本质，“有”则是物质的全体。“道”是“有”和“无”的有机统一。

庄子认为世上万事万物自生自化，由气而生。“人之生，气之聚也；聚则为生，散则为死。故曰通天一气耳。”他还说：“夫昭昭生于冥冥，有伦生于无形。精神生于道，形本生于精，而万物以形相生。”（《知北游》）由此可知，“道”也是庄子哲学生成论的思想基础。

庄子的哲学是人生的哲学。

庄子追求的人生理想是无限自由的“逍遥”状态。逍遥是“道”的极致。在《逍遥游》中他写了大鹏腾飞直冲云霄，巨鲲乘风破浪从北溟直抵南海。庄子视这种自由是绝对的（无待）：“乘天地之正，御六气之辩以游无穷者，彼且恶乎待哉！”

庄子醉心于逍遥，因而对此才有最精彩的描写。一方面他讲任意翱翔：“逍遥乎无为之业”（《大宗师》），“逍遥于天地之间”（《让王》），“游乎尘垢之外”

(《齐物论》);另一方面他又讲静虚玄冥,认为那又是一种境界,“视乎冥冥,听乎无声;冥冥之中,独见晓焉;无声之中,独闻和焉”(《天地》)。此一动一静,都是人生自由精神的体验。因此可以说,“道”既是庄子人生哲学的起点,也是其人生哲学的归宿。

庄子哲学的方法论是真知和齐物。齐物论在庄子哲学中最具思辨色彩,通过这一方法,他既看到了任何事物的彼此、是非、有无、大小、虚实、生死之间的对立,又注意到了它们之间的同一性和统一性,他希望克服彼此的对立与冲突,达到心灵上的超然宁静,实现与道为一的自由。

道家的理想人格是什么呢?庄子提出了至人、神人、圣人等概念。他说:

> 至人无己,神人无功,圣人无名。(《逍遥游》)

这里所说的至人、神人、圣人等,都是得“道”之人。“无己”就是破除我与自我的对立,忘掉自我;“无功”就是破除非我与我的对立,一切顺应自然;“无名”就是破除自我与非我的对立,忘掉功名利禄。这也是庄子的人生价值观。

2. 庄子思想的影响

庄子的思想对中国传统文化及社会产生了深刻的影响。

老子的思想和庄子思想有很多共同之处,所以在一般的论述中,人们常常用“老庄思想”一言以蔽之。若论二者的不同之处,粗略而言,老子思想的侧重点在于政治上的无为而治,庄子思想的侧重点则在于伦理上的无为处世。

庄子对中国传统文化的影响主要有四个层面:政治、思想、艺术和宗教。

其一是政治上的无为主张。庄子是在主张顺应自然的前提下提出“无为”的,因而从实质上来说,也就是“人道”要服从“天道”。他在《知北游》中说:“圣人者,原天地之美而达万物之理。是故至人无为,大对不作,观天地之谓也。”庄子“至人无为”思想的提出,对统治阶级包括上至帝后下至大臣来说都有重大的影响。据历史记载,汉文帝、汉景帝正是在这种思想启示下,为避免暴秦苛政的重现,而以道家思想治国的。

其二是思想上的自由主张。庄子的思想对魏晋玄学产生很大影响,同时也影响了很多文人的生活情趣和生活态度。“恬淡寂寞无为者,天地之平而道德之至”(《天道》)成了一些士人追求的目标。一些知识分子在生活上法天贵真,不拘礼法,任运不羁,以至狂放无人,都以庄子为其师。

其三是艺术上的浪漫情怀。庄子思想的开放,不仅使其文章的内容浩若汪洋,充满着想象与驰骋,而且也使表现手法恣肆奔放。庄子的人生哲学及旷达的人生态度,给人们展示出了一个不随流俗的新境界。从某种意义上说,庄子是中国文学艺术豪放派、浪漫派的开先河者,西汉的扬雄、司马迁,唐代的李白、吴道子,宋代的苏轼等,无不受其深刻的影响而使艺术水平达到了空前的高度。

其四是对宗教的影响。庄子并没有什么宗教主张,但他被道教尊为“南华真人”,《庄子》一书被奉为道教经典《南华真经》。

三、道学与道教

我国道教产生于汉代,由于道教奉老子为其教主,奉《老子》一书为教典,因而道学与道教从此结下了不解之缘。

1. 道教

道教始于东汉,创始人为张道陵。

张道陵(34—156)本名陵,东汉沛国丰邑(今江苏丰县)人。道书称其为留侯张良八世孙。张道陵自幼聪慧过人,后到洛阳入太学,因而通晓天文地理诸子六经。永平二年(59)官巴郡江州(今重庆)令,年仅26岁。张道陵喜读老子、庄子之书并深受影响,不久辞官隐于洛阳之北邙山,与弟子专心研习老庄之学,为以后的发展作准备。后闻江西云锦山风景殊异,便与同仁前往炼丹。三年炼成九天神丹,名声于是远播,山也因此更名为龙虎山。不久,应蜀人之邀前往授徒,遂居鹤鸣山。汉顺帝汉安元年(142)在鹤鸣山创道教。

道教始称“五斗米教”,又称“正一盟威道”或天师道,以“道”为教义,以老子为教主,奉《老子五千言》为经典。为明确教义,张道陵著《老子想尔注》,秉老子之言提出“道”即“一”,“一散形为气,聚形为太上老君”。称老子为“道德真君”,为三清尊神之首,故道教中有“老子一气化三清”的传说。

黄帝为中华人文始祖,故民间又将老子与黄帝相配,径称为黄老之学,倡无为而治之说,修长生为仙之道。汉室崇黄老之说,尤其文帝、景帝之时,颇成风气。

道教与民间巫术、方士有渊源关系。巫术是沟通人神关系的桥梁，它的消灾、避难、降福、祛病等在民间有很大市场。方士则是巫术的传播和实施者。道教的炼丹、养生、求仙等与巫术的许多内容和做法相关联。

道教由于与道学关系密切，故在发展中也受到世人的认同。道教虽然没有成为国家主流的意识形态，但道教的长生之术颇得统治阶级的青睐，因而不少道士都是一些帝王将相的座上客，这对道教的存在与发展起到了很大的保护作用。

唐代因皇帝姓李，故尊老子为其先祖。唐高宗乾封元年(666)，封老子为"太上玄元皇帝"。唐玄宗天宝年间又封其为"大圣祖玄元皇帝"、"圣祖大道玄元皇帝"、"大圣祖高上金阙玄元天皇大帝"，并于西京和老子故乡曲仁里设太清宫。开元三年(715)，唐玄宗又下诏定每年二月十五日老子诞辰日为玄元节，确认为公共假日，全国休息一天。

宋真宗时为避宋室圣祖赵玄朗之讳，改老子为"真元皇帝"，大中祥符六年(1013)八月，又诏封为"太上老君混元上德皇帝"。

庄子因与老子并称，也受到帝王的加封。天宝二年(743)二月封为"南华真人"，诏《庄子》一书为《南华真经》，宋徽宗时被封为"微妙元通真君"。

2. 道学与道教

道教与道学、道家的关系既简明又复杂。

说其简明，是因为道教奉老子为教主，奉老子著作为教义。这样，道学、道家就成了道教之源、道教之祖。

说其复杂，是因为道教在发展中并非直接以《老子》、《庄子》为教义，而只是借用其中的一些言词语句并加以演绎，从某种意义上说，演绎后的"道经"已不是原来意义的道家学说了。

道学与道教是两种截然不同的思想体系。

其一，道学的本质是人生哲学，是探讨宇宙本原及其发展规律的。道教是以追求长生成仙为信仰的世俗宗教。

其二，道家思想的核心是"自然"，主张人要顺应自然。道教思想的核心是"长生"，追求的目标是羽化为仙。

那么，道教的教义是怎么从道学中"羽化"出来的呢？

其一，借用外壳。

道家哲学是讨论人生的，道家又是主张出世的，在这一点上与道教有一些一致之处，所以道家在论及这些问题时所使用的语言，道教理论家也往往信手拈来，然后加以发挥或作新的解释。

如“道”和“气”。“道”和“气”是道家自然哲学中常用的两个字，老子和庄子在论及“道”时常常谈到“气”，并认“道”先于万物，天地万物皆秉“气”而生。道教是个多神的宗教，它宣扬上有三十六天，下有三十六地，天有三十宫。这里，不论天宫地宫，各有神主。谁是最高的神呢？道教尊为最高神的是“元始天尊”——一位宇宙开始之神。这位神有什么样的品格呢？《隋书·经籍志》在记述道教时说：“道经者，云有元始天尊，生于太元之先，禀自然之气，冲虚凝远，莫知其极。”显而易见，这里所说的“生于太元之先，禀自然之气”云云，完全脱胎于道家之学。

其二，演绎内涵。

道学家是主张出世的，出世的目的之一便是养性，而养性的目的在于得“道”。道学家在论述这些理论问题又是人生愿景时，经常使用一些带有理想色彩的词汇。不言而喻，这些语言都是在特定条件下使用的，是有明确含义的。道教理论家都是一些很聪明的人，他们早已意识到这些词语不仅具有很强的现实性和吸引力，而且还具有名人效应的号召力，于是便毫不犹豫地加以使用并不遗余力借此宣称其教义来自道学。

如长生问题。唐代的吴筠，既是一名道士，更是一名道学理论家。吴筠曾隐居嵩山学道，后至江南，曾与李白一起入京见唐玄宗。一次，有人问他说：你们道教最崇拜老子、庄子，然而老庄并不提倡神仙呀！吴筠回答说：你是只知其一，不知其二啊！

> 老子曰：“深根蒂固，长生久视之道。”又曰“谷神不死”。庄子曰：“千载厌世，去而上仙，乘彼白云，至于帝乡”，又曰“故我修身千二百岁而形未衰”，又曰“乘云气驭飞龙以游四海之外”，又曰“人皆尽死，而我独存”，又曰“神将守形，形乃长生”。斯则老庄之言长生不死神仙明矣！

吴筠不愧是位饱学之士、善辩之才。但明眼人不难看出，老庄之言仅是表达一种愿望,一种追求的精神境界,并非现实。吴筠采取了偷梁换柱的把戏,置换概念,类似后世儒家我注六经的手法,重新演绎其内涵,其目的是借船出海,推销道教教义。

其三,自我发明。

道教产生之初是不完善的,不仅理论贫乏,也无严整的仪轨。南北朝以后,尤其隋唐时期,许多饱学经伦之士的加入,在丰富其理论的同时,也完善了道教仪轨。如北魏时嵩山道士寇谦之(365—448)对道教的改革,有力地促使了道教向正规化、理论化和世俗化的发展。寇谦之大胆地革除了道教之初三代教主(张道陵、其子张衡、三世张鲁)所传的杂芜之说,如租米钱税、房中术等,吸收了儒家的礼教思想,强调以清虚为旨修长生不老之功,同时制定了礼仪、斋戒及符箓规则。经过寇谦之的改革,道教开始走上了正规发展之途,故有人称此举具有里程碑的意义。有关寇谦之此次改革的资料,被收入《道藏·洞神部·戒律》中。

道教的基本教义是贵生、祈福、重德,其在发展中也形成了自己的理论体系。

总之,道教的基本教义以及有关自然、修性、养生等学说均源于老子、庄子著作,道学哺育了道教,道教在发展和传播中又宣传了道家的某些学说。二者之间既有本质区别又有紧密联系的这一特点,是道教不同于其他宗教的重要特色。

四、河洛道教

道教产生于蜀地,但由于道教尊老子为教主,尊《老子》、《庄子》为经典,因而道教十分钟情于河南,与河洛地区结下了不解之缘,河洛地区也因而成了道教成长发展的一片沃土。

道教的传教单位(传教点)称作"治"。道教创立的第二年(143),全国已有24治,洛阳北邙山是其中的一个治,也是七十二福地的第七十福地,嵩山则是道教三十六洞天的第三十洞天。

东汉末年,炼丹士魏伯阳在洛阳传炼丹术,之后将炼丹与《周易》相联系写成《周易参同契》。这是道家第一部谈炼丹的专书,后被尊为道教最重要的五部经典之一。

道教走向成熟的标志是北魏时嵩山道长寇谦之对道教的改革,从此道教教义、教规、组织形态走上了正轨(按:见上文)。寇谦之还效谶纬之法说北方要出一太平真君统御中原,并将有关道书献于魏太武帝,魏太武帝深信不疑,于太延六年(440)改国号为太平真君,立道教为国教,并借故灭佛坑僧。道教在此后百年间,包括北魏迁都洛阳以后直至西魏、北周,地位十分显赫。

隋炀帝重道术,在洛阳建有专供道士修炼的道术坊和道教仙境——蓬莱、瀛州、方丈三座仙山,道观24座,并多次召茅山道士王远知到洛阳传道授徒,他还指示道士编辑了《隋朝道书总目》,收进道书377部、1216卷。

唐高宗李治尊道抑佛。显庆二年(657)在洛阳北邙山敕建上清宫供奉老子,诏令天下尊老子为太上玄元皇帝,乾封元年(666)亲驾老子家乡曲仁里祭拜,调露元年(679)到嵩山向96岁的道士潘师正求长生之术。潘师正在嵩山修炼传道50多年,致使洛阳成了茅山派的中心,对周边产生了很大影响。

唐玄宗时期是道教全面发展的一个黄金时期。玄宗崇信道教以求长生,用行政手段规定道教为国教,绘制老子像颁行全国。玄宗封老子为"大圣祖高上大道全玄元天皇大帝",又封庄子为南华真人,文子为通玄真人,列子为冲虚真人,尊四子之书为真经。

玄宗命大画家吴道子在北邙山玄元庙绘制巨型道教壁画,命乐师创作道教音乐,亲自参加炼丹活动。玄宗还于开元二十九年(741)、天宝元年(742)两次下诏重建上清宫,使上清宫成为全国规模最大、环境最为优雅的园林式道教活动场所。

玄宗对道教大师崇礼有加。著名道士司马承祯为潘师正弟子,精于辟谷、引导、炼丹之术。开元十五年(727),玄宗将其请到洛阳问道,为便于见面,还下令在王屋山为其修建了阳台观(宫)让其居住修炼。潘师正的另一名高足吴筠是闻名全国的道士,玄宗也多次请其讲道,并在京城专门为其修建了道院。

洛阳道士李荃,号少室达观子。李荃在嵩山修道,自称于嵩山虎口岩石壁中得《黄帝素问阴符经》。此经仅300字,但由于所讲涉及修真、养性、长生,因此受到道教的重视,被列为道教五大经典之一。

宋太祖赵匡胤、宋太宗赵光义崇信道教,因两人出生于洛阳,上台后就在旧宅修了洞真宫。太宗还重修了上清宫。著名道仙吕洞宾深知皇帝喜道,便经常在首都汴京和西京洛阳传道会友,其居住处在洛水之南的通元观。今洛阳北邙

王屋山阳台宫

山尚有道观吕祖庵存焉。

宋真宗更是笃信道教，在全国大兴道观、大兴符箓，改年号为大中祥符。真宗封老子为“混元上德皇帝”，上玉帝尊号为“太上开天执符御历含真体道玉皇大帝”。他除了到老子故里拜谒太清宫、到洛阳拜谒上清宫外，还封禅泰山，祀奠汾阴，又专门制作了用于礼道的音乐等。真宗崇道，不惜人力资财，以至全国上下无不道气隆然。

金人入主中原后以开封为都，以洛阳为中京。宋金时期，道教开始出现了教派，主要有太一、正一、大道三宗。后全真教起，三教遂无传续。全真教创始人王重阳（1112—1170）为陕西人，大定七年（1167）从终南山到洛阳传道，之后又到了汴京。王重阳死后，其最有名的七弟子有四位在河洛地区传教——长春真人丘处机在嵩山，长真真人谭处端在宜阳韩城，清静散人孙不二在洛阳三井洞，长生真人刘处玄在洛阳云溪观。

明初最高统治者对道教采取的是抑制政策，故全国道教一片寂然。至嘉靖开放道禁才有所发展，洛阳北邙山之上清宫于嘉靖二十九年（1550）得到扩修。清代由于佛教被尊为国教，道教仅在民间有所发展，吕祖庵于康熙年间得到重修。

目前，河洛地区较大或较有名的道教景观场所有嵩山的中岳庙，鹿邑县的太清宫、老君台，洛阳市的上清宫、吕祖庵，武陟县的嘉应观，栾川县的老君山金顶太清宫，济源市的王屋山阳台宫，许昌县的天宝宫，南阳市的玄妙观等。

第二节 河洛“九圣”

考察河洛文化历久传承而不衰之因，固然是由于其作为中华传统文化的主流长期处于意识形态的正统地位，有官方的意志；但同时也要看到另一个更重要的原因，那就是无数优秀的炎黄子孙，不断地从各方面对河洛文化弘扬与创造，使得河洛文化这一东方巨人永远充满着新鲜的血液，保持着旺盛的生命活力。

河洛文化产生于河洛地区，中原大地哺育了河洛文化，但河洛文化的成长、丰富、发展、壮大与传承，却不止是河洛儿女之力，而是中华民族大众之功。万亿斯民和无数的精英为河洛文化的发展贡献了自己的智慧与力量，河洛儿女仅是其中的一员。

我们要感谢唐代少年英才王勃，自《滕王阁序》飞出“人杰地灵”一词之后，人们就几乎无处不在地用它来描述自己的家乡，似乎不用“人杰地灵”一词便不能简洁地概括出地域文化的优秀。

毋庸置疑，在中国历史上，河洛地区也是典型的“人杰地灵”之区。在浩瀚的历史长河中，河洛地区的“人杰”不可胜数，我们在前面已经提及了许多，现再以“九圣”胪列说明之。

一、科之圣

张衡(78—139)字平子，南阳西鄂(今南阳北石桥镇)人。

张衡出身于一个衰落的官宦之家，16 岁离开家乡，开始了游学生活。故都长安的帝乡景象给他留下了不可磨灭的印象，祖国壮丽的山川形胜陶冶了他热爱大自然的性情。不久，他又到了繁华的首都洛阳，进入最高学府——太学。在这里，他博览群书，接触到了许多学问洽博的经学大师。在这里，他开阔了视野，为其后攀登高峰奠定了坚实的根基。

以长安、洛阳所见、所思，经过十年的精心构思，他写下了文学史上的不朽之作《西京赋》、《东京赋》。他的五言诗意境深沉，独具风格，对后世产生了重要影响。

张衡

34 岁那年，他决定集中精力研究自然科学。扬雄的《太玄经》使他对天文、历法、算学产生了极大的兴趣。由于学业的专精，张衡在天文、历法方面的名气很快就传到了皇帝那里。安帝永初五年（111），朝廷下诏任命张衡为郎中，不久又让他担任了“国家气象局局长”——太史令，主管天象、历法、气象等。他在这一重要而不显要的岗位上一干就是 14 年之久。其间，他认真研究了当时有关天文的几派学说——盖天说、浑天说和夜天说，也对一些天文爱好者制造的各种仪器进行了考察和分析。在此基础上，他一方面提出了自己的新看法，一方面创造发明和著书立说。

1. 发明了浑天仪

安帝元初四年（117），张衡在洛阳制造了第一台天文仪器——水运浑象。浑天仪是一个空心铜球，上面刻有二十八宿和一些恒星的位置。球体外有几个圆环，分别代表子午圈、地平圈、黄道圈和赤道圈。在黄道和赤道圈上刻有二十四节气和其他天文现象。铜球中间穿有一金属轴，轴的两端代表着北极和南极。他在浑天仪的有关部位安装了齿轮，在机械外力推动后，通过传动，空心铜球便绕轴慢慢旋转，其自转的速度就是地球自转的速度。

1890 年前，张衡第一次通过模拟的方法，让人们坐在屋子里就能够直观地看到天体的运动，其科技水平的先进和制作的高超，可想而知。

2. 发明了地动仪

据史书记载，从公元 89 年到公元 140 年，洛阳和陇西一带发生了 33 次地震，其中公元 119 年洛阳连续发生了两次较强的地震。地震造成的灾害也震动了张衡。他经过反复研究，于阳嘉元年（132）造出世界上第一台可以测报地震的地动仪。经他精心研制的这台仪器相当灵敏、精良，顺帝永和三年（138），陇西发生地震，设在洛阳灵台的地动仪虽然远离震中一千多里，但却准确地进行了测报。

地动仪状如酒樽，圆径 8 尺，顶部为盖，内设牙机巧制，外部四围有 8 个龙头,口含铜丸,哪个方位发生地震时,该方位龙口便吐出铜丸,落入其下相承的蟾蜍口中。

近代科学发达的欧洲直到1880年才制造出了地动仪,与张衡相比,相距1748年。

英国著名的东方科学史家李约瑟对此十分感慨,称张衡为"地震仪的鼻祖"。

地动仪模型

3. 发明了候风仪

张衡对气象学也深有研究,他还发明了测定风向的候风仪。候风仪也叫相风铜乌。具体测风情况是:将一只精制的铜乌安放在五丈高的木杆顶端,由于安装的铜轴极其光滑,稍稍有风便可以旋转,乌头的指向就是风向。

欧洲观测风向的仪器叫候风鸡,类似相风铜乌,出现在12世纪,比中国晚了10个世纪。

4. 著《灵宪》和《浑天仪图注》

张衡在研究、观测天体的同时,还不断地总结经验,先后撰写了科学巨著《灵宪》和《浑天仪图注》。现在看来,虽然书中对天象的一些认识和推测还不够准确,个别认识甚至是不对的,但终掩不住其著作的光辉。

第一,张衡指出,宇宙是无限的。张衡认为,在人们已感知的"天球"之外,还存在着一个广阔无垠的空间,所以,宇宙是无穷大的。《灵宪》写道:"过此而往者,未之或知也;未之或知者,宇宙之谓也。宇之表无极,宙之端无穷。"

1800多年前的张衡就有着如此深邃的洞察力。这可能就是伟大科学家的出众之处吧!

第二,张衡指出,月亮不会发光。张衡把太阳比作火,把月亮比作水。他在《灵宪》中说,火会发光,水会反光,这就是太阳与月亮二者的关系。"夫日譬犹火,火则外光,水则含景(影)。故月光生于日之所照,魄生于日之所蔽。当日则光盈,就日则光尽也。"月光是由于日光所照,月无光则是被物体所遮蔽。他还用这一原理解释了月食现象,"当日之冲,光常不合者,蔽于地也,是谓暗虚。在星则星微,遇月则食"。

第三，张衡指出，天体中有无数恒星。张衡对天体进行了十数年的科学观测，在天文巨著《灵宪》中，他不仅全面论述了宇宙的起源和结构，还记录了他在洛阳所观测到的2500多颗恒星，有名称的320颗，常明星124颗。他还据此绘制了新星表。

第四，张衡测出，一年365天。张衡还撰写了《浑天仪图注》一书，书中记录了他测得地球绕太阳公转一周所需要的时间是“周天三百六十五度又四分之一度”。

近代天文学家用各种仪器计算的结果是，每年365天5小时48分46秒。张衡在1800年前所测与今天的数字几乎一样。什么叫高水平？什么叫了不起？张衡就是答案！

第五，张衡指出，五星运转速度不同。张衡指出，日、月和水星、金星以及火星、木星、土星在天地间运行，其速度不同。水星、金星附于月，属阴，距地近，运动快；另三星附于日，属阳，运动迟。这一判断虽然不很准确，但他指出行星运动速度与运转中心体的距离有关，是很了不起的。

据史载，张衡还制造了指南车、记里鼓车，制造了世界上最早的“飞机”——能在天空中飞翔的木鸟。

张衡是文学家，又是无神论的哲学家，更是非凡的科学家、发明家。

为纪念他，世界小行星组织将月球背面一小环形山命名为“张衡环形山”，将小行星1802命名为“张衡小行星”。这是第一颗以中国人的名字命名的小行星。

怎么评价他的成就和对人类的贡献呢？

南阳张衡陵园内立有一通青色墓碑，上面刻着曾担任过中国科学院院长的著名历史学家郭沫若的题辞：“如此全面发展之人物，在世界史中也所罕见。万祀千龄，令人景仰。”

因此，人们尊之为“科学之圣”。

二、医之圣

张仲景（约150—约219）名机，东汉末年南阳郡涅阳（今河南邓州市穰东）人。

南阳医圣祠

张仲景自幼生长于仕宦之家，在名医张伯祖影响下，习经也习医。他熟读儒家“六经”及《黄帝内经》，尤其对扁鹊十分敬佩，立志成为名医。但其父却希望他走仕途之路，以光门庭。张仲景应试中举，并官长沙太守。但他志在医道，鄙视利禄，即使在为官任职期间，也以开衙诊治疾病为任。

张仲景之所以被后人尊为“医圣”，一是其医术高超，二是其医德高尚。

1. 克制伤寒，著《伤寒杂病论》

汉末社会动乱，疾病流行，尤其伤寒肆虐，大批无辜平民死于非命。据张仲景自述，其家族200余人，10年间死于伤寒者有三分之二。

张仲景根据所接触患者的不同情况，调制出了不同的方剂，有效地克制了伤寒。在总结经验的基础上，著《伤寒杂病论》16卷。

三国时著名中医华佗，不仅精于医理，尤善手术，其得益于《伤寒杂病论》甚多，他盛赞该书为“真活人书也”！

《伤寒杂病论》是世界医药史上第一部“理、法、方、药”完备的医学经典，第一次系统而完整地阐述了流行病和内科杂病的病因、病理以及治疗的原则与方法。尤其是它明确提出了“辨证论治”的医学思想，为中国医药学奠定了坚实的理论基础，是我国第一部确立以辨证治疗为原则的医学专著。

《伤寒杂病论》经晋代名医王叔和整理，起名为《伤寒论》和《金匮要略》，分别论述外感热病和内科杂病。在中医四大经典中，仲景独有其二，不愧医中之圣也。

2. 提出了“辨证论治”原则

辨证治疗是中医医理的基本原则，是中医医术的灵魂所在。

张仲景认为，疾病是由各种原因引起的，四季变化、寒暑温凉、饮食起居、身躯心理等对治疗均有一定的影响，不可顾此失彼，而是要全面把握，莫使失衡。

一是诊查。不仅要看疾病的表现症状，还要考虑到其他有关方面，要通过望、闻、问、切四诊法了解全面情况之后，综合作出判断。

二是用药。同一疾病，也要根据性别、年龄、季节、病史等作出不同处理，开付不同剂方。

三是调理。张仲景概括了外感病治疗过程中的六个阶段，要求医生注意每一阶段共同的症候和衍生出的变化，从而据此用药。这一经验很重要，后人称之为“六经分证”。“六经分证”要求在治疗的全过程中要不断地细心观察，根据病情的变化及病人身体、心理状况，不断调整方剂，务求稳中渐进，以达痊愈。

辨证论治是中医临床的根本指导思想，是克服仅凭症状即下结论而失之盲目的利器。张仲景在总结前人经验的基础上使其系统化，是他对中国医学的最大贡献。

3. 神妙的方剂

张仲景在几十年的行医岁月中积累了丰富的经验，创造了很多的剂型，在为病人所开的成千上万个药方中，他选择了一些最有典型意义的方剂，记入了《伤寒杂病论》之中，为后人留下了无价的宝贵遗产。清初著名中医经方家、伤寒病专家喻嘉言在所著《尚论篇》中称该书为“众法之宗，群方之祖”。据有经验的老中医讲，虽历一千多年，一些方剂至今仍很有效，屡用不爽。

4. 高尚的医德

张仲景医德高尚主要表现在以下方面。

一是以救死扶伤为宗旨，救疗无类。张仲景以其精湛的医术救治了许多病人，其中包括无数贫困的下层劳动者。张仲景任长沙太守期间坐堂问诊，就诊者多为贫困百姓。

二是精益求精。张仲景虽然医术精到,经验丰富,但在每一位病人面前,他都一丝不苟。

《伤寒杂病论》写成后,张仲景曾在序言中述说其心迹。他非常痛恨那些借医敛财之人和对病人敷衍了事之人——“省疾问病,务在口给;相对斯须,便处汤药”。他一生孜孜行医,其目的只有一个,那就是“上以疗君亲之疾,下以救贫贱之厄,中以保生长全,以养其身”。由此可见其阔大的博爱胸怀。

张仲景被称为“医圣”,至迟在明代。

明代正德年间开封人李濂,既是医学史家又是文学家,他在所著《医史·张仲景补传》中盛赞张仲景医术高明:“仲景之术精于伯祖,起病之验,虽鬼神莫能知之,真一世之神医也!”明代石碑即有以“医圣”命名者,如《长沙太守医圣张仲景灵应碑》,今尚立于张仲景墓前。这之前虽无明确称张仲景为“医圣”者,但称其为“圣”者则已有之,如金代河间著名中医刘完素著《素问玄机原病式》,其序中说:“仲景者,亚圣也。虽仲景之书未备圣人之教,亦圣人也。”可见世人对其无不景仰之至。

为了纪念这位伟人,后人在南阳东关温凉河畔仁济桥西张仲景墓地建祠曰“医圣祠”,塑像以祀之。20 世纪 50 年代后,医圣祠不断得到维修和扩建,今山门之上“医圣祠”三字为著名历史学家、书法家郭沫若 1952 年 12 月所题。每逢农历正月十八张仲景诞辰纪念之日,除当地百姓外,千里到此拜谒者也是络绎不绝。

三、字之圣

文字是用来记录和传达语言的一种符号,但世界上任何一种文字都没有像汉字一样既表音,又表义,又表形,而深刻认识并揭示出这一规律的则是 1800 多年前的许慎。

许慎(约 58—147)字叔重,东汉汝南召陵(今河南漯河市召陵区)人,汉代著名经学家、语言学和文字学家。

许慎师从经学大家贾逵,著《五经异义》,时人称赞说“五经无双许叔重”。他在精心研究经学的基础上,又极其深入地研究了中国文字的产生过程及其书写的演变，并用了21年的时间，于汉建光元年(121)完成了中国历史上第一部研究汉字的皇皇巨著《说文解字》。

许慎

许慎是研究汉字的开山鼻祖，但其令后世敬佩不已的还不仅仅是开先河者，更是一位涉深渊者、登顶峰者。

许慎及《说文解字》对中国文化史作出了巨大的贡献。

1. 第一个指出了文、字的产生与区别

许慎在《说文解字序》中说：

> 仓颉之初作书也，盖依类象形，故谓之文。其后形声相益，即谓之字。文者，物象之本，字者，言孳乳而浸多也。著于竹帛谓之书。书者，如也。以迄五帝三王之世，改易殊体，封于泰山者七十有二代，靡有同焉。

这里，既讲了文字产生的漫长过程，又讲了书体的发展与变化，第一次对"文"和"字"作了界说。

2. 首创部首检字法

《说文解字》共收入汉字9353个，重字1163个，共10516个。如何查找？许慎依汉字的构造，经过反复的归纳、分解、比较，最终确定使用部首540个。这是一个了不起的大发明，创中国字典学部首检字新体例，至今汉字字典一仍此例。

3. 全面揭示了汉字的"六书"之义

汉字是怎么创造出来的？后来又是如何不断有所发明、有所增加的？人们在使用时又是如何把握的？许慎之前虽也有论说者，但义界不清，示例不明。《说文解字·序》第一次全面揭示了汉字的构造法和使用法。

> 一曰指事。指事者，视而可识，察而可见，"上""下"是也。二曰象形。象形者，画成其物，随体诘诎，"日""月"是也。三曰形声。形声者，以事为名，取譬相成，"江""河"是也。四曰会意。会意者，比类合谊，以见指撝，

“武”“信”是也。五曰转注。转注者,建类一首,同意相受,“考”“老”是也。六曰假借。假借者,本无其字,依声托事,“令”“长”是也。

这里,他明确指出了六种情形:指事、象形、形声、会意、转注和假借。

指事、象形均属于“独体字”的构成之法,意义明确,无须多说。

形声属于“合体字”构成法,一个字由形旁和声旁组成。如“锛”,一边是“金”,表示其由金属制造,一边是“奔”,表示其发音与“奔”类同。又如“棺”,木质器具,音“官”。

形声字占汉字的80%左右,故过去民间有“秀才只识半边字”之说,也就是说,如果一个字你不认识,而偏旁另一边的字识得,大体上念所识半边那个字的音也就是了。如“鞣”念“柔”,“铯”念“色”等。但不能犯经验主义,否则也会错,如今人将“造诣”中的“诣”、“嶜部”中的“嶜”,“同仇敌忾”中的“忾”误读,盖出于此。故民间又有“学中秀才,错字布袋”之谓也。

会意亦属“合体字”构成法,会意字由上下、左右或上中下、左中右多部分组成,由参与组成的那些部分合在一起表示字义。如“鸣”,由“口”与“鸟”组合,表示鸟叫。“雀”则表示是小鸟,“林”则表示树多,“吠”则是狗叫。

也有些字是形声、会意兼而有之,如“柿”、“饲”、“裙”、“扶”等。

转注属用字法。分为“形转”、“音转”和“义转”三种情况。如“考”和“老”都是年龄高的意思,假借就是同音替代。如“陈”与“阵”,“景”与“影”等,在古代是通用的,在今天则视为错别字。

4.《说文解字》是汉字的百科全书

《说文解字》不仅收集的字数最多,而且记录了先秦的字音字义和很多先秦的字体如篆书、籀文等,因而全面地反映了汉语最古老的面貌。同时,该书在释字训诂中还引用了大量先秦的典籍、民俗、王制、礼仪、山川、人事、鬼神、草木、鸟兽、昆虫、怪异等。因而从一定意义上可说,《说文解字》是我国最早的一部文字百科全书。

由于许慎在经学、文字学上成就卓越,《后汉书》特在《儒林》中为其立传。

四、书之圣

说到书法之圣,人们往往想到的是王羲之。王羲之在行书、草书方面成就很高，但在汉字使用最普遍的楷书整理方面，钟繇则在其前。

钟繇像

汉字产生之后，在使用过程中，书写问题一直是人们十分关注的问题。甲骨文、钟鼎文、篆体固然可以用来书写，但过于繁复，影响书写速度。后来出现了草体，提高了书写速度，但由于个人性情的不同，书式也难以一致。

汉魏之际的钟繇对汉字的书写作出了重大的贡献。

钟繇（151—230）字元常，汉颍川长社（今河南长葛市）人。汉末时局动荡，钟繇助曹操平定天下，屡有功勋，曹丕代汉后以其为大理寺卿，后任相国、廷尉、太尉等职并晋封为平阳乡侯。

钟繇书宗蔡邕，其成就主要在楷体，隶书、行书也十分精妙。

钟繇的楷书世称钟体。钟繇传世之作较多，代表作有《宣示表》、《贺捷表》、《荐季直表》、《还示帖》、《雪寒帖》以及《乙瑛碑》、《受禅碑》等。由于其成就巨大，在中国书法史上开一崭新局面，因而后人多将其与汉代草书大家张芝并称为“张钟”，与晋代书法家王羲之并称为“钟王”。

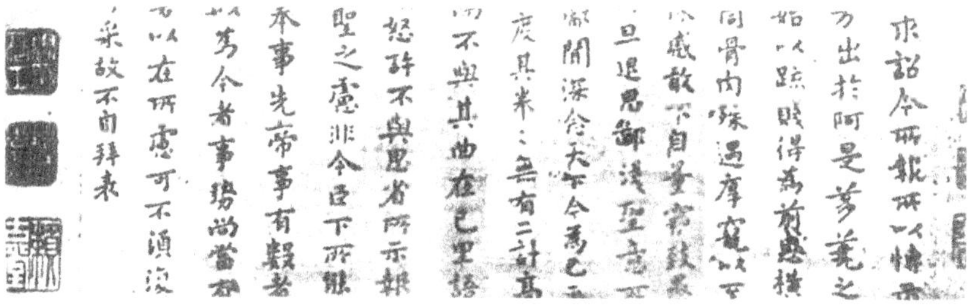

宣示表

钟繇所创楷体的意义及特点是什么呢？

1. 首定楷书规范

钟繇之前，汉字亦有楷体出现，但定楷为范，功在钟繇。楷体的正规化不仅大大促进了后世的写作、印刷与出版，尤其对汉字的普及、文化知识的普及与传播产生了极大的推动作用。楷书的厘定，不亚于文字的第二次发明。

2. 提出了运笔以方

钟繇楷体一改古楷和魏体方笔运笔之法，而以圆笔行运，因而字体方中略有扁意，整体上宽博圆厚，尚保留着魏体的韵致。

3. 提出了“流美”说

书法贵在功夫，贵在体悟。钟繇致力于楷书30余年，他在总结前人经验并结合自己的实践基础上提出了“流美”的见解。他强调书法是艺术，但不能刻意造作，贵在天然中求得真趣。

“流美”之说见宋人陈思编撰的《书苑菁华》一书。该书在《秦汉魏四朝用笔法》中记载有钟繇对书法的见解：“用笔者，天也，流美者，地也，非凡庸所知。”清人刘载熙《艺概·书概》中也有类似的记载：钟云“笔迹者，界也；流美者，人也”。

钟繇天然流美之说深得后人赞赏。元代书史《衍极》引用了南朝庾肩吾的评价，庾肩吾比较了历代大书法家的成就之后，将钟繇之作列为“上品之上”，并说：“钟天然第一，工夫次之；妙尽许昌之碑，穷极邺下之牍。”将书法与自然与人相联系，以自然流丽、真淳朴茂为美，钟繇提出的这一美学原则，具有重大的理论与实践意义。在我国书法史上有晋尚韵、唐尚法、宋尚意之说，统而观之，其源皆自钟繇。

4. 书体古朴典雅

钟繇书法艺术上最大的成就是古朴典雅。纵观钟繇传世之作，虽有些为后人临摹之作，但结体严谨，布局缜密，充满自然之趣。

钟繇之前，为汉字的规范和书法做出了开创性贡献的是上蔡（今属河南）人李斯。

钟繇在中国书法史上地位至巨，历代以为中国书法之祖，亦有称其为书圣者，实属允当。

五、佛之圣

佛教传入我国后，热心执着、潜心研究、造诣至高、影响中外者，当首推玄奘。

玄奘（602—664）俗姓陈，名袆，唐洛州缑氏县（今河南偃师缑氏）人。因精于佛学经、律、论三藏，故世称其为唐三藏。

玄奘父母早丧，13岁随其兄在洛阳出家后，遍读各经。19岁时游学至成都，并于高祖武德五年（622）在成都受具足戒。两年后顺江东下，先后到荆州、扬州等名寺求经，同时也应邀讲经，每当有讲，闻者风靡而至。贞观元年(627)时回到长安。

玄奘取经图

1. 艰苦跋涉，西域求经

在十几年的僧寺生活中，玄奘广结高僧，遍览群经，穷尽诸家之说。学习和游历使他感到中国佛界仍有两大遗憾：一是深感过去所译诸经文字不准确，同经异说，义理参差矛盾，即使广为流传的瑜伽同一系之《地论》、《摄论》，两家法相之论也很不一致。他认为，要解决这一问题，根本的方法是到印度看到原著，尤其是关涉三乘之学的《瑜伽师地论》一书。二是深感中国佛教经卷太少，不足成广博之学，育大德之僧。

他决心把蕴酿已久的计划付诸实践：到天竺游学取经。他向当朝提出了申请，唐太宗批复：不准。再上书，仍是不准。

玄奘决心已定，在作了充分准备之后，贞观元年(627)，他借离开长安西行讲经之机，不辞而别，开始了10多万里的西行之程。

在兰州，他得到了西域一些僧人的帮助，之后便悄悄到达瓜州，走出了玉门关，穿越了大沙漠。在高昌国他得到了国王的支持，在素叶城，西突厥叶护可汗不仅为他办理了通关文书，还派使者护送他通过了十多个小国，翻越了雪山，进入了异国之境。

经过无数困顿磨折，终于到达印度。贞观二年(628)，玄奘到迦湿弥罗国后便留下学习《俱舍论》和因明、声明之学，前后2年。贞观五年(631)，他终于到达了心仪已久的摩揭陀国的那烂陀寺。在简洁而隆重的仪式上，他拜已过百岁的戒贤为师。之后的5年间，他在这里学习《瑜伽师地论》、《顺正理论》、《中论》、《百论》及因明学等。由于其学业精到，被列为10位上道弟子之一。贞观十年(636)，玄奘决定暂时离开那烂陀寺，遍游五印度各国大寺。其间，他向各地的高僧虚心求教，研习唯识抉择、意义理、无住涅槃、十二因缘、庄严经等论。两年后又回到那陀烂寺，边研习边讲学。

玄奘对佛教的虔诚及对佛理的精心研究在印度影响很大。印度国王戒日王邀请玄奘参加在曲女城召开的佛学辩论大会，由戒日王主持，五印度18个国王、

3000名佛教各派学者、那烂陀寺僧人1000名和外道2000多人参加。在辩论会上,玄奘以其所著《会宗》等书的持论为中心进行演讲,请与会者讨论并驳难,18天中,只有提出如何理解者,而无一持异议者。于是,玄奘名声大噪,人们对他更加敬仰。他被大乘誉为"大乘天",被小乘誉为"解脱天"。为了使更多的印度僧人得到提高,戒日王又邀请他参加了5年一届历时75天的无遮大会,之后才送他返程回国。时年玄奘43岁。

贞观十九(645)年正月,玄奘回到了阔别19年的长安。首都万人空巷,"道俗奔迎,倾都罢市",欢迎他的归来,唐太宗为他举行了盛大的接见仪式。

2. 鞠躬尽瘁,献身译经

贞观十九年唐太宗在洛阳接见玄奘时,曾语重心长地劝他还俗辅政。玄奘诚挚地向他表明了自己献身佛学、致力译经的心迹后,太宗十分感动,指示安排他到长安弘福寺并拨专门经费予以大力支持。

当年五月,玄奘就译出了《菩萨藏》等经,第二年又撰《大唐西域记》。贞观二十三年(649)译出《瑜伽师地论》、《因明正理门论》等经。鉴于新经的重要性,玄奘恳请唐太宗为诸经作一总序。太宗欣然应允,这就是传世至今的《大唐三藏圣教序》。同年慈恩寺建成,玄奘迁入。为了妥善保存经卷,在他的建议下,慈恩寺又修造了大雁塔。

为提高译经效率,唐高宗显庆四年(659),玄奘离开喧闹的市区到新建的玉华宫专心翻译《大般若经》。当龙朔三年(663)冬天600卷《大般若经》告竣时,他已积劳成疾,难以再握七寸之毫了。

但他仍感到有一部经需要译出。在弟子们的帮助下,麟德元年(664)正月,他坚持译完了《咒五首》1卷后,再也起不来了,此经遂成了一代宗师之绝笔。

麟德元年(664)二月初五夜半时分,一颗闪亮的明星划破西部长空而陨落,在详谧的睡卧中,玄奘法师走完了自己的一生,安然圆寂,终年62岁。

玄奘归国19年间,共译经75部,1335卷。有人进行过统计,前15年中,平均每年译经70卷,在他身体最差的后4年,每年译经达170卷,工作量之大可想而知。在撰写《大唐西域记》后,又编著《成唯识论》。此两书至今还是研究印度、巴基斯坦、尼泊尔、孟加拉国以及中亚地区古代历史地理的宝贵资料。由于玄奘汉语和梵文功底深厚,加之治学严谨、一丝不苟,故所译诸经释义准确,字词精当,文句流畅,开一代译学之新风。

此外,他还应域外之请把老子的《道德经》译成了梵文,赠给了迦摩缕波,把印度已失传的马鸣所著《大乘起信论》译为梵文,赠给了印度。

3. 创唯识论,立慈恩宗

玄奘除翻译了大量的经论之外,其对中国佛教的另一重大贡献是创立了唯识宗。

玄奘对大乘佛教的瑜伽宗进行了深入的研究,并对其主张"万法唯识"进行了全面的发挥,从而在中国形成了新的佛教宗派——唯识宗。

唯识宗的经典是《瑜伽师地论》(弥勒著)、《解深密经》和玄奘编著的《成唯识论》。此外还有三部重要论著均为玄奘的三位高足所著,被称为"唯识三大部"——窥基的《成唯识论述记》、慧沼的《成唯识论了义灯》、智周的《成唯识论演秘》。

唯识论认为,意识是宇宙的本原,世界万事万物包括自我、法在内,都不是独立存在的,而是由人们的意识变现出来的,即"唯识所变",只有通过修行,克服"我执"和"法执",才能成佛。唯识论还认为有些人是不可能克服自我的,因而也成不了佛。这本来是实话实说,但一些人听了之后不高兴,因而也失去了大众,未及三代即不传。

玄奘及其弟子在阐发"万法唯识"中形成了"三相论",即用"依他起相"、"遍计所执相"和"圆成实相"来解释宇宙万有的性相。故此,唯识宗又被称作"法相宗"。

在译经和建立唯识宗的过程中,玄奘培养了一大批造诣卓著的高僧,他们不仅知识渊博,而且著术甚丰,是唯识宗的骨干力量。

"法相四哲":又称为"玄门四神足",即窥基、神昉、嘉尚、普光。

窥基对唯识造诣最深,为玄奘法系的首位传人和代表人物。窥基17岁出家后一直受玄奘言传身教,一生译著近百部。他所撰的《成唯识论述记》在唯识经典中的重要性仅次于玄奘的《成唯识论》。此外,他在译瑜伽、解杂集等方面均有独到建树,他为弘扬五姓说所著《法华玄赞》、为释因明说所著《因明大疏》等均成为唯识学经典。唯识宗还因他长期在慈恩寺而被称为"慈恩宗"。

普光在学习唯识中依照玄奘的安排全心致力于研究世亲《阿毗达磨俱舍

论》,所撰《俱舍论记》30卷,全面发挥《俱舍》精神,为中国佛教俱舍派首部经典。

神昉撰有《十论经钞》、《成唯识论文义记》及《种姓差别集》。

嘉尚撰有《杂集论疏》等。

“俱舍三大家”:指在俱舍学研究方面成就显著的普光、法宝、神泰三人。

“因明三大家”:指在因明学研究方面成就显著的窥基、神泰、顺憬三人。

玄奘还为域外培养了一批佛学人才。如新罗高僧圆测,为唯识宗大家,元晓为华严宗大家,西域利涉为护法派高僧。

玄奘寺、玄奘陵园

玄奘把毕生精力和心血献给了佛教事业,献给了中印文化交流,为盛唐文化的发达和中国文化的繁荣尤其中国佛教的形成作出了极其卓越的贡献。

玄奘圆寂后葬陕西白鹿原(后墓毁于兵燹),其顶骨舍利安放于终南山紫阁寺。宋端拱元年(988),僧人可政将顶骨舍利带到南京天僖寺供养。1942年南京被日军占领时,舍利子被人劫掠,几经周折后部分归还华夏。顶骨舍利现分别供奉于中国、印度和日本。我国西安慈恩寺、南京玄奘寺、成都文殊院、台湾南投县日月潭畔玄光寺均有供养。

为纪念佛学界这位圣人,今河南省偃师市缑氏镇陈河村建有玄奘故居纪念馆。

六、画之圣

吴道子善画,唐代即被誉为“画圣”。中唐书画家兼书画评论家张彦远所著《历代名画记》载:

> 国朝吴道玄,古今独步,前不见顾陆,后无来者。授笔法于张旭,此又知书画用笔同矣。张既号书颠,吴宜为画圣。

从此,画圣之名远播,如元代汤垕《画鉴》:“吴道子笔法超妙,为百代画圣。”

唐代玄宗开元、天宝年间国力雄厚，天下升平，文化繁荣，因而孕育出了许多文化巨匠，诗人李白、杜甫，书家张旭，画家吴道子是其中最杰出的代表。

《送子天王图》局部

吴道子（约685—约758）又名道玄，唐河南阳翟（今河南禹州市）人。吴道子曾向大书法家张旭、贺知章学习草书，为韦嗣立幕府小吏时，随其入蜀入鲁，游历大川名山。大自然的壮丽和艺术家的指教，使其胸襟开阔，气度不凡。玄宗闻其名后，特征召为内廷画师，并赐名道玄。

《送子天王图》局部

画界之所以誉吴道子为“画圣”，主要是其画技、画风前无古人，高迈超伦。

1. 画技高妙绝世

吴道子最善画宗教人物壁画，长安、洛阳东西两京有其壁画三百多间。唐人朱景玄《唐朝名画录》录画家124人，将其分为神、妙、能三品，每品又分上、中、下三格。其神品仅列一人，即吴道子。正史中吴道子无传，世传吴道子事迹，多出于此书。现录有关其行状数则以观其技：

其一，一日睹三绝——其画为唐代一绝。

开元中驾幸东洛，吴生与裴旻（按：善舞剑）将军、张旭长史相遇，各陈其能。时将军裴旻厚以金帛召致道子，于东都天宫寺为其所亲将施绘事

(按:裴请吴为其母亲画像)。道子封还金帛,一无所受。谓旻曰:“闻将军旧矣。为舞剑一曲,足以当惠。观其壮气,可助挥毫。”旻因墨为道子舞剑。舞毕,奋笔俄顷而成,有若神助,尤为冠绝。道子亦亲为设色。其画在寺之西庑。又,张旭长史亦书一壁。都邑上庶皆云:一日之中,获睹三绝。

其二,玄宗命画嘉陵山水——其胸襟如涛卷浪涌。

明皇天宝中忽思蜀道嘉陵江水,遂假吴生驿驷,令往写貌。及回日,帝问其状,奏曰:“臣无粉本,并记在心。”后宣令于大同殿图之。嘉陵江三百余里山水,一日而毕。时有李思训将军,山水擅名,帝亦宣于大同殿图,累月方毕。明皇曰:“李思训数月之功,吴道子一日之迹。皆极其妙也。”

其三,画圆光不以规——其技法如天赐神助。

凡图圆光皆不用尺度规画,一笔而成。景玄(按:即作者)元和初应举,住龙兴寺,犹有尹老者年八十余,尝云:吴生画兴善寺中门内神圆光时,长安市肆老幼士庶竞至,观者如堵。其圆光立笔挥扫,势若风旋,人皆谓之神助也。

从书中所记可知,吴道子之画为当时一绝,其画技之精、名声之隆非同凡响。

2. 风格雄壮飘逸——吴带当风

张彦远在《历代名画记》中论及吴道子山水、人物画的风格时说:

自顾陆以降,画迹鲜存,难悉详之。唯观吴道玄之迹,可谓六法俱全,万象必尽,神人假手,穷极造化也。所以气韵雄壮,几不容于缣素;笔迹磊磊,遂恣意于墙壁。其细画又甚稠密,此神异也。

仅从文中使用“神人假手”、“穷极造化”、“神异”数词,即可看出吴道子画风的与众不同。

吴道子的气质、画风与历代名家有许多不同,最突出的一点是其用笔,宋人郭若虚《图画见闻志叙论》所引张彦远所言“吴带当风”成了后人评说的不刊之论。

> 曹吴二体,学者所宗。……北齐曹仲达者,本曹国人,最推工画梵像。……吴之笔,其势圆转而衣服飘举;曹之笔,其体稠叠而衣带紧窄。故后辈称之曰“吴带当风,曹衣出水”。

其意是说,曹仲达所画佛教人物衣着都是紧身,如刚从水中出来,衣服都贴在了身子上,而吴道子所画佛教人物衣着,多宽博疏大,其衣褶大有随风而飘举之态。郭若虚认为吴道子对人物衣装的敷色也与众不同,“落笔雄劲而敷色简淡”,“至今画家有轻拂丹青者,谓之吴装”。此法不仅开我国焦墨画新风,“吴装”或“吴家样”两词从此也就成了吴道子画风的专用名词。

北宋大文豪苏轼书画并擅,他对吴道子给予了高度评价,对“吴带当风”也十分推重,并认为其宗法自然之风格是“古今一人而已”。

> 君子之于学,百工之于技,自三代历汉至唐而备矣。故诗至于杜子美,文至于韩退之,书至于颜鲁公,画至于吴道子,而古今之变,天下之能事毕矣。道子画人物,如以灯取影,逆来顺往,旁见侧出。横斜平直,各相乘除,得自然之数,不差毫末。出新意于法度之中,寄妙理于豪放之外,所谓游刃有余,运斤成风,盖古今一人而已。(《书吴道子画后》)

苏轼以“如以灯取影”比喻吴道子画技之妙,含蕴多多,令人回味无穷。

吴道子的传世之作很多,最有名的是《送子天王图》(又名《释伽降生图》)。今传纸本手卷为宋人李公麟摹本,长达338.1厘米,宽33.5厘米。长卷所绘故事情节分两段,前为天王送子,后为佛祖降生后礼拜。图中人物全为汉人长相,而无天竺人目深肤黝之态。画面上,佛祖之父净饭王威严而面有喜色,夫人摩耶怀抱幼婴,面色慈祥庄重,随侍的大臣、婢女也都严肃、卑恭而兴奋。图中所绘鬼神虽张牙舞爪而不凶,瑞兽或奔或翔而不狂。总之,一派喜庆、祥和气氛。此图

吴道子纪念馆

用笔刚劲中饱蕴柔美，线描中不用传统的“铁线”法，所用“兰叶线”勾描衣纹又多有变化，充分显示了作者纯熟的技法和博深的画外功夫。

史称吴道子为“画圣”，民间画塑行业则又称其为“祖师”。为纪念这位泽被后世的画家，吴道子的家乡——河南禹州市鸿畅镇山底吴村，每年农历三月十八吴道子生日这天有盛大庙会，各地绘画、剪纸、绣花、烙花、扎花、泥塑、雕刻、金属花等画界艺人、工匠纷沓云集，切磋献艺，交流交易，时间达半个月之久。2001年春天吴道子纪念馆的落成，使这一民间性的纪念活动有了更加稳固的基础。

七、诗之圣

中国是一个诗的国度，杜甫又是一位伟大的人民诗人、爱国诗人，其人被尊为“诗圣”，其诗被尊为“诗史”，从幼儿园到大学，各种教材中无不收录着他的长短名篇。

杜甫（712—770）字子美，唐睿宗末年生于河南巩县（今河南巩义市）瑶湾村。

杜甫

杜甫生于盛唐时期，“贞观之治”及其后数十年间，天下太平，百业兴旺，物阜民丰，国富兵强。即使到了玄宗开元年间，大唐帝国仍是一派繁荣景象。杜甫在《忆昔》中称其为“全盛日”：

忆昔开元全盛日，小邑犹藏万家室。稻米流脂粟米白，公私仓廪俱丰实。

但天宝末年“安史之乱”爆发，大河南北烽烟四起，民不聊生，国家大伤元气。杜甫正是生于这样的一个历史转折时期，他和一个普通老百姓一样，目睹并亲历了社会的动乱与苦难，在饥寒交迫、惊惧忧思中度过了自己的后半生。

“国家不幸诗人幸”，心系民瘼、感叹时艰且又关心着风雨飘摇的李唐王朝的杜甫，在酸甜苦辣的哺育下写下了无数震人心腑的诗篇。

最早称杜甫之诗为“诗史”者当是唐人孟棨，其在《本事诗·高逸》中说：

> 杜逢禄山之难，流离陇蜀，毕陈于诗，推见至隐，殆无遗事，故当时号为“诗史”。

南宋诗人杨万里学诗宗杜，他在《江西宗派诗序》中称杜甫为“圣于诗者”。明代杨慎《词品序》在品评前人诗词之作时，则正式以“诗圣”名之（有“诗圣如杜子美，而填词若太白之忆秦娥”之句）。

杜甫的诗被称为“诗史”——他的诗不仅艺术地再现了动荡的社会、人民的疾苦，更记录了他颠簸的行迹和颤抖的心灵，呼喊出了万民之声，倾诉了万民之情。

杜甫被尊为“诗圣”——不仅是诗写得好，达到了艺术的高峰，无体不工，无美不备，开创了中国诗歌新世界，泽被后学，而且他具有崇高的人格，高尚的品德和情操，代表了中国传统知识分子为国、为民的一种“精神”。

要全面了解“诗圣”，没有比读他的诗更好的方法了。

1.“三吏”、“三别”——杰出的“诗史”代表作

杜甫现存诗1400多首，就其不同时期、不同风格等方面的代表作来说，至少也要有几十首，但最能反映其“诗史”面貌的则是“三吏”——《新安吏》、《潼关吏》、《石壕吏》，“三别”——《新婚别》、《垂老别》、《无家别》。

其一，通过典型的取材，深刻地反映了战乱给百姓造成苦难的社会现实。

《新安吏》：由于兵员不足，因而尚未到从军年龄的“中男”也不能逃脱。到处抓兵的后果是：“白水暮东流，青山犹哭声。”

《潼关吏》：战火即将烧到帝都，军队为了应战，士卒们只好连夜仓猝筑城。

《石壕吏》：连年征战，需要大量役夫，连老太婆也不能幸免，“急应河阳役，

犹得备晨炊”，前线吃紧到何种程度，不言而明。

《新婚别》：“结发为君妻，席不暖君床。暮婚晨告别，无乃太匆忙！”

《垂老别》：迟暮老人，“子孙阵亡尽”，尚不得安，仍要告别老妻，踏上征途。

《无家别》：战争造成农村破败，千村“空巷”，荒无人烟，一片废墟，老兵悲愤之余则是无奈的喟叹：“人生无家别，何以为蒸藜？”

其二，矛盾心理的抒写，深刻地反映了既关心国运又同情人民的思想现实。

在杜甫笔下，既描述了安史之乱给国家造成的动乱，又描写了动乱给老百姓带来的灾难。但在民族危亡的关头，杜甫认为，人民的痛苦只好服从于国家生存之大义，舍此别无选择。于是，作者在同情不幸遭遇的同时，又鼓励人民抗敌。在《新安吏》中，他劝说被抓者家人不要太悲伤，“送行莫泣血，仆射如父兄”——放心吧，郭子仪对士兵很好的，像亲兄弟一样。《新婚别》中，新妇在愤然说“不如弃路旁”之后，又劝丈夫“勿为新婚念，努力事戎行”。

这种思想情感上的矛盾，既是社会现实矛盾的反映，更是杜甫真实思想的写照。

杜甫的思想是典型的儒家思想，其集中表现就是忠君、恤民。因而在《自京赴奉先县咏怀》中，他既无限感叹“穷年忧黎元，感叹肠内热”，又反复述说“葵藿倾太阳，物性固难夺”的情怀。他盼望国家兴旺，社会纯朴。早年，他希望能有晋身之阶，以施展远大的抱负：“致君尧舜上，再使风俗淳”（《奉赠韦左丞丈二十二韵》）。即使到了晚年，他的这一志向仍不减当年：“我能剖心血”，“一洗苍生忧”（《凤凰》），“欲倾东海洗乾坤”（《追酬故高蜀州人日见寄》）。但在杜甫那里，理想与现实是那样无情的矛盾，他憧憬的和看到的极不和谐。“战血流依旧，军声动至今”，“朱门酒肉臭，路有冻死骨”（《自京赴奉先县咏怀》），不仅表现了他对朝廷的不满，也表现了他对现实强烈的批判精神。

2. 个人际遇与国家、人民紧紧连在一起——崇高的“诗圣”人格

杜甫是中国传统知识分子的偶像，是中国文化君子的楷模，其伟大的人格精神，对民族精神和民族心理都产生了深远的影响。

中国传统知识分子的爱国情怀在政治上多表现为忠君、爱国和忧民。杜甫在自己的诗中强烈地表达了反对以胡化为本质的藩镇割据，力主攘夷平藩，维护以中原文化为基础的国家统一，同时也指斥奸佞，针砭时政，揭露黑暗，关心民

生。

中国传统知识分子高尚的爱国热忱最可宝贵的是能认识到个人际遇与国家命运息息相关。杜甫之所以被称为中国文化君子,也正在这里。杜甫全家惨遭战乱流离之苦,自己还曾被叛军拘俘,几有生命之险。但他的诗是真正做到了"怨而不怒",因为他首先想到的是国家。

把个人命运与国家利益紧紧连在一起的杜诗很多,最典型的是《春望》、《闻官军收河南河北》。

至德元年(756)七月,肃宗李亨在灵武(今属宁夏)即位,闻此消息,杜甫将妻儿安顿在鄜州羌村,只身前往灵武,但不幸在途中被叛军抓至长安。诗即写于此时。

国破山河在,城春草木深。感时花溅泪,恨别鸟惊心。

烽火连三月,家书抵万金。白头搔更短,浑欲不胜簪。

面对"国破"的残局,身处"城春",他百感交集,"感时花溅泪,恨别鸟惊心"——亲人无消息,长安遍野草。在春风中摇曳的花也为国运落泪,啾啾的鸟声更令人惊惧。诗人忧心如焚,但令他欣慰的唐肃宗已即位——"山河在"。"山河在"就是希望,作为一介书生的他,竟寻得机会,冒险脱逃,到了凤翔,其力量盖源于此。

代宗广德元年(763),将近八年的"安史之乱"被平定。流落在蜀地梓州的杜甫听到这一喜讯后高兴得彻夜难眠,奋笔疾书写下了《闻官军收河南河北》:

剑外忽传收蓟北,初闻涕泪满衣裳。却看妻子愁何在,漫卷诗书喜欲狂。

白日放歌须纵酒,青春作伴好还乡。即从巴峡穿巫峡,便下襄阳向洛阳。

"初闻涕泪满衣裳"——这是最动人的情不自禁!犹如枯木逢春!

"漫卷诗书喜欲狂"——这是最真切的悲去喜来!犹如火山迸发!

“收蓟北”不仅标志着叛军老巢倾覆，彻底灭亡，“收蓟北”更标志着破碎山河的重整，分裂国家的统一。

有了这一胜利，作者才有可能“还乡”，才能回到阔别已久的洛阳。

作者正是将国家的前途与个人命运水乳交融一般结合在了一起，才写出了这样情景交融、脍炙人口、被后人称作“生平第一快诗”的壮丽篇章。

3.“沉郁顿挫”——独特的艺术成就

《新唐书·杜甫传》在“赞”中简述了唐诗发展过程，言初唐以来诗风“恃华者质反，好丽才壮违”的状况，“至甫，浑涵汪茫，千汇万状，兼古今而有之诗……世号‘诗史’”。杜甫之诗，特点突出，此处所说“浑涵汪茫，千汇万状”仅是其一。杜甫诗作的根本特点则是《杜甫传》中所记他自我总结的“沉郁顿挫”。

何谓“沉郁顿挫”？清人吴瞻泰《杜诗提要》对此作了简明的解说：“沉郁者，意也；顿挫者，法也。意至而法也无不密。”

这就是说，“沉郁”是指其诗思想内容的深厚博大，情感的悲慨宽阔，意境的深远和情调的雄浑；“顿挫”则指表现手法，情感表达含蓄蕴藉，起伏变化，百回千转。

让我们以杜诗为例看一看“诗圣”之“沉郁顿挫”吧。

其一，深沉的洞察力，全景式的表现力。

在《自京赴奉先县咏怀》中，作者开篇叙写了个人抱负不能实现，接着写了骊山贵人们的骄奢淫靡，写了“朱门酒肉臭，路有冻死骨”的惨象，之后又写了“入门闻号啕，幼子饿已卒”。可以说，上述每一场景，均足以使他的不平之气、愤懑之意、悲痛之情喷薄爆发，然而都没有，他在难以抑制之时抑制了，他以深沉的洞察力将一个个分散的现象聚变为社会问题，将个人情感的倾泻转化成了对时事的叹息，对百姓的哀伤。

此外，像“三吏”、“三别”，像《秋兴》和《蜀相》等，作者均能在十分广阔的层面上全景式地展现典型场景，从而使得情感更加凝重，使人读后感到韵味无穷。

深沉的忧患感是杜甫诗歌的基调，其表现则为对国家、对人民命运的极大关切。即如晚年住在成都破旧的茅屋中，还不忘天下寒士：“安得广厦千万间，大庇天下寒士俱欢颜”，“吾庐独破受冻死亦足”。这种爱国情怀，构成了他诗歌的核心价值。而“沉郁顿挫”最适宜表现这一基调和情怀。这也正是杜甫诗作的独创性之所在。

其二,凝练、简洁、朴实的语言。

语言是思想、情感的载体。忧愤深广但缺乏凝练的语言来含蓄蕴藉地表现,也就根本不可能"沉郁",也就是说,仅仅有忧国忧民之情未必能够表现为沉郁。

杜甫是非常重视语言锤炼的。为了把诗作好,写出佳句,他注意向各方面学习,"不薄今人爱古人,清词丽句必为邻";并认为要吸取百家之长,"别裁伪体亲风雅,转益多师是汝诗",在继承的基础上坚持创新;他一贯认为,只有"读书破万卷",才能"下笔如有神"(《奉赠韦左丞丈二十二韵》)。他尤其推崇庾信,"清新庾开府,俊逸鲍参军"(《春日忆李白》),"庾信文章老更成,凌云健笔意纵横"(《戏为六绝句》);"庾信平生最萧瑟,暮年诗赋动江关"(《咏怀古迹》)。对于遣词用字,他精益求精,每有新的诗作,他必反复推敲,反复吟咏,"陶冶性灵存底物,新诗改罢自长吟"(《解闷十二首》),"为人性僻耽佳句,语不惊人死不休"(《江上值水如海势聊短述》)。杜诗中虽然也有华丽之辞,但毫无雕饰之痕,是自然天成。正由于这样,杜甫之诗不仅读起来朗朗上口,而且意境高远,韵致隽永。

杜诗"沉郁顿挫"风格的形成是现实生活对其创作影响的产物,又是生活与人格相结合的产物。杜甫一生对国家(皇帝)、对人民充满了真情的热爱。悲伤而不消极,沉郁而不颓唐。这就是杜诗,这就是杜甫。

4. 精于格律——律诗的集大成者

律诗在初唐已经相当成熟,但臻于完备,则在杜甫。天宝六年(747),杜甫在长安所写的《春日忆李白》,实可称五律之"样板":

> 白也诗无敌,飘然思不群。清新庾开府,俊逸鲍参军。
> 渭北春天树,江东日暮云。何时一樽酒,重与细论文?

杜甫在西南漂泊期间,虽然日子十分清苦,但生活相对比较平静。栖息草堂和流离两川之时,他更用心于律诗的创作与研究,不仅逐步形成了雄浑悲壮、萧淡婉丽之风格,而且成了七古、七律及排律的集大成者。请看《秋兴八首》之一:

玉露凋伤枫树林，巫山巫峡气萧森。江间波浪兼天涌，塞上风云接地阴。

丛菊两开他日泪，孤舟一系故园心。寒衣处处催刀尺，白帝城高急暮砧。

再看他的《登高》：

风急天高猿啸哀，渚清沙白鸟飞回。无边落木萧萧下，不尽长江滚滚来。

万里悲秋常作客，百年多病独登台。艰难苦恨繁霜鬓，潦倒新停浊酒杯。

这些诗和《闻官军收河南河北》等一样，不论平仄、声韵，也不论颔联、颈联的对仗，甚至包括章法结构、意境创造，可以说，杜甫对格律的运用和创作，都已达到从心所欲的化境。尤其《登高》一诗，八句皆对，一篇之中，句句皆律，一句之中，字字皆律。故明代学者胡应麟高度赞誉此诗，认为："一章五十六字，如海底珊瑚，瘦劲难名，沉深莫测，而精光万丈，力量万钧。通章章法、句法、字法，前无昔人，后无来学。微有说者，是杜诗，非唐诗耳。然此诗自当为古今七言律第一，不必为唐人七言律第一也。"(《诗薮》)清代学者杨论称此诗"高浑一气，古今独步，当为杜集七言律诗第一"(《杜诗镜铨》)。杜甫对自己精于格律也很得意，也很自负，"晚节渐于诗律细"(《遣闷戏呈路十九曹长》)。胡适谈到杜甫在律诗方面的成就时说，由于有了他，律诗"添了不少的声价，因此便无形中替律诗延长了不少的生命"(《白话文学史》)。

杜甫于律技巧纯熟，在格律允许内，往往改变语序，更完美地表达诗意。如《秋兴之八》有句："香稻啄余鹦鹉粒，碧梧栖老凤凰枝"。按一般的写法应是"鹦鹉啄余香稻粒，凤凰栖老碧梧枝"，但他将主语后置，宾语前移，突出"香稻"、"碧梧"，看起来似文字游戏，实际上正是巧妙地利用了汉语言的语序可以变动这一特点，既严格遵守格律，又巧妙地支配和利用格律，表现了他高超自如的语言驾驭能力。

总之，杜甫的诗，既描写了秦川云树，陇右关山，又展现了蜀州峰峦，楚地江关；既有黄河岸边、黄土高原的淳朴之貌，也有巴山蜀水峭拔凌厉之风，还有荆楚大江峻峡的清奇娟秀；既有北国的豪情，也有南国的流韵；既有壮美，也有柔美，既有雄浑，也有纤秾。杜诗是唐代诗歌最优秀的代表，是中国诗歌最优秀的代表。

杜甫的诗在唐代有很大的影响，不仅直接影响了韩愈、白居易、元稹、柳宗元，并与李白一起，成为了盛唐诗坛之中心，其风格情调也影响了李贺、李商隐等一批诗人。

杜诗对韩愈影响很深，韩愈在考察评价以前诗人时，将杜甫列为第一，他在《调张籍》中说“李杜文章在，光焰万丈长”。元稹在所撰《唐故检校工部员外郎杜君墓志铭并序》中，对杜诗之成就进行了全面概括：“至于子美，盖所谓上薄风骚，下该沈宋，古傍苏李，气夺曹刘。掩颜谢之孤高，杂徐庾之流丽，尽得古今之体势，而兼人人之所独专矣。”杜甫在中唐人心目中的地位之高，由此可见一斑。

杜甫诞生时的窑洞

杜甫最受推崇的朝代当属宋代。胡仔《苕溪渔隐丛话·西昆体》说及杜甫在宋代的影响时说：“三十年来，学诗者非子美不道。”当时还出现了千家注杜现象。王安石、苏轼、黄庭坚、陈师道、陈与义、辛弃疾等，无一人不学杜诗。秦观在《论韩愈》中甚至将杜甫与孔子相提并论：

杜子美者，穷高妙之格，极豪逸之气，包冲淡之趣，兼俊洁之姿，备藻丽之态，而诸家之所不及焉。然不集众家之长，杜氏亦不能独至于斯也。孟子曰：“孔子之谓集大成”，呜呼，杜氏，韩氏亦集诗文之大成者欤！

秦观“集大成”之论出，后世论者无不宗之。“诗圣”之誉也出于此时。到元代，元好问又提出了“杜诗学”，将学习、研究杜诗推向了一个新的层次。明、清两代更是如此。可以说，杜甫之诗在内容、风格、诗体、诗格、诗法方面，影响至今。研究杜诗渊源及影响，已成为一门专业的学问。

由于杜甫在中华民族文化史上有极高的建树，1962年初被世界和平理事会推选为世界文化名人，4月，在北京隆重举行了纪念世界文化名人杜甫诞生1250周年大会。为了永久性地纪念这位伟大的诗人，河南省在杜甫的诞生地——巩义瑶湾村重新修建了杜甫故里。笔架山下的千年窑洞，每年都有无数的敬仰者前来参谒。

杜甫有《杜工部集》20卷传世，收录诗1400多首，文章30余篇。

八、文之圣

我国古代散文发展至唐宋，不论其议论、叙事、抒情，也不论其结构、语言、逻辑等都达到了一个空前完美的新高度，因而备受后代文人推崇。其中韩愈、柳宗元、欧阳修、王安石、苏洵、苏轼、苏辙、曾巩八人地位最高，明人茅坤据此编《唐宋八大家文钞》144卷，广为流布，于是“唐宋八大家”之称由此而显，韩愈为八大家之首由是而名。

韩愈（768—824）字退之，河南河阳（今河南孟州市）人。因韩氏郡望在昌黎，故其自称韩昌黎，又因曾官吏部侍郎，世人又称其为韩吏部。韩愈称雄文坛且成就卓著，又谥号曰“文”，因而世人又称其为韩文公。

韩愈

韩愈一生推重儒业，为人率直，为官刚正。韩愈25岁登进士第，官四门博士。36岁时任监察御史，因旱灾上疏指斥朝廷不恤民情，请求减免徭赋，德宗不悦，贬其为阳山令。顺宗时反对王叔文集团永贞改革。宪宗即位后任职方员外郎,迁太子右庶子。50岁时曾随裴度至淮西平定吴元济叛乱,之后任刑部侍郎。元和十四年(819)因上表极力谏阻宪宗迎佛骨,被贬为潮州刺史。召回后曾任国子祭酒、兵部侍郎、吏部侍郎、京兆尹等职。

韩愈之所以被后人称为“文圣”,主要是由他倡导的古文运动开中国传统文学一代新风,并由于其造诣深厚,孜孜以求,终成一代文宗,一代师宗。

1. 古文运动

我国散文在先秦两汉时期文风十分雄健,诸子之作,司马迁之史,贾谊、晁错、李斯之论,可谓千古佳构。但两汉以后,尤其六朝骈体之兴,散文之体日渐柔靡。面对江河日下之局面,有识之士无不痛心疾首。时至中唐,韩愈出,不仅大声疾呼,而且身体力行,力挽狂澜,兴起了一场声势浩大的古文运动,出现了柳宗元等古文领袖,使一代文风得到了基本好转。宋代大文学家苏轼对此高度评价,认为韩愈“文起八代之衰,道济天下之溺”(《潮州韩文公庙碑》),功高千古,不亚于孔、孟。

韩愈倡导古文运动有两个显著特点,一是指导思想明确,二是诗文之作成就杰出非凡,成为世之楷模。

其一,理论上高屋建瓴,以复古为帜,倡创新之实。

韩愈倡导古文运动,其目的就是继承先秦两汉散文刚健清新之气,反对六朝骈体及柔浮之风,因而其矛头指向十分明确。

首先,提出了“文以载道”的主张。

韩愈一向以儒学道统传人自居,也以弘扬儒家精神为己任。“文书自传道,不仗史笔垂”(《寄崔二十六立之》)。“文以载道”明确表明“文”是工具,“文”仅是一个载体,为文的宗旨或目的就是传扬儒家道统。

具体而言,这里的“道”,首先是指儒家的政治思想和伦理规范,是“夫子、孟子、扬雄所传之道”(《重答张籍书》),还包括道德准则和思想意识,包括有益于人格修养的各种阐发儒家义理的言论和主张。当然,主张阐扬儒家道统也并不是意味着就是复古,核心是复归其精神,发扬其传统。这一点,韩愈及其响应者都有明确的解说。

这个问题很重要,抓住了要害,因为它要解决的是宗旨、方向这一根本问题。

其次，提出了“惟陈言之务去”、“词必己出”的为文原则。

由于六朝文风华而不实，人人竞相以绮丽之词、骈俪之句为文，因而到处充斥着无病呻吟的陈词滥调。韩愈在《答李翊书》中提出“惟陈言之务去”，就是强调不要说大话、说空话、说老话。老话无聊，大话误人，空话误国。

韩愈还在《南阳樊绍述墓志铭》中提出了为文的另一原则，即“词必己出”。这是一项更高的要求，其实质就是创新，而且是不断地创新。他多次强调，对先贤之作，要“师其意不师其辞”（《答刘正书》）。要用有特色的词语表达自己有个性的观点、思想和情感，要深入生活，联系现实，要勇于创新。他说，像六朝一些文士那样在小天地里过着醉生梦死生活的人，无论如何是写不出语言清新、气势磅礴之文的。

在《南阳樊绍述墓志铭》中，韩愈认为，除了“词必己出”之外，为文遣词造句还应做到“文从字顺各识职”。这是一项最基本的要求，但也是一项最见功力的基本修炼功夫。为文既要用词恰切，还要注意文气贯通，没有很高的修养和长期的积累是做不到的。

正是由于理论上的明确与成熟，韩愈所倡导的这场古文运动才得以兴起，也才得以培养出了一批骨干力量，也才得以取得了明显的成效，也才得以影响到后世尤其是宋代的古文运动。

其二，影响深远。

韩愈倡导的古文运动，除了他的弟子如李翊、李汉、李翱等大力宣扬、推动外，还受到了柳宗元的支持。柳宗元对六朝骈文带来的不良社会影响深恶痛绝，因而也十分强调“文”与“道”的关系，在《答韦中立论师道书》中明确提出“文者以明道”的主张。柳宗元散文与韩愈相比，韩文比较张扬，柳文比较委婉；韩文主张不平则鸣，大声疾呼，柳文则主张深沉含蓄，清宁平夷。柳宗元的散文自然流丽，不论传记、寓言或议论，行文犀利酣畅，文风清新隽逸。其代表作如《封建论》，立论宏大，逻辑谨严；《捕蛇者说》叙议结合，波澜起伏。其他如《黔之驴》描写生动，含意深刻，《小石潭记》、《始得西山宴游记》用笔细腻，气韵清雅，都受到世人的好评，因而历代传诵不衰。

经过上百年的不懈努力，唐代文坛面貌发生了很大变化，颓靡之风得到了扭转，雄健、平实之风已成气候。唐末时骈文虽一度鼓噪，但终不为大多数人接受，浮华之气也就渐次销声了。

韩愈所倡导的古文运动,影响深远。但从某种意义上说,要扭转一国文风,任重而道路漫长,但韩愈登高而呼,率先发难,揭开大幕——“发其机”,不仅晚唐尚有余绪,如皮日休、陆龟蒙、罗隐等以古文之旨写杂文,至宋代欧阳修还在“扬其波”,苏轼作为殿军,也一直在呐喊,一直在实践,并成为了一代文豪,最终在其手中完成了北宋的诗文改革。

明代唐顺之、茅坤等人继续高举韩、柳、欧、苏大旗,并使文坛成了“唐宋八大家”之天下,加之清代桐城派的张扬,由韩愈倡导的古文文风,最终成了中国学界之正统。

2. 一代文宗

韩愈倡导的古文运动,从整体上来说极大地提高了唐代中后期文学创作的水平,但从个人成就来说,尚无一人达到其炉火纯青的水平。

韩愈为后人留下了许多立论高宏、形象鲜明、声情并茂的优秀之作。

其一,传记行状之作,人物形象栩栩如生。如《张中丞传后叙》中的南霁云。张巡、许远困守睢阳,派南霁云向贺兰进明求救,贺与张巡有隙,不肯发兵,但却设宴款待南,意在拉拢。南霁云义愤填膺:

张巡

> 霁云慷慨语曰:“云来时,睢阳之人不食月余日矣。云虽欲独食,义不忍;虽食,且不下咽。”因拔所佩刀断一指,血淋漓,以示贺兰。一座大惊,皆感激,为云泣下。云知贺兰终无为云出师意,即驰去。将出城,抽矢射佛寺浮屠,矢着其上砖半箭。曰:“吾归破贼,必灭贺兰,此矢所以记也。”愈贞元中过泗州,船上人犹指以相语:“城陷,贼以刃胁降巡。巡不屈,即牵去,将斩之。又降霁云,云未应,巡呼云曰:南八,男儿死耳,不可为不义屈。云笑曰:欲将以有为也。公有言,云敢不死?即不屈。”

作者通过南霁云怒斥贺兰、抽刀断指、以矢射塔、笑而就义几事，聊聊数语，即将一员忠勇、刚烈、视死如归的战将形象凸现在了读者面前。

杂论抒感之作，言辞尖刻犀利，意在旁敲侧击。如有名的《杂说四·马说》，借马言志，鸣怀才不遇之不平。

世有伯乐，然后有千里马。千里马常有，而伯乐不常有，故虽有名马，只辱于奴隶之手，骈死于槽枥之间，不以千里称也。马之千里者，一食或尽粟一石，食马者不知其能千里而食也。是马也，虽有千里之能，食不饱，力不足，才美不外见，且欲与常马等不可得，安求其千里也。策之不以其道，食之不能尽其材，鸣之而不能通其意，执策而临之，曰“天下无马！”呜呼，其真无马耶？其真不知马也！

看来，当年韩愈心中郁积之块垒真不知有几多，不吐不快，遇到了机会，便迸发而出，一泻千里，大有不可阻遏之势也。

其二，政论阐理之作，立旨宏远，论说缜密。如《原毁》：

古之君子，其责己也重以周，其待人也轻以约。重以周，故不怠，轻以约，故人乐为善。……

今之君子则不然，其责人也详，其待己也廉。详，故人难于为善，廉，故自取也少。……

虽然，为是者有本有原，怠与忌之谓也。怠者不能修，而忌者畏人修。……是故事修而谤兴，德高而毁来。呜呼，士之处此世，而望名誉之光，道德之行，难矣！

作者以简洁的语言，通过古、今君子行为对比，夹叙夹议，分析了士大夫之间产生毁谤之因在于“怠”和“忌”，同时表示了自己的不满。如《原道》、《师说》以及与时人的通信等，更是淋漓尽致地借题发挥。

其三，记事抒情之作，情真意切，刻骨铭心。最有名的是《祭十二郎文》。

十二郎韩老成是韩愈的侄子。韩愈幼孤，而其兄也早丧，是其嫂子将他抚育成人。在痛苦艰辛的日子里，韩愈与比他小的侄子朝夕相处，情同手足。后来嫂子也去世了。两人异地而居，老成有子10岁，韩愈之子方5岁。多病的韩愈经常与老成通信，把希望寄托在盛年的侄子身上，并打算与老成相见。正当此时，传来噩耗。老成的突然离去，无疑是对韩愈的沉重一击。

作者通过哀婉伤痛之笔触，在回忆既往中倾诉“强者夭而病者全”的不幸，表达了对“两世一身，形只影单”的骨肉意外遽失的悲痛。作者用与逝者对话诉说的方式，于怀恋中交织着悔恨，在关切中流露着自责，总之，面对眼前，追悔莫及，哀思绵绵不尽。祭文的最后一段，作者实际上已泣不成声了：

> 呜呼！汝病吾不知时，汝殁吾不知日。生不能相养以共居，殁不能抚汝以尽哀；殓不得凭其棺，窆不得临其穴。吾行负神明，而使汝夭。不孝不慈，而不能与汝相养以生，相守以死。一在天之涯，一在地之角，生而影不与吾形相依，死而魂不与吾梦相接，吾实为之，其又何尤！彼苍天者，曷其有极！自今已往，吾其无意于人世矣！当求数顷之田于伊、颍之上，以待余年。教吾子与汝子，幸其成长；吾女与汝女，待其嫁。如此而已。
>
> 呜呼！言有穷而情不可终，汝其知也邪？其不知也邪？呜呼哀哉！尚飨！

真是哀悲至极，痛不欲生！有人说，读诸葛亮《出师表》而不堕泪者，其人必不忠，读李密《陈情表》而不堕泪者，其人必不孝，读韩退之《祭十二郎文》而不堕泪者，其人必不友。凡读韩愈此文者，必有同感。由此可知，韩文为千古一绝唱，意真情笃，感人至深。

韩愈《祭十二郎文》一改既往祭文追忆生平，称颂功德之写法，而以平易晓畅的语言诉说日常细事，以自由多变之散体抒不尽之情意，因而为更多人所认可。宋代欧阳修之《陇冈阡表》，明代归有光之《项脊轩记》、清代袁枚之《祭妹文》等，显然受到了韩愈《祭十二郎文》影响。清末民初吴兴人王文濡编《续古文观止》将袁枚文与韩、欧并列而论曰：“得此而乃鼎足之三”，意为三人之文已成为古代祭文之典范。

3. 一代师宗

韩愈曾官国子祭酒,相当于今日国立大学校长。其实韩愈终生都在从事教育,他在当四门博士时,主要就是授徒讲学。韩愈热爱教育,并且是全身心地投入。韩愈懂教育、重方法、善管理,因而不仅培育出了许多学有所长的弟子,还写出了有关教育的传世之作,其中最有名的是《师说》和《进学解》。

韩愈的千古名篇当首推《师说》,它是中国古代"教育学"的第一本教科书。

> 古之学者必有师。师者,所以传道、授业、解惑也。人非生而知之者,孰能无惑?惑而不从师,其为惑也终不解矣。生乎吾前,其闻道也固先乎吾,吾从而师之;生乎吾后,其闻道也亦先乎吾,吾从而师之。吾师道也,夫庸知其年之先后生于吾乎?是故无贵、无贱,无长、无少,道之所存,师之所存也。

《师说》提出"古之学者必有师",并以最简洁的语言说明了老师的职责和任务:"师者,所以传道、授业、解惑也。"这也是从另一角度进一步强调了老师的重要性。最后斩钉截铁地下了结论:"道之所存,师之所存也。"韩愈的这三点主张都是教育学的基本原理,也是至理,虽历1000多年,至今也没有更好的提法超过他。大哉,韩愈!

韩愈是教师中最为敬业者,《进学解》即自我写真。

勤劬敬业——诲人不倦:

> 国子先生晨入太学,招诸生之馆下,诲之曰:业精于勤,荒于嬉;行成于思,毁于随。……业患不能精,无患有司之不明;行患不能成,无患有司之不公。

以身作则——学而不厌:

> 口不绝吟于六艺之文,手不停披于百家之编。纪事者必提其要,纂言者必钩其玄。贪多务得,细大不捐。焚膏油以继晷,恒兀兀以穷年。

维护道统——思想纯正：

抵排异端，攘斥佛老。补苴罅漏，张皇幽眇。寻坠绪之茫茫，独旁搜而远绍。

障百川之东之，回狂澜之既倒。

为人师表——行懿品端：

少始知学，勇于敢为，长通于方，左右具宜。

学养深厚——精于经典：

沉浸醲郁，含英咀华，作为文章，其书满家。上规姚姒，浑浑无涯。周诰殷盘，佶屈聱牙，春秋谨严，左氏浮夸，易奇而法，诗正而葩；下逮庄骚，太史扰录，子云相如，同工异曲。先生之于文，可谓闳其中而肆于外矣。

同时，他还善于因材施教、循循善诱。总之，他是一位很称职的老师。韩愈在《原道》中说，儒家之道从尧舜传到孔子，从孔子传到孟子，之后就失传了，他要担当继承道统之责任，把孔孟之道传下去。韩愈之成为一代师宗，与其勇担道义是分不开的。

4. 一代诗宗

在我国诗歌发展史上，韩愈开创了一个流派，其特点就是“以文入诗”。

韩愈学诗宗杜甫。韩愈认为唐诗中杜诗堪称第一，他在《调张籍》中说“李杜文章在，光焰万丈长”。如《左迁至蓝关示侄湘》：

一封朝奏九重天，夕贬潮州路八千。欲为圣明除弊事，肯将衰朽惜残年？

云横九派家何在，雪拥蓝关马不前。知汝远来应有意，好收吾骨瘴江边！

虽然心情很抑郁、很凄凉、很愤懑，但诗的格调却很有气势，相当明快，颇有老杜“沉郁顿挫”之风。

韩愈善散文，因而在不知不觉中将散文的写法带入了诗中，不仅将其结构用于诗歌，以散文笔法、句法叙事铺陈，状人摹物，还将其议论用于诗中，直言感受。因而后人评论有“以文为诗”、“以议论为诗”、“以赋为诗”之说。平心而论，这实际上也是一种革新，以“诗无定法”和再创新法，以阳刚雷电、险句怪语冲击中唐以来诗风中的阴柔浮弱、纤语丽词，为诗歌创作注入新的活力。

毋庸讳言，有得即有失，韩愈的主张和实践也带来了弊端——诗毕竟是诗，而不是散文。韩愈有五言诗《谢自然》：“果州南充县，寒女谢自然……”长达34句，除了述说贫女谢自然成仙一事外，就是劝人不要相信鬼神。虽说此诗毫无诗的韵致，像顺口溜一样，但却不失为一篇很好的宣传品。宋人编写了《三字经》，就其体裁而言，诗乎？文乎？但至今传诵不衰。若书生气十足地考究其文体是否符合某某“定义”，岂不贻笑大方！诗的最大特点是句式整齐，讲究押韵。韩愈以诗宣传自己的各种主张和观点，符合“诗言志”之古训，似不宜指责。相反，他是一个出色的政治宣传员，且不以位高而忘其责。这种精神是不是很值得学习呢？

韩愈之诗在宋代尤被推崇，因而其“以文为诗”对宋代诗歌创作影响很大。一方面“以文为诗”不仅开拓了诗体，丰富了艺术表现手法，也扩大了诗歌的体裁，膨胀了诗歌的语言。另一方面是为了以韩诗的刚健扫荡宋初浮艳柔靡的“西昆体”诗派。有宋一代，倡言以韩诗为宗的不仅有苏舜钦、梅尧臣、欧阳修、王安石，还有苏轼、黄庭坚等。在这些大家不遗余力的推动下，宋代文坛散文、诗歌均以韩愈为大旗，于是，散文的古文化，诗歌的散文化蔚成滔滔主流。

韩愈诗的代表作有《山石》、《听颖师弹琴》、《八月十五日夜赠张功曹》、《早春呈水部张十八员外》等。《早春呈水部张十八员外》就是一首清新明丽的即景诗：

天街小雨润如酥，草色遥看近却无。最是一年春好处，绝胜烟柳满皇都。

此时的韩愈看来比较休闲，既不像长官，也不像一位道学先生，倒像一个朝气蓬勃、风度翩翩的浪漫踏青学子了。人都是这样，韩老夫子也不能例外吧。

有人研究过苏轼的一首诗《赠刘景文》：“荷尽已无擎雨盖，菊残犹有傲霜枝。一年好景君须记，正是橙黄橘绿时。”研究者经过比对题目、内容、句式等后说，苏轼真不愧是文章高手，是位善于学习、不露痕迹的“神偷”。

5. 语言巨匠

“词必己出”不仅是韩愈的写作主张，更是他的写作实践。韩愈在自己的散文和诗歌当中，化用了许多古人用语，同时还创造性地使用和改造了很多民间通俗生动的日常用语，贴切凝练地叙事、状物、抒情。仅《进学解》一文，就有十多个词语后来演化为成语，至今还广泛使用。如：爬罗剔抉、焚膏继晷、补苴罅漏、兀兀穷年、贪多务得、细大不捐、含英咀华、佶屈聱牙、同工异曲、动辄得咎、俱收并蓄等。至于“业精于勤，荒于嬉；行成于思，毁于随”，更是人们经常引为自励、励人的警句。他如《送穷文》中的“垂头丧气、面目可憎”，《原道》中的“不塞不流、不止不行”，《送孟东野序》中的“不平则鸣”，《应科目时与人书》中的“俯首帖耳、摇尾乞怜”，《调张籍》中的“蚍蜉撼大树，可笑不自量”等，不胜枚举。

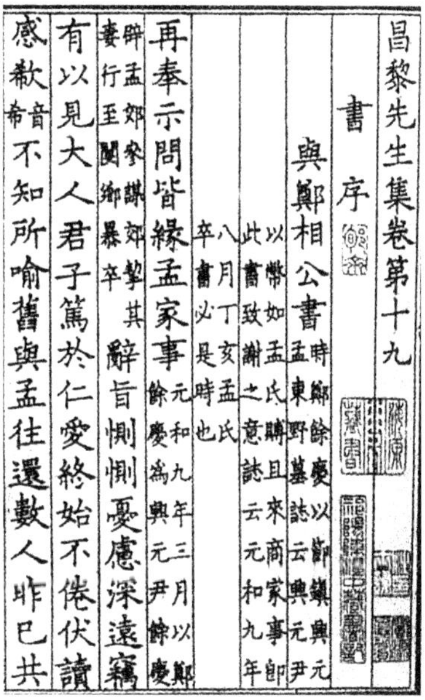
昌黎先生集卷第十九
書　序
與鄭相公書　時鄭餘慶以節鎮興元　孟東野墓誌云興元尹
以幣如孟氏賻且來商家事郎　此書致謝之意誌云元和九年
八月丁亥孟氏　卒書必是時也
再奉示問皆緣孟家事　元和九年三月以鄭　餘慶為興元尹餘慶
辭孟郊參謀郊挈其　妻行至閿鄉暴卒
辭旨惻惻憂慮深遠竊
有以見大人君子篤於仁愛終始不倦伏讀
感歎　音希　不知所喻舊與孟往還數人昨已共

《昌黎先生集》

古代名人名著中留下成语最多者，除了韩非，就是韩愈。这也可能是历代“韩流”滚滚的原因之一吧！

九、乐之圣

乐圣指明代朱载堉。

朱载堉（1536—1611）字伯勤，号句曲山人、九峰山人、山阳酒狂仙客，河南怀庆府（今河南沁阳市）人。我国历史上成就最卓著的音乐理论家、天文学家和数学家。

朱载堉是朱元璋的九世孙，其父郑恭王朱厚烷在嘉靖二十九年（1550）削藩被禁，15 岁的朱载堉从此和平民一样，布衣粗蔬土屋，一边读书，一边研究乐理及历算诸学。十九年之后，其父冤狱得以平反，他才恢复了较好的研究和写作的环境。

朱载堉塑像

朱载堉虽名见经传但并不广为人知，何以称其为“乐圣”？“圣”字从何说起？

称朱载堉为“圣”是近些年的事，英国东方科技史家李约瑟著《中国科技史》，其在书中称朱载堉为“东方文艺复兴式的圣人”。

1. 首创十二平均律

朱载堉对音乐有天生的爱好，24 岁那年，他写出了《瑟谱》，之后又相继完成了《乐律全书》、《律吕正论》、《律吕质疑辩惑》、《律学新说》等乐理著作。

朱载堉对音乐学的最大贡献是他首创十二平均律。

十二平均律是音乐上的一种律制，它把八度的音程按频率分成十二个相对均等的音程，这样，每一个音程就是一个半音（小二度），两个音程则是一个全音（大二度）。目前，世界上 90% 以上的乐器发音都是按十二音律确定的。

朱载堉精于算学，他在珠算上成功地进行了开平方、开立方计算。后来他又求得了律制上的等比数列。在此基础上，他经过精心计算，万历九年（1581）首创“新法密率”，并用此法求得十二平均律的标准音值是“根号 2 开十二次方”。万历十二年（1584），他写出了《律学新说》，向世界公布了这一科学成果。

十二平均律各律管的长度如何计算，前人曾用三分损益等多种方法计算过，但都不精确。朱载堉充分发挥了他精通数学又精通律学的优势，改用珠算开方的方法，求得了精密的数据（小数点后达 25 位），从而使十二律间的音程达到了严格的均匀性。他称这套数据为“新法密率”。他在总结经验时说：

> 盖十二律黄钟为始，应钟为终，终而复始，循环无端。……各律皆以黄钟正数十寸乘之，为实，皆应钟倍数十寸零五分九厘四毫六丝三忽零九纤四

三五九二五二六四五六一八二五为法，除之，即得其次律也，安有往而不返之理哉！旧法往而不返者，盖由三分损益，算术不精所致也。是故新法不用三分算损益，别造新率。

朱载堉以其高度智慧和创造精神，为十二平均律奠定了坚实的数学理论基础。

之后他又经过反复试验，设计并制造了世界上第一台发音准确的乐器——弦准，还制造出了律管。明末，这一研究成果被传教士带回了西方，1711 年，意大利乐器发明家据此制造出钢琴，1722 年，德国音乐家巴赫（1685—1750）得到了灵感，据此创作出了《平均律钢琴曲》上集，这是世界音乐史上最早将平均律乐制系统地用于创作实践。1744 年，他又创作了下集。《平均律钢琴曲集》在音乐史上地位极高，西方一些人称之为钢琴曲中的“圣经”。由于十二个等半音解决了转调不协和的问题，最适于调式转换及和声演奏，18 世纪之后，十二音律便成了各种乐器发音的理论标准，被认定为国际通行的标准音调。

音律是音乐的生命，音律准则的确立，既十分重要，又十分困难。因而，十二平均律的发现，被西方誉为是继火药、造纸、指南针、印刷术之后的“中国第五大发明”。

朱载堉作为世界现代音乐理论的先驱、大师，西方人——他的“学生”——在他的基础上创作的乐曲即被誉为曲中“圣经”，作为“老师”，“乐圣”之誉，舍其谁耶？

2. 天才和全才

17 世纪，英国出了一个牛顿（1642—1727），他在物理学的许多方面——力学、光学、热学——以及天文学、数学方面，都有重大的发现，以至人们用他的名字称经典力学为“牛顿力学”，其发现的规律称“牛顿定律”等。

16 世纪，中国的朱载堉不仅在音乐方面首创十二平均律，其在数学、天文、历算、舞蹈等方面也都有很高的造诣，登上了诸多领域的顶峰。其天才和成就与牛顿相比毫不逊色。有人进行过统计，朱载堉创造了 36 个世界第一。

他第一个发现并提出了十二平均律；

他第一个造出了检测十二平均律的“弦准”；

他第一个提出了“舞学”,并对舞蹈进行了深入的研究,绘制了舞谱;

他第一个运用珠算,成功地进行了开平方、开立方计算;

他第一个进行了等比数列计算,得出了求解等比数列的方法;

他第一个找到了不同进位制的小数换算方法,其换算方法至今人们还在运用;

……

他精于历算,万历九年(1581)写出了历学专著《律历融通》,之后又写出了《黄钟历》和《圣寿万年历》等;

他发明了累黍定尺法,精确地对北京的地理位置和地磁偏角进行了计算;

他精确地算出了回归年的长度;

他对物理学也很有研究,测出了水银的密度;

在数学方面,他精于算学,著有《算学新说》、《嘉量算经》等。

……

朱载堉是一位名副其实的科学家,他在诸多学科上的造诣都使人难望其项背,他是一位天才和全才。李约瑟称他为“东方文艺复兴式的圣人”,至公至允,不仅河洛后人感到骄傲,全中国的人都感到无比的自豪。1997 年 11 月国家主席江泽民访问美国,11 月 1 日,他在哈佛大学演讲时提到了中华民族历史上三位对世界进步作出巨大贡献的科学家——汉代的张衡、南北朝的祖冲之、明朝的朱载堉。他说:“明代朱载堉首创十二平均律,后来被认定为世界通行的标准音调。”这是世界文化史上一件很了不起的事,是音乐发展史上的里程碑。

朱载堉死后谥端清,其墓园在今河南沁阳市九峰山下。

第八章　河洛民间文化

第一节　河洛神话与民间传说

神话是信仰的源头。神话从一个侧面反映了先民对宇宙形成以及人与自然关系的认识，反映了先民的心理愿望和生活渴求，神话最关注的是人的生命和命运。

一、经典的神话传说

神话研究专家袁柯曾说：中原古典神话乃是中国神话的摇篮。为什么中原会成为中国神话的摇篮呢？这一方面正如冯沅君教授指出的那样，民间故事产生大多有一个风物圈，此后由一个风物圈生发开去，而中原就是这个风物圈的中心；另一方面，也是更重要的方面，这就是黄河中下游地区是中华民族的摇篮，许多可歌可泣的历史事件、英雄人物以及自然社会变革发生在这里。

中国最著名的神话传说源于中原，其主人公都是大无畏的人间英雄。

1. 盘古开天地

唐代欧阳询所编《艺文类聚》引三国时人徐整著《三五历记》说，天地未开之前：混沌如鸡子，盘古生其中。万八千岁，天地开辟，阳清为天，阴浊为地。还说：盘古生其中，一日九变，神于天，圣于地。天日高一丈，地日厚一丈。盘古日长一丈。如此万八千丈，天数极高，地数极深，盘古极长。

这段话告诉人们，天地开辟之前混沌如鸡蛋，人类的先祖盘古在其中沉睡了一万八千年，他醒来之后见眼前一片黑暗，就挥动巨斧猛劈了一下，一声巨响之后，清气升腾成了天，浊重之物下沉成了地。盘古把混沌世界变成了朗朗乾坤。

盘古像

盘古开天地的神话传说发生在河南泌阳的盘古山。《水经注》对此说："泌阳故城城南有蔡水，出盘古山，亦曰盘古川，西北注于泌水。"盘古山属桐柏山脉，面积达31平方公里。这里山势奇特，巨石嶙峋，林木苍郁，寺庙幽秘。

这里有许多盘古的传说。如说盘古有8个儿子，名字分别叫东、西、南、北和东南、东北、西南、西北。盘古把天下分为九州，8个儿子分管八方事务，盘古居中央。但不幸8个儿子都先于盘古而去世。盘古忍痛将他们埋在自己身旁。现在盘古山南面5公里左右的八子山，即盘古8个儿子的坟墓。此外，这里还有盘古是兄妹结婚的传说。这和南朝任昉《述异记》所说"吴楚间说盘古氏夫妻，阴阳之始也"的说法是一致的。不过，这里的传说更复杂、更有趣些。如盘古山北有一小村庄叫大磨村，村中现有一扇大石磨，据说是盘古与其妹结婚时留下的。传说盘古奶奶认为兄妹不能结婚，山神对他们说，山上有一盘磨，现在把它推下山，如果两扇磨不在一起，你们就不要结婚，如果合在一起，那就是天意了。结果石磨从山上滚下时，正好合在了一起。

盘古山主峰有盘古庙，内有盘古大帝殿，两侧配殿内有火神、天师、送子娘娘等神位。盘古庙自唐代起香火即非常隆盛。每年三月三日为盘古生日，从三月初一起，连续有五天庙会。

为了弘扬盘古文化，泌阳县政府从2003年起，于庙会期间举办了"盘古文化节"，三月初一开幕，会期五天。泌阳人民热爱盘古，并把盘古精神总结为"至诚、至信、至勤、至爱"。在盘古精神激励下，他们正以高昂之志开发建设新的盘古山。

由于盘古传说源于泌阳，遗迹今又得到了很好的保护，2005年12月4日，中国文联和中国民间文学艺术家协会授予泌阳"中国盘古圣地"称号。

2. 女娲抟泥造人

伏羲女娲像

自从盘古开天辟地，混沌世界从此成为了朗朗乾坤。然而，茫茫天穹与辽阔大地间还没有人。伟大的女娲改变了这一状况。

汉代召陵（今属河南漯河）人许慎听到过不少远古传说，其中包括女娲的传说，他在《说文》中说："娲，古之神圣女，化万物者也。"另一位汉代汝南南顿（今属河南项城）人应劭也听到不少女娲的传说，他在《风俗通》中记载说：

天地开辟，未有人民。女娲抟黄土做人。剧务，力不暇供，乃引绳于亘泥中，举以为人。故宝贵者黄土人也，贫贱凡庸，亘人也。

以上两则记载，真实地反映了远古母系社会中妇女为天下主宰的状况。在诸多传说中，也有说女娲和伏羲是兄妹关系，两人按天意结为夫妇而产生了人类。

女娲不仅创造了人，而且非常关心人的生活。当天地间发生混乱，人民遭遇灾难之时，她又以其伟大的创造力改造了世界。汉代人刘向也听到了不少远古传说，他在《淮南子·览冥篇》中记载说：

往古之时，四极废，九州裂；天不兼覆，地不周载；火滥炎而不灭，水浩洋而不息；猛兽食颛民，鸷鸟攫老弱。

于是女娲炼五色石以补天，断鳌足以立四极，杀黑龙以济冀州，积芦灰以止淫水。苍天补，四极正；淫水涸，冀州平；狡虫死，颛民生；背方州，抱圆天。当此之时，禽兽虫蛇无不匿其爪牙，藏其螫毒，无有攫噬之心。

从简洁的描述即可看出,女娲是何等神奇、何等了不起的英雄!

女娲是在什么地方抟泥造人、炼石补天的呢?

在河南的民间传说中,一说女娲是在黄河岸边以水和黄土抟泥造人。有一天,女娲在黄河岸边一边赏花,一边赏鱼。她感到一个人很无聊,就随手和了一团黄泥捏成了一个小人,没想到刚一松手,小泥人就在地上乱蹦乱跳起来,还连声叫她"妈妈"。女娲很高兴,接着连续几天不停地团泥、捏人。她感到太累了,随手捡起一根树枝把散落的泥巴往一起拢,不料树枝上的泥巴落在地上也变成了人。今巩义市黄河岸边有女娲台,即为纪念女娲所建。

《世本》记载:"天皇封弟娲于汝水之阳。"北汝水源于河南嵩县,流经汝阳、汝州、郏县、襄城后汇入沙河。南汝河源于泌阳,东流经遂平、汝南、上蔡后入洪河。但不论南汝或北汝,均在豫中偏东部。宋人所著《元丰九域志》说:孟州一带有"皇母山,又名女娲山。"孟州即今河南孟州市,也在黄河岸边。河南西华县北有村名思都岗,岗高出地面3—4米,上有龙泉寺,大殿内供奉有女娲塑像,寺中有明万历年间所立石碑,碑文中有"思都岗,女娲之故墟也"的记载。思都岗北约500米,有一小城,城门上镌有"女娲城"三字,相传此处即女娲炼石补天处,故名女娲城。

西华女娲城是全国规模最大的纪念女娲的历史遗迹,每年正月十二日至二十日有庙会,成千上万的人从四面八方拥来祭拜女娲皇,以求赐子、赐福、赐丰年。

石刻伏羲女娲图

3. 夸父追日

《山海经》《大荒北经》和《海外北经》载,勤劳的夸父族人住在成都载天山。人们的生活离不开太阳。但太阳在天空只呆一天就下去了。在黑暗中不仅不能生产,连生活也很不方便。素以勤劳勇敢著称的夸父族人便决定派一位大力士把西去的太阳追回来。受命的勇士不负众望,执杖而追,不知跑了几千万里,一直到了禺谷,也就是太阳落山后居住的地方。他看到太阳就在前面,想伸手把它拽住。但此时他已精疲力尽,口渴难忍。于是他俯身去喝黄河和渭河之水,不料三口两口就喝干了,于是他掉头朝北,想去再喝几口北方大泽的水。但他刚转身

夸父追日图

走了几步,就一头栽倒了,终因太渴而停止了呼吸。夸父死后变作了一座山,被弃在路边的手杖变成了一望无边的桃林。今河南灵宝市西35里处有夸父山和桃林寨,相传即夸父渴死之处。

4. 大禹治水劈三门

远古之时,黄河西来之水到今三门峡时,在峡谷中汇成了一座巨大的深潭。由于对面是一座横亘的大山,每到汛期,猛涨的潭水常常淹没大片的良田和人家。深潭中的一条恶龙也乘机兴风作浪。大禹决心疏通黄河,就用神剑将深潭劈开,水位很快就降了下来,恶龙也失去了存身之处。但当水再向前流时,又有一座山岭拦住了去路,水因滞留而形成了一个湖泊。于是,经验丰富的大禹又抡起开山大斧猛劈过去,三斧下去,横卧的山岭被劈成了四座河心岛,峭立水中,三

大禹治水图

个豁口像并立的门阙,三股巨大的洪流从中乘势涌奔而下。后来,人们称三门为神门、人门和鬼门。其中鬼门之水最为湍急。三门之下不足一里处另有一山,为了防止水流过急,聪明的大禹只把山两侧铲了几铲,利用山势将已汇流的大水一分为二,使湍流在这里得到了缓冲。大禹将其命名为"砥柱",并以此镇河,黄河中游水患于是得到了消除。

5. 愚公移山

愚公移山的故事见于《列子·汤问》,原文如下:

太行、王屋二山方七百里,高万仞。本在冀州之南,河阳之北。北山愚公者,年且九十,面山而居。惩北山之塞,出入之迂也,聚室而谋曰:"吾与汝毕力平险,指通豫南,达于汉阴,可乎?"杂然相许。其妻献疑曰:"以君之力,曾不能损魁父之丘,如太行王屋何?且焉置土石?"杂曰:"投诸渤海之尾,隐土之北。"遂率子孙荷担者三夫,扣石垦壤。箕畚运于渤海之尾。邻人京城氏之孀妻,有遗男,始龀,跳往助之。寒暑易节,始一反焉。河曲智叟笑而止之,曰:"甚矣,汝之不惠!以残年馀力,曾不能毁山之一毛,其如土石何?"北山愚公长息曰:"汝心之固,固不可彻,曾不若孀妻弱子。虽我之死,有子存焉;子又生孙,孙又生子;子又有子,子又有孙。子子孙孙,无穷匮也。而山不加增,何苦而不平?"河曲智叟亡以应。

操蛇之神闻之,惧其不已也,告之于帝。帝感其诚,命夸娥氏二子负二山,一厝朔东,一厝朔南。自此,冀之南,汉之阴,无陇断焉。

愚公实是古代劳动人民的化身,他大智若愚,勤劳淳朴,目光远大,意志顽强,不畏艰难,坚韧不拔。"愚公移山"的精神是什么呢?正如毛泽东概括的那样:"下定决心,不怕牺牲,排除万难,去争取胜利。"古代有愚公,当代的愚公更多。位于太行山下的林县人民,在三年困难的情况下,硬是用一把镐头,一把錾子,手搬肩扛,开挖了"人工天河"——红旗渠,谱写了当代愚公战天斗地的新篇章。他们凿通隧洞 53.7 公里,建小型一、二类水库 48 座,塘堰 346 个,可容水 2381 万立方米。红旗渠干渠全长 304.1 公里,投工 5611 万个,完成土石砌方 2225万立方米。若将这些土石方以两米宽两米高堆放,可绕地球 148 圈。

愚公移山的故事发生在黄河岸边的济源，这里不仅是中国古代"四渎"之一济水的源头，还有"世界地质公园"的荣誉称号，保留着太古宇和元古宇、古生界和中生界地质地貌。为了永远纪念和发扬"愚公移山"的精神，济源市在王屋乡愚公村开辟了巨大的愚公广场，修建了愚公率众移山的大型塑像。在这里不仅可以领略到太行山深处美丽壮观的自然景象，还可以亲自走到当年愚公开挖山梁留下的山口前，感受和体验先人坚韧不拔、自强不息的奋斗精神。

济源愚公广场

二、经典的民间传说

我国民间故事十分丰富，其中有四大经典传说，这就是孟姜女哭长城、牛郎织女渡天河、白娘子和许仙以及梁山伯与祝英台。这四个故事的起源地都与河南密切相关。

1. 孟姜女哭长城

孟姜女哭长城的故事在我国广为流传，非常美丽凄楚。此事最早见于《左传·襄公二十三年》，说齐将杞梁战死，齐侯在郊外见到其妻，之后随其妻亲自到家中祭吊。之后的《檀弓》引曾子之语说："杞梁死，其妻迎其柩于路而哭之哀。"《孟子》中也有提及。据此推测，可能实有其事。原故事中孟姜女与长城并无关系。唐贯休有《杞梁妻》诗一首，其中说："秦之无道兮四海枯，筑长城兮遮北胡。筑人筑土一万城，杞梁贞夫啼呜呜。……再号杞梁骨出土，疲魂饥魄相逐归。"自此，孟姜女与哭长城连在了一起。其后经过无数人的传载和文人加工，尤其到了明清，不仅有话本记述其故事，而且戏曲、说唱也开始敷演，民间流传越来越广，其简单、粗线条的故事情节变得越来越细腻动人。至于孟姜女为何处人，除山东说、河南说、山西说、陕西说、湖北说外，直隶、湖南、云南、广西、广东、福建、浙江、江苏各地均有传说，而且都有文字记载，充分说明它有着极其强大的生命力。对此，著名历史学专家顾颉刚先生早在1924年就作过详细的调查和考辨。

关于孟姜女故事发生在河南的传说见宋人周燀《北辕录》。作者说，他路过雍州（宋代杞县称雍州）时，曾到过范杞梁故里孟庄，村中有范郎庙，庙内有孟姜女塑像。豫东杞县为西周时杞国，“杞人忧天”的故事即发生在这里。据传，杞地有一个小伙子叫范杞梁（也有的记作范希郎），娶妻孟姜女。两人结婚不到一月，范杞梁就作为民夫为秦始皇修长城去了。一天夜里，孟姜女梦见丈夫身着单衣在寒风中发抖，于是就告别公婆去送寒衣。她一路上受尽苦难，在观音保佑下终于到了长城边上。几经询问，才知道范杞梁已经死了，而且尸骨被埋进了长城之中。孟姜女哀痛不已，哭死过去。但阎罗知其冤情重大，又送她回到了阳间。她醒之后，又望长城哭而不止。哭声传到天宫，玉皇大帝很受感动，就命令天神和龙王将长城推倒了二三里。在累累白骨中，她通过滴血认骨，才找到了丈夫的骨殖。正当她包裹好夫骨要走的时候，被秦始皇发现了。秦始皇见她年轻貌姣，要收她进宫为妃。孟姜女于是将计就计，向秦始皇提出了四个条件。一是将丈夫银顶金棺安葬，二是文武百官穿孝送葬，三是秦始皇执哀杖随行，四是葬到东海之滨。秦始皇听后件件依允。当丈夫安葬之后，孟姜女就纵身跳入滔滔的激流之中。龙王发现后将她救入龙宫，并认其为干女儿。

今山海关凤凰山下望夫石村有孟姜女庙，殿内供奉有孟姜女塑像。大殿有文天祥所作楹联一副：“秦皇安在哉，万里长城筑怨；姜女未亡也，千秋片石铭贞”，横联为“千古流芳”。前殿檐柱上楹联也极其有名，即“海水朝朝朝朝朝朝朝落，浮云长长长长长长长消”。这是利用汉字一字多音之特点，玩了点文字游戏。稍作分析即能明白，可读为“海水潮，朝朝潮，朝潮朝落；浮云涨，常常涨，常涨常消”。

山海关孟姜女塑像

孟姜女的故事由经传演为稗史，

充分反映了古代劳动人民热爱生活，忠于爱情和敢于反抗的斗争精神。

2. 梁山伯与祝英台

梁山伯与祝英台的故事大约发生在晋代，已经在民间流传了1600多年，由于传播渠道很多，真正是家喻户晓，人人皆知。尤其浙江的上虞、宁波、杭州，江苏的宜兴，山东的济宁，河南的汝南，不仅传为两人的故乡，而且尚有遗迹可寻。

故事的源头在哪里呢？让我们先看一下已故的山东大学教授冯沅君先生刊登在1925年10月28日《北京大学研究所国学门周刊》第3期上的《祝英台的歌》吧！

冯沅君为著名哲学大师冯友兰先生之妹，1900年出生于河南唐河县一书香之家。她说，从她记事起，奶奶就经常给她讲梁祝故事，教她唱祝英台歌：

（一）日头出来紫巍巍，一双蝴蝶下山来。前面走的梁山伯，后边走的祝英台。

（二）走一山又一山，山山里头好竹竿。大的砍下做椽子，小的砍下钓鱼竿。钓得大的卖钱使，钓得小的下酒馆。

（三）走一洼又一洼，洼洼地里好庄稼。高的是陶秫，低的是棉花，不高不低是芝麻。芝麻地里带打瓜，有心摘个尝尝吧，又怕摸着连根拔。

（四）走一庄又一庄，庄庄黄狗（叫）汪汪。前面大汉男子你不咬，专咬后面女娥皇。

（五）走一河又一河，河河里头好白鹅。前面公鹅咯咯叫，后面母鹅紧跟着。

（六）走一井又一井，沙木钩担柏木桶。千提万打，提不醒。

冯沅君对上述歌谣回忆说：

当我七八岁时，晚上总跟老妈睡觉；睡不着时她总爱给我唱这个歌。日长睡余，烦得猫不是、狗不是的，遂将这段歌谣消遣。至于它的名字是什么，我那位老干娘未告诉我，我也不得而知。反正是记述梁山伯送祝英台回家的。据说梁山伯的父亲和祝英台的父亲是挚友，当梁祝二人还未生时，这两位老先生已给他们定下所谓终身大事。当时话是这样说的:如果两家生的孩子是一男一女,他们俩就作亲家;如果两家生的都是女孩,则她俩在一起学针线;如果两家生的都是男孩,则他们在一起读书。后来祝家生的是女,梁家生的是男;依前约是要结为夫妇的。但是生后不久祝的父亲就死了,而梁家又一贫如洗;祝的母亲怕她女儿将来受穷,便告梁家说她生的也是男孩。好在出生不久,相隔又远,他家也知道不清。可是后来他们俩都到入学的年龄了,梁家便约祝家同送儿子到一位老先生那里读书。祝家有言在先,不能反悔,乃将祝英台扮成男孩送到学里。读了数年,祝英台渐渐大了,女性所有的种种特征也渐渐显露出来;先生的夫人也起了疑心,用了许多方法调查出来她是位小姐。为维持风化计,先生决定令英台退学回家。偏偏梁祝两位又是要好不过,所以祝离学回家时梁便去送她。不过祝知道梁是她的未婚夫,而梁不知她是他的未婚妻。所以一路上祝借了道上种种景物做比喻,希望梁知道她不是个男子。以上所写的歌谣便是。然而忠厚的梁山伯始终未了解她的意思,两人也只好胡胡涂涂的分开了。别后许久,梁到祝家访她,祝的母亲令祝改装出见,她不肯改,梁于是方恍然大悟,他的同床同砚的挚友,是易钗而弁的。后来祝的母亲将她另聘给一家,梁闻信,悲愤而死。祝对于她的母亲代订的这门亲也是抵死不承认;最后那家许她先拜了梁秀才的墓再到家去,她方允许上花轿。轿到梁的墓上,她便下来拜墓。说也奇怪,墓忽然裂开,祝也钻进墓中了。墓复再合后,坟头出现一双花蝴蝶。这件恋爱的故事由此结局。这个故事中,我觉得它有种种矛盾点。就说故事者的心理看,这个故事所以传得如此久远,全由人们钦佩祝英台的贞洁,合于烈女不事二夫的条件。但同时她们又叙述祝如何爱梁;当他俩同睡时,祝如何想教梁知道她是个女子。再看前面的歌谣上“有心摘个尝尝吧,又怕摸着连根拔”两句,可知如果梁能“下例”,她对他是很可通融的。用现在的眼光看,这是祝英台的人性未被冷酷的毒水浸蚀的一点。她所殉的是情,不是贞节坊;但在迈方步、维持风化的老夫子看,这是最要不得的;然而他们竟未见及此。怪啊!

梁祝的故事源于汝南县马乡镇。1926年,著名民俗学者钱南扬、顾颉刚、冯沅君即对从各地收集到的材料进了考辨，认为汝南的传说最具有原始性。近年来我国的民俗学专家又对四省六地的资料进行了考察和分析，在肯定各地传说的合理性前提下，经过认真的比较，认为汝南的传说更原始，汝南的遗迹更多、更有力，汝南当是梁祝故事的源头。

其一，故事中的主要人物梁山伯、祝英台、马文才三人今在汝南县仍有各种遗迹可寻，一是他们的村子还在，这就是梁岗、祝庄和马庄；二是还有梁祝一起就读的和孝镇的红罗书院，书院之下的“梁祝井”和结拜时的村庄曹（草）桥；三是两座高大的梁祝的墓仍在。

汝南县梁山伯墓

其二，汝南古为汝宁府所在地，在不同时期很多文人的笔记、诗文中均有两人结拜、共读、相送、抗婚、化蝶的记载。诞生于明代中后期的地方剧种“罗卷戏”中就有梁祝的剧目，尤其《十八相送》，写得生动、活泼、风趣，唱词中提到的景物、器物、植物、动物有六七十种，都是当地产物。最有趣的是梁祝化蝶的情节。汝南新蔡人干宝，是我国志怪小说的开先河者，是他在《搜神记》中首创化蝶故事。既然是相去不足百里的“老乡”，于是，有人就将其移花接木，用到了梁祝二人身上，使这一本来哀婉凄楚的故事，罩上了一道浪漫明丽的光环。另外，说来也颇奇怪，每年春天，这里的蝴蝶也特别多。

其三，梁祝的故事发生在西晋中晚期。自西晋末年“永嘉之乱”后，大批中原汉人南迁，汝南梁、祝二姓也为“中原衣冠”之属，也随名门大族和商贾迁往南方。今考诸江浙祝姓，实属晋、唐、宋时中原南迁之族后裔。中原士民南迁，梁祝的故事遂亦南播。梁祝故事源于汝南，盛于江南，正符合通俗文学产生与发展的规律，因而是顺理成章之事。

因此，2003 年 10 月 18 日，国家邮政总局发行中国四大传说故事特种邮票时，汝南是举行“民间传说——梁山伯与祝英台”首发式地点之一，2005 年 12 月 4 日，中国文联、中国民间文学艺术家协会又授予汝南“中国梁祝之乡”的称号。

3. 牛郎织女渡河汉

牛郎织女的故事可谓是家喻户晓。近些年来，山东沂源，山西和顺，河南南阳，河北邢台，陕西兴县、西安等地经过发掘，分别提出故事产生于本地区之说。

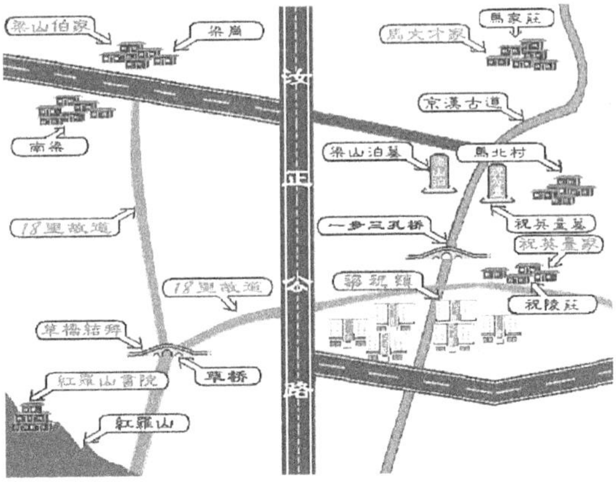

汝南梁祝遗迹示意图

南阳的同志说，牛郎织女的传说在这里历史悠久，影响深远，在网上查“七夕”、“牛郎”、“织女”诸条，有4万多个网页上都说发生在南阳城西牛家庄。

牛郎织女

相传牛郎兄弟二人，因父母早亡，牛郎自幼跟着哥过日子，每天到河边去放牛。牛郎渐渐长大了，又标致又聪明。有一天，老牛突然对他说：牛郎，你年纪不小了，也该成家了。牛郎一听吓了一跳，牛怎么会说话呢？老牛说，我是天上的一个小神，你就不要问了。明天午后，天上的织女到后山河里洗浴，到时候你照我说的办就行了。第二天午后，牛郎躲在河边芦苇丛中，悄悄地将其中一个女孩子的衣服藏了起来。织女们听到响声，慌忙穿上衣服飞上了天，唯有最小的织女找不到自己的衣服。牛郎笑着对她说，你不要走了，我们结成夫妻吧。织女见牛郎忠厚老实，就答应了。树上的喜鹊听见后，都高兴得喳喳地叫了起来。

婚后，牛郎和织女相亲相爱，牛郎在外种田，织女在家纺织，小日子过得很甜蜜。第二年秋天还生了一男一女两个小宝宝。

有一天，老牛生病卧倒了，快咽气的时候对牛郎说，我要回天上去了。我去后，你把我的皮剥下放好，遇到急难时可披上它。牛郎夫妻含着泪水把老牛埋在了山坡上。

虽然姐姐们都把小妹留在人间的消息瞒着不说，但后来还是被玉帝和王母娘娘知道了。二人大怒，就派天神下界，把织女抓走了。牛郎见状，就急忙用箩筐担起孩子，披上牛皮追了上去。眼看就要赶上了，王母娘娘见大势不好，慌忙从头上拔下宝簪在两人中间用力一划，一条波浪汹涌的银河便把牛郎挡住了。从此，牛郎和孩子们只能与织女隔河相望。过了些时候，玉帝和王母娘娘看两人情真意切，孩子们见不到母亲也很可怜，就决定每年七月七日准许相见一次。喜鹊们知道后，便在天河上搭起了一座轻便的小桥。七夕相会是历代文人常咏之歌，其中最著名的诗人可数宋代秦观，他咏七夕的《鹊桥仙》千百年传唱不衰："纤云弄巧，飞星传恨，银汉迢迢暗渡。金风玉露一相逢，便却胜人间无数。柔情似水，佳期如梦，忍顾鹊桥归路。两情若是久长时，又岂在朝朝暮暮。"

牛郎织女的故事，一方面反映了青年男女追求美好爱情的愿望，颂扬了热爱自由、敢于斗争的反抗精神，另一方面也无情地揭露和抨击了封建势力对青年男女爱情的摧残和扼杀。

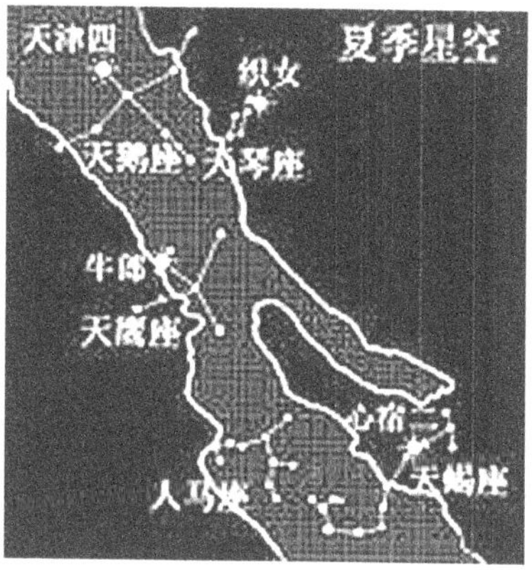

牵牛、织女星座图

牛郎织女的故事源头可追溯到《诗经》。《诗经·小雅·大东》："跂彼织女，终日七襄。……睆彼牵牛，不以服箱。"《周南·汉广》："汉有游女，不可求思。"不过，这里说的都是天文现象、星宿之名。后来，南阳人将其中的人物、场景进行演化，加入了生活与想象，于是就成了生动的爱情故事。

那么人们要问，南阳何以会将"天象"与人间事物相结合而演化成美丽的故事呢？

此非偶然，这与南阳的地理区位和丰厚的文化底蕴有关。

其一，南阳自汉代即为郡治所在地，所辖地域包括今河南南阳与湖北襄樊的部分地区，这里与汉水极近，因而便将本指天河的"河汉"敷演为"汉水"，本指星座的织女演化为生活在汉水之滨的女子。

其二，汉代南阳文化发达，不仅张衡懂天文，读书人几乎人人知星宿明天象。"天人合一"是古人的基本世界观，"天人感应"现象又众说纷纭，在这种文化氛围中将天上人间连在一起，也是很自然不过的事情。南阳出土的大量汉画像石中，就有许多涉及天象的东西，其中也有牵牛、织女星座图等。

其三，南阳在远古时就有了养蚕业，周代时已有丝绸技术，至汉代，南阳已成为全国有名的八个蚕丝重要产区之一。张衡《南都赋》即有“帝女之桑”之句。这也是织女产生的重要温床。

其四，牛郎织女的传说仍是农耕文化的产物，黄牛是农业生产中重要的畜役力，而南阳黄牛历史悠久，是牛中优品，为中国五大良种牛之一，有关牛的故事很多。这也为“牛郎”的产生积淀了丰厚的基础。

牛郎村位于南阳市宛城区溧河乡，距南阳10公里，离其不远的史洼村就是织女村。

4. 白娘子的传说

白娘子的故事虽然流传久远，晚唐即有雏形，宋代已有话本《雷峰塔》，但真正不胫而走是明代冯梦龙《警世通言》中《白娘子永镇雷峰塔》问世之后，尤其依其为基础改编成戏曲、说话之后，更是妇孺皆知。故事梗概如下。

修炼千年的白蛇、青蛇姐妹两人清明时到西湖游玩，突然天降大雨，两人正在无奈之时，一位青年男子送给她们一把雨伞。两人十分感谢，问其尊姓大名。青年男子回答说名叫许仙，就住在断桥附近。经过多次见面和交谈之后，姐姐白素贞见青年端庄诚信，温文尔雅，就有心许配给他。经妹妹小青说合，两人就成了亲。婚后夫妻俩开了一个药店度日。

翌年春天，金山寺和尚法海路过这里，他对许仙说，你一脸晦气，一定是遇到了妖魔。之后又见白素贞从室内出来，便说，你妻子是一条蛇精，早晚要伤害于你。许仙听后将信将疑。法海不由分说将许仙带到了金山寺。

白素贞知道许仙被骗后，就与小青一起前往寻找，并施法力使江水上涨漫淹金山寺，还与法海拼打。但终因身怀有孕，斗不过法海。不久，许仙挣脱法海的关禁，也回到了家里。这时，白素贞生了一个白白胖胖的小儿子，全家人都很高兴。端午节到了，许仙又想起法海说妻子是蛇精的话，就劝妻子饮雄黄酒以消灾。白素贞抗不过酒力，一时现了原形。许仙被吓，昏死了过去。为解救许仙，白素贞冒险到昆仑山盗回了灵芝仙草。法海见许仙又回到了白素贞身边，不甘罢休，就用金钵将白素贞拿下，并压在了雷峰塔下。若干年后，小青与天神将塔推倒，救出了白素贞。

《白蛇传》的小说、戏曲都将故事发生地设在杭州西湖，虽他处也有些说法，但终因西湖的美丽而不被人采信。在这样情况下，焦作人为什么坚持说故事的原创地在焦作市的博爱县呢？

重修金山嘉祐禅寺碑

焦作人说白娘子的传说源于博爱，主要认为这里有太多与白娘子有关的元素。

一是在博爱县清化镇酒封村出土了一方墓碑，墓主人为晚唐时曾任宰相的裴休的侄子裴澔。碑文明确说裴澔为裴休三弟裴俅之子，河南武德县（今博爱县）酒封村人，公元874年6月去世于“济源县华里之别墅”，9月安葬。这也就表明武德县为裴休一族之籍贯。新旧唐书载裴休籍贯为“孟州济源”，并未说明何乡何村，这与“河南武德”是一致的。孟州为唐会昌三年（843）置，时辖济源。而当时的济源就包括今日之博爱。故新旧唐书说裴休为济源人也是有根据的。裴澔墓碑的出土，则使我们知道裴休一族之故里，可能就是今日博爱之酒封村。

常香玉在《断桥》中所饰白素贞

二是史载裴休不仅是位有作为的政治家，还是一位对佛教很有贡献的人物。他遭贬宁乡后深感仕途艰险，就嘱其子不要为官而出家。其子虽满腹经纶，身为进士，还是遵其嘱辞官回到家乡武德县的月山寺削发为僧，法名法海。《金山志》对此亦有记载。明清两代朝野均有排佛之风，故而把法海作为一个既破坏青年人美好爱情、又维护佛法之形象引入白娘子故事中，也是很合情理的。

三是博爱县青天河一带有许多关于白娘子的传说，如白蛇洞、水淹月山寺，许良村的许仙，白坡村的白姑娘，裴口村的裴头陀，柏山村的金伞寺，月山寺的雷峰塔，青天河的大泉湖，还流传“白蟒”、“秃仙姑”、“三姑泉与老实人”等故事。

四是故事中的很多生活细节和场景只有北方才有，如清明时节雨，端午插艾、饮雄黄酒,到太行采灵芝等。其中一些,如雄黄酒,在苏杭一带是从来没有的。

五是最早写白蛇故事的人是唐代河南荥阳人郑还古,其《博异志》中记一蛇精向往人间生活而化作美女同一青年男子结为夫妻。荥阳与武德只有一河(黄河)之隔,试想武德之传说为郑还古所采用,当不是不可能的。

六是裴休、裴滈之时,正是唐末社会动乱的黄巢起义之时,为避战祸,大批中原士民南迁,试想武德一带士人也必不能幸免。这样,随着人员的南迁,白蛇的传说也就带到了南方。今见宋以后南方有关白蛇的传说中处处有北方人生活的痕迹和影子,如康熙年间的戏曲《雷峰塔》中白娘子不叫白素贞,而叫"白云姑娘",其源盖出于此。

第二节 河洛民俗

自从人类进入文明社会以后,民俗即相伴而生,民俗文化也就相伴而生。民俗文化不仅是民族精神的重要载体,也是民族文化之母体,同时更是一种远去历史的记忆。

河洛地区的民俗丰富多彩,无处不在,民俗文化历史悠久、古朴多姿、内容丰厚、影响深远。河洛民俗文化具有物质性、社会性和精神性,可感、可视、可闻,因而传承、辐射历久而不衰。

由于民俗文化深深根植于万千民众之中,根植于他们的生产、生活之中,因而它有时比正统文化更具有渗透力,它所承载的历史信息、文化、心理和情感密码更能连绵不断地传承与弘扬,并影响着一代又一代的人。

另外,民俗文化不同于正统文化的另一显著特点是它的传播渠道不仅多,而且通畅。比如说民间文学,它通过口授耳闻即可传扬千代,其传承的条件极其简便,它连最起码的文字也不需要,更不需要纸张、屏幕、音响、舞台之类。

从一定意义上说,河洛文化在客家的传承,民俗文化所承担的信息,在一些区域(比如个别农村)和一些群体(比如文盲)中,与在政治、经济等外力干预下相比较,其分量要多得多,其道德教化作用要强得多,其情感的亲和力要浓烈得多。

因此,了解河洛民俗文化,对全面认识和研究客家文化有着重要的基础作用。

一、农事习俗

河洛地区是中华民族古代农业最发达的地域,因而河洛民俗文化最显著的特点之一就是农耕文化特色突出,烙印鲜明。

1. 盛行农历历法

我国历法历史悠久,但不论夏历、殷历或周历,都有两个明显的共同特点,一是产生于黄河中下游地区,二是突出为农事服务。

夏历又称阴历,因与农事活动密切相关,故又称农历。中原是我国农业的主产区之一,各种农事活动无不与农历有密切关联,因而在广大农村习惯上喜用农历。农历把日月合朔(太阳与月亮的黄经相等)的日期作一月之首,即初一。小月 29 天,大月 30 天。一年四季有二十四个节气,以太阳黄经等于零时为春分,以后每隔 15 度为一个节气。180 度时为秋分。0 度和 180 度时,太阳直射赤道,昼夜相等。90 度时为夏至,北半球白天最长;270 度时为冬至,北半球白天最短。

习惯用农历的另一原因与民间信仰有关。这是因为农历与传统的阴阳五行、天干地支、十二生肖紧密结合,这种结合又与生产、生活无处不联,如看命时要问生辰八字,婚嫁、建房、动土选择吉日时要讲五行,用的都是农历。

2. 重视二十四节气

二十四节气按四季划分为:春天为立春、雨水、惊蛰、春分、清明、谷雨;夏天为立夏、小满、芒种、夏至、小暑、大暑;秋天为立秋、处暑、白露、秋分、寒露、霜降;冬天为立冬、小雪、大雪、冬至、小寒、大寒。

二十四节气反映了季节、寒暑、天气和物候四个方面的情况。

反映季节的 8 个:立春、春分,立夏、夏至,立秋、秋分,立冬、冬至。

反映气温寒暑的 5 个:小暑、大暑、处暑,小寒、大寒。

反映天气现象的 7 个:雨水、谷雨、白露、寒露、霜降、小雪、大雪。

反映物候的 4 个:惊蛰、清明、小满、芒种。

农历按朔望周期来定月,又用设置闰月的办法使年的平均长度与回归年(阳历)相近,融阳年阴月为一体,因而实质上是一种阴阳合历。尤其是二十四节气,在老百姓看来,本应在阴历中有相对固定的日子,但在阴历中每月的时间从来不固定，相反，在阳历中却相对稳定，如春分，大多在3月21日或22日。由此可知节气原来属于阳历。以阳历排定的情况来看，上半年多在每月的6日、21日，下半年多在8日、23日。为便于记忆，有人将其编为《二十四节气歌》：

春雨惊春清谷天，夏满芒夏暑相连。秋处露秋寒霜降，冬雪雪冬小大寒。

每月两节日期定，相差一天或两天。上半年在六二一，下半年在八二三。

农历既依据地球回归年所用的时间，又依据月相变化而定，同时又依气象、物候、农事活动为参照，因而实用性强。由于二十四节气源于黄河流域，参照的是黄河中下游地区的天气和农事活动，因而中原一带尤其适用。

其一，以其指导农事活动。

关于利用二十四节气指导农业生产，不仅我国最著名的农书《齐民要术》中已有很多实例记载，即如老百姓也积累了许多宝贵的经验，农谚就是其中极为精练的概括。

谚曰“一年之季在于春”，意为春为一年之首，全年的各项活动都要早谋划，早安排，早动手。

中原和北方在从事农业生产时，都很重视无霜期的长短，凡春季种植的作物，一般都在霜期过后。“立春”标志着阳气回升，不再下霜，因而可以开始种植活动。农谚曰：“立春必断霜，插柳正相当。”我国把植树节定在3月12日，正是因为不仅无霜了，而且越冬之土也开冻了，万物正在复苏。“人不知春鸟知春，鸟不知春草知春”，说的也是这个道理。

农谚曰“春分，春分，麦苗起身”，又曰“春分麦起身，一刻值千金”，意为各种管理活动刻不容缓。

农谚曰“惊蛰过，暖和和”，意为乍暖乍寒即将结束，天气晴和开始稳定。又曰“雷打惊蛰谷米贱”，意为惊蛰过后即打雷下雨，则必是风调雨顺，五谷丰登之年。

农谚曰“立夏不下，犁耙高挂”，意为立夏前后不下两场雨，收成就没有了。

农谚曰“过了惊蛰节，牛马不得歇”，意为春耕开始，必须抓紧不放松。

农谚曰“立夏见三新”，意为过了立夏，不仅麦子成熟了，树上的果子也可以吃了，大田里的瓜类也快收获了。又曰“芒种忙，三两场”，意为过了芒种，麦子就要收割了，就要打场了。

农谚曰“小暑大暑，淹死老鼠”，意为暑天正是雨季，常有洪涝出现。

农谚曰“暑雨隔牛背”，或曰“暑雨隔路辙”，或曰“暑雨隔田埂”。意为暑天多阵雨，虽多而面积不大。

农谚曰“立罢秋，把扇丢”，意为立秋过后，天气即渐渐变凉。又曰“秋后一伏秋老虎”，或曰“秋老虎，是毒虎”，意为虽然已经立秋，但尚未走出伏天，还有一个节气“处暑”未过，也可能突然有一天还相当炎热。

农谚曰“处暑十八盆”，意为处暑过后天气还要热十几天，还需要天天洗浴。又曰“谷到处暑黄，场院打稻忙”。处暑一般在农历七月，各种秋作物已经成熟，故又有农谚曰“七月十五，砍倒麻谷”。

农谚曰“白露早，寒露迟，秋分前后正当时”，是说小麦播种的时间。小麦播种后，10 天左右芽子就可出土，过早，地温偏高，易旺长，晚则地温过低，发芽率就要受影响了（由于纬度不同，华中地区是“霜降正当时”，浙江则是“立冬正当时”）。

农谚曰“霜降无霜，来年饥荒”。霜降以后，黄河中下游气温一般保持在六七度，之后渐次下降，很有利于以小麦为主的越冬作物生长。如此时温度偏高，小麦则会旺长，如旺长时间较长，来年小麦则会减产。因而如果秋分前后气温偏高，农民则会推迟小麦播种时间，以防麦苗年内旺长。

其二，以其把握寒暑变化。

北方农历中有用“九”作杂节的习惯，既有“冬九九”，又有“夏九九”。因“夏九九”常被“伏天”的谚语代替，不十分流行，但“冬九九”却是家喻户晓。《冬九歌》是：

一九二九不出手，三九四九冰上走；五九六九，抬头看柳；七九河冻开，八九燕子来；九九加一九，耕牛遍地走。

“冬九九”以冬至日为起点，三九、四九为最严寒的日子。

伏天是从夏至开始的。按照干支纪日法，第三个庚日为初伏，第四个庚日为二伏，立秋后第一个庚日为末伏。大致时间是阳历的7月中旬到8月中旬。当夏至与立秋之间有4个庚日时，中伏为10天，出现5个庚日时中伏则为20天。但不论几个庚日，均称三伏。

三九是一年中最冷的时候，三伏是一年中最热的时候，故练功夫不怕吃苦的人常常以此励志，坚持“冬练三九，夏练三伏”。

其三，以其指导养生。

四季寒暑变化，与人们的生活和身体健康关系极为密切，季节交替之际如不能很好适应，就可能发生疾病。俗语曰“病从寒入”，意为不知及时、恰当地御寒，疾病就可能潜入。

俗语曰“春捂秋冻”。意为春天到来时天气开始晴和，如只凭一时感觉骤然减衣，就可能生病，因而棉衣要多穿几天，宁可“捂”着，不可凉着。反之，秋冬之季，虽天气渐冷，但在霜降之前也不可穿得太厚，要让身体慢慢适应。过早穿得太暖的弊端：一是若遇温度回升再减时容易伤风，二是进入严冬后则无法再行抵御。所以秋末时可晚几天添加衣服，宁肯“冻”几天，也不要把身体过早包得太严实。

为了提醒人们不要忘记春寒，俗语又有“反了春，冻断筋”。意为有暖冬和倒春寒现象，如果是倒春寒，还是相当冷的。同时，人们还用形象的比喻说明初春天气是不稳定的：“春天是小孩子的脸”，意为像小儿一样说哭就哭，说笑就笑，变化无常。

俗语曰“暑易伤气”。意为立夏之后，进入伏天，气温骤高，湿气加大，如果人们出汗过多，易心悸胸闷，口渴头昏，因此要注意防暑和休息。同时，由于天热汗多，不仅伤阴，而且损阳，加之腠理开泄，身体又易受寒湿邪侵袭，因而不可汗后入冷水浸浴，睡觉时不可受凉风吹袭。

俗语曰“冬吃罗卜夏吃姜，不请郎中开药方”，意为冬季宜食性暖菜蔬、果品，夏季宜用清热败火菜蔬、果品。

二、节庆习俗

节庆是民间一项重要的礼仪活动。人们通过节庆，家人相聚，增进团结；亲朋往来，赓续友情；祭祀先祖，敦宗睦族；开展游艺，娱人自娱；彰显义理，弘扬传统。民间节庆从正月初一起，几乎月月都有。从河洛节庆习俗看，总的来说是既重视，又简朴，既顺从传统，又从实际出发，内容丰富多彩，乡土气息浓郁。

1. 春节

正月初一为春节。成年人天不亮即起床，先燃放鞭炮，再在祖宗牌位前点烛供拜，然后给长辈磕头拜年。先家拜，再族拜。十二岁以下晚辈给长辈拜年时长者要给岁礼，仍称压岁钱。当天早、午两餐要吃饺子。

2. 上元节

正月十五为上元，俗称元宵节、灯节。除家中挂灯、坟中插蜡、儿童提灯外，城镇还要在公共场所扎灯山，古称鳌山，堆摆数百盏彩灯。此外，还要辟出专门场地或街道悬挂展出各种制作精美的工艺性宫灯、花灯，供人观赏。有些灯上还要图绘一些历史故事或民间故事，有些灯上可能会写些谜语让人竞猜，以此增加游人兴趣。

3. 二月二龙抬头

二月二多在惊蛰前后，许多农事活动已开始，农人祈求风调雨顺，故在此日祭供龙王。当天的禁忌是妇女不动刀剪，不做针线活，怕伤了龙体龙眼。饮食上是吃煎饼，谓之“嚼龙鳞”，吃炒黄豆、炒玉米，谓“金豆开花”。

4. 清明节

三月的清明与寒食节有关。人们此日扫墓，在坟头添土、烧纸钱以凭吊先人。清明前后有春游之习，这与三月三上巳节野外踏青的传统有关。《诗经》对此即有记载，《溱洧》就是记述溱水、洧水（今河南新密、尉氏一带）之滨青年男女交游之事的。

5. 端午节

五月五日为端午节。此日人们吃粽子，并投之江河湖塘。此与纪念屈原有关。另外还要炸麻花、麻片，以庆丰收。

农历五月以后，天气炎热，湿瘴孳生，易生疾病。故端午有太阳出来之前到河里沐浴，打水回家洗脸，太阳出来之前采艾等之习。未经日晒的艾性凉，辟邪。

端午还有饮雄黄酒或以之涂擦孩子耳朵、鼻子、肚脐之习，也是警示注意预防瘴气、毒疖和各种瘟病，同时预防蚰蜒、蛇蝎之侵害。另外，女孩子还多缝制香袋，状若小鸡、小狗或各种花果形，内装香料冰片、薄荷之类，闻之清香沁人，但主要仍在驱除蚊虫之类。

又有谓五月五日为恶日，小儿易染疾病，故妇女早晨便把煮熟的鸡蛋在孩子肚子上滚几滚，谓之“滚蛋”，剥皮后让孩子吃下。“病魔”滚蛋了，一年就可无病。

6. 过小年

六月一日，过小年。麦子已收，秋作物已种，人们心情舒畅，于是，用新麦面做成各种供点，配以牲肉、鲜果，放鞭炮，以拜谢各路神灵。

7. 乞巧节

七月七日称作“七夕”，又叫“乞巧节”。未过门的女孩子和年轻妇女多在当天比巧和乞巧。方式多种多样。一种是中午取一盆水在烈日下曝晒，午后在水膜上轻轻放一根绣花针，其水底之影清晰如云、如花、如鸟者为上。也有对月穿针者。也有多人一起，晚上在瓜棚豆架下焚香，祈祷七仙女或织女赐巧者。

8. 中元节

七月十五中元节，俗称“鬼节”。此日人们多上坟祭祀隔代先人，以免其成为孤魂野鬼。另有一种说法是七月为“鬼月”，七月一到，鬼门关大开，所有的无人敬奉的孤鬼野魂都回人间享受供祀，因而家家户户都准备供品普济鬼众，以消灾免难，七月十五这一天达到高潮，故也称“中元普度”。

细考之，民间七月十五祀鬼实是从道教的“中元节”和佛教的“盂兰盆节”演化而来。道教以正月十五为上元，是天官赐福紫微大帝生日；七月十五为中元，是地官赦罪清虚大帝生日；十月十五为下元，是水官解厄洞阴大帝生日。依道教之说，七月十五地官下界判定人间善恶，道士要全天举行斋醮诵经，以祀享地官并超度亡灵。“盂兰盆法会”源于《盂兰盆经》。相传佛弟子目犍连为解救堕入鬼道的母亲，向佛陀问法。佛陀对他说，佛家弟子要修孝行，不仅不能忘记父母，也不能忘记七世父母，要年年七月十五这天作盂兰盆，施及佛僧，以报父母养育之恩。于是后世佛门弟子以七月十五为“盂兰盆节”。我国始行此节是南朝梁武帝大同四年（538）。

也有的地方以此日为“牲口节”，当天骡马牛驴不下地干活，还要喂好草好料，晚上熬一锅小米汤让它们喝,这叫"打一千,骂一万,七月十五吃一天安生饭"。

9. 中秋节

八月十五为中秋节。八月十五为秋高气爽之时,加之晴空浩月,实是家人团聚的最佳时日。此日人们多吃圆形月饼、石榴,以示全家团圆,留住福气。古人把四季中的三个月分别称为孟、仲、季。八月是秋天的第二个月,故称八月十五为"中秋节"。

10. 重阳节

九月九日为重阳节。九九为吉,此日人们多登高健身,插茱萸、饮菊花酒。

相传此节源于河南上蔡县。据梁人吴均《续齐谐记》载:汝南桓景随费长房游学累年,长房谓曰:"九月九日汝家中当有灾,宜急去,令家人各做绛囊,盛茱萸以系臂,登高,饮菊花酒,此灾可除。"景如言,齐家登山,夕还,见鸡犬牛羊,一时暴死。长房闻之曰:"此可代也。"

费长房故事图

由于重阳节源于汝南上蔡,加之至今当地保留着登高、插茱萸、插艾的习俗,2005 年 12 月 4 日,中国文联和中国民间文学艺术家协会授予上蔡县"中国重阳文化之乡"的荣誉称号。

11. 鬼节

十月一日为鬼节。进入十月以后,天气很快就会变冷,人们上坟的机会不多了,也不方便了,故此日上坟除烧纸钱外,还多有烧纸房、纸衣之举,以使先人安然过冬。

12. 腊八节

十二月八日称"腊八",早晨要吃八宝粥。粥由小米、绿豆、豇豆、花生、大枣等熬成,香甜可口。有枣树的地方,还在枣树距地三尺高处用刀砍几砍,然后涂上腊八粥,来年可多结枣子。

13. 祭灶节

十二月二十三为“祭灶节”，又称“小年”。当晚要祭灶王爷。祭灶的供品主要是麦芽灶糖、酒和公鸡。公鸡是灶王爷的坐骑，骑着它上天见玉皇大帝。麻糖用以粘住灶王爷之口，免得他信口胡说。祭奠的程序是，把供果摆好后，把贴在墙上的灶王像揭下烧掉，然后往鸡头上倒酒，并祷告：二十三日去，初一五更回；上天言好事，下界保平安。

14. 冬至

冬至日是一年中白天最短的一天，谚曰“吃了冬至饭，一天长一线”，意为过了冬至以后，每天做针线活时，可以多做一根线的工夫。有鉴于此，也有人认为冬至才是一年的真正开始，故有“冬至过年”的说法。北方之俗，这一天要吃饺子，否则冬天会冻掉耳朵。

15. 除夕

十二月三十日（小月二十九日）为除夕，俗称“大年三十”。当天下午要在厅堂、院门等处贴上春联和门神。傍晚时到坟地烧纸，谓请先人回家过年。晚餐前要先祭供祖先，夜饭也要有饺子。饭后全家围坐在一起聊天“守岁”，家长向众人发“压岁钱”，至零点时燃放鞭炮，谓辞旧迎新，之后众人方可散去稍事休息。

三、人生礼仪

1. 敬称

中原人十分重视礼貌，非常讲究称谓，见到长辈或年长者，最忌直呼其名，而必依辈分而称，如祖辈男性称爷爷，女性称奶奶；父辈男性称叔伯，女性称婶娘；平辈称哥哥、姐姐、嫂嫂等；见政府、军队首长称其职务。如不曾谋面，则问“贵姓”。寒暄之后，根据不同场所，敬烟、敬茶、敬酒。

2. 贺诞

虽然民间有重男轻女的的偏见，但凡第一胎婴儿，不论男女，必举行庆贺仪式，一般称“吃喜面”。女婴在第九天，俗称“做九”，男婴在第十二天，俗称“做十二”。男方亲友一般只置贺礼，女方亲友多送鸡蛋、红糖、小件金银器（如手镯、长命锁）及各种衣物等。

3. 庆寿

庆寿分两种,60 岁之前叫过生日,60 岁以后叫庆寿。出生时间民间多依农历日子计算,以便与生肖相一致。平时过生日多在家庭举办,全家人聚在一起吃寿糕、寿蛋、寿面等喜庆饭菜。60 岁以后称庆寿,多由嫡属后辈操办,尤其 70 岁、80 岁,较为隆重,嫡庶晚辈不分男女全员参加。女儿辈不论送何礼品,红腰带必不可少。

4. 婚嫁

旧式婚姻,多由父母、媒妁操持,一般程序依六礼而办,富则大办,贫则简便。古制六礼是:"纳彩"、"问名"、"纳吉"、"纳征"、"请期"、"亲迎"。"纳彩"实为议婚,即男方媒人带礼品到女方提亲。"问名"又叫换书,即男女双方互换龙凤庚贴,并请算命先生"合八字",若不相互克冲,即可结为连理。"纳吉"即订婚,如男女双方认可婚事,男方则再次择吉日到女方家送衣物、首饰,以示订婚。"纳征"即完聘。婚期定下之后,男方在一月内择吉日到女方家举行订婚仪式,送上较以前都多的聘金、聘礼,以方便女方作嫁女之准备。"请期"又叫"送好儿",即送通知,男方将迎娶时间写在喜柬之上送到女方。"亲迎"即正式迎娶。

"六礼"的每一项在细节上也都有相应的程序,尤其迎娶当天,所用花轿或轿车、行走路线、男女傧相、乐鼓、拜仪等,均须依制而行。此外,婚后还有一些繁文缛节,如"回门"、"拜亲"等,也须一一办好。

5. 丧葬

中原民间有厚葬之习且十分讲究礼仪。

报丧。人死之后,多在屋门、院门上糊上白纸,以示该宅有人亡故。之后,当事者立即派人向重要亲属进行报丧,并告知举丧时间。

守灵。守灵者多为嫡亲子女侄孙。一般在宅院正屋设灵堂,轮流值守一天一夜。

入殓。棺内按制铺上黄表、放上铜钱和衬布之后,在亲属监护下将逝主安放进去。

出殡。或用灵架,或用大车将棺木送到坟地。孝子身着孝服,手执丧杖和"老盆"在人搀扶下走在灵前,其他送者在灵后,边走边哭,沿途不断抛撒纸钱,直至墓地。

下葬。墓圹按方位开挖，棺木依罗盘定向安放后方可封土。之后将一直径10厘米左右、长约3米的柳木栽在坟头前。

守制。孝子服丧守制一般为一百天，其间穿孝服，有的还不理发。每七天上一次坟，烧纸钱，点汤水。七次之后方可止，俗谓“过七七”。

四、信仰习俗

民间信仰习俗不同于宗教信仰。

民间信仰主要指对一些非凡人物、自然事象、生活事象或某种思想的信服和尊重，同时以一种方式表现在行为中。

河洛民间信仰有如下一些特点：一是这种信仰既有一定的约束力，但又没有必然的或强制性的约束力；二是没有统一的组织，没有统一的领导人；三是没有教义，没有戒律，是一种典型的约定俗成；四是人神不分，具有一定的道教色彩；五是以向善为主调，具有维系社会正义和道德的作用。

1. 人神不分的泛神信仰

史料记载和田野调查表明，河洛民间多神信仰源于远古先民对宇宙和自然界的认识。由于人们知识和经验的局限，对自然界所发生的现象不能解释，于是形成了对“天”的敬畏，进而发展为对日、月、风、雨、雷、电、山、川、湖、海、奇禽、异兽的敬畏，再进而乃至巨树、怪石和各种器物也都成了神灵之物。

所有的民间信仰都是围绕“生命”这一核心问题而展开的。人们为了丰衣足食、四季平安、人丁兴旺、事业发达、消祸免灾，于是就求诸玉皇大帝、王母娘娘、阎王爷、龙王爷、土地爷、城隍爷、火神爷、财神爷、药王爷、灶王爷、马王爷、牛王爷以及月下老人、送子观音、东岳大帝、文昌帝君等等，以至于鬼魅狐仙，凡所需要，不一而足，应有尽有。

随着社会的发展，文化的演进，社会上出现了神话英雄和现实生活中的非凡人物，于是又有了对黄帝、女娲、伏羲等的崇拜；有了对孔子、关公、玄奘、陈元光、岳飞等的崇拜；有了对行业始祖的崇拜，如木匠崇拜鲁班，蚕工崇拜嫘母，茶行崇拜陆羽，笔匠崇拜蒙恬，其他如理发者、卖菜者、杀猪者等三教九流，皆有其始祖崇拜。

同时也有了对本宗族、支系嫡亲先祖的崇拜。

佛教、道教出现之后，泛神者佛道不分，寺庙不分，只要案头上有供奉，纳头便拜，并在其面前祈祷、许愿、还愿。

尽管民间信仰五花八门，但有两点是十分清楚的，那就是它始终没有摆脱对自然、图腾和偶像的崇拜，没有升华为对信念、对真理的追求；它始终都是功利性的，对神灵有所求（如子嗣、财富、功名、健康），既没有精神上的超脱，更没有物欲上的超脱。这也是民间信仰不同于宗教的最大区别。

进一步的分析可以发现，河洛民间信仰的精神内核，仍是以儒家的仁爱礼仪和佛教的向善为基本理念的，信奉者将自己的内心诉求通过“神”这一中介，来处理自我与社会、与他人的关系，从而达到族群的和谐、社会的和谐以及自我的和谐。比如，民间信仰中有一句很通俗、很常用的话，就是“举头三尺有神明”。这既可以对他人起到一定的警示作用，也是用来自律的最好戒条。因此，民间的泛神信仰一般来说还是以“人”为本的，“神”是为人服务的，“神”是当人们需要时才在自己心中存在的。

2. 多种多样的习俗形式

由于民间信仰涉及面极广，因而其表现形式也相当复杂繁纷，此仅以最普通最常见之荦荦大者简述于后。

其一，看风水。

中国哲学中最古老的思想就是阴阳、五行，崇天、敬地、尊人，即“天人合一”的思想。在先哲那里，天、地、人的和谐是最高的原则。由此而产生甲卜、蓍占、巫术等，无一不是企图解绎人生，寻求最佳的选择与结合。据内行人说，看风水之目的，就是为了求得天地人的合一，阴和阳的平衡，五行的不相克。

如何看待“宇宙、自然、人生”？在泛神信仰的中原民众中，曾有“一命、二运、三风水、四积阴德、五读书”之民谚流传，由此可知风水在很多人心中的位置。当然，看风水也不是人人都可能参与，但作为族长、家长或主事者，一生中则必然要多次参与。因此，看风水成了很多人生活中的一部分。

做哪些事情之前需要看风水呢？

中原民间的习俗大约有下列几类。一是住宅类。如自己建宅、建房、购买住房。二是兴建各种设施类，如修建厂房、车间、大门、猪圈、牛棚，开挖水井、矿井、池塘等。三是修建坟茔、开挖墓穴等。四是安装各种设施类，如织布机、弹花机、石磨、石碾。看风水的主要内容是方位(处在什么位置,是否朝阳通风,四周有无山、水路等)、地势(高低、坡度、地质状况)、方向(宅向、门窗位置及朝向、角度)等。

其二,择吉日。

趋吉避凶是人们的普遍心理,因而遇到重大事项必选择吉日良辰也是中原民间信仰的普遍现象。

也常有人提出质疑,办事择日有必要吗?但由于社会上有一种从众的心理,所以一般人遇到重大事项,也就一以贯之,继续照以往的“规矩”办理了。据此可知,“择日”的作用主要还是一个心理调适的问题。

那么,哪些事属于重大事项呢?

一曰红事。红事即婚事,是人一生中重大的事宜,因此,相亲、订亲、结婚都要择吉日进行。

二曰白事。白事即丧事。一个鲜活的生命停止了,一个人要从“阳间”走到“阴间”,这的确是一个极大的转折。死亡的时日不能选择,但入殓、下葬要择时进行,这也算是活着的人对死者在“阳间”要尽的最后一次义务吧。迁坟或“二次葬”时也必须择日进行,以免有所冲犯。

三曰动土。盖房子、上梁头、砌窑洞、挖池塘、安机器等要择日进行。

四曰出行。经商、探亲、拜师、赴任、出航等要择日而行,其中包括居住搬迁等。在这方面的民谚有:“要出走,三六九”,“要回家,二五八”,但也有“七不出八不入”之说。

其三,避凶日。

既有吉日,则必有不吉之凶日。择吉日时必须规避。相传每月都有一天是凶日。具体而言,正月十三为凶日,以后每增加一月,日期减去二日,即二月十一日,三月初九日,四月初七日,五月初五日,六月初三日,七月一日,八月二十九日,九月二十七日,十月二十五日,十一月二十三日,十二月二十一日。此外,还有一个凶日叫“杨公忌”。“杨公”名杨救贫,唐代术士,他经过占算,认为一年之中有15个禁忌之日。也有的说上述每月有一凶日即杨公忌日。

也有不少人心胸豁达,不择什么吉日,其理由也很简单,叫“问凶不问吉”,即除了凶日全是吉日,哪一天办事都无所谓,何必再问,自己给自己增加心理负担呢！

其四，算命看相。

算命看八字之风一向较盛行。算命看八字者多以《周易》为基，配以天干、地支和五行，然后推演其名字、前程、婚姻、财富等的吉凶祸福。算命的方法很多，有以大六壬者，有以奇门遁者，有以金口诀者，有以麻衣相者。上述种种，虽各有师承，然亦多有交叉。算命中最简单的方法是抽签。

其五，驱鬼镇邪。

一过春节，人们就会想到王安石的诗《元日》："爆竹声中一岁除，春风送暖入屠苏。千门万户曈曈日，总把新桃换旧符。"春风中煦日洋洋，人们一边慢慢地品味着屠苏美酒，一边在门楣上换上了新的桃符，迎接新的一年的到来。

何谓桃符？有什么用？原来是在一片桃木板上刻上神荼、郁垒二神，悬于门楣之上，大小阴邪之鬼魔则见而不敢入。相传神荼、郁垒是兄弟，善于捉鬼，凡有鬼魅危害百姓，二人便将其捉拿后用桃条捆绑送去喂虎。后人便将二人尊为门神，绘其像于门以驱鬼邪。

中原地区城乡也流行驱鬼镇邪之俗。一是以物镇邪。如高大屋脊之上有镇房兽，陵墓地宫前有天禄、辟邪二兽，黄河岸边有镇河铁犀等。二是以神驱邪，如春节贴门神，房屋若面对大路，在墙上砌入一块刻有"泰山石敢当"字样的砖或石，盖房屋上梁时在梁上贴上用黄纸或红纸写的"姜太公在此诸神退位"字条，在病人室内悬挂捉鬼大王钟馗像等。三是以符驱鬼。在闹鬼的屋院设醮驱赶后将"符水"泼地，将所画之符烧掉或埋入地下（也有将符烧后吃掉者）。用五色线缠桃枝于闹鬼处扑打并念咒语，之后将桃枝插于门上或丢于郊野十字路口。也有扶乩，施圣水、神水者。

"泰山石敢当"源于一个民间故事。泰山脚下有一大汉姓石名敢当，善捉恶鬼。一次，一恶鬼闯入民宅，扰其女中邪卧病不起。石敢当前往捉拿，恶鬼见状惧怕，逃到东南沿海。之后，恶鬼又在那里作祟。东南人便请石敢当前去捉拿。恶鬼于是又逃到东北，石敢当到东北时，恶鬼又逃到了西北。为免于整天疲于奔命，石敢当想出了一个办法，让有鬼的地方在砖、石之上刻上"泰山石敢当"字样，放于明显之处。果然很有效，恶鬼一见，即刻逃遁。

五、游艺习俗

中原的民间游艺就其内容而言非常丰富多彩,其风格则是粗犷、刚健和幽默。

1. 戏曲艺术

戏曲是通俗文化中群众基础最为深厚的艺术种类,它以“高台教化”的特有形式,向大众普及历史知识、文化知识和道德传统。中州是全国著名的戏曲之乡,不仅品种多,门类全,而且唱腔优美、行当齐全、表演细腻、气势豪壮。中原戏曲的主要代表剧种是豫剧、曲剧、越调,二夹弦、怀梆、四平调、宛梆、道情也相当流行。

青年时期的常香玉

(1)豫剧。

豫剧又叫河南梆子,分豫东调、祥符调、豫西调、沙河调四大流派。豫剧最有名的演员为“六大名旦”,即常香玉、陈素真、马金凤、阎立品、崔兰田、桑振君。此外,吴碧波、李斯忠、唐喜成、师桂君、刘忠河、牛得草、王善朴、高洁、马琳、杨华瑞、柳兰芳、小香玉也各具特色。

豫剧大师常香玉可谓德艺双馨,国人有口皆碑,她不仅戏演得好,徒带得好,而且在抗美援朝期间带领香玉剧社义演一百多天,捐献飞机一架。常香玉主攻青衣,演唱激昂奔放,其代表作简称“红白花”,即《拷红》、《白蛇传》和《花木兰》。此外,她演的《大祭桩》、现代剧《人欢马叫》也很经典。

常香玉主演的《花木兰》

陈素真主攻青衣,演唱清新明快,其代表作为《宇宙锋》、《梵王宫》。

马金凤为刀马旦,演唱刚健明快,其代表作简称“两花一帅”,即《花打朝》、《对花枪》和《穆桂英挂帅》,其中尤其《穆桂英挂帅》,自1956年进京演出,50多年来在舞台上常演不衰,她本人2007年已85岁,仍坚持登台献艺,深受国人称赞。

阎立品主攻青衣，其代表作是《秦雪梅吊孝》、《蝴蝶杯》，由于其独创声腔，甜润哀婉，别有一番韵致。

崔兰田亦为青衣，演唱深沉含蓄，其代表作是《桃花庵》、《秦香莲》、《卖苗郎》。

桑振君主攻青衣，唱作俱佳，唱腔甜润，舞步轻灵，其代表作有《宝莲灯》、《白莲花下凡》。

吴碧波为豫剧花旦中的佼佼者，其主演的《审诰命》、《三哭殿》、《抬花轿》等人物形象鲜明生动，给人们留下了深刻的印象。李斯忠为花脸演员，刚正不阿的包公形象在他的演出中得到了再现。其代表作有《包公辞朝》、《铡美案》、《打銮驾》。唐喜成为须生，其代表作《南阳关》、《三哭殿》，唱腔亦堪称经典，传唱者极多。师桂君主演小生，其在《拷红》中饰演张生、在《陈妙常》中饰演潘必正，所唱所演亦堪称舞台独步。刘忠河为须生，习商丘豫东调，代表作为《血溅乌纱》。牛得草为丑角演员，其代表作为《七品芝麻官》。

豫剧脸谱

王善朴、魏云、高洁、马琳、杨华瑞、柳兰芳等以演现代戏著称,他们所演的《朝阳沟》、《小二黑结婚》从舞台走上银幕,使千百万人领略了豫剧朴实、豪放、欢快的艺术风采。

小香玉是常香玉之孙女,其戏曲素质全面,在继承常派的基础上有不少创新,可谓真正的常派传人。

(2)曲剧。

曲剧在中原很有市场。其代表人物是张新芳、马琪、王秀玲、海连池。张新芳为青衣,其代表作有《陈三两》;马琪为须生,其代表作有《寇准背靴》;王秀玲为旦角,其代表作是《风雪配》;海连池为丑角,其代表作为《卷席筒》。

(3)越调。

由于越调演员申凤梅(大凤)的不懈努力,本来就有很大市场的越调更受到人们的喜爱。她在舞台上塑造的诸葛亮形象栩栩如生,她所表演的唱段更是众人爱听、爱唱。其代表作有《收姜维》、《诸葛亮吊孝》、《李天保吊孝》。

河南越调舞台上另一著名演员为毛爱莲,其唱腔甜亮流丽,间以鼻音相配,更显圆润柔美。主攻青衣花旦,其代表作有《火焚绣楼》和《白奶奶醉酒》。

2. 民间工艺

世界各民族的发展史表明,最能体现一个民族文明史的直接载体,非工艺品莫属,其中尤以陶瓷为代表。中国远古的黑陶、白陶、彩陶,进入文明社会以后的瓷器,就是中华文明的最好见证。就瓷器而言,其技术含量、艺术水平更是衡量一个民族文明水准的两把尺子。

中原民间工艺内容丰富、源远流长,是中华文明的集中体现和缩影。其最著名的有唐三彩、钧瓷、汝瓷、玉雕、汴绣、年画、剪纸等。

唐三彩

唐三彩是唐代的一种工艺陶器,其彩釉虽有浅黄、赭黄、浅绿、深绿、褐红、天蓝、茄紫诸色,但主要是黄、褐、绿三种,故称“三彩”,因其主要产在洛阳,故又称“洛阳唐三彩”。

三彩马及牵马俑

洛阳唐三彩种类繁多，主要为生活用器、动物造型和陶俑等，尤其以三彩马、三彩骆驼最为出色。三彩马多为战马，戴辔头，着以鞍镫，昂首竖耳，十分神武。20 世纪 60 年代以来，洛阳出土的一些造型优美、体态较大的三彩马、三彩驼已成为稀世珍品。唐右卫大将军墓出土了一尊驼载乐俑，尤为引人瞩目。骆驼高大健壮，驼背上架一平台，上铺毡毯，平台两边各有两胡人背对而坐，手持乐器，或吹奏、或敲击，神情专注而轻松，中间一人正随着节拍而舞。胡人鼻高目深，穿白色毡靴，着绿色翻领长衣，真实地再现了当年民族融合、文化交流的友好、团结、太平的景象。

三彩驼及牵驼俑

曾有人以“环肥燕瘦”为例,说明汉、唐时代人们的审美观点大异其趣,唐三彩的出土完全证实了这一特点。洛阳唐三彩,不论马、骆驼或仕女,均以形体圆润、饱满、肥硕著称。洛阳唐三彩何以肥硕而不笨拙、饱满而不臃肿呢?关键在于其设计时严格把握住了“比例适度”这一原则,因而不论人物或动物,造型夸张而形态自然,体态肥硕但线条流畅,使人感到丰腴的确很美。

唐三彩制作工艺复杂,尤其釉色,已成为洛阳一绝。

钧瓷

钧瓷与汝瓷、官瓷、哥瓷、定瓷一样,为宋代传统五大名瓷之一。因产于古钧州而得名。钧州即今河南禹州市。

钧瓷初产于唐代,宋代有了较大发展。但由于其产量有限,极其名贵,因而唐时即有“钧不随葬”之说,因而至今收藏到的唐宋作品极其罕见。钧瓷以其独特的艳丽色调而挺立于艺术陶瓷之林。钧瓷釉色各呈系列。红色中有玫瑰红、海棠红、胭脂红、鸡血红、朱砂红;紫色以茄紫、葡萄紫为主;青色中以天青、梅子青、葱翠青为主;绿色中主要是鹦哥绿。其中以葱翠青、胭脂红和墨色最为难得。

钧瓷的传统作品主要是瓶、鼎、樽、钵、洗等,造型古朴浑厚、端庄文雅,因而多用于案头和庭室陈设。钧瓷由于釉色不同,加之因高温产生的窑变,因而有“入窑一色,出窑万变”的奇妙,故又有“钧无双配”之说,即世上没有成双成对完全一模一样的两件产品。所谓“窑变”,指烧制过程中因火温引起的各种纹丝,如鱼籽状、菟丝状、蟹爪状、珍珠点状和蚯蚓走泥纹状等。又由于钧瓷非常温润,世人常以其与玉相媲美,有“似玉非玉胜玉”之叹。钧瓷在东北亚尤其日本有着崇高地位。有“家财万贯,不如钧瓷一片”和“雅堂无钧不可夸富”的民谚流传。

由于钧瓷是“国之瑰宝”,1997 年 7 月 1 日香港回归时河南省人民政府以巨大的钧瓷花瓶相赠,以表达 9600 万河南同胞的衷心祝贺。

钧瓷的集中产地是河南禹州市的神垕镇。

汝瓷

汝瓷以产于河南汝州而名,其创烧始于宋代。虽然与其他瓷相比年代不远,但由于其工艺价值极高,加之为当时“重要发明”,因而在宋代位列诸瓷之首,为宫廷专用之瓷。南宋周谭所著《清波杂志》云:“汝瓷宫中禁烧,内有玛瑙为釉,唯供御拣返方许出卖,近尤难得。”清道光年间督学孙颢语有诗赞曰:“官哥配汝非汝俦,声价当时压定州”,意为其品质在诸瓷之上。《红楼梦》第三回中写贾府王夫人有一件雨过天青的“美人觚”,摆在茶几之上,凡见者无不赞叹,王夫人以有此瓷器心中十分得意。

宋汝瓷三足洗

汝瓷以青釉而名,大多仿照青铜器和玉器造型,制作工序严格,制品规整度要求极高。其釉色主要是纯正的天青色,略透闪蓝色,最精良者称为“雨过天青”。其他釉色尚有粉青、淡青和月白、天蓝等。汝瓷的一个显著特点是烧制出窑后,釉面有十分细密的纹片,人称冰裂纹或蟹爪纹,给人以典雅、温润、恬淡之感。之所以有此特点,主要是在釉的配方中加入了适当的玛瑙矿石。这是汝瓷与众不同的关键技术。

清凉寺汝窑天蓝釉刻花鹅颈瓶

据说汝瓷各窑主对汝瓷质量要求很高,产品出窑后有极严格的检查,发现稍有疵垢,即行粉碎,决不允许次品流向社会,有时因无正品,整窑尽行碎弃,因而世传极品很少。目前,全国除北京故宫博物院和台北“故宫博物院”外,罕有藏者,包括国外在内,存世珍品大约60多件。北京故宫博物院艺术陈列馆藏有国家甲等一级文物汝瓷三足洗一件,匠人专门将乾隆皇帝所题之诗用金刚钻小心地刻于洗之底部:“紫土陶成铁足三,寓言一得此中函。《易辞》本契退藏埋,宋器胡夸切事谈。”诗中指出此洗为宋代之物,还借题发挥说,《老子》曾说“侯王得一天下正”,现在我就“得一”;《易辞》说“圣人以此洗心,退藏于密”,我就是善于“洗心”的圣人。

当今汝瓷产地主要是河南的汝州市和宝丰县，两地宋时皆属汝州辖地。

玉雕

玉在中华民族传统文中具有特殊地位，早在进入文明社会前夜，中国的玉文化就已相当发达，如本书前面已谈到的良渚文化、红山文化、巴蜀文化中，玉文化都占有突出的地位。在中国玉中，最著名的是新疆和田玉、辽宁岫岩玉、河南南阳独山玉和湖北郧阳绿松石。

龙山文化时期的南阳玉铲

因独山在南阳，故独山玉也称南阳玉。南阳玉历史悠久，1959 年，在陕西北部神木县石茆出土的新石器时代龙山文化中的玉斧，为南阳玉，在独山附近发现的商代文物有玉铲、玉凿。这说明南阳玉在4000 年前已被人发现。有文献记载的规模开采是在汉代，距今也有 2000 年历史。南阳玉为斜长石类玉石，硬度大于 6.5，质地细腻纯净，具有油质或玻璃光泽，透明度和抛光性能都非常好。南阳玉色泽鲜亮，有绿、黄、白、紫、红、青、蓝等70多个天然调配色彩类型，因其精美，被誉为“南阳翡翠”。南阳玉雕作品的内容有人物、花卉、鸟兽、山水以及鼎、樽、炉、球各种器物，此外是大量的首饰，如镯、环、珠、链等。以诸葛亮在南阳生活为内容的大型玉雕“卧龙出山”，重3.8吨，长2.5米，高1.6米，为我国目前最大的玉雕精品，一经推出，便受到艺术界的好评，为玉中不可多得的珍宝。

南阳玉雕产地集中在南阳市和镇平县。南阳市有玉器一条街，镇平县有玉雕大世界和石佛寺玉雕专业市场。那是玉的海洋、玉的世界。各种玉器琳琅满目、争奇斗艳，玉文化的博大、淳朴、高雅、尊贵在这里相互辉映，得到了完美的融合。

汴绣

汴绣为中国五大名绣（苏、湘、粤、汴、蜀）之一，以其独特的工艺享誉中外。

汴绣实为宋绣，因始于北宋之都汴京而名。据《宋会要辑稿》载，宋时官府曾办有“文绣院”，有绣工300人，专门负责为宫廷绣制龙袍、凤冠、霞帔、朝服、龙旗等物。《东京梦华录》中也记载了大量有关绣品、作坊之事。如卷三说，在著名的相国寺内，就有出售汴绣品者。宋时，不仅达官贵人衣着以绣为饰，即如百姓，其衣服、鞋子、手帕、帽子、枕套、荷包、香囊之上也多有绣饰，刺绣为女红中重中之重。明代屠隆喜各种绣品，在《画笺》中曾对宋绣有所记述：“宋之闺绣画，山水人物、楼台花鸟，针线细密，不露边缝。其用绒一二丝，用针如发细者为之。故眉目毕具，绒彩夺目，而丰神宛然。设色开染，较画更嘉。女红之巧，十指春风，回不可及。”汴绣之盛、之美，可见一斑。绣风在中原一带世代沿习，直至今日。

今日汴绣以仿绣古代名画为其主要特点，兼绣花草动物。汴绣针线细密，错落有致，尤其以如发细丝绣制人物眉、须，传神逼真。其代表作为《清明上河图》。全图有人物813个，大小树木179株，楼台房舍桥梁100多座，牛、马、驴等94个，大小船只20余艘，立体式地再现了宋时汴京城市的繁荣和自然风光，被誉为传世杰作。其他精品尚有《韩熙载夜宴图》、《百骏图》、《五牛图》、《游骑图》、《簪花仕女图》、《挥扇仕女图》、《写生珍禽图》、《八十七神仙卷》等。他如猫、虎、梅花等小摆件，生动形象，充满勃勃生机，亦为广大客人所喜爱。

朱仙镇木版年画

中国传统木版年画遍于全国各地，一般认为天津杨柳青、山东潍坊杨家埠、

朱仙镇木版年画

河南开封朱仙镇和河北武强四家历史悠久，特色鲜明，影响较大，故称中国传统木版年画四大家。其实，“四家”之说很有局限性，就影响而言，起码应再加上苏州桃花坞和四川绵阳，因而应称为“六大家”。六大家各具特色，比如，天津杨柳青年画为套色水印，再施以人工印染，色调明快，雕刻工致细腻，人物形象比较清俏俊丽。苏州桃花坞木版年画，其线条明快，设计、绘图严整精细，善用粉红、粉绿之色，从而显得典雅华贵。从风格上看，杨柳青和桃花坞多表现的是市民文化，而朱仙镇、武强表现的则多为北方农村文化。

朱仙镇以岳飞大破金兵于此而闻名全国，之后成了与湖北的汉口、江西的景德镇、广东的佛山镇并驾的全国四大商业名镇。

朱仙镇年画始于唐，盛于北宋，为中国木版年画中年龄最长者。当时的供应对象除首都汴京外，主要是河南、山东、安徽和江苏。与杨柳青、桃花坞年画相比，朱仙镇年画更具北方的乡土气息。一是构图粗犷，线条劲茁；二是形象丰满，人物浓眉大眼，表现手法夸张；三是色彩多用红、绿、黄、紫，于浓重中显得简明、鲜丽。

朱仙镇木版年画

年画制作很讲究程序和工艺，首先是请有精湛技艺的人绘出图稿，再选择木质坚硬、纹肌较细的梨木做版进行雕制。印刷全为手工操作，水印后的初稿叫黑坯，晾干后才能进行套色，如有五种颜色，就必须套印五次才能最后完成。

朱仙镇年画内容丰富，主题多为祈福增寿、吉祥如意、招财进宝、驱邪镇恶、五谷丰登等，因而很受广大群众喜爱。

朱仙镇年画和其他兄弟年画一样，当年都很辉煌，现在都相当萧条。如何使这一曾蜚声中外的古老民间艺术再现青春，用一个恰当的成语说，那就是“任重道远”。

剪纸

中原剪纸工艺源于民间，历史比较悠久。南宋周密所著《志雅堂杂钞》中，就记有汴梁剪纸艺人的活动情况：“昔京都大街有剪花样者”，艺人们多有自己的绝技，很是轰动，“一少年，能于袖中剪字及花朵之类，独擅一时之誉”。

剪纸多用于喜庆、年节之时，一般贴于门窗、墙壁、灯笼之上。发展到当代，作为一种观赏性很强的艺术品，早已走出家庭户院，通过装裱、框嵌、过塑等方式，走进艺术的殿堂。剪纸的内容多表现吉祥、百姓日常生活及花、鸟，如寿星、仕女、瑞雪丰年、五谷丰登、庄稼汉、扭秧歌、鸳鸯戏莲、蝴蝶花香、十二生肖、双狮绣球、绝壁青松、雪地寒梅、松鹤延年等。当代作品内容更为丰富，不仅反映工、农业生产的新面貌，如钢铁工人、高粱红了，也使一些历史故事、历史人物走上了画面，如梁山一百单八将、大闹天宫、宝黛读书、雷锋、白求恩等。

剪纸的技艺在群众中非常普遍，几乎无处不在，但作为艺术品，以豫东尉氏、豫西灵宝比较著名。

3. 庙会

庙会的起因和形成始于对神灵和图腾的崇拜，因而是地地道道的带有原始性的民俗文化，它既是老百姓实实在在的物质文化的体现，又是精神文化的重要组成部分。庙会的时间往往与农时节令有关，因而也是农耕文化的产物。

中原庙会多是娱乐与物资交流相结合，反映了小农经济的一些特点。娱乐的方式多种多样，主要是筹办者募资唱大戏，少则一台，多则两台、三台。对台戏一般唱得比较卖劲、比较热闹。没有大戏演出的庙会被称作“干会”。其次是各种民间文娱团体或个人在庙会期间“赶场”，自行演出一些传统节目，如说唱、杂技、舞狮子、踩高跷、划旱船等。庙会又是一个极好的商贸活动，各种日用百货、服装鞋帽、生产资料、土产山货、地方风味、干鲜水果等会一齐上市，当地人借此机会既可一饱眼福，也可一饱口福。

中原庙会极多。据通俗文化研究者马紫晨及其同事统计，各县每年庙会少则百余次，多则盈千。如林州，每年有庙会 231 次，温县 243 次，滑县 249 次，新密 450 次，禹州 609 次等。会期每届少者一天，多者月余（如淮阳太昊陵的“人祖会”）等。最常见的是三天。

中原庙会多在每年的春季、秋末和冬季举行，这是通常所谓的“农闲”季节。届时，各地农村几乎三天两头有会可赶。其中最有特色的是浚县大伾山庙会、宝丰马街书会、淮阳太昊陵庙会、洛阳牡丹花会。

浚县大伾山庙会

浚县大伾山庙会从正月初一至二月二，吸引了六七个省近百个县的善男信女，最多时每天二三十万人，被誉为“华北第一古庙会”。

浚县庙会

浚县是国家级历史名城，县城旁有大伾山和浮丘山。大伾山前原是黄河故道，为祈河神免灾，人们当年在面对滔滔黄水的石壁上建造了一尊高 8 丈余摩崖大佛。为保护大佛，清代曾在其上建一屋顶。由于佛像设计奇特，其膝下部分在地平面之下，故有“八丈佛爷七丈楼”之谚。浮丘山上有浮丘娘娘庙，赶庙会之求子嗣者，多来此进香。

太昊陵庙会

淮阳太昊陵庙会从农历二月二到三月三，与会者多为拜人祖进香求子（见第三章第二节）。

中岳庙会

中岳庙在登封嵩山脚下。封建社会，最高统治者每年春秋两季都要祭祀五岳，中岳庙古会即由此而来。

中岳庙的前身是太室祠，始建于汉，唐时迁至现址。清乾隆年间以故宫为蓝本进行重修，占地 10 多万平方米。自中华门至最后的御书楼，中轴线长达 650 米。从中华门向南至太室阙还有 500 米甬道相连。中岳庙西向 5 公里即天下名刹少林寺。

中岳庙会每年两次，春季始于三月初十，秋季始于十月初十，每次会期 10 天。中岳庙会为香火会，赶会者除商贾、艺人之外，大多为香客。由于中岳庙距少林寺不远，来赶会的人既可到道教圣地进香，又可至禅宗祖庭拜佛，了却心愿，这对泛神信仰的芸芸大众来说是一举两得之事,故而庙会之日,人山人海,热闹异常。

马街书会

每年正月十三在宝丰县马街举行,故又叫"正月十三宝丰马街书会"。隶属平顶山市的宝丰县一带广大农村有说、唱、听曲艺的传统,是全国有名的"中国民间艺术之乡"和"曲艺之乡",马街书会 2006 年被国家公布为第一批国家非物质文化遗产。

马街书会

马街书会是曲艺大会,始于元代,有 600 多年的历史。每年的正月十三日,全国各地的评书、河南坠子、三弦书、大鼓书、山东琴书、鼓儿词等北方流行的曲艺品种的艺人们,携琴负鼓,结伴而行,不远千里到此表演、亮相,切磋、交流。

马街书会的场地不在村子里,而是在河边露天野地举行。会期三天,从正月十一开始,以天作幕,以地为台,演唱表演风雪无阻,少者二三百家,多者上千家。赶会的群众少则六七万,天气晴好时,会超过 15 万。上午 9 点以后,艺人们陆续开始演唱,一时锣鼓喧天,琴声悠扬,喝彩声、叫卖声此起彼伏,其势真如万马奔腾,波涛汹涌。经过群众性的评比,评出本届状元。凡水平较高者,当天就被前来观看的"写下",邀请其到本村或工厂演唱。马街书会是艺人显身手的地方,因而不少曲艺表演者大多是怀着“朝圣”的心情前来马街的。

洛阳牡丹花会

洛阳牡丹花会每年四月中旬到五月上旬在九朝古都洛阳举行。

洛阳民间栽种牡丹时间较早，汉代即有以其入药的记载。作为园林栽植，最迟不晚于隋代，已有1500年的历史。由于洛阳气候、土质等得天独厚的条件，洛阳牡丹不仅棵高、朵大、花期长，而且品种繁多，因而欧阳修才说：“洛阳地脉花最宜，牡丹尤为天下奇。”唐人对牡丹十分喜爱，诗人白居易有诗曰：“花开花落二十日，一城之人皆若狂”，刘禹锡也记述说：“洛阳牡丹真国色，花开时节动京城。”宋代的欧阳修对牡丹更是情有所钟，不仅写诗咏赞，还专门写了《洛阳牡丹记》。

自1983年洛阳市举办首届花会以来，洛阳牡丹的培育更走向了规模化、科学化。洛阳牡丹品种已超过1000个，最著名的有姚黄、魏紫、豆绿、二乔、玉版白、醉杨妃、洛阳红、天霞紫等。美丽的牡丹不仅在洛阳开放，而且出口到全世界。但要真的一睹芳容，感受国色天香之美，非至洛阳而别无他途。因而洛阳每至花会时节，大小宾馆、旅社、招待所人满为患。

交通、通信的现代化使世界变得越来越小。现在，每当牡丹蓓蕾初绽，再也不是“花开时节动京城”了，而是“花尚未放动全球”了！

第九章 客家文化

在中国民族发展史上，客家民系的形成引起了很多人的重视，民族学家、社会学家、人类学家、历史学家、语言学家、民俗学家、经济学家等无不以极大的兴趣参与其中。专家们不仅从宏观上聚焦于何谓客家、形成于何时、有何特点等问题，而且还在具体的客家源流、客家宗族、客家习俗、客家方言、客家精神等方面进行了大量的研究。20 世纪后半叶，客家人和犹太人一样，成了一门引人注目的显学。

第一节 客家民系

客家民系是怎么形成的？何谓其源，何谓其流？这是研究客家必须回答的首要问题。

一、“客家”不是千古之谜

“客人”一词最早见于清人徐旭曾《丰湖杂记》。徐旭曾（1751—1819）字晓初，清广东惠州和平县人，嘉庆四年（1799）进士，曾官户部主事，晚年归里后曾主持惠州丰湖书院。

1.《丰湖杂记》

清代的惠州领一州九县，是历史上客家人的主要聚集地。罗香林《客家研究导论》将汉族在南方的支系分为五大部分，即江浙系、湘赣系、闽海系、客家系和广府系。就地域区位而言，惠州之东是潮汕人的聚集地，也即罗香林所说闽海系；惠州之西则是广府系的聚集地。惠州实际上成了客家、闽海、广府三民系的交流与融合中心。

徐旭曾为客家人，《丰湖杂记》写于清嘉庆十三年(1808)，载于嘉庆二十年(1815)《和平徐氏族谱》。文之第一段为序言，述说著文原委。全文如下：

博罗、东莞某乡，近因小故激成土客斗案。经两县会营弹压，由绅耆调解始息。院内诸生询余何谓土与客，答以客者对土而言，寄居该地之谓也。吾祖宗以来，世居数百年，何以仍称为客？余口述，博罗韩生以笔记之。嘉庆乙亥五月念日。

今日之客人，其先乃宋之中原衣冠旧族，忠义之后也。自宋徽、钦北狩，高宗南渡，故家世胄先后由中州、山左越淮渡江从之，寄居苏、浙各地。迨元兵大举南下，宋帝辗转播迁，南来岭表，不但故家世胄，即百姓亦多举族相随。有由赣而闽沿海至粤者，有由湘赣逾岭至粤者。沿途据险与元兵战，或徒手与元兵搏，全家覆灭、全族覆灭者殆如恒河沙数。天不祚宋，崖门蹈海，国运遂终。其随帝南来历万死而一生之遗民，固犹到处皆是也。虽痛国亡家破，然不甘田横岛五百人自杀，犹存生聚教训、复仇之心。一因风俗语言之不同而烟瘴潮湿，又多生疾病，雅不欲与土人混处，欲择距内省稍近之地而居之。一因同属患难余生，不应东离西散，应同居一地，声气既无隔阂，休戚始可相关。其忠义之心，可谓不因地而殊，不因时而异矣。当时元兵残暴，所过成墟。粤之土人亦争向海滨各县逃避，其粤闽赣湘边境，毗连千数里之地，常不数十里无人烟者。于是，遂相率迁居该地焉。西起大庾，东至闽汀，纵横蜿蜒，山之南、山之北皆属之。即今福建汀州各属，江西之南安、赣州、宁都各属，广东之南雄、韶州、连州、惠州、嘉应各属及潮州之大埔、丰顺，广州之龙门各属是也。

所居既定，各就其地，各治其事，披荆斩棘，筑室垦田，种之植之，收之获之。兴利除害，休养生息。曾几何时，遂成一种风气矣。粤之土人，称该地之人为客，该地之人也自称为客人。终元之世，客人未有出而作官者，非忠义之后，其孰能之？

客人以耕读为本，家虽贫也必令其子弟读书，鲜有不识字、不知稼穑者。日出而作，日临而息，即古人"负耒横经"之教也。

客人多精技击，传自少林真派。每至冬月农暇，相率练习拳脚、刀剑、矛梃之术。即古人"农隙讲武"之意也。

客人妇女，其先亦缠足者。自经国变，艰苦备尝，始知缠足之害，厥后生女不论贫富，皆以缠足为戒。自幼至长，教以立身持家之道。其于归夫家，凡耕种、樵牧、井臼、炊衅、纺织、缝纫之事，皆一身而兼之。事姑翁，教儿女，经理家政，井井有条。其聪明才力，真胜于男子矣，夫岂他处之妇女所可及哉！又客人之妇女，未有为娼妓者，虽曰礼教自持，亦由其勤俭足以自立也。

要之，客人之风俗俭勤朴厚，故其人崇礼让，重廉耻，习劳耐苦，质而有文。余昔在户部供职，奉派视察河工，稽查漕运鹾务，屡至汴、济、淮、徐各地，见其乡村市集间，冠婚丧祭，年节往来之俗，多有与客人相同者，益信客人之先本中原之说为不诬也。客人语言，虽与内地各行省小有不同，而其读书之音则甚正。故初离乡井，行经内地，随处都可相通。惟与土人之风俗语言，至今仍未能强而同之。

彼土人，以吾之风俗语言未能与之同也，故仍称吾为客人。吾客人，亦以彼之风俗语言未能与吾同也，故仍自称为客人。客者对土者而言。土与客之风俗语言不能同，则土自土，客自客，土其所土，客吾所客，恐再阅数百年，亦犹诸之今日也。

嘉应宋芷湾检讨，曲江周慎轩学博，尝为余书：嘉应、汀州、韶州之客人，尚有自东晋后迁来者，但为数不多也。

这不仅是一篇最早记述客家的文献，而且内容极其丰富，凡涉客家内容，几无所不包，如客人形成时间、客人之源、中原汉人南迁路线、主要聚集地、语言、习俗、家教、品行、崇尚、精神、客人妇女、客土关系等。

2. 客家不是千古之谜

上述诸多记述，其中三点尤为重要。一是关于客家之源流："今日之客人，其先乃宋之中原衣冠旧族"，"尚有自东晋后迁来者"。二是关于客家之界说："客者对土而言。"三是关于客家之习俗、语言："行经内地，随处都可相通。"徐旭曾出身客家，进士及第，熟悉历史，口授此文时年已 64 岁，且是应人之请，为说明客、土械斗之因而概述客人简史，文中既未有对客人过誉溢美之词，更无贬损丑化土人之语，不难看出，其态度是平和公允的，持论是客观可信的。

由此也使人想到，客家民系的产生，虽然更多的方面和细节需要更深入的发掘和研究，但总体发展脉络却是异常清楚的。有人认为客家至今还是“千古之谜”，不知从何说起！

二、中原汉人的几次南向播迁

从汉代末年开始，由于战争、动乱和灾荒等原因，中原汉人不断向南方播迁，较大规模的就有七八次之多。最有影响的有四次：西晋的“永嘉之乱”，唐代的“安史之乱”和黄巢举义，北宋的“靖康之变”以及明末至清的郑成功、康熙朝收复台湾。

1. 永嘉之乱

周时，我国西北方的少数民族就已崛起。平王为避犬戎，迁都洛邑。草原文化哺育出的强悍民族在西晋时首开入主河洛之先河。晋永嘉五年（311），匈奴人刘曜率兵攻入洛阳，俘怀帝。《晋书·刘聪载记》记当时景象说：胡人“纵兵大掠，悉收宫人珍宝，曜于是害诸王公及百官以下三万余人”。《资治通鉴·晋纪九》载：“时海内大乱，独江东差安”。《晋书·慕容廆载记》：“自永嘉丧乱，百姓流亡，中原萧条，千里无烟，饥寒流陨，相继沟壑。”《晋书·王导传》：“洛京倾覆，中州仕女避乱江左者十六七。”据史家推算，此次中原汉人南下大约有 80 万到 100 万人。

2. 安史之乱

唐玄宗天宝十四年（755）的安史之乱，使北方大片良田和城镇化为焦土。《全唐文》所载代宗《缘汴河置防援诏》称“自东都至淮泗，缘汴河州县，自经寇难，百姓凋残，地阔人稀”。当时许多人逃到了南方，《旧唐书·权德舆传》载，“两京蹂于胡骑，士君子多以家渡江东”。李白在《永王东巡歌》中将此次北方离乱说成是又一次永嘉之乱：“三川北虏乱如麻，四海南奔似永嘉。”李白也被迫逃亡。他在《扶风豪士歌》中形容当时的情况：“洛阳三月飞胡沙，洛阳城中人怨嗟。天津流水波赤血，白骨相撑如乱麻。我亦东奔向吴国，浮云四海道路赊。”

3. 黄巢起义

爆发于唐僖宗乾符元年(874)的王仙芝、黄巢起义,使河洛一带兵火连年,鉴于前代经验,中原士民迅即再次流向东南。此次中原汉人南播,多聚赣闽粤交界处,尤其以入闽者居多。现所见福建各姓氏家谱所记,大多称其先祖为僖宗时避难来闽。如谢氏,福建惠安东园上仑《谢氏族谱》、南安东门《谢氏族谱》和台湾《万兴户谢氏家谱》均称其祖上为避黄巢之乱,分别从河南到了闽县、晋江、惠安和宁化石壁。

北人南渡,使福建人口激增。漳、汀、泉、福、建五州最为典型。据《元和郡县图志》(卷三六)记载,唐元和年间(806—820),上述五地人口户数分别为1343、2618、35571、19455和15410户。据《太平寰宇记》(卷一〇〇)所记,至宋太平兴国年间(976—984),分别增长至24007、24007、76581、94475和90492户。从中可以看出,最高增长16.87倍,最少增长1.15倍。

4. 固始人南下

唐武则天时陈元父子开发漳州,唐末王审知率部入闽,前后也从中原,尤其光州固始带去中原子弟数万之众(见第九章)。

5. 靖康之难

北宋靖康元年(1126),金人大举南下,攻占汴京,掳走徽、钦二帝。“虏骑所至,唯务杀戮生灵,劫掠财物,驱虏妇人,焚毁房舍”(徐梦莘《三朝北盟会编》炎兴下帙六)。不仅抢掠地上财物,而且“坟冢无大小,启掘略遍,郡县为之一空”(《靖康纪闻》)。时人庄绰以其从南阳到开封一路所见写道:“千里无复鸡犬,井皆积尸,莫可饮。佛寺俱空,塑像尽破胸背以取心腹中物。殡无完柩,大逵已蔽于蓬蒿。”(《鸡肋篇》卷上)千里中原沃野陷入了惨绝人寰的浩劫之中。

偏安于东南一隅的宋高宗此时虽无复兴中原之志,毕竟还是一面旗帜,于是中原士族百姓纷纷南下,一些军队和武装流民也以“勤王”之名,以数万之众南下。其中一部分到了荆襄,大部分到了浙、赣、闽。著名理学家朱熹在回忆此段历史时说:“靖康之乱,中原涂炭,衣冠人物,萃于东南。”(《跋吕仁甫诸公》)

此次北人南下,又使福建人口迅速增长。《三山志·版籍类·人口》载,北宋太平兴国年间(976—984),福州路人口为94475户,至南宋淳熙九年(1182),

已增加到 321284 户,200 年间净增 2.4 倍。其中主户 211500 户,客户 109692 户。一些山区人口增长更快,如永福(永泰)县,主户 11276 人,客户 16368 人,客户超过了主户 5092 人。人口的增加使可耕地更加紧张,故而《宋史·地理志》说"福建土地迫狭,生籍繁伙,虽硗确之地,耕耨殆尽"。

明清两季,闽赣地区一部分人在迁往湘蜀的同时,也有一些人回迁中原。此时中原人的南播,大多与军事、政事有关,如军队戍闽和渡海收复台湾等。

三、南播汉人的河洛之思

中原板荡,狄夷交侵,晋人虽身在江东,但心在河洛,常怀故国之思。

1. 侨置州郡

于是,在南方出现了两种有趣现象。

一是民间以北方故地之名命新住地之名。例如到闽南的中原人把所在地的两条河分别起名为"晋江"和"洛阳江",称在洛阳江上所修建之桥名洛阳桥,以时时怀念河洛故乡。宋代书法家、闽南仙游人蔡襄所写《洛阳桥记》记述经过,明崇祯十三年重修,郡守孙朝让所写重修记称:"迄今遵海而居,横江而渡者,悠然有小河洛之思焉。"

二是官方侨置州郡。偏安于东南的东晋以及其后南朝的统治者,为使聚族而居的南迁北方士人稳定生活,保持原籍贯,就在其辖区内用北方地名设置侨州、郡、县。这样,一方面可以安置北方士族,使他们在有限的范围内保持其封建特权,忠于朝廷。一方面借以缓和南北士族经济与政治上的矛盾,借以巩固政权。东晋初,侨州、郡、县均沿用北方原地名,《晋书·地理志》载:"永嘉之际,豫州沦于石氏。元帝渡江,于春谷县侨立襄阳郡及繁昌县。成帝又侨立豫州于江淮之间,居芜湖。""后以弘农人流寓于寻阳者,侨立弘农郡。"

河洛之思实是文化之思,是对中原故国故园的乡音、乡貌、乡情之眷恋。东晋王朝的建立,一切典章制度无不是西晋的翻版,即如生产、生活、饮食、起居、婚丧、交往也一如旧制。但南方毕竟是南方,除了自然山川之异外,语言之差异更使人们的交流受到了极大的限制。如何"王化"、如何"固本",是摆在仍带有莫名自高情绪的王公、门阀、士人面前的一个十分现实的问题。侨置州郡只能使他们自我封闭,主动接触才是明智之举。大臣王导就力主北人学习吴越之语,南迁士族必须与江南士族联合相处。在其推动下,痛定思痛清醒后的东晋统治集团才一改南迁之初的迂腐之举,开始了兴学校,倡儒学,履仁爱,奖诚孝,号召有志之士立身敬业,勤于国事,戮力王室。在王导等人带领下,河洛文化之精蕴在东晋南朝得到了继承与弘扬。

2. 不忘克复神州

中原衣冠的河洛之思一方面促进了北南的相互学习和融合,另一方面也进一步激励了爱国者恢复中原,以完金瓯之志。其中最令人感动的是祖逖和王导。

西晋末年发生了八王之乱,永嘉元年(307),祖逖被琅玡王司马睿征召为谘祭酒,参与军谋。永嘉五年(311),匈奴陷洛阳。建兴四年(316)西晋亡。建武元年(317),琅玡王在建康称帝,是为元帝。眼望中原倾覆,水深火热,祖逖上书请缨,强烈要求北伐,复地雪耻。元帝虽任命他为奋威将军、豫州刺史并予千人之饷,但不予一兵一卒。祖逖义无反顾,招募志士及旧部数百人毅然渡江北上。《晋书·祖逖传》写道:

> 将本流徙部曲百余家渡江,中流击楫而誓曰:"逖不能清中原而复济者,有如大江!"辞色壮烈,众皆慨叹。

渡江后,祖逖很快组织起了一支精锐善战之旅,兵力所到,敌人望风披靡。经过4年苦战,收复了黄河以南大片土地,由是,"百姓感悦,石勒不敢窥兵河南"。

闻鸡起舞

祖逖(266—321)字士稚,晋范阳遒县(今河北涞水)人。除其中流击水的故事为人传颂外,其闻鸡起舞的故事千百年来亦被传为佳话。祖逖年青时与刘琨交好,不仅同为"司州主簿",还同榻而卧。一天夜里,听到鸡鸣之声,祖逖轻轻用脚将刘琨踢醒,说:鸡叫了,起来吧。刘琨说:半夜鸡叫,是恶声。祖逖说:不对,是催促我们起来练功的。于是,两人每天听到鸡叫就立即起身对舞练剑。正是由于如此长期的砥励，两人才都成了国家的栋梁之材：祖逖为镇西将军，刘琨为都督。《晋书·祖逖传》对此事也专门作了记载："与刘琨俱为司州主簿，情好绸缪，共被同寝，中夜闻荒鸡鸣，蹴琨觉，曰：'此非恶声也。'因起舞。""闻鸡起舞"从此成了志士自励自勉之警语。

王导(276—339)字茂弘，晋琅玡人。西晋亡后，时任琅玡王安东司马的王导立即拥立司马睿为元帝。元帝谙弱，以王导为宰辅。由于元帝初立，实力不济，无力北伐，故南下衣冠每提到社稷倾覆，恢复无望时，无不长吁短叹，涕泗交流。在此关键时期，王导深知让大臣们树立信心、振作精神十分重要。《世说新语·言语》载，一次，众人在江边新亭相聚，面对大江，不见黄河，因故国之思，不禁垂泪：

王导像

过江诸人，每至美日，辄相邀新亭，借卉饮宴。周侯中座而叹曰："风景不殊，正自有江河之异！"皆相视流泪。唯王丞相愀然变色，曰："当共戮力王室，克服神州，何至作楚囚相对泣邪！"

文中的周侯即王顗，丞相即王导。相比之下，他们的精神面貌真是天壤之别。面对国家的分裂，百姓的苦难，王导不赞成悲观失望，更不赞成无所作为，而是以一种进取的心态，教导大家不能空有故国之思，而要以实际行动，凝聚人心，团结奋斗，积蓄力量，才能实现国家的统一。王导有如此心力，在其位，谋其政，是一位称职的政治家。

四、客家民系

1. 汉人南播促生了闽粤赣客家民系

大批中原汉人的南迁，在中国南方形成了一个特殊群体——客家民系。寓居于赣南、闽西、闽南、岭南的客家人从河洛地区带来了先进的农业、手工业技术和悠久而深厚的文化传统，如语言、习俗、宗亲、教育、伦理、礼仪等等，有的已历千载而至今沿袭如初。明末清初流向台湾的汉人大多是闽、粤沿海一带人，但移民中之大部分是由原河洛地区南迁的客家人。一项调查表明，闽南、台湾汉人中陈、林、黄、郑四大姓占总人口的一半以上，故有“陈林半天下，郑黄排满街”之谚语流行。而且在这些大姓的族谱上，都明白无误地标明其祖先为河洛人。客家人来自中原，不言而喻，也包括今河南周边一些地区，但主要是河南，因而国学大师章太炎在《客方言·序》中非常肯定地说：“客家大抵来自河南。”

2. 客家民系形成于明代

关于客家民系形成于何时，有多种说法，大致可分为早期、中期、晚期三说。

早期说由著名客家研究专家罗香林首倡。罗香林在《客家源流考》中说：“客家系统的形成，大体已晚在五代与宋初。”罗先生是客家研究的拓荒者，此说影响很大。此外也有认为在元末明初、明末清初者。

说客家民系形成于宋、元、明、清，从总体上来说是不错的，但仔细考察则会发现，言宋初者实有些早，言清初者，实已晚矣。据实情分析，其形成大致在明代。

一个民系的形成决不是一朝一夕的，而是一个相当漫长的过程，因而时间的积淀就成了首要的条件。其次，必须有一个生存的地域与空间。此外，必须形成共同的语言、心理、生活方式与信仰。对客家历史研究、分析表明，上述条件的成熟，是在有明一代。

一是时间的积淀。从西晋末年“永嘉之乱”中原汉人南下至清初已历1300多年，历久不绝的南迁士族百姓及其裔孙，在共同的遭际、利益、信念中已从一个自在的群体逐渐演化成为一个自觉的群体。面对现实，相对土著而言，“客家”的出现，既是维护自我权利的需要，也是共同发展的需要。若从时间上划分，元代之前是客家形成的孕育期，明代是客家形成的成熟期。

二是客家生存地域已相对固定。经过无数次的迁移、变动和重新聚合，到明代的时候，已不再有客家先民的大规模迁移活动，客家的聚集地基本形成并稳定了下来。赣、闽、粤交界地带的广大区域是客家的大本营，在大本营中又形成了若干个集中点，这就是江西的赣州、福建的宁化、广东的惠州和梅州。

三是客家“血统”基本形成。一般来说，客家人在血统上是有所指的，并非北方南播士族百姓之后裔都是客家人。客家人多指迁居南方后，没有和当地土著人通婚而保留着汉族血统、文化、语言和习俗的人。因而有人戏称客家人是“纯汉人”，而留居北方、经过民族融合的汉人则为“胡汉民”。

实际情况更为复杂一些。血统只是客家认同的一部分，并非全部。客家人在形成过程中，与当地畲族及其他土著居民的融合、结合包括通婚是必然的。在融合、结合的过程中，相互同化和相互异化的现象也是同时发生着的，只不过由于北方汉族固有文化的强大，汉人南迁数量的巨大等原因，“以汉化蛮”的结果比“以蛮化汉”的结果更为突出、更为明显罢了。

有鉴于此，以文化为基点，坚持血统而又不唯血统，才能全面地认识客家的形成。

四是作为客家人典型标志的客家方言已经形成并被公认。客家语是魏晋时流传下来的，经过南北朝的发展，到唐代基本定型并融进了宋代北方官话的方言。元代人周德清曾著《中原音韵》一书，被视为当时“标准普通话”的范本记录。清代道光年间举人、广东番禺人陈澧（1810—1882）字兰甫，著名经学家、文学家，著《声律通考》、《切韵考》。他通过调查精考，认为客家话源于中原，尤其与宋元时切近。《嘉应州方言志》引黄遵宪之语说：“余闻之陈兰甫先生，谓客人语言正之周德清《中原音韵》，无不合。”黄遵宪为梅州人，他在《梅水诗传·序》中说：“有《方言》、《尔雅》之字，训诂家失其意义，而客家犹存古意者；有沈约、刘渊之韵，词章家误其音，而客人犹存古音者。”明代嘉靖年间编写的《惠州府志》、《兴宁县志》均提到了客家方言，印之清人所记，可知客家话在明代已经形成是毫无疑义的。

五是形成了有特色的习俗。民俗文化事象是区别民族和民系的重要标志，客家人在长期的生活生产中形成了有别于当地土著的生活方式、心理意识和信仰。客家人居住的土楼、围龙屋，客家的“二次葬”等，充分表现了其与众不同的精神风貌和道德诉求。《丰湖杂记》提到了客家有“农隙讲武”之习。习武是为了自保。土楼、围龙屋的修建也是出于防御自保。但大量研究表明，明代之初尚无土楼、围龙屋，其大量出现是在明中叶之后。这也从一个侧面表明，客家的形成在明代而不是之前。

上述几个问题，前所录《丰湖杂记》，实际上已作了明确的回答。

关于客家先民。《丰湖杂记》只提宋人，其目的仅在于突出其“义”，并无排斥先前之意。由此即可推知，北宋南播士民，不可能到南方后立即就演化为客家人，而至明末，已历500年之久，子孙亦越20多代，这正符合客家人演化的过程。

关于客家生活地域。《丰湖杂记》不仅指出为“粤闽赣湘边境”，尤其指出：“西起大庾，东至闽汀，纵横蜿蜒，山之南、山之北皆属之。即今福建汀州各属，江西之南安、赣州、宁都各属，广东之南雄、韶州、连州、惠州、嘉应各属及潮州之大埔、丰顺，广州之龙门各属是也。”

尤其值得注意的是，《丰湖杂记》明确指出，上述客家生活地域的形成，是在元代之后，“当时元兵残暴，所过成墟。粤之土人亦争向海滨各县逃避，其粤闽赣湘边境，毗连千数里之地，常不数十里无人烟者。于是，遂相率迁居该地焉。”这对我们确定客家形成于明代，也是一个很明白的佐证。

关于血统保持的原因。《丰湖杂记》指出：“因风俗语言之不同而烟瘴潮湿，又多生疾病，雅不欲与土人混处，欲择距内省稍近之地而居之。一因同属患难余生，不应东离西散，应同居一地，声气既无隔阂，休戚始可相关。”

关于语言与习俗的保持与形成。《丰湖杂记》指出：“惟与土人风俗语言，至今仍未能强而同之。彼土人，以吾之风俗语言未能与之同也，故仍称吾为客人。吾客人，亦因彼之风俗语言未能与吾同也，故仍自称为客人。”因而“冠婚丧祭，年节往来之俗”与中原多同。

关于客家人的含义。《丰湖杂记》指出：“客者对土而言。土与客之风俗语言不能同，则土自土，客自客，土其所土，客吾所客，恐再千数百年，亦犹诸今日也。”

据此我们可以有把握地推断：如果清代之前客家民系没有形成，徐旭曾不可能这么简要、全面、准确地把客家的历史、流变、特点在这样短的文章中一下子就能概括出来；如果徐旭曾没有看到或听到过前人对客家的描述和品评，他也不可能这么扼要地如数家珍般地向弟子们娓娓道来。

据此我们还可以有把握地推断：如果明初或之前客家民系就已经形成，并与土著发生过如械斗这样严重的矛盾，民间笔记、杂闻中不可能无只字片语的记载；如果明初或之前客家势力已炽，成书于嘉靖年间的《惠州府志》、《兴宁县志》也不可能只提及方言而不及其他。

因此，以《丰湖杂记》作参照，我们可以有把握地说，客家民系大致在社会相对安定的明代形成，其前期已引起人们的重视，其后期即有人进行研究与记述。

第二节 客家的分布与社团

客家文化的核心是河洛文化。河洛文化在闽、赣、粤等客家人聚集的地方生根和传播，由于客家民系的形成历史跨度较长，且居住地域辽阔，又与各地土著民族杂处，因而所形成的“客家文化”也吸收了很多地方文化的特色。总之，所谓客家文化，就是以汉民族传统文化为主体，融合了古越族和畲族、瑶族等少数民族文化而形成的一种新文化，是从河洛文化母体中衍生出来的一种亚文化，其核心、精髓和根柢，还是河洛文化，如尊崇先祖，讲究郡望，重教尚礼，坚韧不拔，刻苦勤奋等。客家人后来又到了东南亚、欧美等世界各地，但他们无时不心系中原。至今有许多台湾人和侨居异国的客家人还自称为“河洛郎”，念念不忘“根在河洛”，不少有志之士回到故乡的热土寻根问祖，投资兴业，以此来回报家乡和先祖的养育之恩，其赤子之心，令人感佩不已。

文化是有时空特征的，这种特征主要是随物质环境的变化和时代的差异而生成的。客家文化除保留和弘扬了河洛文化的根性特质外，在融合各地优秀文化中，也不断地在演绎着、发展着、创造着。由于客家人四海创业，很注意与周边的人与环境和谐共处，因而团结友邻、共生共进的意识相当强烈；由于客家人经常置身于异质文化的氛围中，因而很善于以宽博的人文关怀之胸襟推己及人、求同存异，和而不同；由于客家人遍及世界各地和多处于我国东南沿海，因而尤具以大陆文化与海洋文化相结合的远大视野，能平和善处人类文明冲突等。客家文化和客家人这种新的特点和精神，有力地推动着中华文化和新一代客家人走向世界大舞台。

一、分布简况

广袤的赣闽粤交界地域是客家先祖的初居地、客家形成的大本营和客家人走向四方的桥头堡。我们说中原是客家先祖的故乡，那么，毫无疑义，赣闽粤交界地则是客家的第一故乡。

客家人的分布情况是怎么样的呢？

就国内而言，客家人分布在全国21个省（市、区），共有42个纯客住县（市），268个非纯客住县（市）。其中，比较集中的是赣、闽、粤、桂、川、湘、浙、台。江西有纯客住县（市）18个，非纯客住县（市）21个。福建有纯客住县（市）8个，非纯客住县（市）21个。广东有纯客住县（市）16个，非纯客住县（市）66个。广西有非纯客住县（市）75个；四川有非纯客住县（市）35个；湖南有非纯客住县（市）11个；浙江有非纯客住县（市）19个；台湾有非纯客住县16个。客家人口超过百万的地方是，广东五华县120万，兴宁县113万，英德县103万，广西博白县108万。海外85个国家和地区都有客家人，但主要集中在东南亚各国。

由于客家人分布地域辽阔，现择要简介如下。

1. 赣南

赣州是客家先民南迁的"第一站"，是客家人最早的"集散地"，是孕育客家民系的"大本营"、"大摇篮"，也是当代我国行政区划中设区市最大的客家人"聚居地"。赣南以其纯客住县地域的辽阔、客家人口的众多以及保留完整的客家社会形态、纯正的客家语言、传统的客家风俗、深厚的客家文化艺术、丰富的客家人文景观而著称。

赣州辖18个县（市、区），总人口830万，其中90%为客家人，是客家聚居大区。

客家先民南下，溯赣江而上，在这里落脚谋生，有的又从这里溯章、贡二江而上，跨进岭南，迈入武夷而辗转他乡，走向天涯，衍播世界。

据罗香林先生考证，孙中山的先祖孙俐祖居陈留（今开封），为中原世族，后定居虔化（今赣州宁都县），裔孙繁衍，至明永乐入长汀和田，又迁紫金、增城、香山，其中一支居翠亨村，即中山的出生地，故孙俐为赣、浙、湘、闽、粤诸省孙氏始祖，今宁都县城马家坑有孙俐墓地，是孙氏后人每每至此祭拜之地。

理学开创者周敦颐，奠基者程颢、程颐均肇端于赣州。客家文化的内核在一定程度上就是理学文化。宋明理学思想的直接参与，构筑了客家民系思想文化的深厚基础。

2. 赣县

赣县位于江西南部，汉高祖六年（前201年）建县，隶属扬州豫章郡。

古中原汉人南迁，其中一路溯赣江而上，赣县是其重要的登陆地，因而是客家人的主要发祥地、中转站、大后方之一。赣县现有83个村是由宋末之前进入的先民兴建的。仅占全县村庄的2%，可见二次迁出者之多。

历史人物中值得一提的是，在恢复唐室、清除韦党中功不可没，官拜中书令，加光禄大夫，封越国公，官享一品的江南第一宰相、著名书法家钟绍京，其先祖为中原颍川郡（郡治在长社，今河南许昌）人，赣、闽、粤、台钟氏尊其为始祖。

3. 石城县

石城位于江西省东南部，地处赣闽两省交界的武夷山脉中段西麓，东邻福建宁化，南抵福建长汀及本省的瑞金，西毗赣州市宁都，北靠抚州的广昌。总人口30多万，属纯客住县。

“祖根中原地，摇篮客石城”。石城是中原汉人南迁的最重要中转站和聚散地，是客家人的摇篮和发祥地，被誉为“闽粤通衢”。晋末唐宋及明清时期，历史上中原地区自“永嘉之乱，晋室南迁”等五次较大的人口迁徙中，大量的中原汉人迁徙至石城境内定居。据《石城井溪村郑氏六修族谱》载：“膺公，怀帝五年（311），海内大乱，独江东差安，中国士民避乱者多南迁奔吴……”“求安子孟达孟远于东晋义熙八年壬子（412）迁南康郡揭阳县石城鼓逯速（今小松镇礤脑），与吴恭葆同居，复又迁南桥岭。”此郑、吴两家应是首批南迁石城的中原人。中原汉人在千里跋涉中，有的从鄱阳湖沿赣江而行，来到赣江源头石城定居；有的从鄱阳湖沿抚河、信江、饶江进入赣东再沿武夷山经过广昌、宁都进入石城定居。据现存族谱和史料记载：唐五代时期，迁入石城居住的中原汉人有50余姓，宋代有70余姓，明代有30余姓，清代有20余姓。这些中原汉人与当地土著经过兼并、融合、同化、改造、创新的漫长过程，最终形成了客家人。然而，石城属偏远山区小县，发展空间小，对具有开拓创新精神的客家先民，无法发挥自己的聪明才智，当社会较安定的时候，这些人又不断举家外迁，寻找更为理想的安身之地。他们主要从石城越过武夷山向闽西的长汀、宁化、建宁、连城迁徙，也有部分迁向粤东地区，至明清两代又有部分客家人渡海创业，从而衍播世界各地。

历史上使石城客家先民引以自豪的精英人物很多，最著名的唐代有杨思勖，英勇善战，官至骠骑大将军，封虢国公；北宋名臣陈恕，曾任参知政事。

4. 修水县

江西修水客家人的先祖也是中原人。他们在五次大迁徙后，多是在清康熙年间断断续续从闽、粤、赣进入到江西宁州(今修水县)的。据史料记载,先后有100余姓氏3000余户客家人在此定居下来。

5. 宁化县石壁镇

福建省宁化县的石壁虽小,但在客家人心目中,那是一方永远值得朝圣的中心。

据考证,宁化自东汉时即有中原汉人入境定居;隋大业末(618年)就已开发,唐初始建黄连镇,开元十三年(725年)建县,当时称黄连县,天宝元年(742年)改名宁化县,历属汀州、永安、龙岩,今属三明市。

据统计,在客家主要姓氏200余姓中,80%以上的人口同宁化有渊源关系,现今遍及世界各地。北宋"靖康之难"后,宰相詹学传携眷来到宁化石壁设馆讲学,著名理学家朱熹前来拜他为师,客家崇文重教在宁化有着悠久历史,由此可见一斑。英国传教士肯贝尔在1912年发表了《客家源流与迁移》,文中说:"岭东之客家,十有八九皆称其祖先来自福建汀州府宁化县石壁村者。"

由于石壁在客家形成过程中的特殊地位和作用,客家文化习俗如饮食习惯、婚嫁丧葬、时令节庆、信仰崇拜、服饰特色、民居特点、民间文艺,以及四海为家、拼博进取、敬祖睦宗、爱国爱乡的客家精神特质等许多事象,在宁化或石壁都能找到其渊源及痕迹。如除夕"长命菜"、年初七吃"七种羹"、端午节挂葛藤、客家擂茶、民居形式、"硬颈精神"等等。

改革开放后,宁化县人民政府兴建了世界第一座客家人的总家庙——石壁客家公祠,祠匾"客家公祠",由全国政协副主席叶选平亲笔所题。

丰富的历史资料表明:石壁是客家先祖早期聚散中心,是客家民系形成的摇篮,是客家人的祖地。客家文献经常提到的"葛藤坑",便是如今石壁镇的南田村。客家刘氏始祖刘祥唐末开基葛藤坑,82岁谢世后,与夫人共葬的坟墓遗址便是该村的沙州段。原国家主席刘少奇家族也是刘祥的后裔。客家巫氏始祖巫罗俊祠在宁化县城,坟墓在清流(当时属宁化县域)嵩溪。罗氏开基祖罗令纪、温氏开基祖温同保、杨氏、邱氏、张氏、吴氏、伍氏、孙氏、谢氏、王氏等的坟墓至今仍在宁化境内。李氏火德之父李珠开基的李家坪、杨氏开基的杨家排等均在石壁村,如今尚存的姓氏宗祠达195座,仅石壁便有75座,这些都是历史的最好见证。

6. 上杭县

福建上杭县有50多万人，是一个纯客住县。

上杭也是客家众多姓氏的发祥地，被誉为“客家族都”。据族谱和志书记载，李、张、赖、廖、江、丘、游、温、吕等20多个客家姓氏的先祖是在上杭开基创业的。随后，又有众多的客家人从上杭返迁到江西，再迁广东，走向世界。《新郡志》说：“上杭文物类于大邦，科名甲于诸邑，家家建追远之庙，户户置时祭之资。”坐落在官田奉祀李火德的“李氏大宗祠”，占地5000多平方米，是省级文物保护单位。在白砂茜洋的张化孙陵园、大拔黄岩的丘三五郎古墓、古田赖坊的赖标祠、蓝溪觉坊的廖花祠、庐丰三坪的江万顷祠、稔田化厚的游二三郎祠、石碑的黄天禄祠等，每年也都要接待数万名来自外地的裔孙的朝拜。上杭的客家族谱馆，收藏了客家110多个姓氏的各种版本的族谱10000多册。古祠、古墓、古谱成了上杭特色文化、血缘文化的三件“宝”。

上杭历史悠久，客家文化积淀深厚，素有“诗画之乡”、“山歌之乡”、“木偶戏之乡”的盛誉。南来的客家先民，带来了先进的中原文化，在开拓自我生存的环境中得到不断升华，使上杭成为客家文化的重要发源地。《福建通志》称：“上杭比屋裕如，士勤学业，彬彬文物，有类大邦。”历代文人著述丰富，据清《上杭县志·艺文志》记载，明清有诗文集达200多种。上杭还编辑过两部诗词总集——明代李颖所编《上杭风雅集》，辑录了宋、元至明代300年间上杭诗坛作品。乾隆皇帝评价李颖：“资质超悟，学问宏博，尤擅诗词。”清举人丘荷公所编《杭川新风雅集》，辑录了明清至民国初年500余年上杭459人的6000多首诗作。二书被誉为“客家诗经”。上杭历代画坛也是群星灿烂，尤其清代华喦，从一介布衣成长为在世界有一定影响的国画大师。因此，上杭被称为“诗画之乡”。上杭还是客家木偶戏的发源地，素有“木偶之乡”的赞誉。上杭山歌闻名遐迩，是文化部命名的“山歌之乡”。

7. 三明市

闽西三明市有人口270多万，大部分地区是纯客住县或非纯客住县，客家先民在唐宋时期高度聚集在以宁化及其石壁为中心的闽赣连接点地区，这个地区包括了闽江上游三明各市县。

8. 清流县

福建清流县古称黄连，宋元符元年(1098)置县，现有人口17万，是纯客住县。在嵩口镇围埔村发现了唐代名相魏征的族谱，在里田一带生活着唐代名将罗成的后裔。自隋唐始，中原汉人辗转迁入清流，经历无数春秋，土客相融，共创文明。唐代开国元勋萧禹出生在这里，唐太宗李世民赞誉他："疾风知劲草，板荡识诚臣。勇夫安失义，智者必怀仁。"

9. 永安市

福建永安县于明景泰三年(1452)置县，1984年改市，属三明市，人口35万。

福建八个纯客住县中有清流、连城、明溪三县与永安市为邻。清流县建于宋元符元年(1098)，连城县设置于南宋绍兴三年(1133)，明溪县建于明成化七年(1471)，永定县设置于明隆庆五年(1571)。现属永定县的罗坊乡，1959年以前属清流县，经田野调查认定为客家乡。与清流县毗邻的安砂镇，属古人类活动的中心地带。李坊、高增、魏坊等村落，也是客家人与土著人合力开发基业的荒僻之地。贡川的客家民系是永安客家民系的核心和源头，早在唐宋时期陈氏、邓氏、高氏、刘氏、罗氏祖先与宁化石壁渊源密切，证实了"先有贡川，后有永安"之说。四川省社会科学院客家研究中心主任陈世松先生通过对四川陈氏族谱考证，迁川(三台县)始祖来自闽省"延平贡川迁入龙岩州漳平县永福蓝田乡"。原属宁洋县的小陶，历史上是闽西客家人迁居地，大凡从业的五匠(木、竹、铁、泥水和理发匠)以及中医，均为客家人。

永安市有独特的闽中文化，其主要表现是，一方面客家文化特点鲜明，许多风土习俗包括生活、生产、婚嫁、丧葬、人际、时令以及其他风尚，与周边客家大同小异；客家语言在贡川、小陶、罗坊、安砂、洪田、青水等地普遍流行。从青水丰田村至今保留着的大腔戏中，仍然留下唐代的荆楚古音，如《十绣花》中的"三音歌"。另一方面是多样性与兼容性。以城区、贡川及郊区为中心，杂居着陈、张、李、赖、黄、吴、魏、邓八大姓氏，他们多数为唐宋时期从中原迁来，特别是"靖康之难"后定居沙县浮流司的。经历世代的繁衍生息，直至民国初期，根据各地族谱记载，因逃避战乱、饥荒以及经商、务工、任职等，又有大批江西、闽南、闽西及闽东地区人口迁入，遍布各乡镇，集中杂居于城区，因而他们带来各自的习俗，形成了丰富多彩且互不排斥的地域文化现象。

10. 梅州市

广东梅州市有480万客家人。1000多年来,从中原南迁的客家人在这里聚集、开拓、奋斗、发展,又从这里向全国、向世界各地迁播、繁衍。梅州素有华侨之乡、文化之乡、足球之乡的美誉。梅州是中国的重点侨乡,有300多万梅州籍同胞分布于世界70多个国家和地区。梅州英才辈出,近代的丁日昌、丘逢甲、黄遵宪,当代的叶剑英为其杰出的代表。这里有被国务院及有关部门命名的山歌之乡、杯花舞之乡、竹马之乡、船灯之乡、花环龙之乡等称号,无不透出浓厚的客家传统文化的韵味。1994年在中国大陆首次举办了世界客属第12届恳亲大会。

11. 广州市

研究表明,在广州市的历史上,曾有300万客家的先辈,为广州的经济、文化发源的开拓者。现在白云山脚下,遍布着10多万客家村镇,还有花都区、从化市、增城市,居住着数十万计的客家人,客家人是广州发展和建设的主力军。继叶剑英、叶选平之后,黄华华为第三任客属省长。广东省副省级干部中有多人为客家人,如钟阳胜、游宁丰、谢强华、钟启权、黄龙云、李鸿忠。

12. 汕头市

汕头特区成立于1984年5月,辖6县1区,490万人。客家人约10多万,主要来自粤东地区的梅县、兴宁、大埔、五华、丰顺、平远、蕉岭、揭西、普宁、陆河、饶平、河源、惠州和福建、江西、广西等地,其中多数有海外关系。

13. 四川

四川境内现聚居着300多万客家人,多数是清朝前"湖广填川"时期从闽、粤、赣迁徙而来,他们带着客家文化,以大无畏的开拓精神,千里跋涉,西进四川。客家人分布在40多个县市,成都市东面聚居了50万从广东梅州西迁的客家人,隆昌县20多万,朱德元帅家乡仪陇县也有20多万人。客家人遵循"宁卖祖宗田,不丢祖宗言"的祖训,至今还保留着浓厚的迁出地的风俗习惯、语言文化和客家风情,保持着刻苦耐劳、敬宗睦祖、爱国爱乡、团结拼搏、开拓进取的精神。这从一首客家后代赞扬先辈入川创业历程的歌谣可以看出。歌谣曰:"吾祖挈家西徙去,途经孝感又汉江。辗转跋涉三千里,播占为业垦大荒。被薄衣单盐一两,半袋干粮半袋糠。汗湿黄土十年后,鸡鸣犬吠谷满仓。"

14. 广西

广西总人口4850多万，其中客家人约500万，占10%强。广西是中国第三侨乡，在世界各地尤其东南亚各国的侨胞、同胞约300万，仅次于广东和福建。

15. 北海市

广西北海市有人口150万，有客家人约50万，主要聚居在合浦县和海城区。北海是广西主要侨乡，在海外的华侨、华人、港澳台胞近5万人，分布在世界49个国家和地区，主要是美国、越南、加拿大、澳大利亚、英国等。

16. 儋州市

海南省儋州市有客家人约20万，占全市的25%，而这些地区的国民生产总值占全市的60%以上。客家话是这些地区人们主要的交流语言，而其他地方人讲的都是海南话。

17. 台湾

台湾客家人约有460多万，其中在台南地区有10.2万，占该地区人口的4.8%，占台湾客家人口的2.2%。

18. 澳门

澳门人口44万，客家人约有9万。

19. 马来西亚

据2002年统计，马来西亚全国人口为2452.7万人，华人589万，占人口的24%，其中客家人150万。有华人小学1298所，各种类华文中学130所，华文高等学院3所。有66个客家公会组织。槟州嘉应会馆成立于1801年。

马来西亚吉打州36060平方公里，人口160万，华人30万，客家人35000人。

20. 新加坡

新加坡面积683平方公里，人口413万，华人占77%，马来族占14%，客家人约20万人。

21. 印度尼西亚

印尼人口2亿多，华人2000多万，占1/10，客家人1000多万，是世界上华人和客家人最多的国家。2002年2月17日，印尼总统梅加瓦蒂宣布华人传统春节为国家法定节日。

22. 加拿大

据统计,2002 年居住在加拿大的华人约 110 万,客家人约 15 万人。

此外,据胡希张在《客家风华》中介绍,客家人在海外超过万人的国家和地区还有:泰国 55 万,越南 15 万,缅甸 5. 5 万,柬埔寨 1 万,印度 2. 5 万,日本 1. 2 万,英国 15. 2 万,法国 3 万,美国 28. 4 万,秘鲁 20 万,韩国 2 万,牙买加 10 万,留尼旺 1. 8 万,南非 2. 5 万,澳大利亚 4. 3 万,塔西堤 1 万。不足万人的有 62 个国家和地区。

谚曰:有阳光的地方就有华人,有华人的地方就有客家人。此言极是。

二、抗争与正名

客家人虽然为开发赣闽粤作出了艰苦卓绝的贡献,但回顾其发展历史,确也充满着悲苦与辛酸。

1. 被污名的弱势

从客家形成的过程可以看出,从北方平原沃土到南方的丘壑峻岭,从粟麦蔬豕到稻果鱼蚌,从热土之主到远客异乡,客家先民们从物质条件到心理感受都经历了一场巨变。长期以来,客家先民及其后人在地理区位、政治地位、经济条件、社会身份以及自我心理感受方面都处于劣势和弱势。

但客家先民及其后人又是勇于开拓、自强不息的。经过上千年的奋斗,伴随着客家民系的形成,客家群族意识也在不自觉中慢慢地形成并渐次走向觉醒。也正由于它的崛起和强烈的认同意识,使得对立的势力对它更加摧压。

自明代中叶,在狭窄、无知和偏见思想支使下,社会上对客家进行了有意无意的污蔑、中伤和打击。一些人称客家人为“贼”或“客贼”,说他们“非汉种亦非粤种”,是“退化野蛮部落之民”,有的甚至诬其为“匪”。明崇祯年间修撰的《东莞县志》,凡涉客家人仍以“獠”相称。《新会县志》还在“客”字左边加一“犬”旁,对客家人进行侮辱。1907 年广东顺德黄节编《广东乡土地理教科书》,其中说“广东种族有曰客家、福佬族,非粤种亦非汉种”。在一些殖民主义者眼中,客家人比汉人更加下劣,1920 年上海商务印书馆出版的乌尔葛德英文版《世界地理》,其中在“广东”条下竟说“其山地多野蛮的部落、退化的人民,如客家等便是”。

此外，一些地方还因为土地、山林、水利、商贸等纠纷发生械斗，致使一些客家人为此而付出了惨重的代价。除徐旭曾在《丰湖杂记》中已有提及外，在一些县志中也有一些记载，如咸同年间发生在广州府、肇庆府的土客械斗持续了14年之久（从1854年至1867年），2000多座村庄遭到焚掠，双方死亡人数近百万，迫使无数客家人四散躲逃。如《赤溪县志·开县事纪》"开恩客属泰同团之安插及遣散"一节记载，同治元年（1862），开平、恩平两县土客虽开始和解，但未过多久复又械斗：

> 同治元年，土客解和。恩、开两县金鸡、赤水、东山等客属复迭遭土人侵攻。客丁众多，尚能与御，被攻客村旋失旋复。惟是时，斗事靡已，人难乐居，稍有赀者皆纷纷迁眷他去。

县志修撰者在此段后加有小注，说"是时，客民回惠、潮、嘉原籍及往广西各县已数十万人"。可以想见，当时广、肇两地客家人生存是何等的艰难。

2. 抗争与正名

压力是抗争的动力。客家后裔中的有识、有志之士拍案而起，决心以史为拳进行回击，为客家人正名，为客家人立言。

黄遵宪、丘逢甲于光绪三十一年（1905）创办组织了"客家研究会"，在廓清史实的基础上向世人大声宣告，客家人"根在中原"，是历史上南迁的汉人。著名学者、中山大学校长邹鲁撰《汉族福佬考》，以确凿的史实说明客家人与中原汉人同祖同宗同源。之后，他又撰写了《广东语言说略》，进而从语言角度论述客家人与北方汉人之关系。胡曦撰《广东民族考》，论证客家来自中原河洛，是汉族的一支。罗蔼其撰《客方言》，第一次全面地从方言角度论证了客家人与中原的关系，章太炎在为该书所作序中也肯定了客家人大抵来自河南。其他如张资平的《粤客音之比较》、钟用和的《客家源流》、温廷敬的《客家非汉族驳辩》、古直的《客人对》等，从不同侧面对客家的历史进行了考辨。1921年，由广东知名学者赖际熙、刘友梅、林翊球发起，在香港成立了客家人第一个组织"崇正总会"，之后，崇正会又联络同仁，对上海商务印书馆《世界地理》的"退化"说进行了义正辞严的批评与驳斥。在正义面前，该书停止了发行，新版时称客家为"中国进步的汉族民系”。

更令客家人气愤的是，国民政府广东省建设厅主办的《建设周报》，竟在1930年7月的一期文章中侮辱客家人“不甚开化”，有大种、小种之分。文章一出，客界、侨界一片哗然，抗议之声四起。最后，在广东省政府的命令下，建设厅表示了公开道歉。

1933年，罗香林教授出版了《客家研究导论》，标志着客家研究达到了最高水平。1942年，他又发表了《国父家世源流考》，称孙中山为客家人，其先祖孙俐为汴州陈留（今河南开封县）人，唐僖宗中和四年（884）统兵闽粤间，遂居虔州虔化县（今属江西），后裔迁至闽之长汀，又迁至广东。孙中山为孙俐之35代孙。由于该书有蒋介石、于右任等题写书名，孙中山之子孙科、国民党实力派政要陈立夫作序，在社会上产生了很大的轰动效应。从此，否认客家为汉人的说法销声匿迹。

1956年，罗香林发表了《客家源流考》，1973年又发表了《客家源流及其社会背景和影响》。罗氏关于客家研究的三部重要论著，其功力之深厚、结构之严谨、论述之全面、立论之公允，奠定了他客家研究大师的权威地位。客家为汉民族之重要民系、客家方言为中国七大方言之一等，成了人们认识客家的不刊之论。

勤劳、清白的客家人，悠久、辉煌的客家史从此揭开了新的一页。

三、客家社团

过去，客家由于分散于各地而很少有什么集中的活动。上个世纪20年代始，客家人开始建立了自己的组织，客家由一自为的民系逐步成为了自觉的民系。

1. 崛起的客家

改革开放以来，客家人以其自身的优势，在市场经济的大潮中为国家的建设和发展作出了突出的贡献。新一代的客家人不仅文化素质较高，更具有强烈的事业心和开创精神，在国内各条战线上都取得了骄人的成绩。国内许多知名的大企业和高科技企业，都是客家人在执掌乾坤，许多重要的领导岗位，也都是客家子弟执掌权柄（仅广东省副省级以上领导即十数人）。无数的海外客家人及其后裔，更是怀着赤子之心，一批批地回故乡、回中原寻根谒祖，不少有识之士还创办企业、修桥筑路、兴办学校、设立基金等，为国家的发展、人民的福祉贡献力量。盛世与作为使客家在全社会的地位与日俱高，客家事业充满着一派勃勃生机。

与此同时，有关客家问题的研究与联谊也如雨后春笋般地在大江南北迅速兴起。客家集中的省市都成立了专门研究机构，如赣南师范学院、嘉应学院、三明学院等高等院校及福建省社会科学院都成立了客家研究中心，河南省社会科学院、洛阳师范学院成立了河洛文化研究中心。有关客家研究的专著、杂志纷纷面世。粤、闽、豫、赣、川的梅州、龙岩、郑州、赣州、成都等市还分别申办了世界客属恳亲大会。各地的客家人也一批批地走出家门，到世界各地寻亲拜友，敦宗睦族，寻求合作，图谋发展。总之，神州大地上的客家事业到处都是一片欣欣向荣的景象。

客家人自1921年在香港成立崇正总会以来，在世界各地已有相当数量的分支机构，此外，各地也根据不同情况，成立了各种联谊会、研究会、客属公会或协会。客家人已从一个自为的民系走向了文化自觉，成为了世人瞩目的一支重要的社会力量。

2. 世界客属恳亲大会

“世界客属恳亲大会”始于1971年。1971年9月28日，香港崇正总会召开庆祝总会成立五十周年大会，邀请了世界各地47个代表团参加，会议通过决议，将此次庆典定为“世界客属第一次恳亲大会”，以后每两年举行一次，轮流在世界各地召开。

世界客属恳亲大会的召开，极大地促进了世界各地客家人的相互了解与交流，极大地促进了世界华人华侨的团结与合作，极大地推动了中国传统文化及社会主义新文化走向世界，在向世界展示自己的同时，也极大地促进了中国政治、思想、文化、经济等的开放和多元化。

由于世界客属恳亲大会在促进世界合作与交流方面发挥了非政府组织的良好作用，因而受到了主办当地政府的支持，每次会议开幕都有政要与会，同时也受到了联合国非政府组织会议的重视。

历届世界客属恳亲大会一览表

届别	日期	地点	主办单位	团数	人数
1	1971年9月28日	香港	香港崇正总会	47团体	250人
2	1973年10月5日	台北	台湾中原客家联谊会	67团体	2400人
3	1976年10月7日	台北	台湾世界客属总会	61团体	1352人
4	1978年9月29日	旧金山	美国三藩市崇正总会	25团体	820人
5	1980年10月3日	东京/大阪	日本崇正总会	33团体	1100人
6	1982年9月25日	曼谷	泰国崇正总会	70团体	1352人
7	1984年10月7日	台北	台湾世界客属总会	48团体	974人
8	1986年5月19日	波累	毛里求斯与留尼旺客属会	15团体	210人
9	1988年10月21日	三藩市	美国三藩市与五大客属会	31团体	458人
10	1990年6月8日	亚庇	马来西亚巴沙州客属公会联合会	70团体	1500人
11	1992年10月6日	高雄	台湾世界客属总会高雄分会	56团体	2500人
12	1994年12月6日	梅州	广东梅州客家联谊会	40团体	2300人
13	1996年11月9日	新加坡	新加坡南洋客属总会	150团体	2000人
14	1998年10月6日	台北	台湾世界客属总会	33外团 台湾30团	578人 948人
15	1999年11月4日	吉隆坡	马来西亚客家公会联合会	42团体	2000人
16	2000年11月19日	龙岩	闽西客家联谊会	124团体	3200人
17	2002年11月2日	雅加达	印尼客属总公会	60余团体	800人
18	2003年10月26日	郑州	河南客家联谊会	138团体	2800人
19	2004年11月18日	赣州	赣州客家联谊会	100团体	3000人
20	2005年10月12日	成都	四川客家海外联谊会	155团体	3500人
21	2006年10月28日	台北	台北市政府客家事务委员会、台湾世界客属总会	70团体	1200人

我国的一些城市是世界客属大会申办最积极的城市，第22届世界客属恳亲大会将于2008年秋天在古都西安召开。

第三节　客家文化

研究客家民系的生成给人以很多启示,但其中两点尤为重要:一是客家人与中原汉人有着切不断的血缘、语缘与地缘关系;二是客家人是民族、民系斗争与融合的产物。所以,在客家文化中,既有客属独特内容,也有当地或全社会共有的内容,而且两者有时也是密不可分,你中有我,我中有你。质言之,客家文化是以中原传统文化为主体的多元文化。

一、传统的客家文化风貌

客家在长期的形成过程中融合了各种优秀文化,表现出了许多传统的美德。

1. 艰苦卓绝的开拓精神

赣南地区的自然面貌一向是"七山一水一分田,还有一分是道亭"。这里说的"道亭"即道路。意谓土地很少。

以武夷山为标志的闽西一带更为闭塞,甚至连路也没有,故有民谚"八山一水一分田"相传,其对外联络主要靠羊肠绝径与水上舟楫。

粤东粤北自然条件与赣南、闽西相似,但由于为"岭表之末",更为荒僻。

如果说这里也有"优势"的话,那就是"人烟稀少",是荒无人迹的原始处女地,便于落脚,便于垦伐,无人干预。客家先祖之所以看中它,最根本的原因正在这里。

中原人从遥远的北方平原来到南方偏僻的丘陵山区,面对密林丛莽、瘴疠肆虐的恶劣生存环境,其唯一的选择只能是艰苦奋斗。

先民们很快地适应了。光绪二十七年(1901 年)由温仲和纂修的《嘉应州志》在总结客家筚路蓝缕,以启山林的创业过程时,尤其提到了妇女的艰辛。"州俗土瘠民贫,山多地少,男子谋生多抱四方之志,而家事多任之妇人。故乡村妇女,耕田、采樵、缉麻、缝纫、中馈之事,无不为之,挈之于古,盖女工男工皆兼之矣。""家事"者,家务事也。"耕田、采樵",事涉全家生计,恐无论如何也难算作"家务事"吧!但客家先祖的母辈,却用勤劳的双手、宽厚的双肩、硬朗的脊梁,扛起了客家发展的千斤重担!

无数家谱记载,客家先祖到南方之后,或在密林旁,或在山脚下,或在水岸边,或在城镇郊支篷结篱,春耕夏锄,披星戴月,劳作不止。历经数代的生息繁衍,才建立起了自己的家业。

但他们并不满足。为了今后的发展,为了子孙的福祉,不少客家人又泣拜亲人,告别故土,到了一个也许更为艰苦但更有发展前景的地方,开始了新开拓。更有一些青壮年冒着生命的危险,到了南洋,到了北美,在不名一文的情况下,甘当打工仔,不惜流血流汗,一步一步,一点一滴地赚来了家产,发展了企业,赢得了辉煌。

在客家的土地上,每一座土楼、每一道堰坝、每一处茶园、每一间店铺、每一所学校、每一栋厂房,可以说,都有一段动人的故事,都在无声地诉说着客家成长的艰辛。

2. 敬儒重教的社会风尚

农耕文化最突出的思想特点有两个,一是以农为本,技艺为末;二是崇儒重教,向往仕途。表现在生活中,也有两个现象十分有趣,一是农家子弟以成为万贯家财的地主为荣,以跃过龙门做官为荣;二是官僚家庭虽贱视百业,但历来不鄙视农业,功成名就、荣华富贵之后仍愿“致仕”,回归故里。不少著名文人在给自己起号时,往往还以“村夫”、“野叟”、“山樵”、“钓翁”自得。因而“耕读传家”成了中国文化中最有影响的传统。台湾南部高屏一带是客家人到达较早的地方,该地五沟村有全台湾最大的刘氏宗祠,为二进三合院。祠堂除高悬“彭城堂”以示郡望外,外墙两侧还有一副联语:“一等人忠臣孝子,二件事耕读传家”。“耕读”为业、“耕读”为上的思想深深印入人的心灵深处,由此可见。

历史上的客家绝大多数以农(渔、牧)为生,但一直保持着敬儒重教、尊重知识、以仕为荣的传统。

北宋著名思想家、江西南城人李觏(1009—1059)因曾任太学直讲,故很重视教育。他在《虔州柏林温氏书楼记》(见《直讲李先生文集》卷二三)记述过的赣南温氏学堂一事,颇有典型性。宋仁宗宝元年间(1038—1040),石城县乡绅温革有感于少时求禄而不得,决心教其子弟奋发攻取功名,于是在有山有泉的柏林建了一所讲堂,搜购大量典籍供学生攻读。温革孜孜以教子弟,很有信心地表示：自己虽然未得考中进士，“不得诸外，盍求诸内；不在吾身，宜在吾子孙”。李觏对温氏之举大加赞赏，并认为，求功名固然重要，但更重要的是通过读圣贤书而得圣贤之道：“自古圣人之德业，举在于书”，“今温君聚书勤勤，是有意于圣人。有意于圣人则岂一家而已？邻里乡党庶乎偃伏之矣”。

江西人王安石也很关心家乡的教育，他在《虔州学记》中记述了庆历中家乡办学的艰辛及不断发展的情况。即使偏远的南安军（治所在今大余），学馆也很发达。苏轼曾在《南安军学记》中说，当地“儒术之富，与闽、蜀等”，“南安之学，甲于江西”，“为屋百二十间，礼殿讲堂，视大邦郡之居。凡学之用，莫不严具。又以其余增置廪，给食数百人”。南安军当时辖地不大，学馆有生员数百人，足见其教育普及程度已相当不错。

著名理学家周敦颐庆历五年（1045）曾任南安军司理，翌年，程晌（程大中）由兴国县令任南安军通判。程让两个儿子程颢、程颐拜周为师。在周敦颐悉心教诲下，二程学业精进，与其师一样成了理学大师，南安军学由此更名为“周程书院”。由于南安成了道学的发源地，淳祐元年（1241），宋理宗赵昀为书院题“道源书院”匾额，以彰显其地位。

嘉祐六年（1061），周敦颐调任赣州通判，不久，就在赣州创办了“濂溪书院”，有从学者千人，周在此还写下千古名篇《爱莲说》。

南宋淳熙五年（1178）朱熹任南康知军，第二年就到南安“道源书院”拜谒先贤遗迹，并赞誉说：此处学风之盛，甲江西也。若普天如是，天下何不太平乎！朱熹在南康还重修了白鹿洞书院，亲自制定了《白鹿洞书院学规》。淳熙十年（1183），朱熹退隐武夷山，在那里修建精舍，一边著书，一边讲学，各地的学子纷至沓来，盛况空前，朱子之学的四大传人之一的黄干，即在此问学。南宋末年，朱子精舍经扩建后更名为“紫阳书院”。

和中原一样，客家人也有在家庙前为出仕做官立旗杆的习俗。“远德堂”是福建南靖县书洋塔下张氏的祠堂。据介绍，张氏开基祖从明宣德元年（1426）至此落脚，经过近400年的努力，至第15代张金拔，终于在清嘉庆十五年（1810）庚午科“五经”中试，为第五名举人，之后，又于道光六年（1826）丙戌科为进士。远德堂前共有19根石旗杆，张氏家族成为远近闻名的书香之家，学习榜样。

近代以来，客家人更加重视教育。法国传教士赖里查斯曾对梅州地区的教育情况作过一些调查。他写道:“随处都是学校。一个不到三万人的城市,便有十余间中学和数十间小学,学校人数几乎超过城内居民的一半。在乡下每一个村落,尽管那里只有三五百人,至多也不过三五千人,便有一个以上的学校。因为客家人每一个村落都有祠堂,而那个祠堂也就是学校。全境有六七百个村落,都有祠堂,也就是六七百个学校,真是一个骇人听闻的事实。”(转引自同济大学出版社1989年《客家研究》第一集)

闽南明清印书业的发达,从一个侧面反映了客家文化、教育事业的繁荣。连城县四堡乡是现今中国南方唯一幸存的明清时期四大雕版印刷基地,是福建省首批“省级历史文化教育名乡”。四堡古书坊建筑群还是我国第五批重点文物保护单位。明清时节这里拥有100多家书坊,全乡75%的人口从事雕版印刷业。所印书籍行销13个省150多个县。

正是有了重教这一优良风尚,显而易见,近代客家人的科学文化素质较一般非客家人的提高面要大得多,一批批精英人物脱颖而出,为中国社会的变革、经济的繁荣做出了重大贡献,同时也为世界的和平与发展做出了杰出的贡献。

3. 崇先敬祖的报本意识

崇先敬祖是中华民族的优良传统,客家人是其中最为笃诚的民系。究其原因,一方面固然与儒家和历代统治阶级的提倡有关,另一方面,远徙他乡、难返故土、忧思耽念也是一个重要原因。

客家人可以不信鬼神,不信宗教,但若不尊崇祖先,则为人所不齿。客家人对祖尊崇与追念的方式主要是建祠堂、筑坟茔、修家谱和感恩回报。

建祠堂

祠堂是供奉和祭祀先祖的地方。祠堂的正堂一般悬挂有开基祖或远祖的画像,其他先人则每人立一牌位,牌位上写着该祖公的名讳及元配夫人的姓氏。牌位以辈分、齿序依次摆放。公共祭祀一般在春秋两季。单个祭祀则在其逝世的纪念日。另外,一些地方在婚嫁时也有到祠堂拜别或拜见祖宗的仪式。客家的祠堂有总祠与分祠之别。旺族大支人口众多,覆盖数乡,故有总祠。各村支系另建有分祠,以祀本支先祖。如刘劲峰所编《宁都县的宗族、庙会与经济》一书说,宁都东龙李氏家族,有宗祠10座,其中总祠1座,分祠1座,房祠5座,另有小祠3座。泉州地区董杨联宗,在城内建有董杨大宗祠,长年有人轮值看护,各地则在所在村镇建本姓祠堂。近些年来，随着经济的发展，祠堂修建的档次更加讲究，不少宗祠都是金碧辉煌，为当地最气派的建筑。宗祠一般都有一定的规模，除正堂外，另有仪门、过厅、厢房等，内部陈设有供案、香炉、烛台及必要的桌凳橱柜等。

每逢节庆，尤其春节、清明、中元节、冬至或先人祭日，客家人都要到祠堂和坟茔上供香祭拜，做到“事死如事生”。其中清明、冬至两次最为重要。首先是墓祭，整个宗族的代表必须全部参加，接着是到祠堂再祭，祭拜的对象是公共祖先，之后才能祭祀自己的祖先。

有重大喜庆之事，如考中秀才、举人等，还要在祠堂前唱大戏以告慰祖先。

福建长汀居万山丛中，从唐宋到明清，中原入留汀城的客家人多达 146 姓，各姓宗族均建有自己的祠堂。今长汀河田有“宗祠一条街”，尚保存有李、丘、廖、吴、余、俞、刘、叶、黄、赖、涂、游、郑、上官等姓的祠堂 26 座。长汀城内保留有各姓祠堂 70 多座，名人纪念性祠堂 25 座，如县前街的丁公祠，城隍庙旁的谢公祠，东校场的杨公祠和金公祠，东郊的方公祠、温公祠、朱公祠等。

筑坟茔

旧时，客家人和中原人一样，生活富裕之后要办三件事：买田、造屋、修坟。客家对先辈坟茔的修筑很重视，至今保持着中原厚葬的习俗。祖茔建在自己所属的土地或山坡上，具体的位置、朝向要请风水先生勘看选择。先祖安葬后，一般在三周年时立墓碑。

修家谱

为了敦宗睦族，厘别衍派，慎终追远，客家人大多有自己的家谱或族谱。家谱、族谱一般每 30 年续修一次。家谱以支系为纬、以辈分齿序为经撰写支脉衍派，同时刊写支系渊源、变迁以及家规、家训等。通过续写家谱，溯源分流、认祖归宗，明白尊长、区别亲疏，从而达到敬祖收族之目的。家谱通常保存在祠堂中，个别地方由族长收藏。

讲孝道

自西汉提出“以孝治天下”的统治方略以来，孝被历代官府和社会列为道德条训之首，世人也以“对国家以忠、对父母以孝”为立身处世的最高道德追求。台湾《范氏大族谱》(1970 版)称，台湾范氏为范仲淹后裔，故在族谱前刊《范文正公家训百字铭》,百字铭首句即言孝。曰:“孝道当竭力,忠勇表丹诚。兄弟互相助,慈悲无过境。勤读圣贤书,尊师如重亲。礼仪勿疏狂,逊让敦睦邻。敬长与怀幼,怜恤孤寡贫。谦恭尚廉洁,绝戒骄傲情。字纸莫乱废,须报五谷恩。作事循天理,博爱惜生灵。处世行八德,修身奉祖神。儿孙坚心守,成家种义(善)根。”

客家以孝事双亲为美德,以对父母“生不养、死不葬”为大逆不道,一些族规甚至认定对其可以进行最严厉的惩罚。父母去世后,要请道士起香火做法事为亡灵“超度”,富者可连做多天,贫者举债也要至少做一个通宵。

重回报

中原有“滴水之恩,涌泉相报”观念。其中尤其对父母的养育之恩,甚至有“今生报不尽,来生犬马随”之说。客家人对此笃诚不二,取得了好收成,首先敬祀祖先,孝敬父母,酬谢兄弟,报答族人。尤其今天,不少在外事业有成的企业巨子、财团董事长、行业老板们,不忘故土,追念祖德,纷纷回到乡梓,或办厂、或兴学、或修路、或捐助,种种义举善行,不可胜数。他们说,不知报恩者,不如禽兽;只有落叶归根,才能终生无憾。

4. 敦厚淳朴的礼仪习俗

客家人是一个尚天、尚贤、尚礼、尚义的民系,时至今日,不论城乡,也不论域内域外,敦厚、礼让、友爱之风随处皆是。

在人生礼仪中,客家人很重视婚、育、寿、丧;在日常生活中,很重视节庆往来;在相互合作中很重视诚信然诺。

婚俗

客家的“提亲”、“传庚”、“下定”、“行聘”、“报日”、“接亲”就是河洛古制“六礼”中的“纳彩”(媒人提亲)、“问名”、“纳吉”(男方卜吉,女方认亲)、“纳征”(女方收礼)、“请期”(商定婚期)、“亲迎”(迎娶新娘)。在每一步骤的具体程序也大致相同,如陪送嫁妆、姑嫂送亲;迎亲时男方接引,路上撒盐米,燃放鞭炮,跨旺火,闹洞房,三朝回门等。

育俗

婴儿出生后要向至亲好友报喜,亲朋送礼看望,做三朝(汤饼会)、满月时宴请宾朋(有地方为六十天),长辈送红包等。

寿俗

父母60岁以后生日时，子女后辈出面举办庆诞宴席，行拜寿礼，添置新衣等。

葬俗

弥留之际或咽气后要“沐浴”（洗脸、擦足），换上寿衣，之后要向亲友报丧，设灵堂接受吊者。孝子及亲属要穿孝衣，送死者灵柩至墓地。安葬后每七天到墓地祭奠一次，连续七次后方可除服。

节俗

客家人最重视的节庆首推春节。过春节的准备从腊月二十三即开始，当晚要祭灶神，把旧的灶神像揭下烧掉，三十日早晨再把新的贴上。从腊月二十五起正式“入年界”，加紧准备过年的一切事务。三十日为除夕，要贴春联，晚上全家吃团圆饭前要祭拜祖先，夜里要守岁。初一早晨要鸣放鞭炮，以示开门大吉，整个上午全族互相拜年。刚结婚的新女婿正月初二要到岳父家拜年。初三早晨要吃岁饭，拜祭天地祖宗。正月初五为“出年界”，祖宗神像可收起，一切农事、商事活动可以开始。正月十五为元宵节，晚上有游龙灯、舞狮等娱乐活动。

在客家的一些聚集地，如赣南，还有“添丁添财添福寿”庆贺之俗。在过去一年中哪家添了孩子、盖了新屋、上了大学、娶了媳妇，来年春节期间，用箩筐担来大盘大捆的鞭炮，在祠堂前燃放，之后各家各户端来米酒，在一起共贺，叫做“放添丁炮、喝添丁酒”。

台湾把立春这一天定为“农民节”，意为传统的“冬闲”结束了，这是最后一天休息，因而有农谚曰“立春雨水到，早起晚睡觉”，意为繁忙的春耕春种开始了。

客家人很重视“春分”，春祭扫墓多在此日。先在祠堂前举行祭祖仪式，摆上刚杀过的猪羊等供品，念祭文，行三献礼。之后全族出动到开基祖、远祖墓前祭拜，然后各房扫祭、各家扫祭。也有清明这天扫祭者。

客家人对端午节、中元节也很重视，有插艾、吃粽子、龙舟赛，上坟祭祖等活动。

中秋节在客家人心目中格外重要，又称为“团圆节”。客家人有两种表示，其一是一定要全家团圆，无极特别事宜，老少都要回家，在一起吃饭、在一起赏月;其二是吃月饼。总之要“三圆”:人团圆、赏圆月、食圆饼。

九月初九重阳节,客家人有登高、赏菊、放风筝等活动。

一些地方的客家人还很重视过“冬至”,并以其为“冬年”、“添岁”。此源于河洛地区周代曾实行过的一年10个月之制,即以农历十一月为正月,以冬至日为一年之始。这是客家人保存中原古制的又一有力证明。

客家人也有腊月初八吃“腊八粥”之习,不过,客家中以粥供佛的气氛比中原大为浓重。

5. 敬天畏地的泛神信仰

自然型的农耕经济对大自然的依赖性极大,旱、涝、风、霜、沙、火、虫,雷电、潮浪、海啸、泥石流等,都可能给人们带来灭顶之灾;反之,如果风调雨顺,人们则可省却很多劳苦而获得五谷丰登。虎豹毒蛇、瘴疠之气、恶疾怪病等,又时时威胁着人的健康与生命。人在大自然面前显得十分无力和渺小,人们对各种可以左右自己命运的神灵无不敬畏。出于对自身利益的关注与保护,客家的泛神信仰便无处不在,无处不盛。

道教神

许真君。据说许真君为东晋南昌人许逊,原为四川旌阳县令,深感鄱阳湖水患危害百姓,就辞官率众治理,大见成效。后人便祀其为水神,奉为真君,尤其从事水上运输的百姓,更以其为水上的保护神。真君庙一般叫做万寿宫,赣粤一带江边溪岸比比皆是。

其他道教神有玉帝、阎王、财神、门神、灶神、八仙等。在客家各地,见庙就进,见神即拜的现象十分普遍,“诸神一炉香”,目的是求保平安。

人间神

在人间神当中,客家最为尊崇的有三位,一是妈祖,二是陈元光,三是关公。

据文献记载,妈祖之父名叫林愿,福建莆田县忠门乡港里村人,曾任都巡检,退休还乡后居住在莆田县湄州屿东螺村。妈祖名林默,人称林默娘,生于北宋建隆元年(960)农历三月初三,卒于雍熙四年(987)农历九月初九。传说妈祖为女巫,不仅能知人休咎、祸福,而且通晓天文,知天气变化,又极善水性。她经常事先告诉人出海天气,湄州湾海域的渔船、货船因风浪、暗礁遇难时,她常常前往救助。她能使倒海巨澜顿时平静,能使渔船转危为安,能使盗寇人沉船翻。她还通

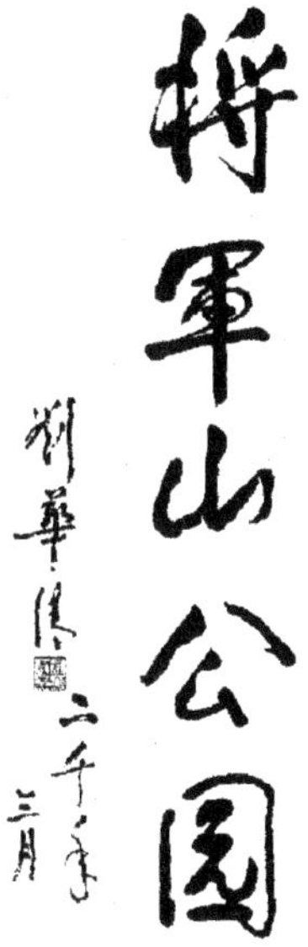

刘华清所题云霄县“将军公园”

晓医道，为人治病防疫。宋以后，福建沿海一带水上捕捞、航运等活动得到了较大发展，尤其明代以后，海上也出现了“丝绸之路”，中国商船涉海贸易逐渐发达。因此，人们普遍产生了祈求神灵保护的心理。加之人们在海上也多次化险为夷，更认为是妈祖庇佑，祀奉妈祖之风由此遂盛，沿海城镇乡村几乎无处不有，如北方的青岛、天津均有妈祖庙。妈祖的民间信仰也得到了官府的承认，宋时就被封为夫人、妃，元代封为天妃，清时则封为天后、圣母等。

陈元光对闽南的开发，尤其漳州的开发作出了重大贡献，死后被尊为“开漳圣王”，至今在闽台和东南亚各地受人奉祀。（见第九章第一节）

关公即关羽，由于《三国演义》的传播，家喻户晓。关公一生忠义勇武，忠贞不贰，信守桃园三结义之盟，不为曹操金钱所动，被世人誉为“武圣人”。隋时社会上开始崇拜关公，宋代被徽宗先封为“忠惠公”，之后又封为“昭烈武安王”和“义勇武安王”。元代被文宗封为“壮缪义勇武安显灵英济王”。明代被神宗封为“三界伏魔大帝神威远震天尊关圣帝君”。清代被封为“忠义神武仁勇威显护国保民精诚绥靖翊赞宣德关圣大帝”，并敕令全国各地修关帝庙，与孔子并列。中国普通老百姓心中只有一个财神，即赵公明。商人有两个财神，一为文财神，即赵公明，二为武财神，即关公。商人尊关公为财神的缘由有三。一是关公为武圣人，尊其为神是希望他来守护财富，保人平安。二是关公忠义守信，一诺千金，从不欺诈，此为经商之本，人人应恪守遵循。尊关公为神，以表示自己信守此道。三是关公不为钱财所动，最为公道，经商若赚昧心之财，必不得好报，尊关公为神，以表示自己正直，童叟无欺。

妈祖像

其他人间神也都是历史上的伟大人物，如孔子、韩愈、岳飞、文天祥、郑成功等。

洛阳关林

佛教神

佛教在五代后唐天成四年(929)由惠宽和尚传入闽西长汀一带。35年后,宋乾德二年(964),高僧定光大师又到了长汀。但在民间传说中,二位高僧已不是修禅讲经,而是为民祈福免祸、驱匪除寇、减少旱涝、治病消灾。定光禅师俗名叫郑自严,泉州同安人,大中祥符八年(1015)正月初六圆寂于汀州南安廨院,故每年此日各地热闹非凡,前来进香者累千上万,众人抬着"南安菩萨"在大街小巷巡游。清中叶后大量汀州客家迁往台湾,此俗遂在台湾风行。今台湾漳化、淡水、桃园等地均有供奉定光的寺院或庙宇,祭祀之多,仅次于开漳圣王陈元光。

祖宗神

客家的祖宗神并非本族、本姓的祖宗,而是各族各姓共认的、代表大家利益的先祖。

赣南朱公。据赣南师院客家研究中心调查,赣南宁都洛口村,有30多姓近3000口人,村中供奉的是"朱公菩萨"。据说朱公为唐代人,是洛口村的开基祖。朱公没有儿子,三个女儿分别招赘嫁给了杨姓、黄姓、丘姓,从此三姓以朱公为共祖,并立庙世代敬祀。除以时祭拜外,每年端午节还有庙会,前后20天。这种祖宗神的供奉与信仰,实质上是一种文化认同,也是宗族利益认同,它起着凝聚人心、加强团结、协调矛盾、和谐相处的作用。

闽西涂赖公。据钟晋兰在长汀的调查《闽西客家地区的两则传说之解读》,涂赖公在闽西长汀的传说有两个。一则说,长汀涂坊村涂姓与河铺村的吴姓发生矛盾,双方相斗,不分胜负。于是涂姓请来的福主涂赖二公,吴姓请来了黑狗王公。先是涂姓压倒了吴姓,后吴姓又胜过了涂姓。一则说,当地有一社公(妖邪),每年要吃童男童女各一个。这一年,轮到了涂大郎献女儿,赖八郎献儿子。两人都不愿让独生的女儿和儿子无辜遭到残害,商议后决心外出学法除妖。三祖佛师化作一插秧老农,几经考验,感到两人心诚,就授之以法。二人回乡后施展本领，赶走了社公（妖邪）。由于二公为当地除了一害，当地人便建庙祭享涂赖二公。这一传说，《涂坊世系宗谱》中《大郎公神记》有详细记载（见《“赣州与客家世界”国际学术研讨会论文集》）。

由以上两例可知，客家心目中的祖宗神，实际上已演化为地方神。

物象神

最多的是土地神。客家人和中原人一样，对土地神是既尊敬又随意。尊敬表现为庙多，每村村头皆有；随意表现为庙小，甚至用几块砖石草草一垒即成。另外是供奉无时，供品不拘，可有可无，仅上两支香即可，其地位远不如山神、河神和一般的石神、树神等。所谓石神、树神，多指巨石、古树，人们因其神秘而尊为“仙”，敬其保佑儿孙平安。

6. 趋吉避凶的风水诉求

客家先祖远离故土来到赣闽粤丘壑山林地带，其心中最强烈的诉求就是避开凶祸，求得生存，人丁兴旺，永世平安，因而在选择居住地以及挖井、修塘、筑坝、选坟等方面尤其谨慎，原在中原就根深蒂固的风水观念更为强烈。

客家人认为风水之术是风水神杨太伯公从中原带来的。杨太伯公即杨筠松。据嘉靖十五年（1536）《赣州府志》等资料载，杨筠松又号杨救贫，窦州人，唐僖宗时为紫金光禄大夫，掌灵台地理事，故精于堪舆之术。黄巢兵破长安，杨筠松携宫廷秘本出，乃断发入昆仑山，过虔州时，有曾氏兄弟拜其为师，遂居虔，卒葬雩都药口坝。兴国曾氏族谱说得更详，称杨氏兄弟三人，筠松排行第三，生于唐大和甲寅（834）三月初八戌时，幼习诗书，17岁及第，遇九天玄女，因通晓天文地理之术，云云。

由于受“天人合一”思想的影响，中原人建造房屋很讲究选址的方位、房屋的布局与四周地形地势的协调，如向阳、通风，出入便利，无自然灾害之虞等。怎么选呢？主要的根据仍是阴阳、五行理论，加之天文地理知识。赣闽山区地理环境、气候条件比中原复杂得多，选择恰当的方位更为重要。杨筠松的到来，以风水术指导人们定居、安居，从而受到了人们的欢迎。

上述《赣州府志》在人物志中不仅介绍了杨筠松，还很详细地介绍了他如何理论与实践相结合培养弟子曾文辿、廖瑀的事。曾、廖两家都是从宁都迁至兴国三僚定居的，“盖两家冢宅，皆筠松所卜而贻之谶云”。最初，曾文辿在宁都选中一地，认为此地风水可出大官；杨对他说，你看错了，这里是秃头山，只能出“大盗”。经过考察，曾文辿又选中一地，说这里有山有水，是“五虎下山，狮象把水口”；杨对他说，你又看错了，是“五鼠下山，猫儿把水口”。当走到今兴国三僚时，曾文辿反复地看了多遍，认为这里山川形胜，奇伟吉祥：“前有金盘玉印，后有凉伞遮阴”，是块好地方。杨筠松看了以后也点头称是，于是，三人便在此地搭了三个茅棚落脚。南方称茅棚为“寮”，故此地从此叫“三寮”，后来又演化为“三僚”。

据刘劲峰对三僚村的实地调查说，至明代时，曾、廖两族还从实际出发，对村子四周的环境进行过很大的改造。如廖氏为了减少从西南、正西、西北方向顺着沟壑而来的山水、山风对屋场的直接冲击，沿山脚开挖了18口池塘，修建了一座堤坝，使来自山坑的水一分为二，顺屋场南、北山脚环绕一周后缓缓流过。曾氏也将村南来水进行改道，使其沿村西山脚蜿蜒而下。曾、廖两家还根据四象、八卦、五行筑堤、植树、建阁、修庙，使整个居住环境与自然风貌协调一致。明清以来，三僚曾氏人丁兴旺，果然出了不少人才。三僚村后人不忘祖德，至今承继杨太伯公之业者大有人在，有人估计不会少于200人。三僚村遐迩闻名，被人称作“客家风水文化第一村”；三僚村的风水师也因此格外被人看重。

位于今赣州章贡区沙河镇的杨仙岭，据说就是杨筠松中原南下到赣南的第一个落脚点，他在此居高临下，极目赣州（当时称虔），见龙气旺盛，是块风水宝地，于是决计留居此地。今杨仙岭已成了国内外研究风水学者向往之地，一年四季，朝山者不绝。杨筠松总结出了龙、砂、水、向、穴五要素要完美结合的堪舆理论以及相传为他所撰的《正龙子经》、《疑龙经》，被后世奉为经典。客家人对杨筠松十分崇仰，尊其为风水祖师。

二、独特的客家文化事象

什么是客家文化中最具特质的东西，学界目前尚无一致的认识，尤其对“特质”内涵的诠释还各有不同。但有一点是无疑义的，那就是，在丰富的客家文化中，确实存在着许多与其他民系不同的独有的文化事象。其荦荦大者如二次葬、擂茶、土楼、围屋、围龙屋、方言等。

1. 二次葬

“二次葬”是客家习俗中不同于其他民系的一个显著特点。有人说二次葬是华夏远古传统，其实是没有根据的。中原地区并没有二次葬之俗。“二次葬”即“洗骨葬”，又称作“捡骨葬”。一般是在死者下葬五至七年时，估计尸体基本腐化，秋冬之交，择吉日掘土开棺，用小竹板将遗骸刮净，再用清水（或茶水）洗涤，擦干后再用山茶油拭净，之后将全身骨骼按人体结构从下至上依次装入瓷坛或瓦罐（俗称金罂或金埕）之中，密封后妥为保存。金罂内要写明死者姓名，金罂外标明面部朝向，以免二次安放时放错方向，误将面部背向石碑。如果该家人丁兴旺、生活尚好，说明坟地风水也是好的，即择吉日将骨殖仍葬于原来坟地；如感到坟地风水不好，则另择新址安葬。

客家何以有二次葬之俗呢？深究其因，主要有三。

一是出于迁徙之需要。客家文化内涵中，深深地蕴含着移民文化的因子。为了生存，其先民从中原来到了赣、闽、粤接壤之区，选择适宜的环境居留。但由于各种原因，一些人住上一代、两代后又携妇将雏走向他处。有的是全家共走，有的只是后辈中的三两人。“时时为家，处处为家”，“迁徙”、“寄居”、“定居”、“分离”，“处处无家处处家”等，成了客家民系形成过程中屡屡发生的事象。迁徙的人对祖宗有着特殊的情结，客家更是他乡万里不忘宗。为了能时时与先祖在一起，将其洗骨带走是比较方便的。对此，一些方志中也有记载。如乾隆十四年（1749）嘉应知州王之正主修的《嘉应州志》卷一《舆地部·风俗》载：“有数十年不葬者，葬数年必启视洗骸，贮以瓦罐。至数百年远祖尤为洗视，或屡经启迁，遗骸残蚀，止余数片，逐转徙不已。”民国年间编撰的《赤溪县（今广东台山）志》在《舆地》一节中也说：“疑当时多徙他处迁居，负其亲骸来此相宅，遂以罂盛而葬之。嗣又以流移转徙之不常，恐去而之他乡，故相传为捡骸之法，以便携带。”二是殖骨经过清洗后不再与腐物（如棺木及内殓朽烂之物）共处，加之放入坛内，湿度减少，可留存更长的时间。这也是后人对先人尽孝道的最好表示与企望之一。三是此俗当与客家人吸收当地古越与畲族旧俗有关，且因其适于迁徙，故而能保留下来。

2. 擂茶

中国人有种茶、饮茶的历史，被尊为“茶圣”的唐代人陆羽（733—804）还专门写下《茶经》一书。

擂茶既可称为饮料，又可称为食品。擂茶有两种，一称米茶，一称香料茶。

米茶的主要原料是茶叶、大米、生姜。制法是将茶叶等用水浸泡后放入陶钵或石臼中用木制擂槌（即木杵）捣成糊状，之后加进切好的韭菜、薯丝等入锅煮熬如粥。食用时再加入少量经炒（或油炸）过的花生米、芝麻为作料，同时放入烹炒过的香菇、竹笋、肉丝等。

香料茶有的地方叫盐茶或庵茶，其主要原料为茶叶、中草药、生姜和油、盐。制法是将上述茶叶等放入锅内文火焖熟并使之发酵，晒干、粉碎后即可储存。饮用时取适量茶叶，加入一些炒过的芝麻及肉桂、陈皮、小茴香、川芎等香料，在擂钵内捣碾成茶泥，然后用开水冲拌。

擂茶实际上是一种香粥，不仅味美解渴，清凉解暑，还有补充饮食、清火祛湿、健脾养胃和治疗等功能。其中不少地方在制作时还根据不同情况加入不同的中草药和植物嫩叶，以更多地发挥其疗效。擂茶在宋代之前饮用比较普遍，随着城市的发展，新的制茶工艺和茶道日益风行，士大夫及市民渐渐弃而不用。清人冒襄在《芥茶汇钞》中对此习俗进行批评，认为饮此茶不仅“失其本来之味”，而且“又复之以盐，亦何鄙俗乃尔耶”。客家人由于日子清苦，加之山林瘴疠之气多发，农村山区缺医少药，从北方带来的这一饮食习俗便一直保留了下来。

3. 土楼、围屋、围龙屋

土楼是客家人独有的民居，不仅北方绝无，即使南方，非客家之乡也是见不到的。

怎样形容客家人的土楼呢？目睹使人震撼，走进使人吃惊！

闽南土楼

土楼是东方建筑文化中璀璨的明珠，是客家人生活智慧的结晶，是中、西建筑艺术合璧的奇葩，是客家聚族而居的历史见证。

长期研究土楼围屋的黄汉民在《客家土楼民居》一书的《引言》中说：“在闽粤赣三省交界地区，一座座奇特的土楼星罗棋布，它是居住在那里的客家人所创造的一种用生土夯筑的巨型民居建筑。”这里，他对土楼的内涵讲到了五个要素：一是地域：“闽粤赣三省交界地区”；二是发明者：“客家人”；三是构造技术：

“用生土夯筑”；四是形制：“巨型”；五是性质：“民居建筑”。

这个概括是很准确和简洁的。但如果再进行一点补充，则可能会使“定义”更为精当。增加什么呢？一是时间因素：创始于明代；二是构造技术：以石为基；三是层次：二至四层；五是性质：兼有自卫。这样，对土楼的表述或“定义”即可为：闽粤赣交界地区客家人在明代创造的以石为基用生土夯筑而成的具有自卫与居住功能的二至四层巨型民居建筑。

在闽粤赣交界的地域，土楼并非随处皆是，主要集中在闽南，如永定、华安、平和、南靖、漳平各县。

土楼之所以在明代兴起，与客家人为了自卫有直接的关系。为了应付械斗与劫掠，减少在自卫中的损失，以血缘为基础的宗族力量需要得到不断的加强。为了聚族而居，便于防卫，土楼之制便应运而生。

土楼的兴建也与族系的发达有关。建造一座土楼绝非一朝一夕之功，一般需要十数年或更长时间，并要有巨大的财力支持。华安县仙都乡蒋氏“二宜楼”，始建于乾隆五年（1740），成于乾隆三十五年（1770），用了 30 年的时间。该楼第 26 单元木壁上糊有 1931 年的《纽约时报》，一门楣上方绘有罗马字盘的圆形钟表，一门楣上绘一袒胸曲发的西方女郎。由此可知该屋主人必为一留学美国青年无疑，其家境之优裕也可由此而知。再推而可知，当一个族系发达之后，为了光宗耀祖，显示门庭，建造一座土楼就是其很自然的选择。

土楼的形制以圆形和方形居多，也有椭圆、五角、八角和马蹄形。建于较开阔地带的多为圆形和方形。

闽南是土楼较多的地方，让我们走近几座土楼看看吧！

永定县有圆形土楼 360 多座，方形土楼约 4000 座（谢小建《中国永定土楼文化丛书》前言）。圆形楼大多由两三圈组成，内层即底层，多用作厨房和餐厅。土楼为土木结构，外圈墙高达十数米，下为石基，上为夯土。墙体一般厚 1.5 米以上，至四层时也有近 1 米。二楼以上房间由木梁木柱木板构建而成，沿墙是公用的走廊，每隔若干距离设一门，即一个单元，为一家之居。二层多用作库房，存放粮食、小件农具等，三四层用作客厅、书房和卧室。一座土楼一般有房间 100—200 间，多者可容纳 400 口人居住。土楼庭院内有水井、浴室、磨房等公共设施。由此可知，一座土楼实际上就是一座城堡。

永定县最著名的土楼为承启楼。

承启楼位于高头乡高北村，所居主人姓江，其先祖宋时为朝廷命官，因避难逃亡至此，至今已传至37代。土楼始建于明崇祯年间，至清康熙四十八年(1709)，经16代到18代三代人半个多世纪的努力方告竣工。目前，全楼居住60余户400多人。

永定承启楼

承启楼建筑面积为5376.17平方米，直径73米，外墙高12.4米，厚1.9米，每层走廊229.34米。整楼三圈，外圈4层，有72个房间；第二圈二层，每层有40个房间；第三圈为单层，有32个房间。有正门1个，边门2个，楼梯4个。院内有水井2口。祖堂处在全楼的中心区，是全族议事之所。一、二层不开窗户，三、四层窗户也较小。在以冷兵器为主的过去，处于如此封闭、坚固的土城之中，以大刀、长矛、弓箭相攻，短时间内是很难奏效的。

被中外学者誉为“民间故宫”、“民居博物馆”、“客家庄园”的连城培田古民居，是明清时期所建的古建筑群，占地7万多平方米，由30幢大宅、21座宗祠、6座书院、2座跨街牌坊、4座庵庙和1条千米古街组成。其“九厅十八井”建筑模式，形成了客家地区与土楼、围屋等交相辉映的建筑风格。如此规模的客家民居等建筑群，引起世界各地专家学者的注意，2001年10月，专门在这里举办了客家之旅与中国冠豸山培田古民居考察及学术研讨会。

二宜楼

客家土楼都有一个文雅的名字,前述江氏承启楼,取“承前启后”之意;南靖县书洋乡石桥村的张氏顺裕楼,取“顺时纳祐,光前裕后”之意;南靖县梅林乡卦山村的和贵楼,取“和为贵”之意;华安县仙都乡的蒋氏“二宜楼”,取之于《诗经·桃夭》“之子于归,宜室宜家”。不仅族长对“二宜”情有独钟,一些房主对“二宜”之训也是念念不忘,如有一单元内两副对联均以“二宜”嵌入。一联为“大地著蜚声孝思维勖,二宜昭令德祀事孔明”;另一联为“派承二径裕后光前廾大地,端献九龙山明水秀庆二宜”。他如南靖县梅林乡坎下村的怀远楼,永定县高陂乡上洋村的遗经楼,龙岩适中镇的培德楼,南靖县书洋乡田螺坑村土楼群中的步云楼、文昌楼、振昌楼、和昌楼、瑞云楼等楼名,也各有寓意。这也从一个侧面反映了客家人有较高的文化修养。

土楼有圆形方形之别,方楼的历史比圆楼更早,其功能及结构同圆楼基本相同。

由于客家民居的不同,闽西闽南称为土楼,赣南大多称围屋,粤东北则称围龙屋。

赣南围屋

“围屋”,顾名思义,即围起来的屋。赣南的围屋多为方形,大部分为砖石结构。墙基用麻条石或花岗石,墙体多用青砖或河卵石,也有全部用麻条石砌成,厚度都在 1 米左右,龙南杨村的燕翼围达 1.45 米。砌墙所用黏合物多为石灰,

二宜楼墙体

也有掺以桐油、红糖者，因而高大坚固异常。围屋外墙多为三四层楼的高度，其内三、二层依次建筑，或墙或柱，设门窗。围屋外向不留窗户，但有可供向外射击的枪洞，犹如唐之前中原地区的坞堡，四角有高出一层且墙体稍外伸一米左右的角楼，供瞭望用，也称炮楼。庭院内有水井、仓库，可见其自卫性质齐全。

龙南关西围屋

赣南围屋现存500多所，多在龙南、定南、全南、安远和信丰等地。龙南县被称为“客家围屋之乡”，有360多座，这些围屋集家、祠、堡于体，小的占地六七十平方米，最大的“栗园围”占地达37000平方米，真是古朴多姿，堪称世界客家围屋博览园。各地围屋大门之上均有门额标示楼名。如龙南县杨村

龙南关西围屋

的“燕翼围”、桃江的“龙光围”、安远县镇岗的“东生围”、定南县鹅公的“田心围”等。这些围名多有寓意,如燕翼围,即取之《诗经》“诒厥孙谋,以燕翼之”,意谓将生活的智谋留给子孙,使其永享太平。其中建于清雍正年间的龙南县关西镇新围,占地面积约12208平方米(修建20年,用银10万两),内部结构科学合理,用材规范,实为客家围屋之经典。

粤东北围龙屋

粤东北的围龙屋是客家人聚族而居的活标本。

围龙屋因其屋长如“龙”、呈弧状且有数层相“围”建造而名。围龙屋一般建在向阳的山坡上,前低后高,易于通风、采光,整个建筑平面呈“U”状,后圆前方。围龙屋根据地形和面积,有二层、三层至数层围者。其结构大致是:在场地中心建一屋,称作龙厅,为公共使用。正对龙厅者为上堂,设祖宗神龛,安放牌位,岁时享祭在此进行。中堂为接待宾客、设宴之用,较为宽敞。门厅、走廊,为公共通行之用。横屋间,在主屋前边或后边另外单独筑建之屋,与主屋的其他厅堂一样,分配各户主使用。角楼,在围屋或横屋之角修建,两座或四座,较高,用于观察瞭望,墙上设有枪洞,实际上是用来防匪防敌的警卫室。围龙屋正面开阔,多有水塘、田畴、禾场或溪流。

丰顺县铜鼓嶂围龙屋

围龙屋为土木结构建筑,墙体以石为基,外墙以土石构筑,上覆以瓦。屋内以木(石)柱、木板分隔成大小不一的房间。围龙屋形制庞大,即如小型,也可住上几十户人家。大者数围,可容纳百户乃至数百户。建于明代的梅州丙村温氏围龙屋,有四进三堂八横四围,可容千人以上居住。

围龙屋建成后,还要按屋之走向,在不太远的距离内栽种树木,形成一个挡风的林带,俗称“风围”。围龙屋正屋安放祖宗牌位的地方称“龙穴”,“风围”以龙穴为中心,再向后延伸到“围龙背”最高处,于此栽一株较大的树,被称为“龙神树”。由于“风围”对保护围龙屋的作用很大,故人们多以保护风水为名,禁砍、禁猎,严加保护。

位于丰顺县砂田镇铜鼓嶂的围龙屋,海拔1100多米,依山面湖(铜鼓湖),

呈“U”字形,状若巨龙,其后的风围葱茏茂密,四季郁葱,实在是一处山清水秀的好地方。

4. 客家方言

客家方言是客家民系的主要特点,有人甚至说是区分客属、非客属的重要界线。客家方言是一个很复杂的问题,非三言两能说得清楚,此仅就其概貌略加介绍。

客家方言属汉语七大方言(官话,吴、湘、赣、闽、客、粤语)之一,如按世界上使用人数的多少排,为第32位。从分布上看,主要集中在中国和东南亚,具体而言,中国主要集中在粤、闽、赣、湘、桂、川和台湾,使用人口约7000万以上。

一般认为客家方言是魏晋时流传下来的,经过南北朝的发展,到唐代、南宋基本定型,故也有人称其为“唐音”或宋时的中原语音。这就是说,客家话原本属于北方方言,客家先民南迁后和当地语言相互影响、融合,从而形成了既与北方方言不同,又与南方方言有别的新方言。

客家话与普通话不同主要表现在三个方面。

一是语音。中古全浊声母,不分平、仄声,大多变读为送气音。有六个声调,平、入声分阴阳,上、去声不分,保留有六个古入声的韵尾。

二是词汇。保留了大量古汉语词语,如仍称稻子为“禾”,吃饭为“食”,绳子为“索”,脸为“面”。很多日常用语保留着书面语言的特点,如说吃早饭为“食朝”,眼睛为“目珠”,眼泪为“目汁”,养猪为“畜猪”。更有甚者,普通话中早已消失的上古词汇,客家话中竟仍有使用者。如“目冒”,《说文》释为“低目视也”,今客家话中说人眼睛向底下看时,则说“目目冒目冒子”;“目买”,《说文》释为“小视也”,今客家话中说人眼睛视力差,则说“目目买目买子”。

三是语法。多用“老、公、子、头、哩”为词语的前缀或后缀;多用“黎、咧”等特定的助词或词语表示时态;多运用声调的变化、指示代词的变化区分远指和近指。

客家话的特点及与北方话的关系,从梅州话中可以得到大量的印证。清末梅州著名诗人黄遵宪在《梅州诗传·序》中说:“有《方言》、《尔雅》之字,训诂家失其意义,而客人犹存古意者。有沈约、刘渊之韵,词章家误其音,而客人犹存古音者。”黄遵宪所指“客人”,即梅州客家。近代音韵学大师章太炎对嘉应州(梅州）、潮州、惠州客家方言进行了深入的研究，写了《岭外三州语》；他在为罗蔼其《客方言》所写的序言中说："广东称客籍者，以嘉应诸县为宗"，客语"大抵本之河南，其声音变与岭北相似"。

客家方言和闽南话一样，是众多方言中历史最悠久、变动最小、保存最完整——至今还保留着大量中古及上古汉语特征和词汇——的一个庞大民系的语言。台湾地区所使用的汉语方言中，客家话占有很大比重。之所以如此，是因为其先祖大多是从闽南渡海而来的，再向前追溯，闽南人的先祖是更早从中原移徙而来的。"宁卖祖宗田，不卖祖宗言"，这一谚语充分体现了客家人对自己母语的忠贞，对中原故土的热爱。

第十章　河洛文化与闽台

在中原汉人南下和客家民系形成过程中，在闽地的开发与发展过程中，河洛地区与东南沿海地区，尤其闽台地区有着既密切又特殊的关系。河洛人、河洛文化与闽台有着血缘、地缘、文缘、法缘、商缘之关系。

第一节　河洛与闽台

河洛地区与闽台的关系既古老渊远，又不断时时续新，在中国历史发展中，存在着一条从未间断过的闪亮轨迹。

一、渊源追溯

我国东南沿海一带很早就居住着百越族群。百越是对古越人的总称（也有称作百粤者），细分起来，其分支大约有于越、扬越、瓯越、闽越、南越、骆越等数支，他们分散于长江下游之南，从事农业与渔猎，有断发文身之习。

古越与中原关系密切。《史记·越王勾践世家》说，在诸越中建立越国者，即勾践之先祖，为禹的后裔："其先禹之苗裔，而夏后帝少康之庶子也，封于会稽，以奉守禹之祀。"少康之庶子封于越地，决不会只身前往，而必是一批，即使这"一批"人数不很多，严格地说，这也就是最早迁到南方的河洛人了。

夏末，国君为桀。桀不君，于是，夏的臣属方国商的国王汤就发动了一次"政变"，臣属方国的领导人一致拥护把桀予以流放。《逸周书·殷祝解》对此记载说,汤放桀,“桀与其属五百人去,居南巢”。《国语·鲁语》也有“桀奔南巢”的记载。关于“南巢”的地望,郭沫若说在今安徽的桐城,也有的说即今巢湖。如从移民角度言,这可能就是第二批迁到东南的河洛人了。这次河洛人南播发生在商初。

西周初年,周王古公亶父的长子太伯不愿继位,为让于其弟,太伯便率众到了太湖一带,并在这里建立了吴国。《史记·吴太伯世家》对此有较详的记述。吴国至吴王寿梦时,“吴于是始通中国”,“朝周适楚,观诸侯礼乐”,吴越与内地在文化交流中相互融合,相互促进,得到了很快的发展,实力超过了周围的邻国。

据《史记》载,汉高祖刘邦灭亡秦统一中国后,为加强对东南的控制,曾册封过闽越王。汉武帝建元元年(前140),闽越土著对闽越王不满,起来反抗,武帝立即派兵前往弹压,并采取了分而治之的办法,在驻军的同时,“尽徙其民于江淮间,以虚其地”。这是历史上又一次内地与沿海人民的交流与融合。

台湾的土著居民也叫先住民,约占总人口的2%。这些先住民,是秦汉时期从东南沿海迁到台湾的百越人,他们在长期的生产、生活中形成了自己的特点,大多数融合为了高山族。而占台湾人口98%以上的汉人,又是后来从闽粤迁移至台湾的大陆人。由此不难看出,台湾同闽粤和中原,自古以来就有着血缘联系。

二、光州固始——闽台人永远的故乡

在北人开发南方中,固始人起到了重要作用,其中陈元光、王审知影响最为巨大和久远。

1. 陈元光开发漳州

唐高宗总章二年(669),闽南、粤东北部被称作蛮獠的土著人因土地、山林与徭赋等问题发生动乱。朝廷任命光州固始人陈政为朝议大夫兼岭南行军总管前往镇抚。陈政“刚果敢为,而谋猷克慎”(《云霄县志》),于是率府兵3600人,将吏123人,来到了八闽百粤交界之地。起初,土著人对唐官兵和北方人十分抵触,效果不佳。陈政之母魏氏是一位极富智慧且有胆略的伟大女性,又率中原58姓数千军校前往支援。在其母子安抚与感召之下,屯驻云霄的朝廷军队很快就与周边土著人打成了一片。官兵一方面给他们送去生产工具,一方面向他们传授先进的耕作技术,使当地的生产得到了发展。由是朝廷的威望在闽南得到了很大提高。陈政死后,唐王朝审时度势,立即任命其子陈元光为鹰扬将军代父领军。

陈元光(656—711)字廷炬,号龙湖。陈元光在固始的开基祖为东汉颍川郡陈孟琏,曾任固始相,因喜固始山水秀美,民风淳朴,便移家于此。其祖陈克耕因佐高宗有功,官拜玉钤卫翊府中郎将,其父官拜归德将军。在良好的教育下,元光自幼秉承诗书传家之道,恪守修文习武之训。由于他聪慧好学,12岁便参加了光州乡试,并领第一。纵观陈元光在闽之一生,大到治国治军,小到修身养德,无不浸润着河洛之风。

陈元光像

陈元光代父即任后,励精图治,足谋多智,因而深孚众望,足迹所至,民咸从之。在治理闽南的过程中,陈元光感到,要使闽南有大的发展且社会稳定,有三个问题必须解决,一是设立建制,二是实行教化,三是发展生产。于是,他经过深思熟虑之后,垂拱二年(686),他向朝廷呈递了《请建州县表》,请求在闽南增设漳州建制。表云:

> 兹镇地极七闽,境连百粤,左衽居椎髻之半,可耕乃火田之余。原始要终,流移本出于二州;穷凶极暴,积弊遂逾于十稔。元恶既诛,余凶复起,法随出而奸随生,功愈劳而效愈寡,抚绥未易,子育诚难。窃惟兵革徒威于外,礼让乃格其心。揆诸陋俗,良由职方久废,学校不兴,所事者蒐狩为生,所习者暴横为尚,甚则母子聚麀,妹兄结发。诛之则不可胜诛,徙之则难以屡徙。倘欲生全,几致刑措,其本则在创州县,其要则在兴庠序。盖伦理谨则风俗自尔渐孚,治理彰则民心自知感激。窃以臣镇地曰安仁,诚为治教之邦;江临漳水,实乃建名之本。如蒙准请,乞赖部核,定名号而复入职方,建治所而注颁官吏,治循往古之良规,诚为救时之急务。秦越百家,愈无罅隙,畿荒一德,更有何殊!臣谬居外镇,忝在封疆,所得事宜合。谨具厥由,伏候敕旨。

嶺南行軍總管　陳　政
陳政字一民光州固始人父克耕從唐太宗攻克臨汾等郡政以良家子從征功拜玉鈐衛翼府左郎將歸德將軍高宗總章二年泉潮間蠻獠嘯亂民苦之僉乞鎮帥有威望者以靖邊方朝廷以政剛果敢爲而謀猷克慎進朝議大夫統嶺南行軍總管事鎮綏安偏裨自許天正以下一百二十三員俱稟號令詔曰其辭病病則朕醫其辭死死則朕埋比至鎮百凡草創備極勞瘁群蠻來侵自以衆寡不敵退保九龍山奏請益兵朝命以政兄敏暨兄敷領軍校五十八姓來援敏敷道卒母魏氏多智代領其衆入閩乃進師屯梁山之雲霄鎮邊徼穿圳因作宅於火田村居焉嘗渡雲霄指江水謂父老曰此水如上黨之清漳以漳名郡本諸此鳳儀二年四月卒子元光

清·《云霄厅志》

疏上，大臣裴炎、裴行立、狄仁杰等于朝廷前极力赞成，于是，垂拱四年(688)六月二十九日，武则天准奏并下《敕建漳州郡县》诏，在闽南设漳州建制，下辖漳浦、怀恩两县，并任命陈元光为首任刺史。之后，陈元光将北来将士与当地居民组织起来，屯耕结合，或辟荒为田，或斩荆植树，或耕渔相兼，使漳州经济有了很大发展。陈元光还实行了许多其他有利生产和社会发展的措施，如招徕流民，给予土地，使其安居；轻赋免征，兴修水利，藏粮于民；减徭去役，鼓励桑织，通商惠工；兴学劝学，发展教育，培养人才；剿抚并用，锄寇御患，强化治安等。在陈元光全力治理下，未及数年，云霄山下林果丰，九龙江畔稻蔬香，漳、泉一带不仅人丁繁衍，家家富庶，而且“方数千里无桴鼓之警”(清光绪《光州志·陈元光》)，成了鱼米之乡，礼仪之邦。

据史载，陈政母子率众入闽之将士为7000余人，连同随军眷属，当在8000人以上。在戍闽人员中，可考之姓氏有60多个，分别是：陈、许、卢、戴、李、欧、马、张、沈、黄、林、郑、魏、朱、徐、廖、汤、涂、吴、周、柳、陆、苏、欧阳、司马、杨、詹、曾、萧、胡、赵、蔡、叶、颜、柯、潘、钱、姚、韩、王、方、孙、何、庄、唐、邹、邱、冯、江、石、郭、曹、高、钟、汪、洪、章、宋、翟、罗、施、蒋、丁。随军眷属除与上相同者外，另有18个姓氏：卜、尤、尹、韦、甘、宁、弘、名、阴、麦、邵、金、种、盖、谢、上官、司空、令狐。此80余姓中原人众，历千年繁衍不衰，故至今其裔孙所修家谱，明标其祖源于光州固始。固始成了无数闽台人永远的故乡。

除史载陈元光治闽功德外，从旧《漳州府志》为陈元光部属所立传记中也可管窥一二。如万历《漳州府志》许天正传：

许天正，河南光州固始人，陈元光首将也，从元光入闽。元光有所申请，必讨论而后行。博学能文，领泉、潮事，以儒术饬吏治，以忠勇练士卒。平惠、潮、虔、抚之寇，置堡三十六所。泉、潮蒙其教诲、捍卫之功，改左衽椎髻之习，三年之内，岭海宁戢。升中奉大夫兼岭南行军团练副使，又平寇于潮阳。陈元光题诗末云：参军许天正，是用纪邦勋。时裴采访与张燕公荐于朝，欲掌史馆，天正力辞。历仕泉、潮团练副将、宣威将军兼翊府记室。至宋，追论元功，封昭应侯。今子孙散处南靖、马坪及海澄等处。

此传从一个侧面真实地反映了陈元光与诸将戮力闽地之赫赫军功及政绩。

陈元光死后被当地人尊为“开漳圣王”，各地建祠膜拜纪念。南宋时又加封其为“灵著顺应昭烈广济王”。在陈元光的家乡——河南固始县陈集村，现仍有保存完好的“陈将军祠”。家祠正殿悬额书“威震闽粤”四字，廊柱楹联为“开闽数十年烽火无惊称乐土，建漳千百载香烟不绝祀将军”。每年到此瞻仰祭拜者无数。很多闽粤人迁台或侨居海外后仍十分怀念与崇戴陈元光，所到之处，也纷纷立祠，至今不仅台湾有陈圣王庙60多所，而且遍及东南亚各地。

新加坡保赤宫

固始陈将军祠

2. 王审知建立闽国

唐光启元年(885)，光州固始人王审知与其兄王潮一起奉母董氏随王绪军入漳州。王绪责王潮兄弟携母随军违犯军纪，命斩其母。诸将素惧王绪性猜忌，言行无常，即与王潮密谋擒杀王绪。后王潮任泉州刺史，景福二年(893)攻入福州后又自称留后，据有泉汀五州之地，乾宁三年(896)为威武军节度使。经考证，当时随王潮入闽的固始姓氏最少不少于18姓，也有的说是34姓或42姓，《豫闽台姓氏源流》载许伙努文章《随“三王”入闽诸姓考》说有50姓，分别是王、陈、林、刘、郭、谢、吴、张、黄、周、许、杨、苏、邹、詹、薛、姚、朱、李、郑、程、严、董、吕、孟、连、湛、虞、庾、戴、蔡、庄、邓、柯、萧、卓、何、孙、缪、赵、高、施、曾、卢、廖、马、傅、韩、释。乾宁四年王潮死后，王审知继任威武军节度使。审知素有军事才

王审知故居碑

能，他统兵转战闽、浙，很快统一了八闽，势倾东南。后梁开平三年(909)被封为闽王。王审知在位29年，其间，重视农耕，鼓励垦殖，保境安民，薄赋轻徭，使闽中一带社会大治。审知死后，其次子王延钧仍被封为闽王。王氏兄弟、父子先后经营福建50多年，在闽地社会生活全面汉化中起到了重要作用。时和年丰，家给人足，从各方面给闽人带来了福祉。《旧五代史》于此称赞有加：“审知起自陇亩，以至富贵，每以节俭自处，选任良吏，省刑惜费，轻徭薄敛，与民休息，三十年间，一境晏然。”闽国建立后，在其强大的军事力量庇护下，闽地生产发展，生活稳定。闽人敬重王审知，立祠而祀。

随王审知从固始入闽者有数万之众，这在很多家谱都有记载。人间重乡情，

“月是故乡明”,众多的闽台人心系固始,认同河洛,盖源于此。审知家乡的人也感到十分自豪,固始县城东北分水亭乡王家寨村至今还存其故里。

三、入台河洛姓氏

在我国历史上多次人口大迁移中,明代中期之前主要是由黄河流域南向,明末清季至民初虽也有闽赣西向湘川桂及回归中原者,之后,更多的则是粤客入琼和漳泉厦一带的闽南人东向台澎。在台湾的开发与发展中,闽粤人及闽粤客家人功德最著,而入台的许多闽南人和客家人,其先祖则是河洛人。

1. 客家人是台湾人的主体

在台湾,福建的移民是台湾人口的主体,而闽南移民又占福建移民总数的97%。从闽入台者主要是客家人,他们的先人从河洛地区南下,其后裔分支又从闽粤外迁,这在不少族谱家乘中都有明确的记载。1953年,台湾公布了一次人口统计的结果,在500户以上的100个大姓中,有63姓共670512户的族谱上说先祖来自光州固始,占当时统计总户数的80.9%。

据“台湾文献委员会”公布,台湾共有姓氏1694个。1988年台湾出版的《台湾族谱目录》收录了包括200多姓的近万种族谱,其中大部分记载着先祖来自河洛。如台湾《青阳庄氏族谱》,记其入闽始祖为庄森公,“唐光启间,始祖森公,王潮之甥也,偕入闽,择居于永春桃源里美政乡,地名蓬莱”。《桃源庄氏族谱·庄氏追远序》云,今惠安县山腰庄氏,其始祖亦为庄森公,自光州固始入闽,居永春县桃源里蓬莱山,其后世分支分别迁至晋江、惠安、同安、莆田、安溪以至粤、台各地。台湾姓氏中人口最多的林氏也是光启年间随王审知入闽的。《侯官乡土志》记其开基祖“唐林穆,光启初由固始随王来闽”。《台湾通志》中有《台北县虎丘林氏族谱》称,“先世固始人,祖有林一郎者,仕客,于光启乙巳(885)迁福建永春桃源大杉林保”。台湾《陈氏大宗谱·福清陈氏宗谱》称其开基祖来自固始,至三世祖迁至长乐之江田。台北县木栅乡《安平高氏族谱》称其入闽始祖为固始人高钢,唐末避黄巢之乱挈眷居闽侯县凤岗。台北县汐止镇《蓬岛郭氏家谱》尊固始人郭嵩为入闽始祖。他如《台湾通志》所载《黄氏族谱》、《东石檗各氏族谱》、《闽杭黄氏族谱》、《虎丘义山黄氏世谱》以及《金敦黄氏族谱序》,都称其先祖来自光州固始。

2. 四大姓

让我们再看一看台湾著名的四大姓:陈、林、黄、郑。

陈姓为台湾第一大姓,占总人口的12%稍强。陈姓始于古陈国,陈都于宛丘,即今河南淮阳。陈氏所奉始祖为东汉颍川陈寔,颍川即今河南许昌。台北《清源陈氏家乘叙》载,“入台始祖”为陈永华和陈泽,二人明末随郑成功驱荷入台。两人不仅战功卓著,落籍之后率众开发台湾,促进了当地农业的发展,经济的繁荣。陈永华、陈泽的先祖则是陈政、陈元光。《武荣诗山霞宅陈氏族谱》说:“我祖自颍川分派于河南光州固始,以抵入闽,至一郎公卜居武荣诗山霞宅。”

林姓是台湾第二大姓,占总人口的9%。林姓的始祖为商朝的比干及其子林坚,比干生于当时朝歌的“牧野长林”,即今河南的卫辉。台湾的林姓是闽地林姓迁徙而至的,而闽的林姓在晋、唐代就已十分出名。永嘉二年,中原板荡,南渡入闽时,林为八族第一,其中有林坚81世孙林颖。后林颖之子林懋任下邳(今属江苏)太守,子孙繁盛,为当地巨族。林颖次子林禄任晋安(今属福建)太守,又被晋明帝封为晋安郡王,其子孙散居侯官、福唐、长乐、连江、温陵、南安、清溪、德化、惠安、龙溪、漳浦各地,被称为“闽林晋安世系”,为林氏最著名的一支,后又衍生了侯官、莆田两大支系。林禄死后葬于惠安县涂岭九龙岗,海内外林氏将此地视为林氏拜祖圣地。晋安世系中还有琼州、睢阳、连江、长城、光山、岭南、浙杭、江西、台湾等分支世系。台湾主要分布在云林、台中、台北、彰化等地。史载,唐开元年间,东石林銮,经商渡海至台湾,是为林氏最早入台者。

黄氏是台湾第三大姓,约占总人口的5%。黄氏源于古黄国,治所在今河南潢川县。台北县深坑《黄氏族谱》载:“世居光州固始,至晋,中原板荡,南迁入闽。”黄氏从闽入台,为明末和清代。据悉,台湾有黄姓约110万,有26个黄氏宗亲组织。

郑姓源于春秋时郑国,即今河南新郑。其郡望为荥阳(今河南荥阳)。郑姓在台湾排在第12位,但因郑成功收复台湾、开发台湾,故在人们心目中具有崇高的地位。

台湾姓氏人口学者张绪贤据1978年当地户政事务所统计,绘制了《台湾区各县市分姓人口数统计表》,同时依人数多寡排出了台湾常见的100个姓氏之序。他在1979年出版的《台湾区姓氏堂号考》中说,这前100大姓的人数,占台湾总人口数的96%。

1987年5月,中国科学院研究人员杜若甫、袁义达首次公布了他们对中国人姓氏分布的研究成果,同时排出前100个人口大姓的顺序。时隔20年,2006年1月,袁义达又公布了最新的研究成果和新的前100个人口大姓的排序。在两次排序中,前10名的姓氏没有变化。

台湾学者陆炳文对上述资料进行了比较研究。他指出,拿台湾地区的100大姓和全中国第一次排出的前100个大姓两相比对,有77个完全相同,尤其前10姓,有8个相同。与全中国第二次100大姓排序相比对,相同的有74个,前10姓中,仍是8个相同。“显而易见,不论任何地方,人口集中于大姓的态势均至为突出,这也说明,各该前100名大姓代表性很强,台湾如此,大陆亦如此。”陆先生在其1982年出版的《从中国姓氏源流谈台湾大陆一体关系》一书中指出:李、王、张、刘在中国北方较多,而陈、黄、林、吴在南方人口中所占比例较高,“这一特点,证明台湾同胞无不来自大陆,特别是原籍多在华南的闽、粤两地,祖籍则多远达中原一带”。

第二节　台湾的发展

台湾自古即与大陆有密切的关系,秦汉时即有百越人入台。然而,台湾真正意义上的开发,则时间较晚,闽南人和客家人是开发台湾的主力。

一、台湾的前期开发

1. 开台圣王颜思齐

在较早移居台湾的闽南人中,颜思齐(1589—1625)是最值得一提的先贤。颜思齐字振泉,福建海澄县青礁村(现属厦门海沧区)人。有专家指出,颜思齐之先祖很可能就是颜之推九世祖、永嘉南渡时的颜含。思齐青少年时代受到过较好的教育,他明书知礼,疾恶如仇。明万历四十年(1612),因其家遭官宦欺辱,一怒之下,他杀掉了仇人之仆后,逃亡到了日本。在日本,他通过各种渠道经商,逐渐积蓄了巨大的财力。但他仍血气方刚,天启四年(1624)因参与武装反抗德川幕府，受到日本政府的搜捕围击。情急之下，他义无反顾地率众乘着十三艘船只出逃海上，历尽惊涛骇浪，于八月二十三日抵达台湾的笨港（今台湾北港）。

颜氏家庙

为了生存和发展，在笨港，颜思齐与众人一起不避寒暑，披荆开土，广为垦殖，与此同时，选择有利地势，构筑寮寨，操练演武。他认为，只有人众才能势炽，只有势炽才能实雄。在刚刚站住脚跟之后，他即高瞻远瞩，谋虑深远，多次派人到漳州、泉州等地招募人众，前后组织3000余人移居到台湾。颜思齐是大规模有组织地移民台湾进行开发的第一人。颜思齐很注意与土著人和睦相处，属下凡与之发生冲突，他都要亲自处理，予以适当安抚或保护。连横著《台湾通史》，在为台湾历史人物所立传中，列颜思齐为首，是非常允当的。

颜思齐开发台湾实是筚路蓝缕，艰苦卓绝，功高盖世，因而至今人们对他怀念不已。人们不仅称其为“第一位开拓台湾的先锋”、“开山祖颜思齐”、“开台第一人颜思齐”，而且还尊其为“开台王”、“开台圣王”。为了纪念他，人们在台湾云林县北港镇修建了“颜思齐先生开拓台湾登陆纪念碑”，在嘉义县新港乡妈祖宫前修建了“思齐阁”和“怀笨楼”等。

2. 郑、施时期台湾完成了与内地一致的社会建构

明天启四年（1624），荷兰殖民者入侵台湾。两年后，西班牙殖民者也以武力入侵。近四十年的殖民统治中，大量的台湾财富被西方掠夺。经过充分的准备之后，清顺治十八年（1661），郑成功率领数万水军，自厦门港出发，途经澎湖，在台湾南部的禾寮港成功登陆。在武器装备不及殖民者的情况下，经过8个多月的艰苦战斗，迫使荷兰总督于康熙元年（1662）二月一日宣布投降。为巩固在台的胜利，郑成功一方面在各地建立行政机构，委派官员，一方面组织发展生产，安置将士及其眷属实行屯田。不久，郑成功病死，其子郑经嗣位，继续推行稳定台湾的政策，如设置私田，招募人员垦殖。史载，明郑政权期间，从大陆到台的汉

郑成功像

人(包括官、军及眷属)有八九万之众,加上原有汉族居民,汉人已有15万之多,基本上与原住民数量相当。由于劳动力的增多,当时西部沿海平原大多得到开垦,可耕地面积比荷占时期扩大了一倍,农民开始使用耕牛,并大面积地种植稻米和甘蔗。同时,村社开始有了社学,不少原住民的子女也受到了文化教育,中华文化在台湾得到了发展。

但由于郑氏政权不拥戴清廷,康熙二十二年(1683),清帝国派大将施琅率军入台攻灭了郑氏政权。施琅深知台湾战略地位的重要,他一方面推行清廷的治台方略,一方面强化军事训练,并积极建议在台湾驻守足够的兵力,以防御西方殖民者卷土重来。施琅复台治台有功,被清廷封为靖海侯。之后,清廷加强了对台湾的管理,在台南设置了台湾府,光绪十一年(1885)又改为行省。清廷统一台湾200多年间,东南沿海一带又有更多的人渡海移居,至日本侵占台湾(1895)前夕,台湾汉民族人口已经超过了200万。随着人口的增加和经济的发展,正统的中华文化在台湾得到了普及与发展,如当时除遍及各地的普通学校外,有属中等教育的书院37所,从大陆到台在各级学校任教授、教谕、训导的人员超过了300人。有清一代,台湾考取进士者19人,举人251人。经闽粤而入台的河洛语言、礼俗、习俗也更加民众化。至此,台湾与内地在政治、文化与社会等方面的建构基本一致起来。

台湾彰化郑成功庙

二、客家人在台湾

勤劳的客家人入台,大约在16世纪末和17世纪初。较大规模的入台,则是在荷兰人入侵、郑成功收复台湾尤其康熙二十二年(1683)清廷平定台湾第二年取消了海禁之后。上述三个时期有一个相同的机遇就是:台湾需要人力,当局支持开发。如明天启四年(1624)荷兰人占据台湾后,就曾招募过闽粤移民。清代

台湾省地图

康、雍、乾时期是客家人入台最为频繁的时期。400多年来,客家人为台湾的发展、繁荣与进步作出了巨大贡献。

清廷于康熙二十三年(1684)放开海禁后,允许百姓自由出海生产,但对到台湾仍有三条禁令:一是去台湾必须经过批准,且只能走厦门—鹿耳门(台南)一条航路;二是打工者不许带家属;三是不许潮州、惠州人入台。为什么特别提出不许潮、惠人入台呢?这是因为,在清廷看来,潮、惠人反抗精神强,两地为"海盗渊薮",怕他们像郑成功那样,到台湾后会成为"反清复明"的力量。因此,这一时期闽南人以地理优势入台较多,其次是粤之嘉应州属的各县,被禁入台和无资者多冒险偷渡。

由于闽南人捷足先登,不论台湾南部和北部,比较平坦和面积较大的可垦地多被他们占用。如入台第一站——台南四周多被开发,为此,嘉应四县入台人员多到了高屏地区。粤人不避艰险,奋力垦殖,且所在地多为"番害"最严重的地区,加之康熙六十年(1721)朱一贵起事时能全力协助清廷将领蓝廷珍平息动乱,从而改变了清廷对粤客家的看法(朱一贵属闽南泉州籍)。在蓝廷珍的建议下,清廷取消了对潮、惠客家入台的限制。这期间来台的粤地客人或闽南人,必须到更边远处才能得到小片田园。从这个意义上说,粤地客家后来的入台,对台湾全面的开发起到了极大的作用。

目前,客家人在台湾有460多万,占总人口的20%,分布在19个县(省辖市)和200多个市县乡镇。19个县(省辖市)是:台北县、台北市、桃园县、新竹县、新竹市、苗栗县、台中县、台中市、彰化县、南投县、云林县、嘉义县、台南县、高雄县、高雄市、屏东县、宜兰县、花莲县、台东县。

说数量而言,北部桃园、新竹、苗栗、台中等县市220多万,台北县市100多万;南部集中在高雄县和屏东县,约60万;东部花莲和台东较多,约10多万。就占当地人口的比例而言,苗栗县最大,约为68%,其次新竹,约为65%,桃园位居第三,约为48%,第四位是花莲,在40%以上。

台湾曾两次被侵略者所霸占,多次被列强染指,所以,在论及台湾客家人时,谁也不会忘记客家人及当地军民在反对殖民统治和争取独立的斗争中作出的卓著贡献。郑成功收复台湾时,先后有3万多人入台,其中客家人在万人以上。郑成功的部将刘国轩、陈泽,咨议参军陈永华都是客人中的优秀代表,在抗荷战斗和其后的开发中都作出了卓越贡献(见连横《台湾通史》)。入台的福建同安人林圮,原为郑成功参军,后率部在竹山镇一带从事垦殖,龙溪人林凤率众在台南六甲庄垦殖,从事林业和水稻生产。1895年中日甲午战争后,日本占领台湾,台湾同胞奋起反抗,仅火烧庄(今名长治)一役,客家人就牺牲1000多人。著名爱国志士、苗栗人丘逢甲虽不谙军事,但却义无反顾地与台湾巡抚唐景崧、总兵刘永福一起配合,并任"团练使",率众作战,给入台日军以沉重的打击。为了加强对台守卫,光绪五年(1879),时任台北知府的陈星聚(河南省临颍县人)便着手修建台北府城,历时五年告竣。1884年中法战争爆发,8月,法军犯基隆,9月,基隆失守,法军又犯淡水、台北。台北军民在陈星聚率领下奋勇抗战,击退了来犯敌寇。

第三节 台湾河洛郎

2005年4月29日,国民党主席连战来到北京大学,他热情洋溢地对听众说:"在台湾,我们有原住民、有客家人,我们大多是'河洛郎'。"

"河洛郎"是台湾中原后裔的自称,"河洛郎"既包括闽南人的后裔,也包括客家人的后裔,一言以蔽之,凡其先祖之籍为河洛者,其后裔便自称"河洛郎"。台湾的汉族人占总人口的98%,其中80%以上是福建去台之后裔,台湾"河洛郎"之多,可想而知。

一、昔日的开拓者

"河洛郎"一词流行于民间,至于始于何时虽然已无可考,但有两点是很明确的:其一是他们的先祖源于河洛,一迁赣闽粤、再迁至台湾和海外;其二,他们大都讲客家话,而客家话也就是"河洛话"。故今台湾、新加坡、马来西亚等地区讲客家话(也有泛称其为闽南话者)的华人,都自称"河洛郎"。

1. 客家先民开发闽西

一般人言及河洛,都很自然地说到闽南,而说到闽西时,往往只说汀州,这就在不知不觉中漏掉了一个很重要的地区——闽西的龙岩。

唐垂拱四年(688),应陈元光之请求,为确保闽南安全和开发,朝廷同意在闽南设漳州之制,当时,龙岩即属其辖。其后,就有大量的河洛人前后来到这里,散居在龙岩、漳平一带。这样,龙岩就将从泉州、漳州、厦门到粤东北的潮、汕地区连接在了一起,从而形成了一个地域辽阔的河洛语言文化区。漳、龙、潮一带原属百越之地,中原士庶的到来与定居,促进了河洛文化与百越文化的融合,黄土文化在发挥自己原有优势的同时,也大量吸取了当地文化,从而嬗变为新的文化。自清代康、雍、乾时期起,300多年间,沿汀江南下潮汕出海至台湾及东南亚的客家人不计其数。闽南、闽西、潮汕的客家文化,因地域之优而为海洋文化的形成作出了贡献。

闽南金三角一带的河洛后裔,已习惯称自己为闽南人,潮汕平原一带的河洛后裔已习惯称自己为潮汕人,而龙岩一带的河洛后裔,则一直习惯称自己为河洛人。原因何在呢?

今之龙岩区划,是由古汀州府与龙岩州的一些地域调整合并而成的。汀州被称为客家的首府、客家的祖地,是中原汉人南下落脚最早的地方,龙岩县清代从漳州划出升格为直隶州,相对独立,因而此两地的中原南迁后裔的河洛情结尤为浓重,走出去的人至今仍以自己是"河洛郎"而自豪。当今龙岩所辖区县有客家人210多万,是建设海西地区的重要力量。

2. 闽粤之"河洛郎"入台

在闽的河洛先民及其后裔入台拓荒经历了一个漫长而艰难的过程,人数较多的入台有三次之多。

第一次在明末。崇祯元年(1628),明廷派员对郑芝龙进行了招抚,第三年,郑芝龙上疏朝廷,要求派人开发台湾。这对明廷来说是一举两得的事,一可加强台湾力量,二可牵制郑氏。于是,台湾巡府熊文灿在朝廷同意下,组织了数万人进入了台湾。此举也吸引了部分泉州、漳州的老百姓自发入台。这批入台百姓对台湾的制糖、皮革(鹿皮)业的发展起了直接的推动作用。

第二次是在郑成功收复台湾之后。明朝灭亡后,清兵势如破竹,从黄河、长江流域直下东南沿海。清兵所到之处,均为一片焦土,郑成功之母在原籍被迫自杀,使郑成功对清廷恨之入骨。郑成功于清顺治十八年(1661)光复台湾后,誓以台湾为基地,反清复明,为此,他从漳、泉及潮、惠一带大量招募流民入台,一边屯垦,一边训练。此次入台之民不下六七万之众。

施琅像

第三次是在康熙时期。康熙二十二年(1683)六月,清水师提督施琅率水师6万余乘600多艘战船入台,一举摧毁了郑氏政权。第二年,清廷设台湾府。其后各朝又分别在台湾设省、县和镇(按:镇为军事组织)。清廷在台湾统治的200多年间,如前所述,前期虽然对入台有所限禁,但从未关死出海之门,尤其平定郑氏集团后,"禁海令"和"迁界令"明令废除,因而闽粤沿海之民不断拥入台湾。这期间入台闽粤客家人绝大多数为中原人后裔,故至今其后人还自称"河洛郎"。

3."河洛郎"艰苦拓台

首先,闽粤客家人入台,不论走官道从厦门到鹿耳港,也不论是偷渡,都是冒险之为。台湾海峡风浪之巨大是人所共知的,因而有不少人尚未半渡,即葬身恶浪之中。其次,生产生活环境远不如家乡。虽然气候上能够适应,但缺乏住房、缺乏生产工具、缺乏起码的治病条件,这也往往给他们带来意想不到的困难、灾难甚至生命危险。再次,有时还与土著居民发生矛盾,甚至械斗,一些客家人为此而丧生。

闽粤客家人刚强无畏,为了明天,他们勇于吃苦,不断以自己的聪明、智慧和汗水开拓台湾。

入台客家人在台湾南部的开发主要以台南为中心,然后扩及屏东、高雄各地。

台湾中南部开发较早,其中嘉义、云林早在明末天启年间,就有了“开台王”颜思齐及其部属的足迹。

客家人对中部地区的开发首先集中在海岸平原,其次是台中盆地,再次则是大肚溪上游及四周山地、丘陵。前已有述,台中地区的开发与清中期清军入台有关,蓝廷珍平定朱一贵动乱后,驻军与当地居民曾携手开发大片沃土。

北部地区开发较早的是台北、新竹、彰化、台中数县,这里明末清初已有大片良田。桃园、苗栗在清雍、乾时期也进入了大量的客家人,很快也被开发。

东部地区开发较早的是宜兰一带,鸡笼(后改名基隆)是东部沿海使用最早的港口。花莲、台东至清后期也得到了全面的开发。

二、今天的河洛郎

如果说昨天的河洛郎为台湾的开发付出了血和汗,功莫大焉,那么,今天的河洛郎也仍未息肩,为了台湾更美好的明天,而更加努力地付出了自己的心力与智慧。此仅以连战公说明之。

1. 连战的“和平之旅”

应中共中央总书记胡锦涛的邀请,由中国国民党主席连战率领的中国国民党大陆访问团2005年4月26日抵达南京。这是连战1945年离开大陆后60年来首次再度踏足大陆,也是自1949年以来中国国民党主席首访大陆,标志着中国共产党与中国国民党两党关系进入了新的阶段。

连战在南京

4月26日晚,中国国民党访问团受到了中共江苏省委书记李源朝的欢迎。在李源朝致欢迎词后连战说,南京是中山先生陵寝所在地,对中国国民党来说,是一个具有历史连接、感情连接的地方。长久以来,我们都秉持中山先生天下为公、博爱、救国的精神，尤其是中山先生弥留之际"和平、奋斗、救中国"的要求，对历史负责任。两岸之间不是距离问题，不是江山隔阻、寸步难行。大家如果能秉着理性、互信、尊重，锲而不舍地来推动这个目标的实现，就一定能给两岸人民带来安定、繁荣和希望。

代表团主要成员有连战夫人连方瑀，中国国民党副主席吴伯雄、林澄枝、江丙坤，秘书长林正丰等。

4月27日上午8时50分，代表团拜谒中山陵并敬献了花圈，连战为中山陵题词："中山美陵"，之后到世界文化遗产明孝陵游览观光。下午，参观了民国时期总统府和天妃宫（分别题词为"和平奋斗救中国"、"慈航普济"），晚上，在夫子庙状元酒楼品尝秦淮风味小吃，观赏民族音乐表演。

连战在北京

4月28日上午11时15分，连战一行到达北京，中午，中共北京市委书记刘淇在北京饭店会见并宴请了客人。下午，连战一行参观了心仪已久的故宫。参观后，连战兴致勃勃地为故宫题写了楹联："昔日禁城百年沧桑难回首，今日故宫几番风华齐向前"，横批为"继往开来"。晚上，连战夫妇和部分访问团成员在老舍茶馆品茶、听戏，连战在休息时为茶馆题词"振兴茶文化，祥和两岸情"。

4月29日上午，连战在北京大学发表演讲，题目是《坚持和平，走向双赢》。

连战说，来到北京大学，看到实草、实木、实事、实人，想到我母亲在这儿年轻的岁月，在这个校园接受教育、进修成长，心里面实在是非常亲切。她老人家今年已经96岁，我告诉她我要到这边来，她还是笑眯眯的很高兴。台湾的媒体说我今天回母校——母亲的学校。这是一个非常正确的报导。

连战在演讲中对中国过去的历史作了一些简要的回顾。他说，总结过去，目的在于今天要有一个正确的历史方向和目标。我想了再想，把它归纳成12个字，那就是希望各位能够"为民族立生命，为万世开太平"。这12个字可以缩减为8个字，那就是大家一定要"坚持和平"，我们大家一定要"走向双赢"。他说，不管历史上已经发生过什么，但我们一定要重视当前，放眼当前，共同展望未来，开创未来。

连战说，我以前看到，面对东西德国，科尔总理说我们相互需要；面对南北韩，现在卢武铉也讲到，通心力、兄弟情。这些声音难道一点都引不起来我们大家应该有的一些注意吗？我想，答案是否的，我们会。今天我们所走的这条路是人民支持的；我们搭桥铺路，是人民愿意看到的；他们不愿再看到两岸的对峙、对抗、对立，甚至对撞，他们愿意看到的是两岸的对话与和解，大家的相互合作。

连战说，台湾走对路才有出路，我们认为不能够让"民粹"主义取代民主思想，不能够让"宪制"、"正名"、"去中国化"、武断"台独"时间表来打破我们整个幸福的基础。他说，周日我们出来之前有一个民调，66%的人认同、支持两岸的和谐对话，30%认为可能没有什么大的效果，这也是一个民意，非常显著的情况。

连战在分析了两岸目前合作现状后说，今天两岸的关系，不单是互相依存，而是互补互利，是"一加一大于二"的情况。他说，尤其是即将面临的未来，"两岸合作赚世界的钱"有什么不对啊！我们一定要实现如虎添翼的加成的效果，这种加成的效果不是双赢，实际上是多赢。

连战最后说，让我们大家共同坚持互惠双赢，坚持和平。这不仅是自我期许，也是历史的责任。"为民族立生命，为万世开太平"，我相信，这是中华民族万世所称赞的最重要的成就，也是炎黄子孙共同的光荣。

连战风趣的演讲不断被热烈的掌声所打断。演讲结束后，北京大学校务委员会向连战赠送了两件珍贵的礼物：一件是连战的母亲赵兰坤76年前20岁时在燕京大学就读时的学籍档案（成绩单）复印件，一件是赵兰坤当时的照片复制件，并请连战代向老人家问候，祝她健康、长寿。连战对北京大学的厚意表示感谢。之后，连战夫妇还专门到母亲昔日住过的院落前拍照纪念。

4月29下午，中共中央总书记胡锦涛会见了连战一行，两人举行了正式会谈。

胡锦涛在致欢迎辞时说："有朋自远方来，不亦乐乎。"你们的来访是中国共产党和中国国民党关系史上的一件大事，也是当前两岸关系当中的一件大事。从你们踏上大陆的那一刻起，我们两党就共同迈出了历史性的一步，这一步既标志着两党的交往进入了新的发展阶段，也体现了我们两党共同促进两岸关系发展的决心和诚意。

连战说：诚如总书记刚才所讲，今天的聚会是国民党和共产党60年来的头一次，也是在两岸的情况下56年党和党见面交换意见最高层次的一次，难能可贵。他说：我们是以善意为出发点，以信任为基础，以两岸人民的福祉做依归，以民族长远的利益做目标。我相信,我们在这样的基础之上,绝对应该避免对峙、对抗,甚至于对撞,要的是和平,要的是对话。我相信,双方假如继续加强相互理解和信任,一定会给两岸人民带来更好更多的安定和繁荣,同时更重要的是给两岸带来亮丽光明的希望和未来。

胡连公报

会见之后,胡锦涛同连战进行了正式会谈。下面是当时发表的会谈新闻公报,这是一份重要的历史文献,故全文照录如下:

中国共产党总书记胡锦涛与中国国民党主席连战会谈新闻公报

二〇〇五年四月二十九日

应中国共产党中央委员会总书记胡锦涛邀请,中国国民党主席连战率国民党大陆访问团,于二〇〇五年四月二十六日至五月三日访问大陆。这是国共两党一次重要的交流与对话。在两党"正视现实,开创未来"的共同体认下,四月二十九日,胡总书记与连主席在北京举行会谈。双方就促进两岸关系改善和发展的重大问题及两党交往事宜,广泛而深入地交换了意见。这是六十年来国共两党主要领导人首次会谈,具有重大的历史和现实意义。四月二十八日,中共中央政治局常委贾庆林会见了国民党访问团全体成员。两党工作机构负责人进行了工作会谈。基于两党对促进两岸关系和平稳定发展的承诺和对人民利益的关切,胡总书记与连主席决定共同发布"两岸和平发展共同愿景"。全文如下:

五十六年来,两岸在不同的道路上,发展出不同的社会制度与生活方式。十多年前,双方本着善意,在求同存异的基础上,开启协商、对话与民间交流,让两岸关系充满和平的希望与合作的生机。但近年来,两岸互信基础迭遭破坏,两岸关系形势持续恶化。目前两岸关系正处在历史发展的关键点上,两岸不应陷入对抗的恶性循环,而应步入合作的良性循环,共同谋求两岸关系和平稳定发展的机会,互信互助,再造和平双赢的新局面,为中华民族实现光明灿烂的愿景。

两党共同体认到:

——坚持"九二共识",反对"台独",谋求台海和平稳定,促进两岸关系发展,维护两岸同胞利益,是两党的共同主张。

——促进两岸同胞的交流与往来，共同发扬中华文化，有助于消弭隔阂，增进互信，累积共识。

——和平与发展是二十一世纪的潮流，两岸关系和平发展符合两岸同胞的共同利益，也符合亚太地区和世界的利益。

两党基于上述体认，共同促进以下工作：

一、促进尽速恢复两岸谈判，共谋两岸人民福祉

促进两岸在“九二共识”的基础上尽速恢复平等协商，就双方共同关心和各自关心的问题进行讨论，推进两岸关系良性健康发展。

二、促进终止敌对状态，达成和平协议

促进正式结束两岸敌对状态，达成和平协议，建构两岸关系和平稳定发展的架构，包括建立军事互信机制，避免两岸军事冲突。

三、促进两岸经济全面交流，建立两岸经济合作机制

促进两岸展开全面的经济合作，建立密切的经贸合作关系，包括全面、直接、双向“三通”，开放海空直航，加强投资与贸易的往来与保障，进行农渔业合作，解决台湾农产品在大陆的销售问题，改善交流秩序，共同打击犯罪，进而建立稳定的经济合作机制，并促进恢复两岸协商后优先讨论两岸共同市场问题。

四、促进协商台湾民众关心的参与国际活动的问题

促进恢复两岸协商后，讨论台湾民众关心的参与国际活动的问题，包括优先讨论参与世界卫生组织活动的问题。双方共同努力，创造条件，逐步寻求最终解决办法。

五、建立党对党定期沟通平台

建立两党定期沟通平台，包括开展不同层级的党务人员互访，进行有关改善两岸关系议题的研讨，举行有关两岸同胞切身利益议题的磋商，邀请各界人士参加，组织商讨密切两岸交流的措施等。

两党希望，这次访问及会谈的成果，有助于增进两岸同胞的福祉，开辟两岸关系新的前景，开创中华民族的未来。

连战在西安

4月30日上午11时10分,连战一行到达西安,下榻喜来登酒店。下午3时许,连战夫妇专程回到阔别60年的母校——后宰门小学。他说,童年是弥足珍贵的岁月,对于每一个人来说,童年是最美丽、最值得珍惜的一段时光,这次希望能找寻小时候的种种。连战向母校赠送了连横《台湾通史》精装本和他所著的《改变,才有希望》二书。之后,连战一行驱车前往"世界第八大奇迹"秦始皇兵马俑博物馆参观,连战为博物馆题词"游秦冢而悯万民,跨海峡为双赢"。晚上,中共陕西省委书记李建国在大唐芙蓉园设宴招待访问团。

连战在西安

清凉寺坐落在西安长安区凤栖塬上,1939年,"西京筹备委员会"及连战的父亲曾在这里办公,3岁的连战及母亲住在离此不足一公里的城杜村。连战祖母沈太夫人的墓碑就立在芳草萋萋的寺旁墓园的西南角。5月1日上午,连战夫妇踏着墓园的青青石路,祭扫了祖母之墓,以释怀念先祖之情。

2007年9月5日,连战又第二次来到清凉寺,对长眠于此的祖母再次祭拜。

连战在上海

5月1日下午,连战一行抵达上海。

5月2日上午,海峡两岸关系协会会长汪道涵在锦江饭店会见了连战并举行了会谈。中午,在东方滨江大酒店,连战向从全国各地赶来的台商发表了演讲。他说,过去的一二十年,大陆建设成就辉煌,台湾企业家"也与有功焉,也与有荣焉",是代表双赢政策的先锋部队,是双赢的代表。他说,两岸合作还有很大空间,前途非常光明,未来非常亮丽,只要我们共同努力,掌握当前,开拓未来,共创和平,共享发展,共谋策略,双赢互利一定能够完成。

5月2日,连战一行参观了上海城市规划展示馆、上海博物馆,在香格里拉饭店举行了临时记者会。5月3日下午1时,连战一行结束了在大陆的访问,乘包机离开上海,转道香港后于傍晚回到台北。

2. 连战访问河洛

继2005年春夏之交访问南京、北京、西安等地之后，身为国民党荣誉主席的"河洛郎"连战先生及夫人连方瑀女士，于2007年春天再一次踏上神州的热土，开始了大陆之行的"河洛之旅"。

访问少林寺

连战在少林寺

4月17日上午，在和煦的春风中，连战夫妇来到了嵩山，参观了闻名中外的少林寺。在大雄宝殿、藏经阁等处，观看了佛像、壁画、太宗文皇帝御书碑、混元三教九流图赞碑。在方丈禅室前，观看了少林武僧的表演。精彩的武术表演令人目不暇接，他动情地说："少林功夫明心见性，虎虎生风，真是名不虚传！少林寺是我国最有历史传统的寺庙之一，名扬中外，有成千上万的人仰慕参拜。少林之行，了却我多年的夙愿。"

访问洛阳

4月17日下午，连战先生一行访问了十三朝古都洛阳，参观了龙门石窟、牡丹园和白马寺。观光之后，连战先生深有感触地对记者说："河南文物古迹遗存丰富，历史文化底蕴丰厚，是华夏文化的发源地。可以说，中原地区是所有中华儿女心灵的故乡。这是我这次访问河南最深的体验。"短短数语，再一次表达了这位"河洛郎"的河洛情。

当龙门石窟的工作人员请连战题词时，恰值太阳破云而出，连战幽默地说，这是祥光啊！于是挥笔写下了"有祥光在，龙门法相意态奇"。在白马寺，他题写了"白马驮经，菩提道传"。

截至2006年年底，河南有台资企业1431家，投资总额21.71亿美元，合同利用台资13.7亿美元。4月17日晚欢迎宴会上，连战先生对在座的朋友和台商说："中原是所有中华儿女心灵的故乡，此次中原之行，让我深深感到中原文化的博大精深、源远流长。我欣喜地看到当今河南经济发展突飞猛进，一日千里，特别是郑州宽敞的马路、高耸的楼房，完全出乎我的预料。”

访问开封

4月18日，连战一行访问了七朝古都开封，参观了清明上河园和包公府，写了“果真景如画，古风再现”、“江山壮，金城固，青天有道，法如山”、“巧夺天工”等题词。开封市向连战赠送了官瓷“连子瓶”，向其夫人赠送了汴绣“并蒂莲”。客人们回赠了台湾著名的结晶釉“云瓶”和个人的著作。在离开开封后，连战先生致信中共开封市委书记刘长春，信中说：“日前参访之旅，荷承先生延见，聆听请益，设宴款待，多所照顾，尤对全团协助，所付心力，永平（按：连战字永平）体会至深，引企贤劳，深为感纫。尤其北京召开第三届经贸文化论坛，两党关系更展新页，今后如能进一步开展，往来频仍，则有劳先生之处，必将与日俱增。”

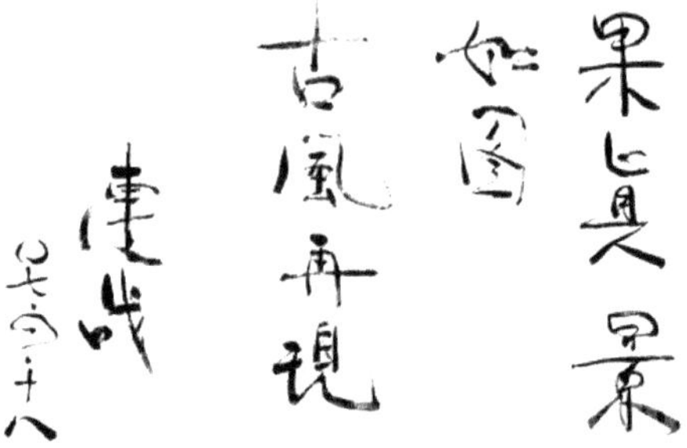

连战题词

参加黄帝故里拜祖大典

4月19日，即农历的三月三日，“乙亥年黄帝故里拜祖大典”在新郑市黄帝故里隆重举行。上午9时20分，当连战夫妇到达会场时，礼仪小姐为他们佩戴了金黄色的“黄帝丝巾”，热情地递上了洗尘净手之水。在黄帝故里祠，连战欣然挥毫题词：“扫蒙昧，定中原，世胄文明于焉开。”10时15分，连战夫妇缓步走向黄帝巨型塑像前，鞠躬、敬献花篮并进上了大典的第一炷香。

连战在开封

在黄帝故里参加拜祖大典，连战先生十分感慨，他说：“今天我率领中国国民党代表团到这里来，向我们民族的共同始祖黄帝，表达我们最崇高的敬意。同时，我们也愿借这个机会，做一个非常庄严的承诺，那就是：中国国民党一定同心同德,一心一意为两岸的同胞谋福祉。希望两岸和平稳定、发展繁荣。"

在参观河南博物院时,连战先生题词:"中原物华盛,万代衍崇光。"

连战参加拜祖大典

4 月 19 日下午,连战夫妇离开河南,他在机场对前来送行的各界朋友说:"在河南三天半,看了上下五千年。我,还会再来的。"

随同连战先生到河南访问的还有中国国民党副主席林丰正、中国国民党中评会主席团主席徐立德、中国国民党智库资深顾问丁懋时等 27 人。

3. 连战回漳州祭祖

2005 年 4 月底连战大陆行,使福建龙海市榜山镇马崎村的百姓感到很高兴,他们立即以"龙海市长洲村马崎连氏宗亲"的名义给连战写信,邀请他回故乡看看。这一封饱含着沉甸甸家乡父老心意的信通过民间渠道由连战女儿连惠心转到了连战手中。

2006 年 4 月中旬,连战在参加了北京举行的海峡两岸经济贸易论坛之后,于 4 月 19 日上午 9 时 15 分,回到祖籍地漳州龙海马崎村。

从村头到祠堂,一段不长的路,但他却走了半个多世纪!

连战有些动情,他对来欢迎他的乡亲们说:人都说,人亲不如土亲。去年到西安时,孩子们对我说,爷爷您回来了!现在要轮到我讲了:列祖列宗,爷爷啊,我回来了,我终于回来了!

对先祖的祭拜在阔别了 300 多年的连氏祠堂举行。在司仪的主持下,祭拜仪式共有 13 项,其中包括喝甜茶、灌洗、迎祖驾、献香、拜天地祖先、灌地、附服、诵读祭文、焚祭文纸钱、送祖等。在祖宗灵位前袅袅的香烟中,连战率众人深情地行了三跪三叩大礼,将帛书置香炉中焚化,之后亲自关上祖神龛门送祖。乡亲们请连战为祠堂"思成堂"题词,连战略有沉吟,挥笔写下了"明心见性,垂教后嗣,积善福世,上继祖德"16 个大字。之后,他又来到村外凤来山脚下的连氏祖坟,面向刻写着“黄泥葬忠骨,水秀后代荣”诗句的墓碑,夫妇深深地行礼致敬。

临行前,乡亲们把九龙江的水、马崎村的米等礼品送给了连战夫妇。连战摘下眼镜,擦了一下眼角,挥手与众人告别。

晚上,连战夫妇在厦门悦华酒店举行了记者招待会,他说:到福州时,他的心情是“相见恨晚”,连家离开福建300多年了,今天终于回来了,“近乡情更怯,不敢问来人”,此时的感受是:一言难尽!

关于两岸关系和闽台合作,连战说,刚刚结束的两岸经贸论坛只是一个良好的开始,闽台之间有很多的合作机会,这不是愿望,而是事实。论坛虽然是第一次,但它表现的“信心和步伐是非常明确的”,对台湾的影响也是非常明确的,例如股市上扬等。

对于某些人想利用“河洛文化”强调本土化、台湾意识,以实现“去中国化”的图谋,连战说,本土化和台湾意识都是中华文化的一部分,在中华文化大体系下,文化的多元发展是正常的,但本土化和台湾意识不是“台独”意识,也不是分裂、分离的思想。

连战说,两岸交流是大势所趋,所有关心两岸发展的人都应以更加客观、开阔的胸怀去领悟论坛发出的声音以及大陆人民和领导的表示。他对两岸关系发展充满信心。

4. 连氏小史

唐光启元年(885),王审知入闽时,中原有50姓随往,他们当中大多为固始人。其中苏姓有“都统军使”苏益,后落籍福建同安。南宋末年元兵追杀宋室王族,苏氏因被牵连,避而改姓连、许,有的改姓外公之姓周。后来,连、许、周、苏四家均尊苏益为先祖。

清康熙年间,连氏后裔连兴位从漳州马崎社渡海入台,定居于台南马兵营。1878年,连兴位的第七世孙连横出世。当时台湾虽为日本占据,但连横不忘祖训,不忘祖根,1897年到上海圣约翰大学就读。1908年,连横依《史记》体例写《台湾通史》,历10年艰辛,1918年完成,1921年出版。该书以铁的事实说明台湾自古即为中国领土,台湾之民为河洛后裔,台湾之语即为河洛之语。“夫台湾之语,传自漳泉;而漳泉之语传自中国。其源既远,其流又长。”(《台湾通史·自序》)由于对日占的不满,1933年,连横决定到女儿所在的上海定居。1935年春，连横到西安看望儿子连震东，之后又回到上海。1936 年 8 月，连战出生于西安。连战之名，实为祖父所起。1936 年春，连横患肝病卧床不起，6 月，弥留之际的连横于上海获悉儿媳将要分娩，遗言：中日必将一战，若生男，则名连战。连战的父亲连震东，早年留学日本，曾担任国民党要职，从大陆到台湾后，担任过台湾省建设厅长和“行政院”的“内政部长”。连战 1946 年随其母亲赴台，台湾大学政治系毕业后于 1959 年到美国芝加哥大学深造，1965 年获博士学位。回到台湾后，先在台湾大学从教，后步入政坛，曾任台湾当局“交通部长”、“外交部长”、“台湾省主席”，1993 年当选为中国国民党副主席，同年出任“行政院长”。2000 年春国民党成为在野党后，李登辉被迫辞去国民党主席，连战当选为国民党主席，2001 年又连任，2005 年 8 月卸任后任国民党荣誉主席。台湾有苏周连宗亲联谊会，连战为名誉会长（该联谊会 1965 年刊印了《台湾苏周连氏族谱》）。

第四节　连接海峡两岸的纽带

中原人南迁入闽粤赣而衍生客家民系，闽南人和客家人又披荆斩棘开发台湾、澎湖诸岛；河洛文化从中原大地到南方客家大地、台澎海滨，共同的灿烂文化将海峡两岸紧紧地连在了一起。河洛文化是维系海峡两岸的精神纽带。

一、闽台文化与河洛文化同根同系

本书已用大量的篇幅介绍了河洛文化与闽台文化的关系，如果要概括为一句话，那就是：闽台传统文化与河洛文化同根同系。

1. 人际上的血缘、族缘关系永无了断

据前些年统计，福建省人口有汉族人 2958 万人，占全省总人口的 98.45%，其中祖籍在河南固始的就有 1000 多万，加上客家人 500 多万和河南其他地区的入闽人口，河南籍后裔已占福建人口一半以上。在台湾，汉族人占 83% 左右，其中，80% 是闽南人（河洛人），20% 是祖籍广东的客家人，他们都自称是“河洛郎”。

姓氏兴于原始社会与夏商。周朝实行分封制，有同姓（姬）国 20 多个，异姓国40多个,贵族子弟都被分封到中原及江、汉、淮、泗流域各地,形成了无数或以国名、或以邑名的姓氏,从而使中原地区成为姓氏之源。目前,全国排位在前100位的大姓中,源于河南的有73个。如前所述,台湾除了陈、林、黄、蔡、郑等大姓外,其他一些姓氏,始祖也多来自河洛地区。又如前所述,闽、台地区民间非常重视修建祠堂,续修族谱且讲究郡望。由于根在河洛,在其所修宗谱中,郡望、堂号全以河洛原郡、县之名为宗,如颍川郡、荥阳郡、弘农郡、陈留郡、颍川堂、弘农堂等,这既是对河洛血脉衍派的追思,也是对入闽移台开基先人的历史认同。由于台湾除少数原住民之外,绝大多数是由大陆迁移而来,因而《台湾省通志·礼俗篇》指出:"'本省人'系行政上之一种名词,其实均为明清以来大陆闽粤移民,亦即河洛与客家之苗裔。可见绝大多数的台湾居民,其祖先是从河洛南迁闽粤,然后渡海来台,因此早年台湾人习惯自称'河洛人'(郎)。"所说极是,正是这种源自血脉、宗族的亲情之缘,紧紧地把祖国大陆与台湾连在了一起。

2. 闽、台方言同属河洛语系

历史上,河洛地区长期为我国的政治、文化中心。在我国八大古都中,四个位于中原,且郑州商城、安阳殷墟历史最为悠久。由于河洛地处天下之中,又长期处于政治、文化中心的地位,中原话曾作为官方语言在全国通行,是正统的"普通话",从先秦至明清,诗词歌赋以中原音韵为准。元代语言学家周德清曾著《中原音韵》以规范词赋格律。清季以降,随着全国经济文化的繁荣和政治中心的转移,中原音韵渐次不被使用,以至许多古音韵完全消失。语言是民族或族系的基本特征。客家人十分珍视自己的语言,有"宁卖祖宗田,不卖祖宗言"的民谚流传。由于闽、台客家人多居山区,交通不便,与外交往甚少且聚族而居等原因,从而使得客家话中保存了许多古代汉语的词汇、语音和语法,如无齿唇音、无翘舌音,单音节词比较多,保留着很多入声字的读音等,因而被语言学家称为古代汉语和中原音韵的"活化石"。用今天客家语诵读诗经中的《国风》及一些唐宋诗词,不但顺口,而且押韵,非常和谐。究其原因,正是因为客家话保存了中原音韵之故。台湾学者黄敬安专门从《诗经》、《礼记》、《左传》等先秦典籍中找出了与闽、台方言音、义相同或相近的例子,分类列为131个条目,著成《闽南方音证经举例》一书,有力地证明了先秦、两汉古音韵在客家语中的确凿存在。客家方言中至今还大量保留、使用中原方言的例子更多,如,称妻子为"老婆",称老太太为“老妈儿”，称儿媳妇为“大姐”，称太阳为“日头”，称开水为“滚水”，店铺称雇员为“伙计”，称学徒为“小伙计”等。同时，在台湾日常语中，一些古汉语的词汇仍具活力，还在使用，如：“永日”、“才调”、“响也”、“颟顸”、“会当”、“会须”等，因而闽、台人很自豪地称他们所讲的话为“河洛话”，是标准的古汉语。

3. 闽、台习俗源自河洛古风

民俗文化不仅是民族文化的重要组成部分，而且是一个民族或民系区别于其他民族、民系的基本标志。客家人久居东南，在与当地土著（古越后裔和畲、瑶族）相互影响中产生的客家文化虽因所居地理区位的不同而有所异，但其民间风俗及大众信仰之主流，所传承的仍是中原的古朴之风。如：在婚俗上，从议婚、订亲到迎娶，其程序和各种礼仪，闽、台与中原一样，既郑重其事，又有相同的繁文缛节；在丧俗上，闽、台与中原一样，厚葬的理念根深蒂固，重视落叶归根，主张入土为安，讲究各种祭祀敬拜仪式；在岁时节令方面，闽、台地区的节庆虽然很多，但与中原一样，最为人所重的是春节，不仅要家人团聚，最好是几代同堂欢聚；其次是中秋和清明，赏月吃月饼、扫墓祭祖是基本活动。此外就是元宵节、端午节、冬至和过小年。

4. 闽、台民间信仰诉求与河洛相同

由于河洛文化在闽、台的传播方式以移民扩散为主要渠道，因而闽、台民间信仰诉求的多鬼神论深深地刻印着河洛农耕文化的烙痕。农耕文化中对神的崇敬与畏惧，源于弱质农业受制于各种自然灾害，因而农耕者渴望神的呵护与保佑。他们认为，除老天爷主宰万物之外，生产、生活中有多少需要，就会有多少神灵，如水神、火神、山神、土地神、灶神、财神以及马王爷、牛王爷、药王爷、阎王爷、送子娘娘等，也便应运而生，成了人们生老病死、腾达穷困的决定者或守护神，被供奉在庙堂之中，享受香火的祭祀。据《八闽通志·祠庙》所载，八闽大地有民间神祇 119 种。台湾仅天上圣母宫就有 510 座。河洛地区的泛鬼神论在这里由客家人传承了下来，从而形成了民间的“淫祀”现象。闽、台民间除敬奉上述各种神灵之外，由于海洋文化及商业的影响，还特别重视敬祀妈祖、关公、保生大帝等，也完全是从生产、生活的利害出发而为之，与传统的河洛民风一脉相承。

5. 法理与地缘认同一致

台湾（古称琉球）自古就是中国领土的一部分，这种法缘上的认同不仅在历史文献中俯拾皆是，不仅得到了两岸民众的首肯，而且得到世界绝大多数国家和国际法的公认，60 多年前的《开罗宣言》、《波斯坦公告》和 36 年前联合国恢复中华人民共和国的合法席位，以及后来的中美两国三个联合声明等文件就是最好的明证。台湾在清代曾作为一个府隶属福建省，之后成为一个省。这种地缘上的隶属关系，使台湾与大陆关系休戚相连。晋人南渡后在东南各地侨设州县，以寄故国之思。有趣的是，千年之后，由闽入台的裔孙却也如法仿效，以闽地之名命台之地名，如同安、南安、诏安、安溪、龙溪、德化、长泰等。据统计，这样的地名多达 91 个。这种视台湾如故园的地缘认同，常常使两岸的人感动不已。

二、共同的经济利益与政治认同

大陆与台湾虽然在上个世纪由于众所周知的原因而相隔阻，但随着太阳的落落升升，大海的潮涨潮退，历史的伤痕已逐渐愈合与平复，两岸人民愈来愈认识到双方有着共同的经济利益和政治认同，因而应放眼未来，以争取和平、稳定与发展。

1. 互惠互利的商缘密切如一

台湾与大陆虽因海峡而交通不便，但由于与内地血肉相连，因而商业往来从未间断。历史上商贾往来自不必说，即以近 20 多年为例，虽有种种不便和不如人意之处，但商贸活动也从未真正中止过。

据两岸公布的数字看，1999 年，两岸贸易总额为 257. 58 亿美元，比上年增加 14. 5% ，台湾获得顺差为 167. 04 亿美元。2003 年，两岸贸易突破了 500 亿美元，2004 年达 783. 2 亿美元。2005 年上半年两岸贸易总额为 410. 8 亿美元，台湾顺差为 255. 8 亿美元。截至 2005 年上半年，台商在大陆的投资项目已有 66028 个。2006 年两岸贸易总额超过了 1000 亿美元，已占台对外贸易的 1/4。

大陆是台湾第一大贸易伙伴，最大顺差来源地。台湾是大陆第四大贸易伙伴，也是最大逆差来源地。2004 年、2005 年，台湾《工商时报》连续两年对在大陆的台商前 1000 家大企业进行了调查，统计数字说，这 1000 家企业整体营业收入 2004 年总额为 733. 6 亿人民币，2005 年达 999. 2 亿人民币。就连台湾当局也不得不承认其收入对台湾经济增长有重要影响。总之，通过贸易，促进了双方的经济发展，达到了双赢之目的。

2. 政治上的伟人认同

伟大的中国革命先行者孙中山先生是中国国民党的缔造者，是主张推翻封建帝制、建立人民共和的倡导者，是中华民国的第一任总统，是中国20世纪的第一位历史伟人。孙中山早在上个世纪之初就提出了联合共产党、为民谋福祉的政治主张；他的“和平、奋斗、救中国”的伟大理念，至今为两岸所认同。这为双方发展各方面的关系奠定了一个坚实的基础。中国国民党在推翻清帝、反袁护国、反对北洋军阀和抗日战争中的积极贡献至今为国人所称道。广州的黄花岗、南京的雨花台，每逢清明，追思者如潮；淞沪之战、台儿庄大捷屡见于史册和影视。

尤其是孙中山先生，他的《总理遗嘱》被收入教材，他的“革命尚未成功，同志仍须努力”，他的“余致力国民革命，凡四十年，其目的在求中国之自由平等。积四十年之经验，深知欲达到此目的，必须唤起民众”的教诲，响彻中国大地。每年的3月12日，在北京香山碧云寺中山纪念堂、北京中山公园中山堂、广东中山市中山故居纪念馆、广州越秀中山堂、南京钟山中山陵、上海孙中山故居纪念馆等地，人们通过各种方式，举办各种活动，纪念这一革命伟人。孙中山先生一生重视中国的建设，3月12日被定为植树节，也是对他的怀念。孙中山是海峡两岸的共同旗帜。

3. 共同的和平、稳定、发展希望

随着两岸关系的发展，双方的交流与合作越来越多。近几年来，两岸每年有300多万人次来往，近百万台胞在大陆生活和工作，越来越多台资企业遍于大陆各地。

鉴于历史的原因，十几年来的民调表明，80%左右的人希望维持现状，保持和平。2004年年底台湾“立法委员”选举中，泛绿阵营得票率为43.51%，泛蓝阵营得票率为46.85%，“朝小野大”的格局依然如故。2005年4月下旬，连战率访问团来大陆之前，《中国时报》网调显示，台湾77.8%的人赞同此次“和平之旅”。

两岸和平、稳定、发展是历史的潮流，波涛滚滚。政治的和解，促进了两岸政党的交流。2005年3月，中国国民党副主席江丙坤率“缅怀之旅”访问团访问了广州、南京与北京；4月底，中国国民党主席连战率“和平之旅”访问团访问了南京、北京、西安、上海;5 月,亲民党主席宋楚瑜率“搭桥之旅”访问团访问了西安、南京、上海、长沙、湘潭;7 月,台湾新党主席郁慕明率“民族之旅”访问团访问了广州、南京、大连、北京。各种贸易和学术往来更是频繁,不可胜数。台湾三位党的首脑在访问大陆期间,共同表达了对“九二共识”的肯定,对有违两岸和平、稳定、发展的“去中国化”等“台独”言论和意识的反对,充分反映了两岸民众的心声。

总之,千百年来的历史和当今的发展已经雄辩地证明,灿烂的河洛文化、客家文化及闽台文化,同根同系,不仅始终是维系海峡两岸、世界华人华侨的强大精神文化纽带,也是实现民族团结、两岸统一的认同基础,海峡两岸要大力弘扬河洛文化精神,为振兴中华、实现祖国的完全统一做出应有的贡献。

参考资料:

1. 罗香林:《客家源流考》,中国华侨出版公司,1989 年版。
2. 罗勇:《客家赣州》,江西人民出版社,2004 年版。
3.《客家文化特质与客家精神研究》,黑龙江出版社,2006 年版。
4. 谢重光:《客家形成发展史纲》,华南理工大学出版社,2001 年版。